中华人民共和国证券期货法规汇编

（2016·上）

中国证券监督管理委员会　编

法律出版社
LAW PRESS

编 辑 说 明

一、《中华人民共和国证券期货法规汇编》由中国证券监督管理委员会编辑，法律出版社出版发行。

二、《中华人民共和国证券期货法规汇编》1992年、1993年为合订本，1994至2002年按年度编辑。从2003年起，改为每半年出版一辑，其中上卷本收录每年1至6月公布的法规，下卷本收录每年7至12月公布的法规。本辑为2016年上卷本。

三、本辑《中华人民共和国证券期货法规汇编》共收录63件法规。其中法律2件，行政法规、法规性文件25件，中国证券监督管理委员会发布的部门规章、规范性文件13件，司法解释、司法文件9件，其他部委发布的相关部门规章、规范性文件14件。

四、本辑《中华人民共和国证券期货法规汇编》按下列顺序编排：1. 法律；2. 行政法规、法规性文件；3. 中国证券监督管理委员会发布的部门规章、规范性文件；4. 附录。其中，第3大类按照综合、证券、信息披露规范类分类编排，证券篇中按照机构类、上市公司类编排，各类别依次按颁布时间顺序排列。

中国证券监督管理委员会法律部

二〇一六年九月一日

目　　录

法　　律

行政法规　法规性文件

中国证监会发布的部门规章及规范性文件

综　　合

证　券

机构类

上市公司类

信息披露规范类

内容与格式准则类

附　录

附录一

附录二　司法解释及其他司法文件

法　律

中华人民共和国慈善法

（2016年3月16日　第十二届全国人民代表大会第四次会议通过）

目　　录

第一章　总　　则

第一条　为了发展慈善事业，弘扬慈善文化，规范慈善活动，保护慈善组织、捐赠人、志愿者、受益人等慈善活动参与者的合法权益，促进社会进步，共享发展成果，制定本法。

第二条　自然人、法人和其他组织开展慈善活动以及与慈善有关的活动，适用本法。其他法律有特别规定的，依照其规定。

第三条　本法所称慈善活动，是指自然人、法人和其他组织以捐赠财产或者提供服务等方式，自愿开展的下列公益活动：

（一）扶贫、济困；

（二）扶老、救孤、恤病、助残、优抚；

（三）救助自然灾害、事故灾难和公共卫生事件等突发事件造成的损害；

（四）促进教育、科学、文化、卫生、体育等事业的发展；

（五）防治污染和其他公害，保护和改善生态环境；

（六）符合本法规定的其他公益活动。

第 四 条 开展慈善活动，应当遵循合法、自愿、诚信、非营利的原则，不得违背社会公德，不得危害国家安全、损害社会公共利益和他人合法权益。

第 五 条 国家鼓励和支持自然人、法人和其他组织践行社会主义核心价值观，弘扬中华民族传统美德，依法开展慈善活动。

第 六 条 国务院民政部门主管全国慈善工作，县级以上地方各级人民政府民政部门主管本行政区域内的慈善工作；县级以上人民政府有关部门依照本法和其他有关法律法规，在各自的职责范围内做好相关工作。

第 七 条 每年9月5日为“中华慈善日”。

第二章　慈 善 组 织

第 八 条 本法所称慈善组织，是指依法成立、符合本法规定，以面向社会开展慈善活动为宗旨的非营利性组织。

慈善组织可以采取基金会、社会团体、社会服务机构等组织形式。

第 九 条 慈善组织应当符合下列条件：

（一）以开展慈善活动为宗旨；

（二）不以营利为目的；

（三）有自己的名称和住所；

（四）有组织章程；

（五）有必要的财产；

（六）有符合条件的组织机构和负责人；

（七）法律、行政法规规定的其他条件。

第 十 条 设立慈善组织，应当向县级以上人民政府民政部门申请登记，民政部门应当自受理申请之日起三十日内作出决定。符合本法规定条件的，准予登记并向社会公告；不符合本法规定条件的，不予登记并书面说明理由。

本法公布前已经设立的基金会、社会团体、社会服务机构等非营利性组织，可以向其登记的民政部门申请认定为慈善组织，民政部门应当自受理申请之日起二十日内作出决定。符合慈善组织条件的，予以认定并向社会公告；不符合慈善组织条件的，不予认定并书面说明理由。

有特殊情况需要延长登记或者认定期限的，报经国务院民政部门批准，可以适当延长，但延长的期限不得超过六十日。

第十一条 慈善组织的章程，应当符合法律法规的规定，并载明下列事项：

（一）名称和住所；

（二）组织形式；

（三）宗旨和活动范围；

（四）财产来源及构成；

（五）决策、执行机构的组成及职责；

（六）内部监督机制；

（七）财产管理使用制度；

（八）项目管理制度；

（九）终止情形及终止后的清算办法；

（十）其他重要事项。

第十二条 慈善组织应当根据法律法规以及章程的规定，建立健全内部治理结构，明确决策、执行、监督等方面的职责权限，开展慈善活动。

慈善组织应当执行国家统一的会计制度，依法进行会计核算，建立健全会计监督制度，并接受政府有关部门的监督管理。

第十三条 慈善组织应当每年向其登记的民政部门报送年度工作报告和财务会计报告。报告应当包括年度开展募捐和接受捐赠情况、慈善财产的管理使用情况、慈善项目实施情况以及慈善组织工作人员的工资福利情况。

第十四条 慈善组织的发起人、主要捐赠人以及管理人员，不得利用其关联关系损害慈善组织、受益人的利益和社会公共利益。

慈善组织的发起人、主要捐赠人以及管理人员与慈善组织发生交易行为的，不得参与慈善组织有关该交易行为的决策，有关交易情况应当向社会公开。

第十五条 慈善组织不得从事、资助危害国家安全和社会公共利益的活动，不得接受附加违反法律法规和违背社会公德条件的捐赠，不得对受益人附加违反法律法规和违背社会公德的条件。

第十六条 有下列情形之一的，不得担任慈善组织的负责人：

（一）无民事行为能力或者限制民事行为能力的；

（二）因故意犯罪被判处刑罚，自刑罚执行完毕之日起未逾五年的；

（三）在被吊销登记证书或者被取缔的组织担任负责人，自该组织被吊销登记证书或者被取缔之日起未逾五年的；

（四）法律、行政法规规定的其他情形。

第十七条 慈善组织有下列情形之一的，应当终止：

（一）出现章程规定的终止情形的；

（二）因分立、合并需要终止的；

（三）连续二年未从事慈善活动的；

（四）依法被撤销登记或者吊销登记证书的；

（五）法律、行政法规规定应当终止的其他情形。

第十八条 慈善组织终止，应当进行清算。

慈善组织的决策机构应当在本法第十七条规定的终止情形出现之日起三十日内成立清算组进行清算，并向社会公告。不成立清算组或者清算组不履行职责的，民政部门可以申请人民法院指定有关人员组成清算组进行清算。

慈善组织清算后的剩余财产，应当按照慈善组织章程的规定转给宗旨相同或者相近的慈善组织；章程未规定的，由民政部门主持转给宗旨相同或者相近的慈善组织，并向社会公告。

慈善组织清算结束后，应当向其登记的民政部门办理注销登记，并由民政部门向社会公告。

第十九条 慈善组织依法成立行业组织。

慈善行业组织应当反映行业诉求，推动行业交流，提高慈善行业公信力，促进慈善事业发展。

第二十条 慈善组织的组织形式、登记管理的具体办法由国务院制定。

第三章 慈善募捐

第二十一条 本法所称慈善募捐，是指慈善组织基于慈善宗旨募集财产的活动。

慈善募捐，包括面向社会公众的公开募捐和面向特定对象的定向募捐。

第二十二条 慈善组织开展公开募捐，应当取得公开募捐资格。依法登记满二年的慈善组织，可以向其登记的民政部门申请公开募捐资格。

民政部门应当自受理申请之日起二十日内作出决定。慈善组织符合内部治理结构健全、运作规范的条件的,发给公开募捐资格证书;不符合条件的,不发给公开募捐资格证书并书面说明理由。

法律、行政法规规定自登记之日起可以公开募捐的基金会和社会团体,由民政部门直接发给公开募捐资格证书。

第二十三条 开展公开募捐,可以采取下列方式:

(一)在公共场所设置募捐箱;

(二)举办面向社会公众的义演、义赛、义卖、义展、义拍、慈善晚会等;

(三)通过广播、电视、报刊、互联网等媒体发布募捐信息;

(四)其他公开募捐方式。

慈善组织采取前款第一项、第二项规定的方式开展公开募捐的,应当在其登记的民政部门管辖区域内进行,确有必要在其登记的民政部门管辖区域外进行的,应当报其开展募捐活动所在地的县级以上人民政府民政部门备案。捐赠人的捐赠行为不受地域限制。

慈善组织通过互联网开展公开募捐的,应当在国务院民政部门统一或者指定的慈善信息平台发布募捐信息,并可以同时在其网站发布募捐信息。

第二十四条 开展公开募捐,应当制定募捐方案。募捐方案包括募捐目的、起止时间和地域、活动负责人姓名和办公地址、接受捐赠方式、银行账户、受益人、募得款物用途、募捐成本、剩余财产的处理等。

募捐方案应当在开展募捐活动前报慈善组织登记的民政部门备案。

第二十五条 开展公开募捐,应当在募捐活动现场或者募捐活动载体的显著位置,公布募捐组织名称、公开募捐资格证书、募捐方案、联系方式、募捐信息查询方法等。

第二十六条 不具有公开募捐资格的组织或者个人基于慈善目的,可以与具有公开募捐资格的慈善组织合作,由该慈善组织开展公开募捐并管理募得款物。

第二十七条 广播、电视、报刊以及网络服务提供者、电信运营商,应当对利用其平台开展公开募捐的慈善组织的登记证书、公开募捐资格证书进行验证。

第二十八条 慈善组织自登记之日起可以开展定向募捐。

慈善组织开展定向募捐,应当在发起人、理事会成员和会员等特定对象的范围内进行,并向募捐对象说明募捐目的、募得款物用途等事项。

第二十九条 开展定向募捐，不得采取或者变相采取本法第二十三条规定的方式。

第三十条 发生重大自然灾害、事故灾难和公共卫生事件等突发事件，需要迅速开展救助时，有关人民政府应当建立协调机制，提供需求信息，及时有序引导开展募捐和救助活动。

第三十一条 开展募捐活动，应当尊重和维护募捐对象的合法权益，保障募捐对象的知情权，不得通过虚构事实等方式欺骗、诱导募捐对象实施捐赠。

第三十二条 开展募捐活动，不得摊派或者变相摊派，不得妨碍公共秩序、企业生产经营和居民生活。

第三十三条 禁止任何组织或者个人假借慈善名义或者假冒慈善组织开展募捐活动，骗取财产。

第四章 慈善捐赠

第三十四条 本法所称慈善捐赠，是指自然人、法人和其他组织基于慈善目的，自愿、无偿赠与财产的活动。

第三十五条 捐赠人可以通过慈善组织捐赠，也可以直接向受益人捐赠。

第三十六条 捐赠人捐赠的财产应当是其有权处分的合法财产。捐赠财产包括货币、实物、房屋、有价证券、股权、知识产权等有形和无形财产。

捐赠人捐赠的实物应当具有使用价值，符合安全、卫生、环保等标准。

捐赠人捐赠本企业产品的，应当依法承担产品质量责任和义务。

第三十七条 自然人、法人和其他组织开展演出、比赛、销售、拍卖等经营性活动，承诺将全部或者部分所得用于慈善目的的，应当在举办活动前与慈善组织或者其他接受捐赠的人签订捐赠协议，活动结束后按照捐赠协议履行捐赠义务，并将捐赠情况向社会公开。

第三十八条 慈善组织接受捐赠，应当向捐赠人开具由财政部门统一监（印）制的捐赠票据。捐赠票据应当载明捐赠人、捐赠财产的种类及数量、慈善组织名称和经办人姓名、票据日期等。捐赠人匿名或者放弃接受捐赠票据的，慈善组织应当做好相关记录。

第三十九条 慈善组织接受捐赠，捐赠人要求签订书面捐赠协议的，慈善组织应当与捐赠人签订书面捐赠协议。

书面捐赠协议包括捐赠人和慈善组织名称，捐赠财产的种类、数量、质量、用途、交付时间等内容。

第四十条 捐赠人与慈善组织约定捐赠财产的用途和受益人时，不得指定捐赠人的利害关系人作为受益人。

任何组织和个人不得利用慈善捐赠违反法律规定宣传烟草制品，不得利用慈善捐赠以任何方式宣传法律禁止宣传的产品和事项。

第四十一条 捐赠人应当按照捐赠协议履行捐赠义务。捐赠人违反捐赠协议逾期未交付捐赠财产，有下列情形之一的，慈善组织或者其他接受捐赠的人可以要求交付；捐赠人拒不交付的，慈善组织和其他接受捐赠的人可以依法向人民法院申请支付令或者提起诉讼：

（一）捐赠人通过广播、电视、报刊、互联网等媒体公开承诺捐赠的；

（二）捐赠财产用于本法第三条第一项至第三项规定的慈善活动，并签订书面捐赠协议的。

捐赠人公开承诺捐赠或者签订书面捐赠协议后经济状况显著恶化，严重影响其生产经营或者家庭生活的，经向公开承诺捐赠地或者书面捐赠协议签订地的民政部门报告并向社会公开说明情况后，可以不再履行捐赠义务。

第四十二条 捐赠人有权查询、复制其捐赠财产管理使用的有关资料，慈善组织应当及时主动向捐赠人反馈有关情况。

慈善组织违反捐赠协议约定的用途，滥用捐赠财产的，捐赠人有权要求其改正；拒不改正的，捐赠人可以向民政部门投诉、举报或者向人民法院提起诉讼。

第四十三条 国有企业实施慈善捐赠应当遵守有关国有资产管理的规定，履行批准和备案程序。

第五章 慈善信托

第四十四条 本法所称慈善信托属于公益信托，是指委托人基于慈善目的，依法将其财产委托给受托人，由受托人按照委托人意愿以受托人名义进行管理和处分，开展慈善活动的行为。

第四十五条 设立慈善信托、确定受托人和监察人，应当采取书面形式。受托人应当在慈善信托文件签订之日起七日内，将相关文件向受托人所在地县级以上人民政府民政部门备案。

未按照前款规定将相关文件报民政部门备案的，不享受税收优惠。

第四十六条　慈善信托的受托人，可以由委托人确定其信赖的慈善组织或者信托公司担任。

第四十七条　慈善信托的受托人违反信托义务或者难以履行职责的，委托人可以变更受托人。变更后的受托人应当自变更之日起七日内，将变更情况报原备案的民政部门重新备案。

第四十八条　慈善信托的受托人管理和处分信托财产，应当按照信托目的，恪尽职守，履行诚信、谨慎管理的义务。

慈善信托的受托人应当根据信托文件和委托人的要求，及时向委托人报告信托事务处理情况、信托财产管理使用情况。慈善信托的受托人应当每年至少一次将信托事务处理情况及财务状况向其备案的民政部门报告，并向社会公开。

第四十九条　慈善信托的委托人根据需要，可以确定信托监察人。

信托监察人对受托人的行为进行监督，依法维护委托人和受益人的权益。信托监察人发现受托人违反信托义务或者难以履行职责的，应当向委托人报告，并有权以自己的名义向人民法院提起诉讼。

第五十条　慈善信托的设立、信托财产的管理、信托当事人、信托的终止和清算等事项，本章未规定的，适用本法其他有关规定；本法未规定的，适用《中华人民共和国信托法》的有关规定。

第六章　慈善财产

第五十一条　慈善组织的财产包括：

（一）发起人捐赠、资助的创始财产；

（二）募集的财产；

（三）其他合法财产。

第五十二条　慈善组织的财产应当根据章程和捐赠协议的规定全部用于慈善目的，不得在发起人、捐赠人以及慈善组织成员中分配。

任何组织和个人不得私分、挪用、截留或者侵占慈善财产。

第五十三条　慈善组织对募集的财产，应当登记造册，严格管理，专款专用。

捐赠人捐赠的实物不易储存、运输或者难以直接用于慈善目的的，慈善组织可以依法拍卖或者变卖，所得收入扣除必要费用后，应当全部用于慈善目的。

第五十四条　慈善组织为实现财产保值、增值进行投资的，应当遵循合法、安全、有效的原则,投资取得的收益应当全部用于慈善目的。慈善组织的重大投资方案应当经决策机构组成人员三分之二以上同意。政府资助的财产和捐赠协议约定不得投资的财产,不得用于投资。慈善组织的负责人和工作人员不得在慈善组织投资的企业兼职或者领取报酬。

前款规定事项的具体办法,由国务院民政部门制定。

第五十五条 慈善组织开展慈善活动,应当依照法律法规和章程的规定,按照募捐方案或者捐赠协议使用捐赠财产。慈善组织确需变更募捐方案规定的捐赠财产用途的,应当报民政部门备案;确需变更捐赠协议约定的捐赠财产用途的,应当征得捐赠人同意。

第五十六条 慈善组织应当合理设计慈善项目,优化实施流程,降低运行成本,提高慈善财产使用效益。

慈善组织应当建立项目管理制度,对项目实施情况进行跟踪监督。

第五十七条 慈善项目终止后捐赠财产有剩余的,按照募捐方案或者捐赠协议处理;募捐方案未规定或者捐赠协议未约定的,慈善组织应当将剩余财产用于目的相同或者相近的其他慈善项目,并向社会公开。

第五十八条 慈善组织确定慈善受益人,应当坚持公开、公平、公正的原则,不得指定慈善组织管理人员的利害关系人作为受益人。

第五十九条 慈善组织根据需要可以与受益人签订协议,明确双方权利义务,约定慈善财产的用途、数额和使用方式等内容。

受益人应当珍惜慈善资助,按照协议使用慈善财产。受益人未按照协议使用慈善财产或者有其他严重违反协议情形的,慈善组织有权要求其改正;受益人拒不改正的,慈善组织有权解除协议并要求受益人返还财产。

第六十条 慈善组织应当积极开展慈善活动,充分、高效运用慈善财产,并遵循管理费用最必要原则,厉行节约,减少不必要的开支。慈善组织中具有公开募捐资格的基金会开展慈善活动的年度支出,不得低于上一年总收入的百分之七十或者前三年收入平均数额的百分之七十;年度管理费用不得超过当年总支出的百分之十,特殊情况下,年度管理费用难以符合前述规定的,应当报告其登记的民政部门并向社会公开说明情况。

具有公开募捐资格的基金会以外的慈善组织开展慈善活动的年度支出和管理费用的标准,由国务院民政部门会同国务院财政、税务等部门依照前款规定的原则制定。

捐赠协议对单项捐赠财产的慈善活动支出和管理费用有约定的,按照其约定。

第七章　慈善服务

第六十一条　本法所称慈善服务，是指慈善组织和其他组织以及个人基于慈善目的，向社会或者他人提供的志愿无偿服务以及其他非营利服务。

慈善组织开展慈善服务，可以自己提供或者招募志愿者提供，也可以委托有服务专长的其他组织提供。

第六十二条　开展慈善服务，应当尊重受益人、志愿者的人格尊严，不得侵害受益人、志愿者的隐私。

第六十三条　开展医疗康复、教育培训等慈善服务，需要专门技能的，应当执行国家或者行业组织制定的标准和规程。

慈善组织招募志愿者参与慈善服务，需要专门技能的，应当对志愿者开展相关培训。

第六十四条　慈善组织招募志愿者参与慈善服务，应当公示与慈善服务有关的全部信息，告知服务过程中可能发生的风险。

慈善组织根据需要可以与志愿者签订协议，明确双方权利义务，约定服务的内容、方式和时间等。

第六十五条　慈善组织应当对志愿者实名登记，记录志愿者的服务时间、内容、评价等信息。根据志愿者的要求，慈善组织应当无偿、如实出具志愿服务记录证明。

第六十六条　慈善组织安排志愿者参与慈善服务，应当与志愿者的年龄、文化程度、技能和身体状况相适应。

第六十七条　志愿者接受慈善组织安排参与慈善服务的，应当服从管理，接受必要的培训。

第六十八条　慈善组织应当为志愿者参与慈善服务提供必要条件，保障志愿者的合法权益。

慈善组织安排志愿者参与可能发生人身危险的慈善服务前，应当为志愿者购买相应的人身意外伤害保险。

第八章　信息公开

第六十九条　县级以上人民政府建立健全慈善信息统计和发布制度。

县级以上人民政府民政部门应当在统一的信息平台，及时向社会公开慈善信息，并免费提供慈善信息发布服务。

慈善组织和慈善信托的受托人应当在前款规定的平台发布慈善信息，并对信息的真实性负责。

第七十条 县级以上人民政府民政部门和其他有关部门应当及时向社会公开下列慈善信息：

（一）慈善组织登记事项；

（二）慈善信托备案事项；

（三）具有公开募捐资格的慈善组织名单；

（四）具有出具公益性捐赠税前扣除票据资格的慈善组织名单；

（五）对慈善活动的税收优惠、资助补贴等促进措施；

（六）向慈善组织购买服务的信息；

（七）对慈善组织、慈善信托开展检查、评估的结果；

（八）对慈善组织和其他组织以及个人的表彰、处罚结果；

（九）法律法规规定应当公开的其他信息。

第七十一条 慈善组织、慈善信托的受托人应当依法履行信息公开义务。信息公开应当真实、完整、及时。

第七十二条 慈善组织应当向社会公开组织章程和决策、执行、监督机构成员信息以及国务院民政部门要求公开的其他信息。上述信息有重大变更的，慈善组织应当及时向社会公开。

慈善组织应当每年向社会公开其年度工作报告和财务会计报告。具有公开募捐资格的慈善组织的财务会计报告须经审计。

第七十三条 具有公开募捐资格的慈善组织应当定期向社会公开其募捐情况和慈善项目实施情况。

公开募捐周期超过六个月的，至少每三个月公开一次募捐情况，公开募捐活动结束后三个月内应当全面公开募捐情况。

慈善项目实施周期超过六个月的，至少每三个月公开一次项目实施情况，项目结束后三个月内应当全面公开项目实施情况和募得款物使用情况。

第七十四条 慈善组织开展定向募捐的，应当及时向捐赠人告知募捐情况、募得款物的管理使用情况。

第七十五条 慈善组织、慈善信托的受托人应当向受益人告知其资助标准、工作流程和工作规范等信息。

第七十六条 涉及国家秘密、商业秘密、个人隐私的信息以及捐赠人、慈善信托的委托人不同意公开的姓名、名称、住所、通讯方式等信息，不得公开。

第九章　促进措施

第七十七条　县级以上人民政府应当根据经济社会发展情况，制定促进慈善事业发展的政策和措施。

县级以上人民政府有关部门应当在各自职责范围内，向慈善组织、慈善信托受托人等提供慈善需求信息，为慈善活动提供指导和帮助。

第七十八条　县级以上人民政府民政部门应当建立与其他部门之间的慈善信息共享机制。

第七十九条　慈善组织及其取得的收入依法享受税收优惠。

第八十条　自然人、法人和其他组织捐赠财产用于慈善活动的，依法享受税收优惠。企业慈善捐赠支出超过法律规定的准予在计算企业所得税应纳税所得额时当年扣除的部分，允许结转以后三年内在计算应纳税所得额时扣除。

境外捐赠用于慈善活动的物资，依法减征或者免征进口关税和进口环节增值税。

第八十一条　受益人接受慈善捐赠，依法享受税收优惠。

第八十二条　慈善组织、捐赠人、受益人依法享受税收优惠的，有关部门应当及时办理相关手续。

第八十三条　捐赠人向慈善组织捐赠实物、有价证券、股权和知识产权的，依法免征权利转让的相关行政事业性费用。

第八十四条　国家对开展扶贫济困的慈善活动，实行特殊的优惠政策。

第八十五条　慈善组织开展本法第三条第一项、第二项规定的慈善活动需要慈善服务设施用地的，可以依法申请使用国有划拨土地或者农村集体建设用地。慈善服务设施用地非经法定程序不得改变用途。

第八十六条　国家为慈善事业提供金融政策支持，鼓励金融机构为慈善组织、慈善信托提供融资和结算等金融服务。

第八十七条　各级人民政府及其有关部门可以依法通过购买服务等方式，支持符合条件的慈善组织向社会提供服务，并依照有关政府采购的法律法规向社会公开相关情况。

第八十八条　国家采取措施弘扬慈善文化，培育公民慈善意识。

学校等教育机构应当将慈善文化纳入教育教学内容。国家鼓励高等学校培养慈善专业人才，支持高等学校和科研机构开展慈善理论研究。

广播、电视、报刊、互联网等媒体应当积极开展慈善公益宣传活动，普及慈善知识，传播慈善文化。

第八十九条 国家鼓励企业事业单位和其他组织为开展慈善活动提供场所和其他便利条件。

第九十条 经受益人同意，捐赠人对其捐赠的慈善项目可以冠名纪念，法律法规规定需要批准的，从其规定。

第九十一条 国家建立慈善表彰制度，对在慈善事业发展中做出突出贡献的自然人、法人和其他组织，由县级以上人民政府或者有关部门予以表彰。

第十章 监督管理

第九十二条 县级以上人民政府民政部门应当依法履行职责，对慈善活动进行监督检查，对慈善行业组织进行指导。

第九十三条 县级以上人民政府民政部门对涉嫌违反本法规定的慈善组织，有权采取下列措施：

（一）对慈善组织的住所和慈善活动发生地进行现场检查；

（二）要求慈善组织作出说明，查阅、复制有关资料；

（三）向与慈善活动有关的单位和个人调查与监督管理有关的情况；

（四）经本级人民政府批准，可以查询慈善组织的金融账户；

（五）法律、行政法规规定的其他措施。

第九十四条 县级以上人民政府民政部门对慈善组织、有关单位和个人进行检查或者调查时，检查人员或者调查人员不得少于二人，并应当出示合法证件和检查、调查通知书。

第九十五条 县级以上人民政府民政部门应当建立慈善组织及其负责人信用记录制度，并向社会公布。

民政部门应当建立慈善组织评估制度，鼓励和支持第三方机构对慈善组织进行评估，并向社会公布评估结果。

第九十六条 慈善行业组织应当建立健全行业规范，加强行业自律。

第九十七条 任何单位和个人发现慈善组织、慈善信托有违法行为的，可以向民政部门、其他有关部门或者慈善行业组织投诉、举报。民政部门、其他有关部门或者慈善行业组织接到投诉、举报后，应当及时调查处理。

国家鼓励公众、媒体对慈善活动进行监督，对假借慈善名义或者假冒慈善组织骗取财产以及慈善组织、慈善信托的违法违规行为予以曝光，发挥舆论和社会监督作用。

第十一章 法律责任

第九十八条 慈善组织有下列情形之一的，由民政部门责令限期改正；逾期不改正的，吊销登记证书并予以公告：

（一）未按照慈善宗旨开展活动的；

（二）私分、挪用、截留或者侵占慈善财产的；

（三）接受附加违反法律法规或者违背社会公德条件的捐赠，或者对受益人附加违反法律法规或者违背社会公德的条件的。

第九十九条 慈善组织有下列情形之一的，由民政部门予以警告、责令限期改正；逾期不改正的，责令限期停止活动并进行整改：

（一）违反本法第十四条规定造成慈善财产损失的；

（二）将不得用于投资的财产用于投资的；

（三）擅自改变捐赠财产用途的；

（四）开展慈善活动的年度支出或者管理费用的标准违反本法第六十条规定的；

（五）未依法履行信息公开义务的；

（六）未依法报送年度工作报告、财务会计报告或者报备募捐方案的；

（七）泄露捐赠人、志愿者、受益人个人隐私以及捐赠人、慈善信托的委托人不同意公开的姓名、名称、住所、通讯方式等信息的。

慈善组织违反本法规定泄露国家秘密、商业秘密的，依照有关法律的规定予以处罚。

慈善组织有前两款规定的情形，经依法处理后一年内再出现前款规定的情形，或者有其他情节严重情形的，由民政部门吊销登记证书并予以公告。

第一百条 慈善组织有本法第九十八条、第九十九条规定的情形，有违法所得的，由民政部门予以没收；对直接负责的主管人员和其他直接责任人员处二万元以上二十万元以下罚款。

第一百零一条 开展募捐活动有下列情形之一的，由民政部门予以警告、责令停止募捐活动；对违法募集的财产，责令退还捐赠人；难以退还的，由民政部门予以收缴，转给其他慈善组织用于慈善目的；对有关组织或者个人处二万元以上二十万元以下罚款：

（一）不具有公开募捐资格的组织或者个人开展公开募捐的；

（二）通过虚构事实等方式欺骗、诱导募捐对象实施捐赠的；

（三）向单位或者个人摊派或者变相摊派的；

（四）妨碍公共秩序、企业生产经营或者居民生活的。

广播、电视、报刊以及网络服务提供者、电信运营商未履行本法第二十七条规定的验证义务的，由其主管部门予以警告，责令限期改正；逾期不改正的，予以通报批评。

第一百零二条 慈善组织不依法向捐赠人开具捐赠票据、不依法向志愿者出具志愿服务记录证明或者不及时主动向捐赠人反馈有关情况的，由民政部门予以警告，责令限期改正；逾期不改正的，责令限期停止活动。

第一百零三条 慈善组织弄虚作假骗取税收优惠的，由税务机关依法查处；情节严重的，由民政部门吊销登记证书并予以公告。

第一百零四条 慈善组织从事、资助危害国家安全或者社会公共利益活动的，由有关机关依法查处，由民政部门吊销登记证书并予以公告。

第一百零五条 慈善信托的受托人有下列情形之一的，由民政部门予以警告，责令限期改正；有违法所得的，由民政部门予以没收；对直接负责的主管人员和其他直接责任人员处二万元以上二十万元以下罚款：

（一）将信托财产及其收益用于非慈善目的的；

（二）未按照规定将信托事务处理情况及财务状况向民政部门报告或者向社会公开的。

第一百零六条 慈善服务过程中，因慈善组织或者志愿者过错造成受益人、第三人损害的，慈善组织依法承担赔偿责任；损害是由志愿者故意或者重大过失造成的，慈善组织可以向其追偿。

志愿者在参与慈善服务过程中，因慈善组织过错受到损害的，慈善组织依法承担赔偿责任；损害是由不可抗力造成的，慈善组织应当给予适当补偿。

第一百零七条 自然人、法人或者其他组织假借慈善名义或者假冒慈善组织骗取财产的，由公安机关依法查处。

第一百零八条 县级以上人民政府民政部门和其他有关部门及其工作人员有下列情形之一的，由上级机关或者监察机关责令改正；依法应当给予处分的，由任免机关或者监察机关对直接负责的主管人员和其他直接责任人员给予处分：

（一）未依法履行信息公开义务的；

（二）摊派或者变相摊派捐赠任务，强行指定志愿者、慈善组织提供服务的；

（三）未依法履行监督管理职责的；

（四）违法实施行政强制措施和行政处罚的；

（五）私分、挪用、截留或者侵占慈善财产的；

（六）其他滥用职权、玩忽职守、徇私舞弊的行为。

第一百零九条 违反本法规定，构成违反治安管理行为的，由公安机关依法给予治安管理处罚；构成犯罪的，依法追究刑事责任。

第十二章 附 则

第一百一十条 城乡社区组织、单位可以在本社区、单位内部开展群众性互助互济活动。

第一百一十一条 慈善组织以外的其他组织可以开展力所能及的慈善活动。

第一百一十二条 本法自 2016 年 9 月 1 日起施行。

全国人民代表大会常务委员会关于开展第七个五年法治宣传教育的决议

（2016 年 4 月 28 日　第十二届全国人民代表大会常务委员会第二十次会议通过）

2011 年至 2015 年，我国法制宣传教育第六个五年规划顺利实施，法治宣传教育在服务经济社会发展、维护社会和谐稳定、建设社会主义法治国家中发挥了重要作用。为深入学习宣传习近平总书记关于全面依法治国的重要论述，全面推进依法治国，顺利实施“十三五”规划，全面建成小康社会，推动全体公民自觉尊法学法守法用法，推进国家治理体系和治理能力现代化建设，从 2016 年至 2020 年在全体公民中开展第七个五年法治宣传教育，十分必要。通过开展第七个五年法治宣传教育，使全社会法治观念明显增强，法治思维和依法办事能力明显提高，形成崇尚法治的社会氛围。特作决议如下：

一、突出学习宣传宪法。坚持把学习宣传宪法摆在首要位置，在全社会普遍开展宪法宣传教育，重点学习宣传宪法确立的我国的国体、政体、基本政治制度、基本经济制度、公民的基本权利和义务等内容，弘扬宪法精神，树立宪法权威。实行宪法宣誓制度，组织国家工作人员在宪法宣誓前专题学习宪法。组织开展“12 · 4”国家宪法日集中宣传活动，教育引导一切组织和个人以宪法为根本活动准则。

二、深入学习宣传国家基本法律。坚持把学习宣传宪法相关法、民法商法、行政法、经济法、社会法、刑法、诉讼与非诉讼程序法等法律法规的基本知识，作为法治宣传教育的基本任务，结合学习贯彻创新、协调、绿色、开放、共享发展理念，加强对相关法律法规的宣传教育。在全社会树立宪法法律至上、法律面前人人平等、权由法定、权依法使等基本法治理念。

三、推动全民学法守法用法。一切有接受教育能力的公民都要接受法治宣传教育。坚持把全民普法和守法作为依法治国的长期基础性工作，加强农村和少数民族地区法治宣传教育，以群众喜闻乐见、易于接受的方式开展法治宣传教育,引导公民努力学法、自觉守法、遇事找法、解决问题靠法,增强全社会厉行法治的积极性、主动性和自觉性。大力弘扬法治精神,培育法治理念,树立法治意识,共同维护法律的权威和尊严。

四、坚持国家工作人员带头学法守法用法。坚持把各级领导干部带头学法、模范守法、严格执法作为全社会树立法治意识的关键。健全国家工作人员学法用法制度,将法治教育纳入干部教育培训总体规划。坚持把依法办事作为检验国家工作人员学法用法的重要标准,健全重大决策合法性审查机制,推行政府法律顾问制度,推动行政机关依法行政,促进司法机关公正司法。坚持把尊法学法守法用法情况作为考核领导班子和领导干部的重要内容。

五、切实把法治教育纳入国民教育体系。坚持从青少年抓起,制定青少年法治教育大纲,设立法治知识课程,完善法治教材体系,强化学校、家庭、社会“三位一体”的青少年法治教育格局,加强青少年法治教育实践基地建设,增强青少年的法治观念。

六、推进社会主义法治文化建设。把法治文化建设纳入现代公共文化服务体系,繁荣法治文化作品创作推广,广泛开展群众性法治文化活动。大力弘扬社会主义核心价值观,推动法治教育与道德教育相结合,促进法律的规范作用和道德的教化作用相辅相成。健全公民和组织守法信用记录,建立和完善学法用法先进集体、先进个人宣传表彰制度。

七、推进多层次多领域依法治理。坚持法治宣传教育与法治实践相结合,把法律规定变成引领保障经济社会发展的基本规范。深化基层组织和部门、行业依法治理,深入开展法治城市、法治县(市、区)、民主法治示范村(社区)等法治创建活动,提高社会治理法治化水平。

八、推进法治宣传教育创新。遵循现代传播规律,推进法治宣传教育工作理念、方式方法、载体阵地和体制机制等创新。结合不同地区、不同时期、不同群体的特点和需求,分类实施法治宣传教育,提高法治宣传教育的针对性和实效性,力戒形式主义。充分发挥报刊、广播、电视和新媒体新技术等在普法中的作用,推进互联网+法治宣传教育行动。建立法官、检察官、行政执法人员、律师等以案释法制度,充分运用典型案例,结合社会热点,开展生动直观的法治宣传教育。加强法治宣传教育志愿者队伍建设。深化法律进机关、进乡村、进社区、进学校、进企业、进单位等活动。

九、健全普法责任制。一切国家机关和武装力量、各政党和各人民团体、企业事业组织和其他社会组织都要高度重视法治宣传教育工作,按照

“谁主管谁负责”的原则，认真履行普法责任。实行国家机关“谁执法谁普法”的普法责任制，建立普法责任清单制度。健全媒体公益普法制度，落实各类媒体的普法责任，在重要频道、重要版面、重要时段开展公益普法。把法治宣传教育纳入当地经济社会发展规划，进一步健全完善党委领导、人大监督、政府实施、部门各负其责、全社会共同参与的法治宣传教育工作体制机制。

十、加强组织实施和监督检查。各级人民政府要积极开展第七个五年法治宣传教育工作，强化工作保障，做好中期检查和终期评估，并向本级人民代表大会常务委员会报告。各级人民代表大会及其常务委员会要充分运用执法检查、听取和审议工作报告以及代表视察、专题调研等形式，加强对法治宣传教育工作的监督检查，保证本决议得到贯彻落实。

行政法规　法规性文件

国务院关于修改部分行政法规的决定（节录）

（2016年2月6日　国务院令第666号）

为了依法推进简政放权、放管结合、优化服务改革，国务院对取消和调整行政审批项目、价格改革和实施普遍性降费措施涉及的行政法规进行了清理。经过清理，国务院决定：对66部行政法规的部分条款予以修改。

二十一、删去《证券交易所风险基金管理暂行办法》第十条中的“证券交易所动用本基金时，必须报经证监会商财政部后批准。”

五十六、将《证券公司风险处置条例》第十二条第一款中的“可以直接向国务院证券监督管理机构申请进行行政重组”修改为“可以由国务院证券监督管理机构对其进行行政重组”。第二款中的“也可以向国务院证券监督管理机构申请进行行政重组”修改为“也可以由国务院证券监督管理机构对其进行行政重组”。删去第三款。

第十三条第二款中的“证券公司可以向国务院证券监督管理机构申请延长行政重组期限”修改为“国务院证券监督管理机构可以决定延长行政重组期限”。

全国社会保障基金条例

（2016 年 3 月 28 日　国务院令第 667 号）

第一章　总　　则

第 一 条　为了规范全国社会保障基金的管理运营，加强对全国社会保障基金的监督，在保证安全的前提下实现保值增值，根据《中华人民共和国社会保险法》，制定本条例。

第 二 条　国家设立全国社会保障基金。

全国社会保障基金由中央财政预算拨款、国有资本划转、基金投资收益和以国务院批准的其他方式筹集的资金构成。

第 三 条　全国社会保障基金是国家社会保障储备基金，用于人口老龄化高峰时期的养老保险等社会保障支出的补充、调剂。

第 四 条　国家根据人口老龄化趋势和经济社会发展状况，确定和调整全国社会保障基金规模。

全国社会保障基金的筹集和使用方案，由国务院确定。

第 五 条　国务院财政部门、国务院社会保险行政部门负责拟订全国社会保障基金的管理运营办法，报国务院批准后施行。

全国社会保障基金理事会负责全国社会保障基金的管理运营。

第二章　全国社会保障基金的管理运营

第 六 条　全国社会保障基金理事会应当审慎、稳健管理运营全国社会保障基金，按照国务院批准的比例在境内外市场投资运营全国社会保障基金。

全国社会保障基金理事会投资运营全国社会保障基金，应当坚持安全性、收益性和长期性原则，在国务院批准的固定收益类、股票类和未上市股权类等资产种类及其比例幅度内合理配置资产。

第 七 条　全国社会保障基金理事会制定全国社会保障基金的资产配置计划、确定重大投资项目，应当进行风险评估，并集体讨论决定。

全国社会保障基金理事会应当制定风险管理和内部控制办法，在管理运营的各个环节对风险进行识别、衡量、评估、监测和应对，有效防范和控制风险。风险管理和内部控制办法应当报国务院财政部门、国务院社会保险行政部门备案。

全国社会保障基金理事会应当依法制定会计核算办法，并报国务院财政部门审核批准。

第 八 条 全国社会保障基金理事会应当定期向国务院财政部门、国务院社会保险行政部门报告全国社会保障基金管理运营情况，提交财务会计报告。

第 九 条 全国社会保障基金理事会可以将全国社会保障基金委托投资或者以国务院批准的其他方式投资。

第 十 条 全国社会保障基金理事会将全国社会保障基金委托投资的，应当选择符合法定条件的专业投资管理机构、专业托管机构分别担任全国社会保障基金投资管理人、托管人。

全国社会保障基金理事会应当按照公开、公平、公正的原则选聘投资管理人、托管人，发布选聘信息、组织专家评审、集体讨论决定并公布选聘结果。

全国社会保障基金理事会应当制定投资管理人、托管人选聘办法，并报国务院财政部门、国务院社会保险行政部门备案。

第十一条 全国社会保障基金理事会应当与聘任的投资管理人、托管人分别签订委托投资合同、托管合同，并报国务院财政部门、国务院社会保险行政部门、国务院外汇管理部门、国务院证券监督管理机构、国务院银行业监督管理机构备案。

第十二条 全国社会保障基金理事会应当制定投资管理人、托管人考评办法，根据考评办法对投资管理人投资、托管人保管全国社会保障基金的情况进行考评。考评结果作为是否继续聘任的依据。

第十三条 全国社会保障基金投资管理人履行下列职责：

（一）运用全国社会保障基金进行投资；

（二）按照规定提取全国社会保障基金投资管理风险准备金；

（三）向全国社会保障基金理事会报告投资情况；

（四）法律、行政法规和国务院有关部门规章规定的其他职责。

第十四条 全国社会保障基金托管人履行下列职责：

（一）安全保管全国社会保障基金财产；

（二）按照托管合同的约定，根据全国社会保障基金投资管理人的投资指令，及时办理清算、交割事宜；

（三）按照规定和托管合同的约定，监督全国社会保障基金投资管理人的投资；

（四）执行全国社会保障基金理事会的指令，并报告托管情况；

（五）法律、行政法规和国务院有关部门规章规定的其他职责。

第十五条 全国社会保障基金财产应当独立于全国社会保障基金理事会、投资管理人、托管人的固有财产，独立于投资管理人投资和托管人保管的其他财产。

第十六条 全国社会保障基金投资管理人、托管人不得有下列行为：

（一）将全国社会保障基金财产混同于其他财产投资、保管；

（二）泄露因职务便利获取的全国社会保障基金未公开的信息，利用该信息从事或者明示、暗示他人从事相关交易活动；

（三）法律、行政法规和国务院有关部门规章禁止的其他行为。

第十七条 全国社会保障基金按照国家规定享受税收优惠。

第三章 全国社会保障基金的监督

第十八条 国家建立健全全国社会保障基金监督制度。

任何单位和个人不得侵占、挪用或者违规投资运营全国社会保障基金。

第十九条 国务院财政部门、国务院社会保险行政部门按照各自职责对全国社会保障基金的收支、管理和投资运营情况实施监督；发现存在问题的，应当依法处理；不属于本部门职责范围的，应当依法移送国务院外汇管理部门、国务院证券监督管理机构、国务院银行业监督管理机构等有关部门处理。

第二十条 国务院外汇管理部门、国务院证券监督管理机构、国务院银行业监督管理机构按照各自职责对投资管理人投资、托管人保管全国社会保障基金情况实施监督；发现违法违规行为的，应当依法处理，并及时通知国务院财政部门、国务院社会保险行政部门。

第二十一条 对全国社会保障基金境外投资管理人、托管人的监督，由国务院证券监督管理机构、国务院银行业监督管理机构按照与投资管理人、托管人所在国家或者地区有关监督管理机构签署的合作文件的规定执行。

第二十二条 审计署应当对全国社会保障基金每年至少进行一次审

计。审计结果应当向社会公布。

第二十三条 全国社会保障基金理事会应当通过公开招标的方式选聘会计师事务所,对全国社会保障基金进行审计。

第二十四条 全国社会保障基金理事会应当通过其官方网站、全国范围内发行的报纸每年向社会公布全国社会保障基金的收支、管理和投资运营情况,接受社会监督。

第四章 法律责任

第二十五条 全国社会保障基金境内投资管理人、托管人违反本条例第十六条、第十八条第二款规定的,由国务院证券监督管理机构、国务院银行业监督管理机构责令改正,没收违法所得,并处违法所得 1 倍以上 5 倍以下罚款;没有违法所得或者违法所得不足 100 万元的,并处 10 万元以上 100 万元以下罚款;对直接负责的主管人员和其他直接责任人员给予警告,暂停或者撤销有关从业资格,并处 3 万元以上 30 万元以下罚款;构成犯罪的,依法追究刑事责任。

第二十六条 全国社会保障基金理事会违反本条例规定的,由国务院财政部门、国务院社会保险行政部门责令改正;对直接负责的主管人员和其他直接责任人员依法给予处分;构成犯罪的,依法追究刑事责任。

第二十七条 国家工作人员在全国社会保障基金管理运营、监督工作中滥用职权、玩忽职守、徇私舞弊的,依法给予处分;构成犯罪的,依法追究刑事责任。

第二十八条 违反本条例规定,给全国社会保障基金造成损失的,依法承担赔偿责任。

第五章 附 则

第二十九条 经国务院批准,全国社会保障基金理事会可以接受省级人民政府的委托管理运营社会保险基金;受托管理运营社会保险基金,按照国务院有关社会保险基金投资管理的规定执行。

第三十条 本条例自 2016 年 5 月 1 日起施行。

国务院关于促进加工贸易创新发展的若干意见

（2016年1月4日　国发〔2016〕4号）

各省、自治区、直辖市人民政府，国务院各部委、各直属机构：

加工贸易是我国对外贸易和开放型经济的重要组成部分，对于推动产业升级、稳定就业发挥了重要作用。当前，全球产业竞争格局深度调整，我国经济发展进入新常态，加工贸易承接国际产业转移放慢，产业和订单转出加快，企业生产成本上升，传统竞争优势逐渐削弱。为适应新形势的要求，加快推动加工贸易创新发展，提高发展质量和效益，现提出以下意见：

一、总体要求

（一）指导思想。全面贯彻党的十八大和十八届三中、四中、五中全会精神，按照党中央、国务院决策部署，牢固树立和贯彻落实创新、协调、绿色、开放、共享的发展理念，主动适应经济发展新常态，以创新驱动和扩大开放为动力，以国际产业分工深度调整和实施“中国制造2025”为契机，立足我国国情，创新发展加工贸易。巩固传统优势，加快培育竞争新优势，逐步变“大进大出”为“优进优出”，在稳定经济增长和就业预期的同时，推动我国产业向全球价值链高端跃升，助力贸易大国向贸易强国转变，为构建开放型经济新体制作出更大贡献。

（二）基本原则。

始终坚持稳中求进。保持加工贸易政策连续性和稳定性，明确发展预期，改善环境，鼓励加工贸易企业根植中国、长期发展。提升开放水平，优化投资环境，着力吸引更高技术水平、更大增值含量的加工制造和生产服务环节转移到我国。

着力推动转型升级。以市场为导向，发挥企业主体作用，加快转型升级，提高盈利水平。发挥政策引导作用，鼓励绿色集约发展，支持加工贸易企业向海关特殊监管区域集中，增强可持续发展能力，提升国民福利水平。

大力实施创新驱动。营造创新发展环境，增强企业创新能力，提升国际竞争力。创新发展方式，促进加工贸易企业与新型商业模式和贸易业态相融合，增强发展内生动力，加快培育竞争新优势。

合理统筹内外布局。按照国家重点产业布局，支持沿海地区转型升级和内陆沿边地区承接转移，推动区域协调发展。引导企业有序开展国际产能合作，推动国际合作与国内产业转型升级良性互动。

不断优化营商环境。深化加工贸易体制机制改革，完善管理制度，建立健全与开放型经济相适应的管理体系。加强法治化、国际化、便利化营商环境建设，深化人文交流，提升服务水平，助力创新发展。

（三）发展目标。到2020年，加工贸易创新发展取得积极成果，进一步向全球价值链高端跃升。一是产品技术含量和附加值提升，由低端向高端发展。二是产业链延长，向生产制造与服务贸易融合发展转变。三是经营主体实力增强，由加工组装企业向技术、品牌、营销型企业转变。四是区域布局优化，逐步实现东中西部协调发展和境内外合理布局。五是增长动力转换，由要素驱动为主向要素驱动和创新驱动相结合转变。

二、延长产业链，提升加工贸易在全球价值链中的地位

（四）加强产业链分工合作。鼓励企业以更加开放的姿态，积极融入全球产业分工合作，更好地利用国际国内两个市场两种资源，努力提升加工贸易在全球价值链中的地位。

（五）促进产业融合升级。稳定外资政策预期，支持外资企业扎根中国。加大招商引资力度，着力吸引先进制造业和新兴产业，进一步扩大服务业开放，鼓励外资企业在华设立采购中心、分拨中心和结算中心，发展总部经济。支持沿海地区继续发展电子信息等优势产业，鼓励企业落地生根、转型升级。推动劳动密集型产业优先向内陆沿边地区梯度转移，实现一体化集群发展。通过开展对外投资合作，发挥境外经贸合作区平台作用，鼓励企业抱团出海，有序向境外延伸产业链。

（六）增强企业创新能力。推动加工贸易企业由单纯的贴牌生产（OEM）向委托设计（ODM）、自有品牌（OBM）方式发展。鼓励加大研发投入和技术改造力度，加强与高等院校、科研机构协同创新，提高生产自动化、智能化水平。支持企业创建和收购品牌，拓展营销渠道，从被动接单转向主动营销。顺应互联网发展带来的新机遇，实现价值链攀升。

三、发挥沿海地区示范带动作用，促进转型升级提质增效

（七）稳定传统优势产业。继续发展纺织服装、鞋类、家具、塑料制品、玩具等传统劳动密集型加工贸易产业，巩固传统优势。支持企业加强技术研发和设备改造，提升产品技术含量和附加值，增强企业核心竞争力。

（八）大力发展先进制造业和新兴产业。鼓励电子信息、移动通信、汽车及零部件、集成电路、医疗设备、航空航天等辐射和技术溢出能力强的先进制造业加工贸易发展。推动生物医药、新能源、新材料、节能环保等新兴产业集群发展。支持加工贸易企业进入关键零部件和系统集成制造领域，掌握核心技术，提升整体制造水平。

（九）支持发展生产性服务业。推动制造业由生产型向生产服务型转变。促进加工贸易与服务贸易深度融合，鼓励加工贸易企业承接研发设计、检测维修、物流配送、财务结算、分销仓储等服务外包业务。在条件成熟的地区试点开展高技术含量、高附加值项目境内外检测维修和再制造业务。

（十）继续发挥沿海地区示范带动作用。发挥沿海地区加工贸易产业配套完备、产业集聚、物流便捷、监管高效等优势，促进产业转型升级。加快珠三角加工贸易转型升级示范区和东莞、苏州加工贸易转型升级试点城市以及示范企业建设，培育认定一批新的加工贸易转型升级示范企业。支持一批有实力的加工贸易企业培育区域性、行业性自有品牌，建设境内外营销网络，拓展生产性服务业。支持沿海地区培育有全球影响力的先进制造基地和经济区。

四、支持内陆沿边地区承接产业梯度转移，推动区域协调发展

（十一）推动加工贸易产业集群发展。按照国家重点产业布局，支持内陆沿边地区加快承接劳动密集型产业和加工组装产能的转移。鼓励内陆沿边地区基于环境容量和承载能力，因地制宜发展加工贸易。稳妥推进国内外企业将整机生产、零部件、原材料配套和研发结算环节向内陆沿边地区转移，形成产业集群。

（十二）建立加工贸易产业转移合作机制。推动建立省际加工贸易产业转移协调机制，重点协调解决信息不对称、配套服务不完善、人才不充裕等问题，加快推动项目落地。鼓励沿海地区与内陆沿边地区共建产业合作园区，按照优势互补、共同出资、联合开发、利益共享的原则，开展产业对接、人才交流培训等方面合作。

（十三）支持梯度转移重点承接地发展。加大对加工贸易梯度转移重点承接地的支持力度，重点加强承接地的公共服务平台建设、员工技能培训、招商引资、就业促进等相关工作。有条件的地区可设立承接转移专项资金，用于促进相关工作。培育和建设一批加工贸易梯度转移重点承接地和示范地。

（十四）研究制定差异化的支持梯度转移政策。在严禁污染产业和落后产能转入的前提下，结合国家重点产业布局，研究制定支持内陆沿边地区承接加工贸易梯度转移的政策措施。

五、引导企业有序开展国际产能合作，统筹国际国内两个市场两种资源

（十五）谋划加工贸易境外合作布局。做好境外合作重点国家和重点行业布局，引导建材、化工、有色、轻工、纺织、食品等产业开展境外合作。转变加工贸易企业“走出去”方式，支持企业依托境外经贸合作区、工业园区、经济特区等合作园区，实现链条式转移、集群式发展。支持企业扩大对外投资，推动装备、技术、标准、服务“走出去”，深度融入全球产业链、价值链、物流链，建设一批大宗商品境外生产基地，培育一批跨国企业。

（十六）完善加工贸易国际合作机制。强化现有多双边合作机制，加强与“走出去”重点国家在投资保护、金融、税收、海关、质检、人员往来等方面开展合作，为企业提供支持。搭建对外合作平台，组织国内加工贸易企业与重点国家行业对口交流，开展产业对接合作。

（十七）深化与“一带一路”沿线国家产业合作。支持传统优势产业到劳动力和能源资源丰富的国家建立生产基地，发展转口贸易和加工贸易。支持在重点开发开放试验区、边境城市、边境经济合作区、跨境经济合作区积极承接加工贸易梯度转移。

（十八）提升中非工业化合作水平。按照循序渐进、重点突破、试点示范的原则，以劳动密集型产业为载体，积极推进中非工业化伙伴行动计划。选择埃塞俄比亚、埃及、尼日利亚、安哥拉、南非等条件相对成熟的国家重点开展加工贸易产能合作。

六、改革创新管理体制，增强发展动力

（十九）深化加工贸易行政审批改革。总结广东省取消加工贸易业务审批和内销审批试点工作经验，全面推进加工贸易行政审批改革进程。实行加工贸易禁止类、限制类商品目录动态管理机制。完善重点敏感商品加工贸易企业准入管理。

（二十）建立加工贸易新型管理体系。加强事中事后监管，完善加工贸易企业经营状况和生产能力核查机制，督促企业强化安全生产、节能低碳、环境保护等社会责任。加快推进商务、海关、质检、税务、外汇等部门与加工贸易企业多方联网，实现部门联动。在有效防范风险、确保税收的前提下，适时完善现有银行保证金台账制度。建立科学合理的加工贸易转型升级评价体系。

（二十一）优化监管方式。加快推进区域通关一体化、通关作业无纸化等改革，进一步提高通关便利化水平。改进监管方式，逐步实现以企业为单元的监管。对资信良好、信息透明、符合海关要求的企业，探索实施企业自核单耗的管理方法。规范出境加工监管流程。

（二十二）加快推进内销便利化。研究取消内销审批，进一步简化内销征税和核销手续。推广实施内销集中征税。发挥加工贸易产品博览会等平台作用，促进加工贸易企业与国内大型商贸流通企业对接，推动线上线下融合。支持企业通过开展电子商务等多种方式，拓宽销售渠道。

（二十三）加快海关特殊监管区域整合优化。充分发挥海关特殊监管区域连接国际国内两个市场两种资源的作用，积极推进其辐射带动周边经济发展，大力发展先进制造业、生产性服务业、科技服务业，推动区内产业升级。在自由贸易试验区内的海关特殊监管区域积极推进内销选择性征收关税政策先行先试，及时总结评估，适时研究扩大试点。促进海关特殊监管区域发展保税加工、保税物流和保税服务等多元化业务。

七、完善政策措施，优化发展环境

（二十四）加大财政支持力度。充分发挥现有财政资金引导作用，鼓励引进先进技术设备，支持产品创新、研发设计、品牌培育和标准制定，推动加工贸易转型升级和梯度转移。加强对社会资金的引导，通过政府和社会资本合作模式、产业基金等，促进改善各类公共服务。

（二十五）提升金融服务水平。鼓励金融机构按照商业可持续和风险可控原则创新金融产品和服务，对内陆沿边地区承接产业转移提供信贷支持，为加工贸易企业转型升级提供多样化融资服务。创新海外保险业务品种，扩大出口信用保险规模和覆盖面，提高承保和理赔效率。引导融资担保机构加强对中小型加工贸易企业的服务。鼓励金融机构通过内保外贷等方式为加工贸易企业开展跨国经营提供融资支持。

（二十六）完善社会保障制度。按照国家规定适时适当降低社会保险费率，减轻加工贸易企业负担。加快实现社会保险全国联网，增强社会保险经办管理服务的便捷性，方便流动就业人员社会保险关系转移接续。做好加工贸易重点发展地区流动就业人员社会保险工作。

（二十七）优化法治环境。完善符合我国国情和国际惯例的加工贸易管理法律法规体系。强化加工贸易企业分类管理，建立商务、环保、海关、工商、质检等部门协调机制，推进加工贸易企业信用评价体系建设，并与企业信用信息公示系统相关联。建立诚信守法便利和违法失信惩戒机制。加强对贴牌加工企业商标、商业秘密等知识产权保护和运用的规范、监督和指导。加大知识产权等相关法律法规培训力度,提高企业知识产权保护意识。

(二十八)营造公平外部环境。积极参加多双边规则谈判,推动引领多边、区域、双边国际经贸规则制订,强化经贸混委会等双边合作机制,有效化解贸易摩擦和争端。发挥自由贸易协定的促进作用。构建稳定的制度化合作平台,进一步改善与主要贸易伙伴的双向货物、服务和投资市场准入条件,推动贸易与投资自由化、便利化。大力推动内地和港澳的经济一体化,继续推进两岸经贸合作制度化。

(二十九)营造有利于制造业发展的舆论环境。稳定加工贸易政策,提供可预期的长期发展环境。鼓励和保护创新,尊重和发扬企业家精神,支持制造企业做专、做精,争创百年企业。鼓励企业重视研发和技术应用,提升管理水平。加强对加工贸易转型升级示范企业的宣传和经验推广。

八、组织保障

(三十)加强人才队伍建设。建立加工贸易企业与职业学校、高等院校、培训机构合作机制,建设实训基地,实行人才定向培养、联合培养。打造劳动力供需对接平台,促进千所职业学校与加工贸易企业合作。加强跨境电子商务、专利信息和知识产权国际化等高级人才的培养和储备。加强国际合作,引进海外中高端人才,为企业"走出去"培养本土化人才。强化人才激励机制,鼓励企业培养高级技术和管理人才。

(三十一)建设公共服务平台。支持建设公共技术研发平台、公共实验室、产品设计中心和标准、检测认证中心等公共服务平台。打造产学研对接平台,鼓励加工贸易企业与地方政府、行业组织、中介机构、国内外高等院校和科研机构开展合作。搭建内外贸融合发展平台,促进国内外企业沟通、交流和采购对接,推动内外贸市场协调发展。

(三十二)发挥中介组织作用。充分发挥行业协会商会在政府、企业和国外行业之间的桥梁作用,组织行业信息交流、建设行业标准体系、参加国内外展会、推进行业自律、开展贸易摩擦应对和预警工作。加强调查研究和行业协调,为加工贸易企业转型升级提供服务。

(三十三)强化地方配套和部门协作。各地区、各部门要充分认识加快推动加工贸易创新发展的重要性和紧迫性,结合地区实际和部门分工,制定具体实施方案,形成合力。各部门要密切协作,建立协调工作机制,为加工贸易发展营造良好政策环境;各地区要出台相关配套措施,抓好政策落实。

国务院办公厅关于全面治理拖欠农民工工资问题的意见（节录）

（2016年1月17日　国办发〔2016〕1号）

各省、自治区、直辖市人民政府，国务院各部委、各直属机构：

解决拖欠农民工工资问题，事关广大农民工切身利益，事关社会公平正义和社会和谐稳定。党中央、国务院历来高度重视，先后出台了一系列政策措施，各地区、各有关部门加大工作力度，经过多年治理取得了明显成效。但也要看到，这一问题尚未得到根本解决，部分行业特别是工程建设领域拖欠工资问题仍较突出，一些政府投资工程项目不同程度存在拖欠农民工工资问题，严重侵害了农民工合法权益，由此引发的群体性事件时有发生，影响社会稳定。为全面治理拖欠农民工工资问题，经国务院同意，现提出如下意见：

一、总体要求

（一）指导思想。全面贯彻党的十八大和十八届二中、三中、四中、五中全会精神，按照“四个全面”战略布局和党中央、国务院决策部署，牢固树立并切实贯彻创新、协调、绿色、开放、共享的发展理念，紧紧围绕保护农民工劳动所得，坚持标本兼治、综合治理，着力规范工资支付行为、优化市场环境、强化监管责任，健全预防和解决拖欠农民工工资问题的长效机制，切实保障农民工劳动报酬权益，维护社会公平正义，促进社会和谐稳定。

（二）目标任务。以建筑市政、交通、水利等工程建设领域和劳动密集型加工制造、餐饮服务等易发生拖欠工资问题的行业为重点，健全源头预防、动态监管、失信惩戒相结合的制度保障体系，完善市场主体自律、政府依法监管、社会协同监督、司法联动惩处的工作体系。到2020年，形成制度完备、责任落实、监管有力的治理格局，使拖欠农民工工资问题得到根本遏制，努力实现基本无拖欠。

四、推进企业工资支付诚信体系建设

（十）完善企业守法诚信管理制度。将劳动用工、工资支付情况作为企业诚信评价的重要依据,实行分类分级动态监管。建立拖欠工资企业“黑名单”制度,定期向社会公开有关信息。人力资源社会保障部门要建立企业拖欠工资等违法信息的归集、交换和更新机制,将查处的企业拖欠工资情况纳入人民银行企业征信系统、工商部门企业信用信息公示系统、住房城乡建设等行业主管部门诚信信息平台或政府公共信用信息服务平台。推进相关信用信息系统互联互通,实现对企业信用信息互认共享。

（十一）建立健全企业失信联合惩戒机制。加强对企业失信行为的部门协同监管和联合惩戒,对拖欠工资的失信企业,由有关部门在政府资金支持、政府采购、招投标、生产许可、履约担保、资质审核、融资贷款、市场准入、评优评先等方面依法依规予以限制,使失信企业在全国范围内“一处违法、处处受限”,提高企业失信违法成本。交通运输、水利等部门要切实履行行业监管责任,规范工程建设市场秩序,督促企业落实劳务用工实名制管理等制度规定,负责督办因挂靠承包、违法分包、转包、拖欠工程款等造成的欠薪案件。发展改革等部门要加强对政府投资项目的审批管理,严格审查资金来源和筹措方式。财政部门要加强对政府投资项目建设全过程的资金监管,按规定及时拨付财政资金。其他相关部门要根据职责分工,积极做好保障农民工工资支付工作。

国务院关于钢铁行业化解过剩产能实现脱困发展的意见（节录）

（2016年2月1日　国发〔2016〕6号）

各省、自治区、直辖市人民政府，国务院各部委、各直属机构：

钢铁产业是国民经济的重要基础原材料产业，投资拉动作用大、吸纳就业能力强、产业关联度高，为我国经济社会发展作出了重要贡献。近年来，随着经济下行压力加大，钢材市场需求回落，钢铁行业快速发展过程中积累的矛盾和问题逐渐暴露，其中产能过剩问题尤为突出，钢铁企业生产经营困难加剧、亏损面和亏损额不断扩大。为贯彻落实党中央、国务院关于推进结构性改革、抓好去产能任务的决策部署，进一步化解钢铁行业过剩产能、推动钢铁企业实现脱困发展，现提出以下意见：

一、总体要求

（一）指导思想。全面贯彻党的十八大和十八届三中、四中、五中全会以及中央经济工作会议精神，按照"五位一体"总体布局和"四个全面"战略布局，牢固树立和贯彻落实创新、协调、绿色、开放、共享的发展理念，着眼于推动钢铁行业供给侧结构性改革，坚持市场倒逼、企业主体，地方组织、中央支持，突出重点、依法依规，综合运用市场机制、经济手段和法治办法，因地制宜、分类施策、标本兼治，积极稳妥化解过剩产能，建立市场化调节产能的长效机制，促进钢铁行业结构优化、脱困升级、提质增效。

（二）基本原则。

坚持市场倒逼、企业主体。健全公平开放透明的市场规则，强化市场竞争机制和倒逼机制，提高有效供给能力，引导消费结构升级。发挥企业主体作用，保障企业自主决策权。

坚持地方组织、中央支持。加强政策引导，完善体制机制，规范政府行为，取消政府对市场的不当干预和对企业的地方保护。发挥中央和地方两个积极性，积极有序化解过剩产能，确保社会稳定。

坚持突出重点、依法依规。整体部署、重点突破，统筹推进各地区开展化解过剩产能工作，产钢重点省份和工作基础较好的地区率先取得突破。强化法治意识，依法依规化解过剩产能，切实保障企业和职工的合法权益，落实好各项就业和社会保障政策，处置好企业资产债务。

（三）工作目标。在近年来淘汰落后钢铁产能的基础上，从2016年开始，用5年时间再压减粗钢产能1亿—1.5亿吨，行业兼并重组取得实质性进展，产业结构得到优化，资源利用效率明显提高，产能利用率趋于合理，产品质量和高端产品供给能力显著提升，企业经济效益好转，市场预期明显向好。

二、主要任务

（五）化解过剩产能。

2.引导主动退出。完善激励政策，鼓励企业通过主动压减、兼并重组、转型转产、搬迁改造、国际产能合作等途径，退出部分钢铁产能。

——企业主动压减产能。鼓励有条件的企业根据市场情况和自身发展需要，调整企业发展战略，尽快退出已停产的产能。鼓励钢铁产能规模较大的重点地区支持属地企业主动承担更多的压减任务。

——兼并重组压减产能。鼓励有条件的钢铁企业实施跨行业、跨地区、跨所有制减量化兼并重组，重点推进产钢大省的企业实施兼并重组，退出部分过剩产能。

——转产搬迁压减产能。对不符合所在城市发展规划的城市钢厂，不具备搬迁价值和条件的，鼓励其实施转型转产；具备搬迁价值和条件的，支持其实施减量、环保搬迁。

——国际产能合作转移产能。鼓励有条件的企业结合“一带一路”建设，通过开展国际产能合作转移部分产能，实现互利共赢。

（十）加大金融支持。

1.落实有保有控的金融政策，对化解过剩产能、实施兼并重组以及有前景、有效益的钢铁企业，按照风险可控、商业可持续原则加大信贷支持力度，支持各类社会资本参与钢铁企业并购重组；对违规新增钢铁产能的企业停止贷款。

2.运用市场化手段妥善处置企业债务和银行不良资产，落实金融机构呆账核销的财税政策，完善金融机构加大抵债资产处置力度的财税支持政策。研究完善不良资产批量转让政策，支持银行加快不良资产处置进度，支持银行向金融资产管理公司打包转让不良资产，提高不良资产处置效率。

3.支持社会资本参与企业并购重组。鼓励保险资金等长期资金创新产品和投资方式，参与企业并购重组，拓展并购资金来源。完善并购资金退出渠道，加快发展相关产权的二级交易市场，提高资金使用效率。

4. 严厉打击企业逃废银行债务行为，依法保护债权人合法权益。地方政府建立企业金融债务重组和不良资产处置协调机制，组织协调相关部门支持金融机构做好企业金融债务重组和不良资产处置工作。

国务院关于煤炭行业化解过剩产能实现脱困发展的意见（节录）

（2016年2月1日　国发〔2016〕7号）

各省、自治区、直辖市人民政府，国务院各部委、各直属机构：

煤炭是我国主体能源。煤炭产业是国民经济基础产业，涉及面广、从业人员多，关系经济发展和社会稳定大局。近年来，受经济增速放缓、能源结构调整等因素影响，煤炭需求大幅下降，供给能力持续过剩，供求关系严重失衡，导致企业效益普遍下滑，市场竞争秩序混乱，安全生产隐患加大，对经济发展、职工就业和社会稳定造成了不利影响。为贯彻落实党中央、国务院关于推进结构性改革、抓好去产能任务的决策部署，进一步化解煤炭行业过剩产能、推动煤炭企业实现脱困发展，现提出以下意见：

一、总体要求

（一）指导思想。全面贯彻党的十八大和十八届三中、四中、五中全会以及中央经济工作会议精神，按照“五位一体”总体布局和“四个全面”战略布局，牢固树立和贯彻落实创新、协调、绿色、开放、共享的发展理念，着眼于推动煤炭行业供给侧结构性改革，坚持市场倒逼、企业主体，地方组织、中央支持，综合施策、标本兼治，因地制宜、分类处置，将积极稳妥化解过剩产能与结构调整、转型升级相结合，实现煤炭行业扭亏脱困升级和健康发展。

（二）基本原则。

市场倒逼与政府支持相结合。充分发挥市场机制作用和更好发挥政府引导作用，用法治化和市场化手段化解过剩产能。企业承担化解过剩产能的主体责任，地方政府负责制定落实方案并组织实施，中央给予资金奖补和政策支持。

化解产能与转型升级相结合。严格控制新增产能，切实淘汰落后产能，有序退出过剩产能，探索保留产能与退出产能适度挂钩。通过化解过剩产能，促进企业优化组织结构、技术结构、产品结构，创新体制机制，提升综合竞争力，推动煤炭行业转型升级。

整体推进与重点突破相结合。在重点产煤省份和工作基础较好的地区率先突破,为整体推进探索有益经验。以做好职工安置为重点,挖掘企业内部潜力,做好转岗分流工作,落实好各项就业和社会保障政策,保障职工合法权益,处理好企业资产债务。

(三)工作目标。在近年来淘汰落后煤炭产能的基础上,从2016年开始,用3至5年的时间,再退出产能5亿吨左右、减量重组5亿吨左右,较大幅度压缩煤炭产能,适度减少煤矿数量,煤炭行业过剩产能得到有效化解,市场供需基本平衡,产业结构得到优化,转型升级取得实质性进展。

二、主要任务

(七)推进企业改革重组。稳妥推动具备条件的国有煤炭企业发展混合所有制经济,完善现代企业制度,提高国有资本配置和运行效率。鼓励大型煤炭企业兼并重组中小型企业,培育一批大型煤炭企业集团,进一步提高安全、环保、能耗、工艺等办矿标准和生产水平。利用3年时间,力争单一煤炭企业生产规模全部达到300万吨/年以上。

三、政策措施

(十五)加大金融支持。

1. 金融机构对经营遇到困难但经过深化改革、加强内部管理仍能恢复市场竞争力的骨干煤炭企业,要加强金融服务,保持合理融资力度,不搞“一刀切”。支持企业通过发债替代高成本融资,降低资金成本。

2. 运用市场化手段妥善处置企业债务和银行不良资产,落实金融机构呆账核销的财税政策,完善金融机构加大抵债资产处置力度的财税支持政策。研究完善不良资产批量转让政策,支持银行加快不良资产处置进度,支持银行向金融资产管理公司打包转让不良资产,提高不良资产处置效率。

3. 支持社会资本参与企业并购重组,鼓励保险资金等长期资金创新产品和投资方式,参与企业并购重组,拓展并购资金来源。完善并购资金退出渠道,加快发展相关产权的二级交易市场,提高资金使用效率。

4. 严厉打击企业逃废银行债务行为,依法保护债权人合法权益。地方政府建立企业金融债务重组和不良资产处置协调机制,组织协调相关部门支持金融机构做好企业金融债务重组和不良资产处置工作。巷开采技术,推广保水充填开采、智能开采和特殊煤层开采等绿色智慧矿山关键技术,提升大型煤炭开采先进装备制造水平。

国务院关于深入推进新型城镇化建设的若干意见(节录)

(2016 年 2 月 2 日　国发〔2016〕8 号)

各省、自治区、直辖市人民政府,国务院各部委、各直属机构:

新型城镇化是现代化的必由之路,是最大的内需潜力所在,是经济发展的重要动力,也是一项重要的民生工程。《国家新型城镇化规划(2014—2020 年)》发布实施以来,各地区、各部门抓紧行动、改革探索,新型城镇化各项工作取得了积极进展,但仍然存在农业转移人口市民化进展缓慢、城镇化质量不高、对扩大内需的主动力作用没有得到充分发挥等问题。为总结推广各地区行之有效的经验,深入推进新型城镇化建设,现提出如下意见。

一、总体要求

全面贯彻党的十八大和十八届二中、三中、四中、五中全会以及中央经济工作会议、中央城镇化工作会议、中央城市工作会议、中央扶贫开发工作会议、中央农村工作会议精神,按照“五位一体”总体布局和“四个全面”战略布局,牢固树立创新、协调、绿色、开放、共享的发展理念,坚持走以人为本、四化同步、优化布局、生态文明、文化传承的中国特色新型城镇化道路,以人的城镇化为核心,以提高质量为关键,以体制机制改革为动力,紧紧围绕新型城镇化目标任务,加快推进户籍制度改革,提升城市综合承载能力,制定完善土地、财政、投融资等配套政策,充分释放新型城镇化蕴藏的巨大内需潜力,为经济持续健康发展提供持久强劲动力。

坚持点面结合、统筹推进。统筹规划、总体布局,促进大中小城市和小城镇协调发展,着力解决好“三个 1 亿人”城镇化问题,全面提高城镇化质量。充分发挥国家新型城镇化综合试点作用,及时总结提炼可复制经验,带动全国新型城镇化体制机制创新。

坚持纵横联动、协同推进。加强部门间政策制定和实施的协调配合,推动户籍、土地、财政、住房等相关政策和改革举措形成合力。加强部门与地方政策联动,推动地方加快出台一批配套政策,确保改革举措和政策落地生根。

坚持补齐短板、重点突破。加快实施“一融双新”工程，以促进农民工融入城镇为核心，以加快新生中小城市培育发展和新型城市建设为重点，瞄准短板，加快突破，优化政策组合，弥补供需缺口，促进新型城镇化健康有序发展。

七、创新投融资机制

（二十四）深化政府和社会资本合作。进一步放宽准入条件，健全价格调整机制和政府补贴、监管机制，广泛吸引社会资本参与城市基础设施和市政公用设施建设和运营。根据经营性、准经营性和非经营性项目不同特点，采取更具针对性的政府和社会资本合作模式，加快城市基础设施和公共服务设施建设。

（二十五）加大政府投入力度。优化政府投资结构，安排专项资金重点支持农业转移人口市民化相关配套设施建设。编制公开透明的政府资产负债表，允许有条件的地区通过发行地方政府债券等多种方式拓宽城市建设融资渠道。省级政府举债使用方向要向新型城镇化倾斜。

（二十六）强化金融支持。专项建设基金要扩大支持新型城镇化建设的覆盖面，安排专门资金定向支持城市基础设施和公共服务设施建设、特色小城镇功能提升等。鼓励开发银行、农业发展银行创新信贷模式和产品，针对新型城镇化项目设计差别化融资模式与偿债机制。鼓励商业银行开发面向新型城镇化的金融服务和产品。鼓励公共基金、保险资金等参与具有稳定收益的城市基础设施项目建设和运营。鼓励地方利用财政资金和社会资金设立城镇化发展基金，鼓励地方整合政府投资平台设立城镇化投资平台。支持城市政府推行基础设施和租赁房资产证券化，提高城市基础设施项目直接融资比重。

国务院关于取消 13 项
国务院部门行政许可事项的决定

（2016 年 2 月 3 日　国发〔2016〕10 号）

各省、自治区、直辖市人民政府，国务院各部委、各直属机构：

经研究论证，国务院决定取消 13 项行政许可事项，现予公布。

附件：国务院决定取消的国务院部门行政许可事项目录（共计 13 项）

附件

国务院决定取消的国务院部门行政许可事项目录

（共计 13 项）

序号	项目名称	审批部门	设定依据
1	价格鉴证师注册核准	国家发展改革委	《国务院对确需保留的行政审批项目设定行政许可的决定》（国务院令第 412 号）
2	甲级价格评估机构资质认定	国家发展改革委	《国务院对确需保留的行政审批项目设定行政许可的决定》（国务院令第 412 号）
3	开采黄金矿产资质认定	工业和信息化部	《矿产资源开采登记管理办法》（国务院令第 241 号） 《国务院关于对黄金矿产实行保护性开采的通知》（国发〔1988〕75 号） 《关于解释重要矿产资源管理有关问题的复函》（中编办函〔1999〕107 号）
4	地质资料保护登记	国土资源部	《地质资料管理条例》（国务院令第 349 号）
5	经营流通人民币审批	中国人民银行	《中华人民共和国人民币管理条例》（国务院令第 280 号）

续表

序号	项目名称	审批部门	设定依据
6	进入全国银行间同业拆借市场审批	中国人民银行	《中华人民共和国中国人民银行法》 《同业拆借管理办法》(中国人民银行令〔2007〕第 3 号)
7	商业银行跨境调运人民币现钞审核	中国人民银行	《中华人民共和国国家货币出入境管理办法》(国务院令第 108 号) 《海关总署关于明确进出境货币现钞管理有关问题的通知》(署法〔1999〕394 号)
8	中药材生产质量管理规范(GAP)认证	食品药品监管总局	《国务院对确需保留的行政审批项目设定行政许可的决定》(国务院令第 412 号)
9	被清算的外资金融机构提取生息资产审批	银监会	《国务院对确需保留的行政审批项目设定行政许可的决定》(国务院令第 412 号) 《中华人民共和国外资银行管理条例实施细则》(银监会令 2015 年第 7 号)
10	其他期货经营机构从事期货投资咨询业务资格审批	证监会	《期货交易管理条例》(国务院令第 489 号)
11	聘请外国专家单位资格认可	国家外专局	《国务院对确需保留的行政审批项目设定行政许可的决定》(国务院令第 412 号)
12	民航计量检定员资格认可	中国民航局	《中华人民共和国计量法实施细则》(1987 年 1 月 19 日国务院批准,1987 年 2 月 1 日国家计量局发布)
13	资产管理公司对外处置不良资产备案登记、汇兑核准	国家外汇局	《国务院对确需保留的行政审批项目设定行政许可的决定》(国务院令第 412 号)

国务院关于第二批清理规范192项国务院部门行政审批中介服务事项的决定（节录）

（2016年2月3日　国发〔2016〕11号）

国务院各部委、各直属机构：

经研究论证，国务院决定第二批清理规范192项国务院部门行政审批中介服务事项，不再作为行政审批的受理条件。

各有关部门要认真做好清理规范行政审批中介服务事项的落实工作，加快推进配套改革和相关制度建设，切实加强事中事后监管。对于涉及公共安全的行政审批事项，中介服务清理规范后，要进一步强化相关监管措施，确保安全责任落实到位。

附件：国务院决定第二批清理规范的国务院部门行政审批中介服务事项目录（共计192项）

附件

国务院决定第二批清理规范的国务院部门行政审批中介服务事项目录(节录)

(共计192项)

序号	中介服务事项名称	涉及的审批事项项目名称	审批部门	中介服务设定依据	中介服务实施机构	处理决定
110	出具保荐机构审计报告	保荐机构注册	证监会	《证券公司监督管理条例》(国务院令第522号)	会计师事务所	不再要求申请人提供审计报告;审批部门严格审核申请人提交的符合规定的最近一年度净资本计算表、风险资本准备计算表和风险控制指标监管报表等材料
111	出具公募基金管理公司设立、公募基金管理人资格法律意见书	公募基金管理公司设立、公募基金管理人资格审批	证监会	《中华人民共和国证券投资基金法》 《资产管理机构开展公募证券投资基金管理业务暂行规定》(证监会公告〔2013〕10号) 注:审批工作中要求申请人提供有关机构出具的法律意见书	律师事务所	不再要求申请人提供公募基金管理公司设立、公募基金管理人资格法律意见书;审批部门通过完善审核标准程序,严格核查申请人股东会议决议、国有资产管理部门相关批复等材料,就重大法律问题内部征求意见等方式加强监管

续表

序号	中介服务事项名称	涉及的审批事项项目名称	审批部门	中介服务设定依据	中介服务实施机构	处理决定
112	出具基金托管人资格法律意见书	基金托管人资格核准	证监会	《证券投资基金托管业务管理办法》(证监会令第92号) 《非银行金融机构开展证券投资基金托管业务暂行规定》(证监会公告〔2013〕15号)	律师事务所	不再要求申请人提供基金托管人资格法律意见书;审批部门通过完善审核标准程序,严格核查申请人股东会议决议、国有资产管理部门相关批复等材料,就重大法律问题内部征求意见等方式加强监管
113	出具公募基金管理公司变更重大事项法律意见书	公募基金管理公司变更重大事项审批	证监会	《中华人民共和国证券投资基金法》 《国务院关于管理公开募集基金的基金管理公司有关问题的批复》(国函〔2013〕132号) 《基金管理公司特定客户资产管理业务试点办法》(证监会令第83号) 《证券投资基金管理公司管理办法》(证监会令第84号) 《关于证券投资基金管理公司在香港设立机构的规定》(证监会公告〔2008〕12号)	律师事务所	不再要求申请人提供变更重大事项法律意见书;审批部门通过完善审核标准程序,严格核查申请人股东会议决议、国有资产管理部门相关批复等材料,就重大法律问题内部征求意见等方式加强监管

续表

序号	中介服务事项名称	涉及的审批事项项目名称	审批部门	中介服务设定依据	中介服务实施机构	处理决定
114	出具基金服务机构注册法律意见书	基金服务机构注册	证监会	《证券投资基金销售管理办法》(证监会令第91号)	律师事务所	不再要求申请人提供法律意见书;审批部门通过完善审核标准程序,严格核查申请人股东会议决议、国有资产管理部门相关批复等材料,就重大法律问题内部征求意见等方式加强监管
115	出具证券公司变更业务范围、增加注册资本且股权结构发生重大调整、减少注册资本、变更持有5%以上股权的股东、实际控制人、变更公司章程重要条款及合并、分立法律意见书	证券公司变更业务范围、增加注册资本且股权结构发生重大调整、减少注册资本、变更持有5%以上股权的股东、实际控制人、变更公司章程重要条款及合并、分立审批	证监会	《中华人民共和国证券法》 《证券公司监督管理条例》(国务院令第522号) 《合格境内机构投资者境外证券投资管理试行办法》(证监会令第46号) 《证券公司业务范围审批暂行规定》(证监会公告〔2008〕42号)	律师事务所	不再要求申请人提供变更业务范围、增加注册资本且股权结构发生重大调整、减少注册资本、变更持有5%以上股权的股东、实际控制人、变更公司章程重要条款及合并、分立法律意见书;审批部门通过完善审核标准程序,严格核查申请人股东会议决议、国有资产管理部门相关批复等材料,就重大法律问题内部征求意见等方式加强监管

续表

序号	中介服务事项名称	涉及的审批事项项目名称	审批部门	中介服务设定依据	中介服务实施机构	处理决定
116	出具期货公司合并资产评估报告	期货公司设立、合并、分立、停业、解散或者破产，变更业务范围、注册资本、5%以上股权以及设立收购、参股或者终止境外期货类经营机构的审批	证监会	《中华人民共和国企业国有资产法》	资产评估机构	不再要求申请人提供期货公司合并资产评估报告；审批部门通过严格核查国有资产管理部门相关批复、备案等材料加强监管

国务院办公厅关于加强旅游市场综合监管的通知(节录)

(2016年2月4日　国办发〔2016〕5号)

各省、自治区、直辖市人民政府,国务院各部委、各直属机构:

为全面贯彻党的十八大和十八届二中、三中、四中、五中全会精神,按照党中央、国务院决策部署,加快建立权责明确、执法有力、行为规范、保障有效的旅游市场综合监管机制,进一步解决扰乱旅游市场秩序、侵害旅游者权益等突出问题,经国务院同意,现就加强旅游市场综合监管有关事项通知如下:

一、依法落实旅游市场监管责任

(一)强化政府的领导责任。国务院旅游工作部际联席会议下设旅游市场综合监管工作小组,由国家旅游局牵头负责统筹旅游市场综合监管的指导、协调、监督等工作。地方各级人民政府要建立健全旅游综合协调、旅游案件联合查办、旅游投诉统一受理等综合监管机制,统筹旅游市场秩序整治工作。要进一步落实游客不文明行为记录制度,大力营造诚信经营、公平竞争、文明有序的旅游市场环境,加快形成全国一盘棋的旅游市场综合监管格局。

(二)明确各相关部门的监管责任。按照"属地管理、部门联动、行业自律、各司其职、齐抓共管"的原则,建立旅游行政主管部门对旅游市场执法、投诉受理工作的有效协调机制,明确各相关部门责任。各有关部门配合旅游行政主管部门,做好相关行业指导、协调和督促检查工作。

(三)落实旅游企业的主体责任。各旅游企业要依照法律法规主动规范经营服务行为。旅行社要坚决抵制"不合理低价游"、强迫消费等违法行为。在线旅游企业要遵守公平竞争规则。购物店要自觉抵制商业贿赂。饭店、景区、交通、餐饮等企业要保障旅游者出游安全,提高服务品质。各市场主体要积极践行旅游行业"游客为本、服务至诚"的核心价值观,在旅游服务工作中诚实守信、礼貌待客,共同维护旅游市场秩序,让旅游者体验到优质服务。

（四）发挥社会公众的监督作用。要充分发挥“12301”等旅游服务热线和旅游投诉举报网络平台作用，鼓励社会各界积极提供各类违法违规行为线索。发挥旅游服务质量社会监督员和旅游志愿者的监督作用，提醒旅游者遵守旅游文明行为公约和行为指南，自觉抵制参加“不合理低价游”。要充分发挥旅游行业协会的自律作用，引导旅游经营者注重质量和诚信。强化媒体的舆论监督，支持媒体曝光扰乱旅游市场秩序的典型事件。

二、创新旅游市场综合监管机制

（九）建立健全旅游诚信体系。加快建立旅游行业失信惩戒制度，建立旅游信用信息公示制度，将旅游经营服务不良信息记录与企业信用信息公示系统对接，将旅游行政主管部门对旅游企业作出的行政许可准予、变更、延续信息和行政处罚信息在企业信用信息公示系统上公示，定期公布违法违规旅游经营者和从业人员旅游经营服务不良信息记录；依托全国统一的信用信息共享交换平台，加强信息互通，建立失信企业协同监管和联合惩戒机制，使旅游失信行为人付出巨大代价。

国务院办公厅关于加快众创空间发展服务实体经济转型升级的指导意见（节录）

（2016年2月14日　国办发〔2016〕7号）

各省、自治区、直辖市人民政府，国务院各部委、各直属机构：

推进大众创业万众创新是增强发展新动能、促进社会就业、提高发展质量效益的重要途径，是实施创新驱动发展战略的重要支撑，国务院陆续出台了一系列重要支持政策和举措，为经济平稳较快发展发挥了关键作用。当前，全国各地涌现出一批有亮点、有潜力、有特色的众创空间，已经成为大众创业万众创新的重要阵地和创新创业者的聚集地，呈现蓬勃发展的良好势头。为充分发挥各类创新主体的积极性和创造性，发挥科技创新的引领和驱动作用，紧密对接实体经济，有效支撑我国经济结构调整和产业转型升级，需要继续推动众创空间向纵深发展，在制造业、现代服务业等重点产业领域强化企业、科研机构和高校的协同创新，加快建设一批众创空间。经国务院同意，现就加快众创空间发展提出以下意见。

一、总体要求和基本原则

（一）总体要求。

促进众创空间专业化发展，为实施创新驱动发展战略、推进大众创业万众创新提供低成本、全方位、专业化服务，更大释放全社会创新创业活力，加快科技成果向现实生产力转化，增强实体经济发展新动能。通过龙头企业、中小微企业、科研院所、高校、创客等多方协同，打造产学研用紧密结合的众创空间，吸引更多科技人员投身科技型创新创业，促进人才、技术、资本等各类创新要素的高效配置和有效集成，推进产业链创新链深度融合，不断提升服务创新创业的能力和水平。

一是配套支持全程化。通过为创新创业者提供工业设计、检验检测、模型加工、知识产权、专利标准、中试生产、产品推广等研发、制造、销售相关服务，实现产业链资源开放共享和高效配置。

二是创新服务个性化。通过整合专业领域的技术、设备、信息、资本、市场、人力等资源，为创新创业者提供更高端、更具专业特色和定制化的增值服务。

三是创业辅导专业化。通过凝聚一批熟悉产业领域的创业导师和培训机构，开展创业培训，举办各类创业活动，为创新创业者提供更加适合产业特点的创业辅导服务，提高创新创业者的专业素质和能力，培养更多适应经济转型升级的创新人才。

（二）基本原则。

一是坚持发挥市场配置资源的决定性作用。要充分利用互联网等新一代信息技术，向创业者开放创新资源，降低创新创业成本，加强创新链与产业链、资金链的对接，让市场对科技成果作出评价。

二是坚持科技创新的引领作用。要以科技成果转移转化为重点，扩大“双创”的源头供给，推动科技型创新创业，使科技人员成为创新创业的主力军。

三是坚持服务和支撑实体经济发展。要与“互联网＋”行动计划、“中国制造2025”、大数据发展行动等相结合，促进龙头骨干企业在研发、生产、营销、服务、管理等方面改革创新，加快发展“制造＋服务”的智能工厂模式，培育更多富有活力的中小微企业，为经济发展注入新技术、新装备、新模式，培育新业态，催生新产业。

三、加大政策支持力度

充分利用现有创新政策工具，挖掘已有政策潜力，加大政策落实力度，形成支持众创空间发展的政策体系。

（十）引导金融资本支持。引导和鼓励各类天使投资、创业投资等与众创空间相结合，完善投融资模式。鼓励天使投资群体、创业投资基金入驻众创空间和双创基地开展业务。鼓励国家自主创新示范区、国家高新技术产业开发区设立天使投资基金，支持众创空间发展。选择符合条件的银行业金融机构，在试点地区探索为众创空间内企业创新活动提供股权和债权相结合的融资服务，与创业投资、股权投资机构试点投贷联动。支持众创空间内科技创业企业通过资本市场进行融资。

国务院办公厅关于完善国家级经济技术开发区考核制度促进创新驱动发展的指导意见（节录）

（2016年3月16日　国办发〔2016〕14号）

各省、自治区、直辖市人民政府，国务院各部委、各直属机构：

经过30多年发展，国家级经济技术开发区（以下简称国家级经开区）作为先进制造业聚集区和区域经济增长极，已经成为我国经济发展的强大引擎、对外开放的重要载体和体制机制改革的试验区域，为我国形成全方位、宽领域、多层次的对外开放格局作出了突出贡献。当前，国家级经开区面临的国际国内形势和肩负的历史使命都发生了深刻变化，迫切需要通过完善考核、分类指导、综合施策，促进创新驱动发展，为稳增长调结构惠民生继续发挥生力军作用。经国务院同意，现提出以下意见。

一、总体要求

全面贯彻党的十八大和十八届三中、四中、五中全会精神，认真落实《中共中央　国务院关于构建开放型经济新体制的若干意见》和《中共中央　国务院关于深化体制机制改革加快实施创新驱动发展战略的若干意见》，牢固树立创新、协调、绿色、开放、共享的发展理念，在培育发展新动力、拓展发展新空间、构建产业新体系和发展新体制等方面，持续发挥国家级经开区窗口示范和辐射带动作用，培育有全球影响力的先进制造业、现代服务业发展基地。

（一）坚持以对外开放为引领。放宽外资准入限制，完善法治化、国际化、便利化营商环境，吸引更多中高端外资加速流入。推进国家级经开区创新外贸发展模式，进一步提高贸易便利化水平，加快培育以技术、品牌、质量、服务为核心的外贸竞争新优势。主动适应我国对外开放新形势和国际产业转移新趋势，以开放促创新，拓展对外开放新的空间和领域，更好地融入全球产业链、价值链、供应链，提高我国在全球产业分工中的地位。

（二）坚持以科技创新为动力。着力构建以企业为主体、以市场为导向、产学研相结合的技术创新体系。推进信息化与工业化深度融合,将科技创新成果转化成现实生产力,打造若干高水平、有特色优势的产业创新中心。完善创新创业政策体系,支持和鼓励新技术、新产业、新业态蓬勃发展,形成有利于创新创业的良好氛围。强化原始创新、集成创新和引进消化吸收再创新,不断提高创新发展能力。

(三)坚持以体制创新为保障。加大简政放权力度,加强事中事后监管,做到扩大开放与加强监管同步。总结和复制推广自由贸易试验区体制机制创新成果,探索在开放创新、科技研发、市场导向、金融支持、公共服务等方面创新开发区发展模式,促进国家级经开区转型发展。

(四)坚持以考核评价为导向。完善考核评价体系,从产业基础、科技创新、区域带动、生态环保、行政效能等方面,综合评价各国家级经开区的优势、进步与不足,明确未来发展方向,加强分类指导和动态管理,鼓励争先进位,不断提升发展水平。

四、夯实产业基础

(十)创新产业投融资方式。通过考核园区产业引导基金、创业投资基金及其他形式扶持基金的设立情况,促进有条件的国家级经开区按市场化原则设立各类基金,逐步建立支持创新创业的市场化长效运行机制。重点支持发展战略性新兴产业、先进制造业、现代服务业。支持有条件的国家级经开区探索同境内外社会资本合作,共办各具特色的“区中园”,形成多层次、多渠道、多方式的投融资体系。

(十一)争取更多金融支持。通过考核产业发展和基础设施配套情况,促进国家级经开区充分利用政策性金融、开发性金融中长期融资优势和投资、贷款、债券、租赁、证券等综合金融服务优势,加快区内主导产业发展和城市地下综合管廊等基础设施建设。支持符合条件的国家级经开区开发、运营企业上市和发行债券。

国务院办公厅关于印发国务院2016年立法工作计划的通知

（2016年3月17日　国办发〔2016〕16号）

各省、自治区、直辖市人民政府，国务院各部委、各直属机构：

《国务院2016年立法工作计划》已经党中央、国务院同意，现印发给你们。2016年是全面建成小康社会决胜阶段的开局之年，也是推进结构性改革的攻坚之年。政府立法工作总的指导思想是：全面贯彻党的十八大和十八届三中、四中、五中全会精神，适应协调推进"四个全面"战略布局的新要求，牢固树立创新、协调、绿色、开放、共享的发展理念，加强重点领域立法，为"十三五"时期经济社会发展的良好开局提供法制保障。遵循这一指导思想，结合当前面临的新形势、新任务，现就做好国务院2016年立法工作提出以下意见：

一、着力推动创新、协调、绿色、开放、共享发展

——要着力推动创新发展，加快形成有利于创新发展的市场环境、产权制度、投融资制度、分配制度、人才培养引进使用制度等，健全知识产权创造、运用、管理、保护方面的制度。

——要着力推动协调发展，促进城乡区域协调发展，促进经济社会协调发展，促进新型工业化、信息化、城镇化、农业现代化同步发展；加强文化法制建设，提升国家软实力；推动经济建设和国防建设融合发展，提高融合发展的法治化水平。

——要着力推动绿色发展，制度建设要有利于全面节约和高效利用资源，推动低碳循环发展，用制度加大环境治理和生态保护力度，加快解决人民群众反映强烈的环境问题。

——要着力推动开放发展，不断完善涉外法律法规体系，完善法治化、国际化、便利化的营商环境，努力营造公平公正的法治环境、平等竞争的市场环境、透明高效的行政环境。

——要着力推动共享发展，从制度上充分调动人民群众的积极性、主动性、创造性，不断把"蛋糕"做大，把不断做大的"蛋糕"分好，让社会主义制度的优越性得到更充分体现，保障人民群众在各方面的合法权益，实现全民共享、全面共享、共建共享、渐进共享。

二、服务于全面深化改革和持续推进简政放权

坚持在法治下推进改革、在改革中完善法治，做到重大改革于法有据、立法主动适应改革和经济社会发展需要。要防止借改革之名通过立法为本单位、本系统扩张权力或者推诿责任；防止立法成为“要照顾”、“争优惠”的“政策洼地”；防止因立法中的旁枝末节问题影响改革进程；防止立法为将来改革“埋钉子”、“留尾巴”。立法要吃透、准确领会把握改革精神，对于党中央、国务院已经明确的改革方案，要通过制定、修改、废止、解释、授权等多种方式，尽快完成立法任务，为改革顺利实施提供法制保障；对于改革还在深入的领域，立法时要给改革留出空间，为先行先试、探索经验留路子；要及时把改革的成功经验和行之有效的举措上升为法律法规。

要从人民群众反映强烈的突出问题入手，继续减少行政审批数量，持续推进简政放权，进一步释放市场活力和社会创造力。取消和下放行政审批涉及现行法律法规修改的，有关部门要同步提出法律法规的修改方案；要统筹研究同一部法律、行政法规设定的行政审批事项的取消和调整，避免一部法律、行政法规频繁修改。对于已经取消和下放行政审批的管理事项，要同步研究制定事中事后监管措施。要严控新设行政许可，确需新设行政许可的要加强合法性、合理性和必要性审查论证。要建立清理工作长效机制，及时清理有关行政法规、规章、规范性文件，凡与上位法相抵触，不利于稳增长、促改革、调结构、惠民生、防风险，妨碍创业创新的制度规定，该修改的修改，该废止的废止，加快构建有利于大众创业、万众创新的制度环境。

三、进一步提高政府立法质量

要认真贯彻落实《中共中央关于加强党领导立法工作的意见》，起草政治方面法律的配套法规规章草案，以及重大经济社会方面的法律、法规、规章草案，要依照规定按程序报请党中央或者同级党委（党组）同意。国务院各部门和有立法权的地方人民政府要认真贯彻执行新修订的立法法，按照立法法规定的权限和程序开展立法工作。要围绕《法治政府建设实施纲要（2015—2020 年）》提出的奋斗目标，谋划和落实好纲要规定的各项任务，健全政府立法立项、起草、论证、协调、审议机制，增强政府立法的及时性、系统性、针对性、有效性。

国务院各部门起草法律和行政法规草案，要急群众之所急，急大局之所急，为改革发展稳定服务，不能为自己服务。要坚持问题导向，敢于正视问题，善于发现问题，坚持一切从中国的实际出发，有效解决中国的实际问题，找准实践中存在的主要矛盾、突出问题并加以解决，切实回应人民群众的诉求和期盼。要提高调查研究的质量，把现实和历史的情况、存在的问题、各方面的利益需求和矛盾搞清楚，避免用调研的名义自说自话。在起草、审查法律法规草案过程中，要系统周密、客观全面地考虑问题，不断提高分析能力，努力搞清楚各种不同意见背后的真实原因、利益情况以及可能产生的影响。要做好法律制度的科学设计，运用备案、抽查、标准、规划、信息披露、利益机制、信用等方式，设计出能够有效维护绝大多数人利益，及时发现、有效制止、有力惩处少数人违法行为的制度。

国务院各部门起草法律和行政法规草案，除商国务院法制办同意，明确在上报后由国务院法制办向社会公布征求意见，或者由国务院法制办报国务院批准不公布征求意见的外，各部门应当在上报国务院前将法律和行政法规草案向社会公布征求意见。国务院各部门和有立法权的地方人民政府制定规章，除依法需要保密的外，也应当将草案向社会公布征求意见。起草法律、行政法规、规章草案，还应当书面征求相关部门、地方人民政府的意见，主动征求有关人大代表和政协委员、民主党派、工商联、无党派人士、人民团体、社会组织的意见，深入征求基层干部群众的意见。

四、加强组织领导

国务院立法工作计划是各部门开展立法工作的主要依据。根据新形势新任务，需要对立法工作计划进行调整的，有关部门要提前报请国务院同意。起草部门在向国务院上报立法项目送审稿前，应当主动与国务院法制办沟通。已经上报国务院的送审稿，如果所规定的管理体制和主要制度发生了重大变化，起草部门要根据新情况新问题对原送审稿进行修改后重新上报。没有列入立法工作计划的项目，起草部门应当自行充分研究论证，未与国务院法制办沟通协商，不要自行上报送审稿。国务院法制办要跟踪了解各部门落实立法工作计划的情况，切实加强组织协调。制定法律法规的基本条件尚不成熟，有关部门对送审稿规定的主要制度存在较大争议、起草部门未与有关部门协商的，国务院法制办可以将送审稿退回起草部门重新研究。送审稿内容涉及起草部门之外其他部门职责的，国务院法制办要组织相关部门积极协调、书面征求意见，相关部门要积极配合，在规定期限内回复意见。对有关部门之间争议较大的重要立法事项，国务院法制办要在充分听取各方面意见的基础上提出倾向性意见，及时报请国务院决定。

国务院2016年立法工作计划

根据党的十八大和十八届三中、四中、五中全会以及中央经济工作会议精神，按照党中央、国务院确定的2016年工作总体部署和主要任务的要求，国务院2016年立法工作重点是：紧紧围绕党中央、国务院2016年的中心工作，把贯彻落实《中共中央关于全面深化改革若干重大问题的决定》、《中共中央关于全面推进依法治国若干重大问题的决定》、《中华人民共和国国民经济和社会发展第十三个五年规划纲要》和《政府工作报告》确定的任务作为重中之重，及时完成有关适应经济发展新常态要求、保障和改善民生、促进文化发展、着力改善生态环境、维护国家安全、加强政府自身建设等方面的立法项目。具体安排如下：

一、全面深化改革急需的项目

为贯彻落实"十三五"开局之年经济社会发展等方面的重大决策部署，对党中央、国务院确定的立法项目，要根据改革进程和改革方案，抓紧办理，尽快完成起草和审查任务。这类项目主要有：税收征收管理法（修订）（税务总局、财政部起草），社区矫正法（司法部起草），电力法（修订）（发展改革委、能源局起草），反不正当竞争法（修订）（工商总局起草），原子能法（国防科工局起草），密码法（密码局起草），中外合资经营企业法、中外合作经营企业法、外资企业法、台湾同胞投资保护法（修订）（商务部、台办起草），标准化法（修订）（质检总局起草），行政复议法（修订）（法制办起草），行政机关督查工作办法（国务院办公厅起草），政府信息公开条例（修订）（国务院办公厅、法制办起草），政府投资条例（发展改革委起草），企业投资项目核准和备案管理条例（发展改革委起草），楼堂馆所建设管理暂行条例（修订）（发展改革委起草），志愿服务条例（民政部起草），基金会管理条例（修订）（民政部起草），社会团体登记管理条例（修订）（民政部起草），民办非企业单位登记管理暂行条例（修订）（民政部起草），行政区划管理条例（民政部起草），强制医疗所条例（公安部起草），人力资源市场条例（人力资源社会保障部起草），失业保险条例（修订）（人力资源社会保障部起草），快递条例（交通运输部、邮政局起草），住房公积金管理条例（修订）（住房城乡建设部起草），建设项目环境保护管理条例（修订）（环境保护部起草），无证无照经营查处办法（工商总局起草），私募投资基金管理暂行条例（证监会起草），重大行政决策程序暂行条例（法制办起草），以及为了推进简政放权、放管结合、优化服务改革及公路管理等方面改革涉及的立法项目。

二、力争年内完成的项目

（一）适应经济发展新常态要求，促进经济持续健康发展和对外开放需要提请全国人大常委会审议的法律修订草案和需要制定、修订的行政法规。（7 件）

1. 为了保障国家计量单位制的统一和量值的准确可靠，规范计量活动，促进经济、科学技术和社会的发展，维护国家利益、公众利益，提请审议计量法修订草案（质检总局起草）。

2. 为了规范上市公司和各相关方行为，保护投资者和上市公司合法权益，制定上市公司监督管理条例（证监会起草）。

3. 为了加强对融资担保公司的监督管理，规范融资担保行为，促进融资担保行业健康发展，制定融资担保公司管理条例（银监会起草）。

4. 为了规范招标投标活动，确定必须招标的工程项目范围，修订工程建设项目招标范围和规模标准规定（发展改革委起草）。

5. 为了进一步规范专利代理行为，保障委托人、专利代理机构以及专利代理人的合法权益，维护专利代理正常秩序，促进专利代理行业健康发展，修订专利代理条例（知识产权局起草）。

6. 为了更好地维护正常的进出口秩序和当事人的合法权益，保障国家税收收入，促进对外贸易的发展，修订海关稽查条例（海关总署起草）。

7. 为了规范缔约程序，使缔约程序法相关规定更加细化、更具可操作性，以满足我国大幅增长的对外缔约实践需要，制定缔结条约程序法实施条例（外交部起草）。

（二）保障和改善民生，加强和创新社会治理需要提请全国人大常委会审议的法律修订草案和需要制定、修订的行政法规。（11 件）

1. 为了加强海上交通管理，维护海上交通秩序与通航环境，保护海上人身和财产安全，维护国家利益，提请审议海上交通安全法修订草案（交通运输部起草）。

2. 为了规范全国社会保障基金的管理运营，加强对全国社会保障基金的监督，在保证安全的前提下实现保值增值，制定全国社会保障基金条例（社保基金会、财政部、人力资源社会保障部起草）。

3. 为了减少、控制残疾的发生，保障残疾人享有康复服务的权利，发展残疾预防和残疾人康复事业，制定残疾预防和残疾人康复条例（中国残联、卫生计生委起草）。

4. 为了进一步完善残疾人教育法律制度，推动残疾人教育事业发展，修订残疾人教育条例（教育部起草）。

5. 为了规范城镇住房保障工作，保障住房困难家庭和个人的基本住房需求，促进实现住有所居，制定城镇住房保障条例（住房城乡建设部起草）。

6. 为了规范生产安全事故应急工作，保护人民群众生命和财产安全，制定生产安全事故应急条例（安全监管总局起草）。

7. 为了减少和消除烟草烟雾危害，保障公众健康，制定公共场所控制吸烟条例（卫生计生委起草）。

8. 为了加强对我国人类遗传资源的有效保护和合理利用，制定人类遗传资源管理条例（科技部起草）。

9. 为了进一步规范收养登记行为，修订中国公民收养子女登记办法（民政部起草）。

10. 为了进一步规范宗教事务管理，保障公民宗教信仰自由，维护宗教和睦与社会和谐，修订宗教事务条例（宗教局起草）。

11. 为了解决改革开放和城镇化进程中城市民族工作产生的新问题，修订城市民族工作条例（国家民委起草）。

（三）坚持物质文明精神文明并重，促进文化发展需要提请全国人大常委会审议的法律草案和需要修订的行政法规。（2 件）

1. 为了发展公共图书馆事业，满足人民群众日益增长的精神文化需求，提请审议公共图书馆法草案（文化部起草）。

2. 为了加强和改进互联网信息服务管理，促进互联网信息服务健康有序发展，修订互联网信息服务管理办法（网信办起草）。

（四）着力改善生态环境，节约能源资源需要提请全国人大常委会审议的法律草案、法律修订草案和需要制定、修订的行政法规。（7 件）

1. 为了保护和改善环境，减少污染物排放，推进生态文明建设，提请审议环境保护税法草案（财政部、税务总局、环境保护部起草）。

2. 为了防治水污染，保护和改善环境，保障饮用水安全，促进经济社会全面协调可持续发展，提请审议水污染防治法修订草案（环境保护部起草）。

3. 为了保护和改善海洋环境，保护海洋资源，防治污染损害，维护生态平衡，提请审议海洋环境保护法修订草案（海洋局起草）。

4. 为了加强海洋石油勘探开发环境保护，完善溢油事故应急处置机制，修订海洋石油勘探开发环境保护管理条例（海洋局起草）。

5. 为了加强农药管理，保证农药质量，保障农产品质量安全和人畜安全，保护生态环境，修订农药管理条例（农业部起草）。

6. 为了规范报废机动车回收拆解活动，保障道路交通安全，促进资源综合利用和循环经济发展，修订报废汽车回收管理办法（商务部起草）。

7. 为了加快农田水利发展，提高农业综合生产能力，保障国家粮食安全，制定农田水利条例（水利部起草）。

（五）实施国家安全战略，维护国家安全需要提请全国人大常委会审议的法律草案、法律修订草案和需要制定、修订的行政法规。（5 件）

1. 为了加强国防交通建设，保障国防活动顺利进行，提请审议国防交通法草案（中央军委后勤保障部起草）。

2. 为了建设一支听党指挥、能打胜仗、作风优良的高素质现役军官队伍，规范军官的权利义务，加强军官的职业管理，保障军官有效履行职责，提请审议现役军官法修订草案（中央军委政治工作部起草）。

3. 为了维护国家安全，提高测绘保障能力，促进地理信息产业发展，提请审议测绘法修订草案（测绘地信局起草）。

4. 为了贯彻实施反间谍法，防范、制止和惩治间谍行为，维护国家安全，制定反间谍法实施细则（安全部起草）。

5. 为了加强无线电管理，维护空中电波秩序，有效利用无线电频谱资源，保证无线电业务的正常开展，修订无线电管理条例（工业和信息化部、中央军委联合参谋部起草）。

（六）持续推进简政放权，加强政府自身建设需要制定、修订的行政法规。（2 件）

1. 为了贯彻实施预算法，进一步增强预算管理的规范性和可操作性，完善预算管理制度，修订预算法实施条例（财政部起草）。

2. 为了贯彻实施统计法，进一步规范统计行为，制定统计法实施条例（统计局起草）。

此外，为了贯彻合作共赢战略，保障改革开放有序开展，积极促进经济社会发展，维护国家主权、安全和发展利益，做好关于汞的水俣公约，2007 年内罗毕国际船舶残骸清除公约，《濒危野生动植物种国际贸易公约》第二十一条的修正案适用于香港特别行政区、澳门特别行政区，1975 年国际公路运输公约，生物多样性公约关于获取遗传资源和公正公平分享其利用所产生惠益的名古屋议定书等国际条约和协定审核工作（法制办会同有关部门）。

三、预备项目

（一）适应经济发展新常态要求，促进经济持续健康发展和对外开放需要提请全国人大常委会审议的法律草案、法律修订草案和需要制定、修订的行政法规。（15 件）

发展规划法（发展改革委起草），烟叶税法（财政部、税务总局起草），船舶吨税法（财政部、海关总署起草），保险法（修订）（保监会起草），专利法（修订）（知识产权局起草），非存款类放贷组织条例（人民银行起草），现金管理暂行条例（修订）（人民银行起草），商业银行破产风险处置条例（银监会起草），信托公司条例（银监会起草），消费税暂行条例（修订）（财政部、税务总局起草），基础设施和公用事业特许经营暂行条例（发展改革委、财政部起草），国家科学技术奖励条例（修订）（科技部起草），旅行社条例（修订）（旅游局起草），外国人在中国工作管理条例（人力资源社会保障部、外专局起草），外汇管理条例（修订）（人民银行、外汇局起草）。

（二）保障和改善民生，加强和创新社会治理需要提请全国人大常委会审议的法律草案、法律修订草案和需要制定、修订的行政法规。（18 件）

职业教育法（修订）（教育部、人力资源社会保障部起草），道路交通安全法（修订）（公安部起草），矿山安全法（修订）（安全监管总局起草），看守所法（公安部起草），食品安全法实施条例（修订）（食品药品监管总局起草），社会抚养费征收管理办法（修订）（卫生计生委起草），医疗事故处理条例（修订）（卫生计生委起草），农村扶贫开发条例（扶贫办起草），危险化学品安全管理条例（修订）（安全监管总局起草），化妆品卫生监督条例（修订）（食品药品监管总局起草），中国公民往来香港特别行政区澳门特别行政区管理条例（公安部起草），社会治安技术防范条例（公安部起草），外国人永久居留服务管理条例（公安部起草），城市地下管线管理条例（住房城乡建设部起草），铁路交通事故应急救援和调查处理条例（修订）（交通运输部、铁路局起草），重大设备监理条例（质检总局起草），殡葬管理条例（修订）（民政部起草），诉讼费用交纳办法（修订）（法制办组织起草）。

（三）坚持物质文明精神文明并重，促进文化发展需要提请全国人大常委会审议的法律草案、法律修订草案和需要制定、修订的行政法规。（5 件）

文化产业促进法（文化部起草），著作权法（修订）（版权局起草），全民阅读促进条例（新闻出版广电总局起草），电影管理条例（修订）（新闻出版广电总局起草），未成年人网络保护条例（网信办组织起草）。

（四）着力改善生态环境，节约能源资源需要制定、修订的行政法规。（7件）

碳排放权交易管理条例（发展改革委起草），稀有金属管理条例（工业和信息化部起草），核电管理条例（发展改革委、能源局起草），退耕还林条例（修订）（发展改革委、林业局起草），农作物病虫害防治条例（农业部起草），湿地保护条例（林业局起草），节约用水条例（水利部会同住房城乡建设部、发展改革委起草）。

（五）实施国家安全战略，维护国家安全需要提请全国人大常委会审议的法律草案和需要制定、修订的行政法规。（6件）

粮食法（发展改革委、粮食局起草），能源法（发展改革委、能源局起草），出境入境边防检查条例（修订）（公安部起草），军港条例（海军起草），军事设施保护法实施办法（修订）（中央军委国防动员部起草），中国人民解放军文职人员条例（修订）（中央军委政治工作部起草）。

（六）持续推进简政放权，加强政府自身建设需要提请全国人大常委会审议的法律草案、法律修订草案和需要制定、修订的行政法规。（8件）

审计法（修订）（审计署起草），信访法（信访局起草），档案法（修订）（档案局起草），行政法规制定程序条例（修订）（法制办起草），规章制定程序条例（修订）（法制办起草），国务院表彰奖励工作条例（人力资源社会保障部起草），地名管理条例（修订）（民政部起草），国家土地督察条例（国土资源部起草）。

四、研究项目

（一）有关适应经济发展新常态要求，促进经济持续健康发展和对外开放的立法项目。（26件）

价格法（修订）（发展改革委起草），反垄断法（修订）（商务部、发展改革委、工商总局起草），中国人民银行法（修订）（人民银行起草），银行业监督管理法（修订）（银监会起草），商业银行法（修订）（银监会起草），商品流通法（商务部起草），资源税法（财政部、税务总局起草），增值税法（财政部、税务总局起草），耕地占用税法（财政部、税务总局起草），关税法（财政部、海关总署起草），个人所得税法（修订）（财政部、税务总局起草），电信法（工业和信息化部起草），铁路法（修订）（交通运输部、铁路局起草），外国国家豁免法（外交部起草），出口管制法（商务部起草），金融统计管理条例（人民银行起草），支付结算条例（人民银行起草），企业国有资产基础管理条例（财政部、国资委起草），商业特许经营管理条例（修订）（商务部起草），国务院关于禁止在市场经济活动中实行地区封锁的规定（修订）（商务部起草），地震巨灾保险条例（保监会起草），国家自然科学基金条例（修订）（自然科学基金会起草），民间统计调查管理条例（统计局起草），职务发明条例（知识产权局起草），外商投资国家安全审查条例（发展改革委、商务部起草），口岸管理条例（海关总署起草）。

（二）有关保障和改善民生，加强和创新社会治理的立法项目。（34件）

药品管理法（修订）（食品药品监管总局起草），献血法（修订）（卫生计生委起草），药师法（卫生计生委组织起草），法律援助法（司法部起草），社会组织法（民政部起草），治安管理处罚法（修订）（公安部起草），建筑法（修订）（住房城乡建设部起草），监狱法（修订）（司法部起草），民用航空法（修订）（交通运输部、民航局起草），儿童福利条例（民政部起草），特困人员供养工作条例（民政部起草），城市生活无着的流浪乞讨人员救助管理办法（修订）（民政部起草），电梯安全条例（质检总局起草），高危粉尘作业与高毒作业职业卫生监督管理条例（安全监管总局起草），煤矿安全监察条例（修订）（安全监管总局起草），安全生产法实施条例（安全监管总局起草），传染病防治法实施办法（修订）（卫生计生委起草），流动人口计划生育工作条例（修订）（卫生计生委起草），疫苗流通和预防接种管理条例（修订）（卫生计生委起草），突发公共卫生事件应急条例（修订）（卫生计生委起草），国家教育考试条例（教育部起草），公共信用信息管理条例（发展改革委起草），统一社会信用代码管理办法（发展改革委、公安部、质检总局起草），警用品生产销售管理条例（公安部起草），畜禽屠宰管理条例（农业部起草），大中型水利水电工程建设征地补偿和移民安置条例（修订）（水利部起草），建设工程抗震管理条例（住房城乡建设部起草），城市公园条例（住房城乡建设部起草），房地产交易管理条例（住房城乡建设部起草），铁路运输条例（交通运输部、铁路局起草），反走私综合治理条例（海关总署起草），国家标准时间管理条例（质检总局起草），实验动物管理条例（修订）（科技部起草），村庄和集镇规划建设管理条例（修订）（住房城乡建设部起草）。

（三）有关坚持物质文明精神文明并重，促进文化发展的立法项目。（8件）

广播电视传输保障法（新闻出版广电总局起草），文物保护法（修订）（文化部、文物局起草），体育法（修订）（体育总局起草），著作权法实施条例(修订)(版权局起草),互联网上网服务营业场所管理条例(修订)(文化部起草),水下文物保护管理条例(修订)(文化部、文物局起草),印刷业管理条例(修订)(新闻出版广电总局起草),奥林匹克标志保护条例(修订)(体育总局、工商总局起草)。

(四)有关着力改善生态环境,节约能源资源的立法项目。(16 件)

海洋基本法(海洋局起草),应对气候变化法(发展改革委起草),固体废物污染环境防治法(修订)(环境保护部起草),渔业法(修订)(农业部起草),森林法(修订)(林业局起草),矿产资源法(修订)(国土资源部起草),土地管理法(修订)(国土资源部起草),石油天然气管道保护法(修订)(发展改革委、能源局起草),河道采砂管理条例(水利部起草),地下水管理条例(水利部起草),排污许可管理条例(环境保护部起草),规划环境影响评价条例(修订)(环境保护部起草),能源监管条例(发展改革委、能源局起草),国家石油储备管理条例(发展改革委、能源局起草),海洋石油天然气管道保护条例(海洋局、能源局起草),生物遗传资源获取管理条例(环境保护部起草)。

(五)有关实施国家安全战略,维护国家安全的立法项目。(25 件)

航天法(国防科工局起草),航空法(中央军委联合参谋部、交通运输部、民航局起草),防扩散法(外交部起草),人民武装警察法(修订)(武警总部起草),外国航空器临时进出中华人民共和国领空管理规定(中央军委联合参谋部起草),卫星导航条例(中央军委装备发展部起草),低空空域使用管理规定(中央军委联合参谋部起草),无人驾驶飞行器管理规定(中央军委联合参谋部起草),涉及国家安全事项的建设项目管理规定(安全部起草),国防科技创新基地管理条例(国防科工局起草),军工科研管理条例(国防科工局起草),宇航产品与技术出口管理条例(国防科工局起草),国防科技工业安全保密条例(国防科工局起草),国防科技工业武器装备科研生产设施保护条例(国防科工局起草),军工涉密业务服务管理条例(国防科工局起草),国防科技工业对外资开放管理办法(国防科工局起草),核安保条例(国防科工局起草),核电厂核事故应急管理条例(修订)(国防科工局起草),中国人民解放军实施《中华人民共和国职业病防治法》办法(中央军委后勤保障部起草),军用标准化管理条例(中央军委装备发展部起草),军人抚恤优待条例(修订)(民政部起草),边防治安管理条例(公安部起草),国防专利条例(修订)(中央军委装备发展部、工业和信息化部、国防科工局起草),民用航空安全保卫条例(修订)(交通运输部、民航局起草),关键信息基础设施安全保护条例(网信办起草）。

（六）有关持续推进简政放权，加强政府自身建设的立法项目。（6件）

政府间财政关系法（财政部起草），人民警察法（修订）（公安部起草），行政执法程序条例（法制办起草），行政调解条例（法制办起草），供销合作社条例（供销合作总社起草），民族乡行政工作条例（修订）（国家民委起草）。

此外，配合全国人大常委会继续审议网络安全法、野生动物保护法（修订）、证券法（修订）等法律案，配合初次审议红十字会法（修订）、公共文化服务保障法、民法总则、中小企业促进法（修订）等法律案，做好相关工作（法制办会同有关部门）。

国务院关于落实《政府工作报告》重点工作部门分工的意见

（2016年3月25日　国发〔2016〕20号）

国务院各部委、各直属机构：

根据党的十八大和十八届三中、四中、五中全会精神，中央经济工作会议精神和十二届全国人大四次会议通过的《政府工作报告》，为做好今年政府工作，实现经济社会发展目标任务，现就《政府工作报告》确定的重点工作提出部门分工意见如下：

一、稳定和完善宏观经济政策，保持经济运行在合理区间

（一）稳定和完善宏观经济政策。坚持以新发展理念引领发展，坚持稳中求进工作总基调，适应经济发展新常态，实行宏观政策要稳、产业政策要准、微观政策要活、改革政策要实、社会政策要托底的总体思路，把握好稳增长与调结构的平衡，保持经济运行在合理区间，着力加强供给侧结构性改革，加快培育新的发展动能，改造提升传统比较优势，抓好去产能、去库存、去杠杆、降成本、补短板，加强民生保障，切实防控风险，努力实现“十三五”时期经济社会发展良好开局。国内生产总值增长6.5%—7%，居民消费价格涨幅3%左右，进出口回稳向好，国际收支基本平衡，居民收入增长和经济增长基本同步。继续实施积极的财政政策和稳健的货币政策，创新宏观调控方式，加强区间调控、定向调控、相机调控，统筹运用财政、货币政策和产业、投资、价格等政策工具，采取结构性改革尤其是供给侧结构性改革举措，为经济发展营造良好环境。（发展改革委牵头，工业和信息化部、民政部、财政部、人力资源社会保障部、商务部、人民银行等按职责分工负责）

（二）加大力度实施积极的财政政策。

安排财政赤字2.18万亿元，比去年增加5600亿元，赤字率提高到3%。其中，中央财政赤字1.4万亿元，地方财政赤字7800亿元。安排地方专项债券4000亿元，继续发行地方政府置换债券。（财政部牵头，发展改革委、人民银行等按职责分工负责）

适度扩大财政赤字，主要用于减税降费，进一步减轻企业负担。全面实施营改增，从5月1日起，将试点范围扩大到建筑业、房地产业、金融业、生活服务业，并将所有企业新增不动产所含增值税纳入抵扣范围，确保所有行业税负只减不增。取消违规设立的政府性基金，停征和归并一批政府性基金，扩大水利建设基金等免征范围。将18项行政事业性收费的免征范围，从小微企业扩大到所有企业和个人。适当增加必要的财政支出和政府投资，加大对民生等薄弱环节的支持。创新财政支出方式，优化财政支出结构，应保尽保，应减尽减。（财政部、税务总局牵头，发展改革委、工业和信息化部、住房城乡建设部、人民银行等按职责分工负责）

加快财税体制改革。推进中央与地方事权和支出责任划分改革，合理确定增值税中央和地方分享比例。把适合作为地方收入的税种下划给地方，在税政管理权限方面给地方适当放权。进一步压缩中央专项转移支付规模，一般性转移支付规模增长12.2%。全面推开资源税从价计征改革。依法实施税收征管。建立规范的地方政府举债融资机制，对财政实力强、债务风险较低的，按法定程序适当增加债务限额。（财政部、税务总局牵头，发展改革委、国土资源部、人民银行等按职责分工负责）

（三）灵活适度实施稳健的货币政策。

广义货币M2预期增长13%左右，社会融资规模余额增长13%左右。统筹运用公开市场操作、利率、准备金率、再贷款等各类货币政策工具，保持流动性合理充裕，疏通传导机制，降低融资成本，加强对实体经济特别是小微企业、“三农”等支持。（人民银行牵头，发展改革委、财政部、银监会、证监会、保监会等按职责分工负责）

深化金融体制改革。加快改革完善现代金融监管体制，提高金融服务实体经济效率，实现金融风险监管全覆盖。深化利率市场化改革。继续完善人民币汇率市场化形成机制，保持人民币汇率在合理均衡水平上基本稳定。深化国有商业银行和开发性、政策性金融机构改革，发展民营银行，启动投贷联动试点。推进股票、债券市场改革和法治化建设，促进多层次资本市场健康发展，提高直接融资比重。适时启动“深港通”。建立巨灾保险制度。规范发展互联网金融。大力发展普惠金融和绿色金融。加强全口径外债宏观审慎管理。扎紧制度笼子，整顿规范金融秩序，严厉打击金融诈骗、非法集资和证券期货领域的违法犯罪活动，坚决守住不发生系统性区域性风险的底线。（中央编办、发展改革委、公安部、财政部、人民银行、法制办、银监会、证监会、保监会、外汇局等按职责分工负责）

二、加强供给侧结构性改革，增强持续增长动力

（四）推动简政放权、放管结合、优化服务改革向纵深发展。

切实转变政府职能、提高效能。继续大力削减行政审批事项，注重解决放权不同步、不协调、不到位问题，对下放的审批事项，要让地方能接得住、管得好。（国务院审改办牵头）深化商事制度改革，开展证照分离试点。（工商总局、法制办、国务院审改办等按职责分工负责）全面公布地方政府权力和责任清单，在部分地区试行市场准入负面清单制度。对行政事业性收费、政府定价或指导价经营服务性收费、政府性基金、国家职业资格，实行目录清单管理。加快建设统一开放、竞争有序的市场体系，打破地方保护。深化价格改革，加强价格监管。（中央编办、发展改革委、财政部、人力资源社会保障部、商务部、工商总局等按职责分工负责）修改和废止有碍发展的行政法规和规范性文件。（国务院办公厅、法制办等按职责分工负责）

创新事中事后监管方式，全面推行“双随机、一公开”监管，随机抽取检查对象，随机选派执法检查人员，及时公布查处结果。（工商总局牵头，海关总署、质检总局、食品药品监管总局等按职责分工负责）推进综合行政执法改革。（中央编办、法制办牵头）实施企业信用信息统一归集、依法公示、联合惩戒、社会监督。大力推行“互联网+政务服务”，实现部门间数据共享，让居民和企业少跑腿、好办事、不添堵。（发展改革委牵头，工业和信息化部、公安部、民政部、人力资源社会保障部、人民银行、税务总局、工商总局、质检总局、食品药品监管总局等按职责分工负责）

（五）充分释放全社会创业创新潜能。

着力实施创新驱动发展战略，促进科技与经济深度融合，提高实体经济的整体素质和竞争力。强化企业创新主体地位。落实企业研发费用加计扣除和加速折旧政策，完善高新技术企业、科技企业孵化器等税收优惠政策。支持行业领军企业建设高水平研发机构。加快将国家自主创新示范区试点政策推广到全国，再建设一批国家自主创新示范区、高新区。（科技部牵头，发展改革委、工业和信息化部、财政部、国土资源部、住房城乡建设部、国资委、税务总局等按职责分工负责）

发挥大众创业、万众创新和“互联网+”集众智汇众力的乘数效应。打造众创、众包、众扶、众筹平台，构建大中小企业、高校、科研机构、创客多方协同的新型创业创新机制。建设一批“双创”示范基地，培育创业创新服务业，规范发展天使、创业、产业等投资。支持分享经济发展，提高资

源利用效率，让更多人参与进来、富裕起来。（发展改革委牵头，科技部、工业和信息化部、财政部、人力资源社会保障部、人民银行、国资委、银监会、证监会、保监会等按职责分工负责）实施更积极、更开放、更有效的人才引进政策。（外专局牵头，外交部、发展改革委、教育部、科技部、公安部、财政部、人力资源社会保障部、侨办等按职责分工负责）加强知识产权保护和运用。（知识产权局牵头，工商总局、新闻出版广电总局等按职责分工负责）依法严厉打击侵犯知识产权和制假售假行为。（全国打击侵犯知识产权和制售假冒伪劣商品工作领导小组办公室牵头，领导小组成员单位按职责分工负责）

深化科技管理体制改革。扩大高校和科研院所自主权，砍掉科研管理中的繁文缛节。（科技部牵头，中央编办、发展改革委、教育部、工业和信息化部、财政部、中科院、工程院、自然科学基金会、国防科工局等按职责分工负责）实施支持科技成果转移转化的政策措施，完善股权期权税收优惠政策和分红奖励办法，鼓励科研人员创业创新。（发展改革委、科技部、财政部、人力资源社会保障部、国资委、税务总局、证监会等按职责分工负责）大力弘扬创新文化，厚植创新沃土，营造敢为人先、宽容失败的良好氛围，充分激发企业家精神，调动全社会创业创新积极性，汇聚成推动发展的磅礴力量。（科技部牵头，发展改革委、教育部、国资委、中科院、工程院、自然科学基金会、新闻办、网信办、中国科协等按职责分工负责）

（六）着力化解过剩产能和降本增效。重点抓好钢铁、煤炭等困难行业去产能，坚持市场倒逼、企业主体、地方组织、中央支持，运用经济、法律、技术、环保、质量、安全等手段，严格控制新增产能，坚决淘汰落后产能，有序退出过剩产能。采取兼并重组、债务重组或破产清算等措施，积极稳妥处置“僵尸企业”。完善财政、金融等支持政策，中央财政安排1000 亿元专项奖补资金，重点用于职工分流安置。采取综合措施，降低企业交易、物流、财务、用能等成本，坚决遏制涉企乱收费，对违规行为严肃查处。（发展改革委牵头，工业和信息化部、财政部、人力资源社会保障部、国土资源部、环境保护部、交通运输部、商务部、人民银行、国资委、质检总局、安全监管总局、银监会、证监会、保监会、能源局、煤矿安监局等按职责分工负责）

（七）努力改善产品和服务供给。

提升消费品品质。加快质量安全标准与国际标准接轨，建立商品质量惩罚性赔偿制度。鼓励企业开展个性化定制、柔性化生产，培育精益求精的工匠精神，增品种、提品质、创品牌。（发展改革委、工业和信息化部、商务部、卫生计生委、国资委、工商总局、质检总局、食品药品监管总局、旅游局等按职责分工负责）

促进制造业升级。深入推进“中国制造＋互联网”，建设若干国家级制造业创新平台，实施一批智能制造示范项目，启动工业强基、绿色制造、高端装备等重大工程，组织实施重大技术改造升级工程。（工业和信息化部牵头，发展改革委、科技部、财政部、国资委、税务总局等按职责分工负责）

加快现代服务业发展。启动新一轮国家服务业综合改革试点，实施高技术服务业创新工程，大力发展数字创意产业。放宽市场准入，提高生产性服务业专业化、生活性服务业精细化水平。建设一批光网城市，推进5万个行政村通光纤，让更多城乡居民享受数字化生活。（发展改革委牵头，科技部、工业和信息化部、财政部、农业部、商务部等按职责分工负责）

（八）大力推进国有企业改革。以改革促发展，坚决打好国有企业提质增效攻坚战。推动国有企业特别是中央企业结构调整，创新发展一批，重组整合一批，清理退出一批。推进股权多元化改革，开展落实企业董事会职权、市场化选聘经营者、职业经理人制度、混合所有制、员工持股等试点。深化企业用人制度改革，探索建立与市场化选任方式相适应的高层次人才和企业经营管理者薪酬制度。加快改组组建国有资本投资、运营公司。以管资本为主推进国有资产监管机构职能转变，防止国有资产流失，实现国有资产保值增值。赋予地方更多国有企业改革自主权。加快剥离国有企业办社会职能，解决历史遗留问题，让国有企业瘦身健体，增强核心竞争力。（国资委牵头，发展改革委、工业和信息化部、财政部、人力资源社会保障部、人民银行、审计署、法制办、银监会、证监会等按职责分工负责）

（九）更好激发非公有制经济活力。大幅放宽电力、电信、交通、石油、天然气、市政公用等领域市场准入，消除各种隐性壁垒，鼓励民营企业扩大投资、参与国有企业改革。在项目核准、融资服务、财税政策、土地使用等方面一视同仁。依法平等保护各种所有制经济产权，严肃查处侵犯非公有制企业及非公有制经济人士合法权益的行为，营造公平、公正、透明、稳定的法治环境，构建新型政商关系，促进各类企业各展其长、共同发展。（发展改革委牵头，工业和信息化部、公安部、司法部、财政部、国土资源部、住房城乡建设部、交通运输部、商务部、人民银行、国资委、税务总

局、工商总局、法制办、银监会、证监会、能源局、全国工商联等按职责分工负责）

三、深挖国内需求潜力，开拓发展更大空间

（十）增强消费拉动经济增长的基础作用。

适应消费升级趋势，破除政策障碍，优化消费环境，维护消费者权益。支持发展养老、健康、家政、教育培训、文化体育等服务消费。壮大网络信息、智能家居、个性时尚等新兴消费。（发展改革委、商务部牵头，教育部、民政部、文化部、卫生计生委、工商总局、体育总局等按职责分工负责）促进线上线下协调互动、平等竞争，推动实体商业创新转型。（商务部牵头，发展改革委、工业和信息化部、工商总局、质检总局、供销合作总社等按职责分工负责）

完善物流配送网络，促进快递业健康发展。加快建设城市停车场和充电设施。（发展改革委牵头，科技部、工业和信息化部、财政部、国土资源部、住房城乡建设部、交通运输部、商务部、能源局、铁路局、民航局、邮政局等按职责分工负责）活跃二手车市场，大力发展和推广以电动汽车为主的新能源汽车。（商务部、工业和信息化部牵头，发展改革委、科技部、公安部、财政部、环境保护部、交通运输部、税务总局、工商总局等按职责分工负责）

在全国开展消费金融公司试点，鼓励金融机构创新消费信贷产品。（银监会、人民银行牵头，保监会等按职责分工负责）降低部分消费品进口关税，增设免税店。（财政部牵头，商务部、海关总署、税务总局、旅游局等按职责分工负责）落实带薪休假制度，加强旅游交通、景区景点、自驾车营地等设施建设，规范旅游市场秩序。（人力资源社会保障部、旅游局牵头，发展改革委、财政部、交通运输部等按职责分工负责）

（十一）发挥有效投资对稳增长调结构的关键作用。启动一批“十三五”规划重大项目。完成铁路投资 8000 亿元以上、公路投资 1.65 万亿元，建设水电核电、特高压输电、智能电网、油气管网、城市轨道交通等重大项目。中央预算内投资安排 5000 亿元。深化投融资体制改革，继续以市场化方式筹集专项建设基金，推动地方融资平台转型改制进行市场化融资，探索基础设施等资产证券化，扩大债券融资规模。（发展改革委牵头，科技部、财政部、国土资源部、住房城乡建设部、交通运输部、水利部、人民银行、证监会、能源局、铁路局、中国铁路总公司、开发银行、农业发展银行等按职责分工负责）再开工 20 项重大水利工程。（水利部、发展改革委牵头，财政部、国土资源部、环境保护部等按职责分工负责）完善政府和社会资本合作模式，用好1800亿元引导基金，依法严格履行合同，充分激发社会资本参与热情。（发展改革委、财政部等按职责分工负责）

（十二）深入推进新型城镇化。

加快农业转移人口市民化。深化户籍制度改革，放宽城镇落户条件。（公安部牵头，发展改革委等按职责分工负责）建立健全“人地钱”挂钩政策。（财政部、国土资源部牵头，发展改革委、人力资源社会保障部、住房城乡建设部等按职责分工负责）居住证要加快覆盖未落户的城镇常住人口，使他们依法享有居住地义务教育、就业、医疗等基本公共服务。（发展改革委、教育部、公安部、民政部、司法部、人力资源社会保障部、住房城乡建设部、卫生计生委、法制办等按职责分工负责）扩大新型城镇化综合试点范围。发展中西部地区中小城市和小城镇，容纳更多的农民工就近就业创业。（发展改革委牵头，人力资源社会保障部、住房城乡建设部等按职责分工负责）

推进城镇保障性安居工程建设和房地产市场健康发展。棚户区住房改造600万套，提高棚改货币化安置比例。完善支持居民住房合理消费的税收、信贷政策，适应住房刚性需求和改善性需求，因城施策化解房地产库存，促进房地产市场平稳运行。建立租购并举的住房制度，把符合条件的外来人口逐步纳入公租房供应范围。（住房城乡建设部牵头，发展改革委、财政部、国土资源部、人民银行、税务总局、银监会、开发银行、农业发展银行等按职责分工负责）

加强城市规划建设管理。增强城市规划的科学性、前瞻性、权威性、公开性，促进“多规合一”。开工建设城市地下综合管廊2000公里以上。积极推广绿色建筑和建材，大力发展钢结构和装配式建筑，加快标准化建设，提高建筑技术水平和工程质量。推进城市管理体制创新，打造智慧城市，完善公共交通网络，治理交通拥堵等突出问题，改善人居环境。（住房城乡建设部牵头，发展改革委、工业和信息化部、公安部、民政部、财政部、国土资源部、环境保护部、交通运输部等按职责分工负责）

（十三）优化区域发展格局。深入推进“一带一路”建设，落实京津冀协同发展规划纲要，加快长江经济带发展。制定实施西部大开发“十三五”规划，实施新一轮东北地区等老工业基地振兴战略，出台促进中部地区崛起新十年规划，支持东部地区在体制创新、陆海统筹等方面率先突破。促进资源型地区经济转型升级。支持革命老区、民族地区、边疆地区、贫困地区发展。（发展改革委牵头，工业和信息化部、国家民委、财政部、国土资源部、环境保护部、交通运输部、农业部、商务部、扶贫办等按职责分工负责）制定和实施国家海洋战略，维护国家海洋权益，保护海洋生态环境，拓展蓝色经济空间，建设海洋强国。（外交部、发展改革委、科技部、财政部、国土资源部、环境保护部、交通运输部、农业部、海洋局等按职责分工负责）

四、加快发展现代农业，促进农民持续增收

（十四）加快农业结构调整。

完善农产品价格形成机制，引导农民适应市场需求调整种养结构，适当调减玉米种植面积。按照“市场定价、价补分离”原则，积极稳妥推进玉米收储制度改革，保障农民合理收益。多措并举消化粮食库存，大力支持农产品精深加工，发展畜牧业，延伸农业产业链条；制定新一轮退耕还林还草方案，退耕还林还草1500万亩以上。（发展改革委、农业部牵头，财政部、国土资源部、水利部、林业局、粮食局、农业发展银行、中储粮总公司等按职责分工负责）

积极发展多种形式农业适度规模经营，完善对家庭农场、专业大户、农民合作社等新型经营主体的扶持政策，培养新型职业农民，鼓励农户依法自愿有偿流转承包地，开展土地股份合作、联合或土地托管。深化农村集体产权、农垦、集体林权、国有林场、农田水利、供销社等改革。（农业部牵头，财政部、国土资源部、水利部、林业局、银监会、供销合作总社等按职责分工负责）

（十五）强化农业基础支撑。全面完成永久基本农田划定并实行特殊保护，加强高标准农田建设，增加深松土地1.5亿亩，新增高效节水灌溉面积2000万亩。（国土资源部牵头，发展改革委、财政部、水利部、农业部等按职责分工负责）探索耕地轮作休耕制度试点。加强农业科技创新与推广，深入开展粮食绿色高产高效创建，实施化肥农药零增长行动。（农业部牵头，发展改革委、科技部、财政部、国土资源部、林业局、中科院等按职责分工负责）保障财政对农业投入，建立全国农业信贷担保体系，完善农业保险制度和农村金融服务，引导带动更多资金投向现代农业建设。（财政部牵头，发展改革委、水利部、农业部、人民银行、林业局、银监会、保监会等按职责分工负责）

（十六）改善农村公共设施和服务。加大农村基础设施建设力度，新建改建农村公路20万公里，具备条件的乡镇和建制村加快通硬化路、通客车。抓紧新一轮农村电网改造升级，两年内实现农村稳定可靠供电服务和平原地区机井通电全覆盖。实施饮水安全巩固提升工程。推动电子商务进农村。开展农村人居环境整治，建设美丽宜居乡村。（发展改革委牵头，工业和信息化部、财政部、环境保护部、住房城乡建设部、交通运输部、水利部、农业部、商务部、林业局、能源局、供销合作总社等按职责分工负责）

（十七）实施脱贫攻坚工程。完成1000万以上农村贫困人口脱贫任务，其中易地搬迁脱贫200万人以上，继续推进贫困农户危房改造。中央财政扶贫资金增长43.4%。在贫困县推进涉农资金整合。坚持精准扶贫脱贫，因人因地施策。大力培育特色产业，支持就业创业。解决好通路、通水、通电、通网络等问题，增强集中连片特困地区和贫困人口发展能力。国家各项惠民政策和民生项目，向贫困地区倾斜。深入开展定点扶贫、东西协作扶贫，支持社会力量参与脱贫攻坚。（扶贫办牵头，发展改革委、教育部、工业和信息化部、国家民委、民政部、财政部、人力资源社会保障部、国土资源部、住房城乡建设部、交通运输部、水利部、农业部、卫生计生委、人民银行、国资委、统计局、旅游局、能源局、全国妇联、中国残联、全国工商联、开发银行、农业发展银行、农业银行等按职责分工负责）

五、推进新一轮高水平对外开放，着力实现合作共赢

（十八）扎实推进“一带一路”建设。统筹国内区域开发开放与国际经济合作，共同打造陆上经济走廊和海上合作支点，推动互联互通、经贸合作、人文交流。构建沿线大通关合作机制，建设国际物流大通道。推进边境经济合作区、跨境经济合作区、境外经贸合作区建设。坚持共商共建共享，使“一带一路”成为和平友谊纽带、共同繁荣之路。（发展改革委、外交部、商务部牵头，科技部、工业和信息化部、财政部、交通运输部、文化部、国资委、海关总署、质检总局等按职责分工负责）

（十九）扩大国际产能合作。坚持企业为主、政府推动、市场化运作，实施一批重大示范项目。落实和完善财税金融支持政策，设立人民币海外合作基金，用好双边产能合作基金。推动装备、技术、标准、服务走出去，打造中国制造金字品牌。（发展改革委、商务部、外交部、人民银行、国资委、质检总局等负责）

（二十）促进外贸创新发展。

加快落实和完善政策。优化出口退税率结构，确保及时足额退税，严厉打击骗取退税。增加短期出口信用保险规模，实现成套设备出口融资保险应保尽保。（财政部牵头，商务部、税务总局、中国出口信用保险公司等按职责分工负责）

鼓励商业模式创新。扩大跨境电子商务试点，支持企业建设一批出口产品“海外仓”，促进外贸综合服务企业发展。（商务部牵头，发展改革

委、财政部、海关总署等按职责分工负责）

优化贸易结构。开展服务贸易创新发展试点，增加服务外包示范城市，加快发展文化对外贸易。进一步整合优化海关特殊监管区域，促进加工贸易向中西部地区转移、向产业链中高端延伸。（商务部牵头，发展改革委、财政部、文化部、人民银行、海关总署、税务总局、质检总局、外汇局等按职责分工负责）

推进贸易便利化。全面推广国际贸易“单一窗口”。降低出口商品查验率。（商务部牵头，发展改革委、财政部、人民银行、海关总署、税务总局、质检总局、银监会等按职责分工负责）

实施更加积极的进口政策。扩大先进技术设备、关键零部件及紧缺能源原材料进口。（商务部牵头，发展改革委、工业和信息化部、财政部、海关总署、税务总局、能源局等按职责分工负责）

（二十一）提高利用外资水平。继续放宽投资准入，扩大服务业和一般制造业开放，简化外商投资企业设立程序，加大招商引资力度。创新内陆和沿边开放模式，打造新的外向型产业集群，引导外资更多投向中西部地区。营造更加公平、更为透明、更可预期的投资环境。（发展改革委、商务部、法制办等按职责分工负责）扩大自贸试验区试点。（商务部牵头，发展改革委、财政部、人民银行、海关总署、质检总局等按职责分工负责）创新开发区体制机制。（发展改革委、科技部、商务部、海关总署等按职责分工负责）

（二十二）加快实施自由贸易区战略。积极商签区域全面经济伙伴关系协定，加快中日韩自贸区等谈判，推进中美、中欧投资协定谈判，加强亚太自贸区联合战略研究。推进贸易投资自由化，共同构建均衡、共赢、包容的国际经贸体系。（商务部牵头，外交部、发展改革委、工业和信息化部、财政部等按职责分工负责）

六、加大环境治理力度，推动绿色发展取得新突破

（二十三）重拳治理大气雾霾和水污染。主要污染物排放继续减少。化学需氧量、氨氮排放量分别下降2%，二氧化硫、氮氧化物排放量分别下降3%，重点地区细颗粒物（$PM_{2.5}$）浓度继续下降。着力抓好减少燃煤排放和机动车排放。加强煤炭清洁高效利用，减少散煤使用，推进以电代煤、以气代煤。全面实施燃煤电厂超低排放和节能改造。加快淘汰不符合强制性标准的燃煤锅炉。增加天然气供应，完善风能、太阳能、生物质能等发展扶持政策，提高清洁能源比重。鼓励秸秆资源化综合利用，限制直接焚烧。全面推广车用燃油国五标准，淘汰黄标车和老旧车380万辆。

在重点区域实行大气污染联防联控。全面推进城镇污水处理设施建设与改造,加强农业面源污染和流域水环境综合治理。加大工业污染源治理力度,对排污企业全面实行在线监测。强化环境保护督察,做到奖惩分明。严格执行新修订的环境保护法,依法严厉打击超排偷排者,依法严肃追究姑息纵容者。(环境保护部牵头,中央编办、发展改革委、科技部、工业和信息化部、公安部、财政部、国土资源部、住房城乡建设部、交通运输部、水利部、农业部、商务部、质检总局、法制办、气象局、能源局、海洋局等按职责分工负责)

(二十四)大力发展节能环保产业。单位国内生产总值能耗下降3.4%以上。扩大绿色环保标准覆盖面。完善扶持政策,支持推广节能环保先进技术装备,广泛开展合同能源管理和环境污染第三方治理,加大建筑节能改造力度,加快传统制造业绿色改造。开展全民节能、节水行动,推进垃圾分类处理,健全再生资源回收利用网络,把节能环保产业培育成我国发展的一大支柱产业。(发展改革委牵头,工业和信息化部、财政部、环境保护部、住房城乡建设部、水利部、商务部、质检总局等按职责分工负责)

(二十五)加强生态安全屏障建设。健全生态保护补偿机制。停止天然林商业性采伐,实行新一轮草原生态保护补助奖励政策。推进地下水超采区综合治理试点,实施湿地等生态保护与恢复工程,继续治理荒漠化、石漠化和水土流失。(发展改革委牵头,财政部、国土资源部、环境保护部、水利部、农业部、林业局等按职责分工负责)

七、切实保障改善民生,加强社会建设

(二十六)着力扩大就业创业。实施更加积极的就业政策,鼓励以创业带动就业。城镇新增就业1000万人以上,城镇登记失业率4.5%以内。今年高校毕业生将高达765万人,落实好就业促进计划和创业引领计划,促进多渠道就业创业。用好失业保险基金结余,增加稳就业资金规模,做好企业下岗职工技能培训和再就业工作,对城镇就业困难人员提供托底帮扶。完成2100万人次以上农民工职业技能提升培训任务。加强对灵活就业、新就业形态的扶持。切实做好退役军人安置和就业创业服务工作。(人力资源社会保障部牵头,发展改革委、教育部、科技部、工业和信息化部、民政部、财政部、农业部、人民银行、国资委、税务总局、工商总局、统计局、共青团中央、中国残联等按职责分工负责)

(二十七)发展更高质量更加公平的教育。

公共教育投入加大向中西部和边远、贫困地区倾斜力度。统一城乡义务教育经费保障机制，改善薄弱学校和寄宿制学校办学条件。支持普惠性幼儿园发展。办好特殊教育。加快健全现代职业教育体系，分类推进中等职业教育免除学杂费。对贫困家庭学生率先免除普通高中学杂费。落实提高乡村教师待遇政策。加快推进远程教育，扩大优质教育资源覆盖面。（教育部牵头，发展改革委、工业和信息化部、国家民委、民政部、财政部、人力资源社会保障部、卫生计生委、扶贫办、中国残联等按职责分工负责）

提升高校教学水平和创新能力，推动具备条件的普通本科高校向应用型转变。继续扩大重点高校面向贫困地区农村招生规模，落实和完善农民工随迁子女在当地就学和升学考试政策。支持和规范民办教育发展。教育要促进学生德智体美全面发展，注重培养各类高素质创新型人才。（教育部牵头，中央编办、发展改革委、民政部、财政部、农业部、扶贫办等按职责分工负责）

（二十八）协调推进医疗、医保、医药联动改革。

实现大病保险全覆盖，政府加大投入，让更多大病患者减轻负担。中央财政安排城乡医疗救助补助资金160亿元，增长9.6%。整合城乡居民基本医保制度，财政补助由每人每年380元提高到420元。改革医保支付方式，加快推进基本医保全国联网和异地就医结算。（发展改革委、民政部、财政部、人力资源社会保障部、卫生计生委、保监会、国务院医改办等按职责分工负责）

扩大公立医院综合改革试点城市范围，协同推进医疗服务价格、药品流通等改革。（卫生计生委牵头，发展改革委、工业和信息化部、财政部、人力资源社会保障部、商务部、国资委、食品药品监管总局、国务院医改办等按职责分工负责）深化药品医疗器械审评审批制度改革。（食品药品监管总局牵头，发展改革委、科技部、工业和信息化部、财政部、人力资源社会保障部、卫生计生委、中医药局等按职责分工负责）

加快培养全科医生、儿科医生。在70%左右的地市开展分级诊疗试点。基本公共卫生服务经费财政补助从人均40元提高到45元，促进医疗资源向基层和农村流动。鼓励社会办医。发展中医药、民族医药事业。建立健全符合医疗行业特点的人事薪酬制度，保护和调动医务人员积极性。构建和谐医患关系。完善一对夫妇可生育两个孩子的配套政策。（卫生计生委牵头，中央编办、发展改革委、教育部、科技部、工业和信息化部、公安部、民政部、财政部、人力资源社会保障部、住房城乡建设部、商务部、国资委、食品药品监管总局、保监会、中医药局、国务院医改办、国务院妇儿工委、全国妇联等按职责分工负责）加快健全统一权威的食品药品安全监管体制，严守从农田到餐桌、从企业到医院的每一道防线。（国务院食品安全办牵头，中央编办、发展改革委、科技部、工业和信息化部、公安部、财政部、人力资源社会保障部、环境保护部、农业部、商务部、卫生计生委、海关总署、工商总局、质检总局、食品药品监管总局、林业局、粮食局、海洋局、中医药局等按职责分工负责）

（二十九）织密织牢社会保障安全网。继续提高退休人员基本养老金标准。各地要切实负起责任，确保养老金按时足额发放。制定划转部分国有资本充实社保基金办法。（人力资源社会保障部、财政部牵头，国资委、证监会、社保基金会等按职责分工负责）开展养老服务业综合改革试点，推进多种形式的医养结合。落实临时救助、特困人员救助供养等制度，合理确定救助供养标准，完善工作机制。城乡低保人均补助标准分别提高5%和8%。加快健全城乡社会救助体系。（民政部牵头，发展改革委、教育部、财政部、人力资源社会保障部、国土资源部、住房城乡建设部、农业部、卫生计生委、扶贫办、全国老龄办、中国残联等按职责分工负责）

（三十）推进文化改革发展。用中国梦和中国特色社会主义凝聚共识、汇聚力量，培育和践行社会主义核心价值观，加强爱国主义教育。实施哲学社会科学创新工程，发展文学艺术、新闻出版、广播影视、档案等事业。建设中国特色新型智库。加强文物和非物质文化遗产保护利用。深化群众性精神文明创建活动，倡导全民阅读，普及科学知识，弘扬科学精神，提高国民素质和社会文明程度。促进传统媒体与新兴媒体融合发展。培育健康网络文化。深化中外人文交流，加强国际传播能力建设。深化文化体制改革，引导公共文化资源向城乡基层倾斜，推动文化产业创新发展，繁荣文化市场，加强文化市场管理。推进数字广播电视户户通。做好北京冬奥会和冬残奥会筹办工作，倡导全民健身新时尚。（文化部牵头，外交部、教育部、科技部、财政部、新闻出版广电总局、体育总局、中科院、社科院、新闻办、网信办、文物局、档案局、中国科协等按职责分工负责）

（三十一）加强和创新社会治理。

做好基层基础工作，推进城乡社区建设，促进基层民主协商。支持工会、共青团、妇联等群团组织参与社会治理。加快行业协会商会与行政机关脱钩改革，依法规范发展社会组织，支持专业社会工作、志愿服务和慈善事业发展。加强社会信用体系建设。切实保障妇女、儿童、残疾人权益，加强对农村留守儿童和妇女、老人的关爱服务。（民政部牵头，中央编办、发展改革委、教育部、公安部、财政部、人力资源社会保障部、人民银行、工商总局、法制办、国务院妇儿工委、全国老龄办、全国妇联、中国残联等按职责分工负责)深化司法体制改革,开展法治宣传教育,启动实施“七五”普法规划,做好法律援助和社区矫正工作。完善国家网络安全保障体系。创新社会治安综合治理机制,以信息化为支撑推进社会治安防控体系建设,依法惩治违法犯罪行为,严厉打击暴力恐怖活动,增强人民群众的安全感。完善多元调解机制,有效化解矛盾纠纷,促进社会平安祥和。(公安部、工业和信息化部、安全部、司法部、网信办、信访局等按职责分工负责)

健全应急管理机制。编制国家突发事件应急体系建设“十三五”规划。健全预警信息发布机制,推进国家预警信息发布系统建设。完善应急预案体系,推动跨区域应急管理合作,加快应急产业发展。推动应急管理培训和科普宣教,强化全民安全意识教育,全面提升应急管理水平。(国务院办公厅牵头,发展改革委、教育部、科技部、工业和信息化部、行政学院、气象局等按职责分工负责)

坚持不懈抓好安全生产和公共安全。加强安全基础设施和防灾减灾能力建设,健全监测预警应急机制,提高气象服务水平,做好地震、测绘、地质等工作。完善和落实安全生产责任、管理制度和考核机制,实行党政同责、一岗双责,加大失职追责力度,严格监管执法,坚决遏制重特大安全事故发生,切实保障人民生命财产安全。(安全监管总局牵头,民政部、国土资源部、水利部、地震局、气象局、海洋局、测绘地信局等按职责分工负责)

加强和改进信访工作。强化国家信访信息系统应用。集中开展信访积案化解攻坚。积极推行信访事项简易办理。加强信访问题分析研判。推进信访法治化建设,依法分类处理群众信访诉求。严格落实信访工作责任制。(信访局牵头,公安部、民政部、人力资源社会保障部、国土资源部、住房城乡建设部、卫生计生委、法制办等按职责分工负责)

八、加强政府自身建设,提高施政能力和服务水平

(三十二)坚持依法履职,把政府活动全面纳入法治轨道。各级政府及其工作人员要带头严格遵守宪法和法律,自觉运用法治思维和法治方式推动工作,法定职责必须为,法无授权不可为。积极推行政府法律顾问制度。(法制办牵头,监察部、司法部等按职责分工负责)深入推进政务公开,充分发挥传统媒体、新兴媒体作用,利用好网络平台,及时回应社会关切,使群众了解政府做什么、怎么做。各级政府要依法接受同级人大及其常委会的监督,自觉接受人民政协的民主监督,接受社会和舆论监督,

让权力在阳光下运行。（国务院办公厅牵头，中央编办、发展改革委、民政部、财政部、法制办、新闻办、网信办等按职责分工负责）

（三十三）坚持廉洁履职，深入推进反腐倡廉。认真落实党风廉政建设主体责任，严厉整治各种顶风违纪行为。加强行政监察，推进审计全覆盖。以减权限权、创新监管等举措减少寻租空间，铲除滋生腐败土壤。推动党风廉政建设向基层延伸，坚决纠正侵害群众利益的不正之风，坚定不移惩治腐败。（监察部、审计署等按职责分工负责）

（三十四）坚持勤勉履职，提高执行力和公信力。政府工作人员要恪尽职守、夙夜在公，主动作为、善谋勇为。深入践行“三严三实”，增强政治意识、大局意识、核心意识、看齐意识，加强作风和能力建设，打造高素质专业化的公务员队伍。（监察部、人力资源社会保障部、公务员局等按职责分工负责）健全并严格执行工作责任制，确保各项政策和任务不折不扣落到实处。健全督查问责机制，坚决整肃庸政懒政怠政行为，决不允许占着位子不干事。健全激励机制和容错纠错机制，给改革创新者撑腰鼓劲，让广大干部愿干事、敢干事、能干成事。充分发挥中央和地方两个积极性。对真抓实干成效明显的地方，在建设资金安排、新增建设用地、财政沉淀资金统筹使用等方面，加大奖励支持力度。鼓励各地从实际出发干事创业，形成竞相发展的生动局面。（国务院办公厅、发展改革委、监察部、财政部、人力资源社会保障部、国土资源部、审计署、法制办、公务员局等按职责分工负责）

九、做好民族、宗教、侨务、国防、港澳台、外交工作

（三十五）继续支持少数民族和民族地区发展。坚持中国特色解决民族问题的正确道路，坚持和完善民族区域自治制度，严格执行党的民族政策，深入开展民族团结进步创建活动，推动建立各民族相互嵌入式的社会结构和社区环境，促进各民族交往交流交融。落实促进民族地区发展的差别化支持政策，加强对口帮扶，保护和发展少数民族优秀传统文化及特色村镇，加大扶持人口较少民族发展力度，大力实施兴边富民行动。（国家民委牵头，发展改革委、教育部、财政部、文化部、扶贫办等按职责分工负责）

（三十六）进一步做好宗教工作。全面贯彻党的宗教工作基本方针，坚持依法管理宗教事务，促进宗教关系和谐，发挥宗教界人士和信教群众在促进经济社会发展中的积极作用。（宗教局牵头，财政部、人力资源社会保障部等按职责分工负责）

（三十七）继续加强侨务工作。认真落实侨务政策，依法维护海外侨胞和归侨侨眷的合法权益，充分发挥他们的独特优势和重要作用，不断增强海内外中华儿女的向心力。（侨办牵头，外交部等按职责分工负责）

（三十八）积极支持国防和军队建设。加强后勤保障和装备发展。建设现代化武装警察部队。加强全民国防教育和国防动员建设。推动重要领域军民融合深度发展，在重要基础设施建设中充分考虑国防需求。发展国防科技工业。各级政府要大力支持国防和军队建设，走出一条新时期鱼水情深的军政军民团结之路。（发展改革委、科技部、工业和信息化部、公安部、民政部、财政部、交通运输部、海洋局、全国拥军优属拥政爱民工作领导小组等按职责分工负责）

（三十九）支持香港、澳门繁荣、稳定和发展。全面准确贯彻“一国两制”、“港人治港”、“澳人治澳”、高度自治的方针，严格依照宪法和基本法办事。全力支持香港、澳门特别行政区行政长官和政府依法施政。发挥港澳独特优势，提升港澳在国家经济发展和对外开放中的地位和功能。深化内地与港澳合作，促进港澳提升自身竞争力。（港澳办牵头，外交部、发展改革委、商务部等按职责分工负责）

（四十）拓展两岸关系和平发展新局面。继续坚持对台工作大政方针，坚持“九二共识”政治基础，坚决反对“台独”分裂活动，维护国家主权和领土完整，维护两岸关系和平发展和台海和平稳定。推进两岸经济融合发展。促进两岸文教、科技等领域交流，加强两岸基层和青年交流。秉持“两岸一家亲”理念，同台湾同胞共担民族大义，共享发展机遇，携手构建两岸命运共同体。（台办牵头，发展改革委、教育部、科技部、商务部、文化部等按职责分工负责）

（四十一）务实、开放做好外交工作。继续高举和平、发展、合作、共赢的旗帜，践行中国特色大国外交理念，维护国家主权、安全、发展利益。办好在我国举行的二十国集团领导人峰会，推动世界经济创新增长，完善全球经济金融治理。加强与各主要大国协调合作，建设良性互动、合作共赢的大国关系。秉持亲诚惠容的周边外交理念，与地区国家持久和平相处、联动融合发展。深化南南合作、促进共同发展，维护发展中国家正当合法权益。建设性参与解决全球性和热点问题。加快海外利益保护能力建设，切实保护我国公民和法人安全。与国际社会一道，为人类和平与发展事业不懈努力。（外交部牵头，发展改革委、财政部、商务部、人民银行等按职责分工负责）

今年是全面建成小康社会决胜阶段的开局之年，也是推进结构性改革的攻坚之年，按照分工抓好《政府工作报告》确定的重点工作，具有十分重要的意义。各部门、各单位要以邓小平理论、“三个代表”重要思想、科学发展观为指导，深入贯彻习近平总书记系列重要讲话精神，按照“五位一体”总体布局和“四个全面”战略布局，根据《政府工作报告》部署和国务院常务会议要求，切实增强责任感和紧迫感，勤勉尽责抓好落实，不折不扣达成目标，确保兑现政府对人民的承诺。一是加强组织领导。各部门、各单位要充分发挥积极性、主动性，按照分工要求，强化责任，细化举措，抓紧制定落实重点工作的实施方案，逐项倒排工作时间表，明确时间节点和具体责任人，并于 4 月 15 日前报国务院。二是加强协作配合。各部门、各单位要立足全局，密切配合，加强协作，切实提高工作效率。涉及多部门参与的工作，牵头部门要发挥主导作用，协办部门要积极配合，形成工作合力。三是加强督促检查。对各项任务的落实，要有部署、有督促、有检查，做到日常跟踪督办、年中重点抽查、年底总结考核，确保完成全年经济社会发展的主要目标任务。对积极作为的要强化激励表扬，对消极怠工的要严查问责。国务院办公厅对落实情况要加强跟踪督促，适时汇总报告，对工作任务推进缓慢的，及时启动专项督查，推动各项工作落实。

国务院批转国家发展改革委关于2016年深化经济体制改革重点工作意见的通知

（2016年3月25日　国发〔2016〕21号）

各省、自治区、直辖市人民政府，国务院各部委、各直属机构：

国务院同意国家发展改革委《关于2016年深化经济体制改革重点工作的意见》，现转发给你们，请认真贯彻执行。

关于2016年深化经济体制改革重点工作的意见

2016年是全面建成小康社会决胜阶段的开局之年，也是推进结构性改革的攻坚之年。根据《中央全面深化改革领导小组2016年工作要点》和《政府工作报告》部署，现就2016年深化经济体制改革重点工作提出以下意见。

一、总体要求

全面贯彻落实党的十八大和十八届三中、四中、五中全会精神，按照“五位一体”总体布局和“四个全面”战略布局，牢固树立并贯彻落实创新、协调、绿色、开放、共享的新发展理念，引领经济发展新常态，坚持改革开放，坚持稳中求进工作总基调，坚持稳增长、调结构、惠民生、防风险，大力推进结构性改革，着力加强供给侧结构性改革，抓紧推动有利于创造新供给、释放新需求的体制创新，推出一批具有重大牵引作用的改革举措，着力抓好已出台改革方案的落地实施，推动形成有利于引领经济发展新常态的体制机制和发展方式，努力实现“十三五”时期经济社会发展良好开局。

更加突出供给侧结构性改革。围绕提高供给体系质量和效率深化改革，使市场在资源配置中起决定性作用和更好发挥政府作用，矫正要素配置扭曲，降低制度性交易成本，激发企业家精神，提高全要素生产率，实现由低水平供需平衡向高水平供需平衡的跃升。

更加突出问题导向和目标导向。针对突出问题、抓住关键点,围绕当前经济下行压力大、结构性矛盾凸显、风险隐患增多等突出困难和问题加大改革力度,促进去产能、去库存、去杠杆、降成本、补短板,使改革更加精准对接发展所需、基层所盼、民心所向。

更加突出基层实践和创新。将顶层设计和基层探索创新有机结合,合理安排改革试点,鼓励地方结合实际进行探索创新,发挥基层首创精神,及时总结基层改革创新中发现的问题、解决的方法、蕴含的规律,推动面上制度创新。

更加突出抓改革措施落地。坚持改革政策要实,建立全过程、高效率、可核实的改革落实机制,加强对方案落实、工作落实、责任落实情况的督促检查,以钉钉子精神抓好改革落实,推动改革举措早落地、见实效,使人民群众有更多获得感。

二、大力推进国有企业改革,着力增强市场微观主体活力

(一)全面落实国企改革指导意见。健全国有资本合理流动机制,制定推动中央企业结构调整与重组指导意见,优化国有企业结构布局。推进股权多元化改革,健全企业治理结构,转换经营机制,开展落实企业董事会职权、市场化选聘经营管理者、职业经理人制度试点。深化国有企业内部人事、劳动、分配制度改革,探索建立与市场化选任方式相适应的高层次人才和企业经营管理者薪酬制度。加快剥离国有企业办社会职能和解决历史遗留问题。

(二)改革完善国有资产管理体制。加快改组组建国有资本投资、运营公司,搭建国有资本市场化运作专业平台。以管资本为主推进国有资产监管机构职能转变。出台进一步加强和改进外派监事会工作的意见。研究制定推进中央党政机关、事业单位经营性国有资产集中统一监管方案。出台加强国有企业国有资本和境外国有资产审计监督的意见。

(三)推进国有企业混合所有制改革。在电力、石油、天然气、铁路、民航、电信等重点领域,选择一批国有企业开展混合所有制改革试点示范,推动集团公司整体上市,支持具备条件的上市企业引入合格战略投资者,进一步放大国有资本功能,提高国有资本配置和运行效率。研究提出公有制经济之间股权多元化改革方案。开展混合所有制企业实行企业员工持股试点。支持地方国有企业因地制宜开展混合所有制改革试点。

(四)加快推进重点行业改革。深化电力体制改革,全面开展可再生能源就近消纳、售电侧改革、交易机构组建及电力市场建设等专项试点和综合试点。出台深化石油天然气体制改革的若干意见及配套政策。出台盐业体制改革方案,推进食盐生产批发管理体制、食盐政府定价机制、食盐储备体系等改革。出台深化建筑业改革促进行业发展的若干意见。

(五)激发非公有制经济活力和创造力。进一步放宽非公有制经济市场准入,废除制约非公有制经济发展的不合理规定,消除各种隐性壁垒,改善和优化服务。鼓励民营企业参与国有企业改革,鼓励发展非公有资本控股的混合所有制企业。从典型案例入手,总结保护产权好的做法和经验,纠正破坏产权的行为,出台进一步完善产权保护制度推进产权保护法治化的意见,让各种所有制经济权益、企业家财产权和创新收益等依法得到保护。

三、完善创新驱动发展体制机制,加快新动能成长和传统动能提升

(六)系统推进全面创新改革试验。聚焦实施创新驱动发展战略面临的突出问题,着力从处理好政府与市场关系、促进科技与经济融合、激发创新者动力和活力、深化开放创新等方面进行改革探索,在知识产权、科研院所、人才流动等方面取得试点突破,形成一批可复制、可推广的改革经验。加快将国家自主创新示范区试点政策推广到全国,再建设一批国家自主创新示范区、高新区。

(七)深化科技管理体制改革。加快推进技术创新引导专项(基金)、基地和人才专项的优化布局及分类整合,健全科技计划(专项、基金等)体系及其管理制度,改革和规范项目管理流程,建立专业机构管理项目机制、统一的评估和监督机制、动态调整机制。打破行政主导和部门分割,建立主要由市场决定技术创新项目和经费分配、评价成果的机制。完善国家科技决策咨询制度。深化国家科技奖励改革。

(八)完善创新人才激励机制。实施支持科技成果转移转化的政策措施,启动促进科技成果转移转化行动。落实国有科技型企业股权激励和分红激励实施办法,深入开展科技人才分类评价试点。推动高校和科研院所去行政化改革,出台科研事业单位领导人员管理办法,研究制定科研机构创新绩效评价办法。扩大高校和科研院所自主权,赋予创新领军人才更大的人财物支配权和技术路线决策权。实行以增加知识价值为导向的分配政策,提高科研人员成果转化收益分享比例。建立统一的外国人才管理体制。

(九)营造保障大众创业万众创新的制度环境。构建对企业和个人创新创业活动的普惠性政策支撑体系,落实研发费用加计扣除、高新技术企业税收优惠政策,完善科技企业孵化器税收优惠政策,统筹研究对包括天使投资在内的投资种子期、初创期企业的税收优惠政策，研究建立新材料、关键零部件首批次应用保险保费补偿机制。借助互联网等新技术，构建新型的创新创业支撑平台，创新监管方式，为新兴领域创新创业营造宽松环境。创新通用航空新兴业态运行监管模式，出台促进通用航空发展相关政策。

（十）完善服务业发展体制。进一步放宽服务业领域市场准入，营造公平竞争的环境。落实和完善支持政策，推动生产性服务业向专业化转变、向价值链高端延伸，推动生活性服务业加快向精细化和高品质提升。启动新一轮国家服务业综合改革试点，及时推广可复制的经验和做法。大力发展服务贸易和服务外包，开展服务贸易创新发展试点，增加服务外包示范城市。深化养老服务业综合改革试点，全面放开养老服务市场，鼓励民间资本、外商投资进入养老健康领域，提高养老服务质量，推进多种形式的医养结合，增加有效供给。

（十一）健全保护企业家精神的体制机制。研究制定进一步激发和保护企业家精神的指导意见，健全相关体制机制和政策体系，充分发挥企业家精神在创新驱动和产业转型升级等方面的重要作用。

四、持续推进政府职能转变，改革完善“三去一降一补”的体制机制

（十二）深入推进简政放权、放管结合、优化服务改革。继续取消和下放一批行政审批事项，进一步简化审批程序，开展“证照分离”试点，改进和规范审批行为，清理规范中介服务，推广网上并联审批等新模式。制定国务院部门行政审批基本流程、标准指引及规范办法。全面公布地方政府权力和责任清单，开展国务院部门权责清单编制试点。对行政事业性收费、政府定价或指导价经营服务性收费、政府性基金和国家职业资格，实行目录清单管理。做好已取消和下放管理层级行政审批事项的落实和衔接，加强事中事后监管。建立健全纵横联动协同监管机制，全面推行“双随机、一公开”监管方式。研究制定创新政府配置资源方式的指导意见。进一步精简投资审批，创新投资管理方式和投融资机制。修改和废止有碍发展的行政法规和规范性文件。

（十三）健全有利于去产能、去库存、去杠杆的体制机制。制定并实施推动产业重组、处置“僵尸企业”的方案，优化存量、引导增量、主动减量，完善企业退出机制。推进以满足新市民住房需求为主要出发点的住房制度改革，建立购租并举的住房制度，把符合条件的外来人口逐步纳入公租房供给范围，住房保障实行实物保障与货币补贴并举，有条件的地区逐步转向以租赁补贴为主，发展住房租赁市场，研究鼓励住房租赁经营企业发展的配套政策，促进房地产去库存。完善地方政府债务限额管理、预算管理、风险预警和监督考核制度，在全国人大批准的限额内适当增加财政实力强、债务风险较低的地方政府债务限额，改进地方政府债券发行办法，推动融资平台市场化转型改制。支持开展基础设施资产证券化试点。

（十四）强化降成本、补短板的制度保障。进一步正税清费，清理各种不合理收费，将 18 项行政事业性收费免征范围扩大到所有企业和个人。推进流通体制改革，提高流通效率，降低物流成本。健全质量安全标准和追溯体系，建立商品质量惩罚性赔偿制度，健全统一权威的食品药品安全监管体制，加快推进食品、工业消费品等品质提升和供给创新。创新补短板投入机制，保持政府投入力度，完善政银企社合作对接机制，推广政府和社会资本合作模式，创新政府和社会资本合作项目收益和分配机制，制定政府和社会资本合作项目财政管理办法，激发市场主体投资活力，推进社会资本参与重大工程建设运营，形成多元化、市场化、可持续的基础设施和公共服务投入机制和运营机制。

（十五）深入推进价格改革。推进电价市场化改革，完善煤电价格联动机制，完善环保电价、可再生能源电价政策，扩大输配电价改革试点。完善成品油价格市场化形成机制。择机理顺居民用天然气门站价格，完善天然气管道运输价格机制。稳步推进农业水价综合改革。积极稳妥推进医疗服务价格改革，逐步建立分类管理、动态调整、多方参与的价格形成机制。推进铁路运价形成机制改革，扩大铁路运输企业自主定价范围。扩大民航国内航线客运经营者自主定价范围。建立健全政府定价制度和市场价格行为规则。

（十六）深化商事制度改革。深入推进“三证合一、一照一码”，持续推进工商登记注册制度便利化，推进全程电子化登记和电子营业执照试点。推进企业名称登记管理改革，进一步放宽住所登记条件限制。深化未开业企业和无债权债务企业、个体工商户简易注销试点，建立完善便捷的市场退出机制。推进国家企业信用信息公示系统建设，与全国信用信息共享平台实现有机对接和信息共享，完善经营异常名录等信用监管制度。加强事中事后监管，履行“双告知”职责，探索综合执法模式。

（十七）健全市场公平竞争保障机制。在上海、广东、天津、福建开展市场准入负面清单制度试点。研究制定公平竞争审查制度，完善产业政策与竞争政策的协调机制，打破地域分割和行业垄断。建立健全中央储备与地方储备、政府储备与商业储备互为补充的储备制度。

（十八）加快社会信用体系建设。制定出台重点领域（政务、个人、电子商务等)诚信建设实施方案。完善全国信用信息共享平台,逐步实现各地区、各有关部门信用信息归集共享和整合。运用大数据加强对市场主体服务和事中事后监管,强化守信联合激励和失信联合惩戒机制。积极发展信用服务业,开展社会信用体系建设示范城市创建和信用大数据应用示范工程。全面推进统一社会信用代码制度改革,建立健全国家人口基础信息库、国家法人单位基础信息库。

五、加快财税体制改革,为结构性改革营造适宜的财税环境

(十九)完善事权和支出责任相适应的制度。推进中央与地方事权和支出责任划分改革,适度加强中央事权和支出责任,在条件成熟的领域率先启动。完善并择机出台调整中央和地方收入划分过渡方案,深入研究收入划分改革整体方案,合理确定增值税中央和地方分享比例,把适合作为地方收入的税种下划给地方,在税政管理权限方面给地方适当放权,调动中央和地方两个积极性。改革和完善中央对地方转移支付制度。

(二十)深化预算制度改革。对政府性基金预算中未列入政府性基金目录清单的收入项目,除国务院批准的个别事项外,逐步调整转列为一般公共预算并统筹使用。完善国有资本经营预算支出管理制度,进一步提高中央国有资本经营预算调入一般公共预算的比例。实施跨年度预算平衡机制和中期财政规划管理,扩大预算绩效管理范围,积极推进预决算公开。研究制定政府会计具体准则,研究建立政府综合财务报告分析指标体系,组织开展政府财务报告编制试点。研究建立涵盖各类国有资产的政府资产报告制度。完善国库现金流量预测体系,建立财政库底目标余额管理制度。清理规范重点支出同财政收支增幅或生产总值挂钩事项,一般不采取挂钩方式。制定重要公共资源有偿出让和使用经营收益管理办法,开展相关试点。

(二十一)推进税收制度改革。全面推开营改增,将建筑业、房地产业、金融业和生活服务业纳入营改增范围。全面实施资源税从价计征改革,开展水资源费改税试点。继续推进消费税改革。逐步推进综合与分类相结合的个人所得税改革。研究降低部分消费品进口环节税税率。

六、深化金融体制改革,提高金融服务实体经济效率

(二十二)深化金融机构改革。深化国有商业银行和开发性、政策性金融机构改革,完善公司治理。进一步扩大民间资本进入银行业,发展民营银行。推进农村信用社省联社改革。大力发展普惠金融和绿色金融,规范发展互联网金融。选取部分符合条件的银行业金融机构和地区开展科创企业投贷联动试点。创新小微企业信贷风险分担模式,建立政府、银行和担保机构、保险机构合作机制，设立国家融资担保基金，建立全国农业信贷担保体系。推进不良资产证券化试点。建立银行卡清算服务市场化机制。将消费金融公司试点推广至全国。

（二十三）深化利率汇率市场化改革。加快建设市场化利率形成和调控机制。在公布关键期限和短端国债收益率曲线基础上，进一步健全长端国债收益率曲线。完善人民币汇率市场化形成机制，推动汇率风险管理工具创新。稳慎推进人民币资本项目可兑换，推动金融市场双向有序开放，择机稳妥开展限额可兑换试点。研究将境内企业人民币境外借款业务推广到全国。

（二十四）深化资本市场改革。推进股票、债券市场改革和法治化建设，促进多层次资本市场健康发展，提高直接融资比重。适时启动“深港通”。研究制定房地产投资信托基金规则，积极推进试点。严厉打击证券期货领域的违法犯罪活动，坚决守住不发生系统性区域性风险的底线。

（二十五）完善保险制度体系。研究推出城乡居民住宅地震巨灾保险制度，制定环境污染责任保险制度方案。研究建立保险资产交易机制。推进个人税收递延型商业养老保险试点、住房反向抵押养老保险试点，出台加快发展现代商业养老保险的若干意见。

（二十六）改革完善现代金融监管体制。完善宏观审慎政策框架，制定金融监管体制改革方案，实现金融风险监管全覆盖。完善国有金融资本管理制度。完善外汇储备管理制度，建立健全外债和资本流动管理体系。

七、推进新型城镇化和农业农村等体制创新，促进城乡区域协调发展

（二十七）完善新型城镇化体制机制。推动户籍制度改革落地，建立健全“人地钱”挂钩机制，制定实施1亿左右农业转移人口和其他常住人口在城镇落户方案，促进有能力在城镇稳定就业和生活的农业转移人口举家进城落户。推动居住证制度尽快覆盖未落户的城镇常住人口，使其依法享有居住地基本公共服务。扩大新型城镇化综合试点范围，抓好中小城市综合改革试点。制定经济发达镇行政体制改革意见，支持符合条件的地区开展特大镇综合功能设置改革试点，将一些具备条件的特大镇尽快发展成为中小城市。制定市辖区设置标准，进一步优化市辖区规模和结构。深化城市公共交通管理体制改革，完善城市交通拥堵综合治理机制，健全城乡和跨区域公共交通衔接机制。推进综合交通运输管理体制改革。

（二十八）深化土地管理制度改革。形成扩大国有土地有偿使用范围的意见。完善和拓展城乡建设用地增减挂钩试点。完善城镇低效用地再开发政策。深入推进工业用地市场化配置改革试点，促进工业用地优化配置和高效利用。制定土地二级市场改革试点方案，制定土地流转市场运行规范。深入推进农村土地征收、集体经营性建设用地入市、宅基地制度改革试点，出台土地增值收益调节金征收使用管理暂行办法。完善耕地质量等级评定与质量保护监测办法。制定加强和改进耕地保护与耕地占补平衡的意见。

（二十九）深化农业农村改革。将农村土地承包经营权确权登记颁证整省试点扩大到22个省（区、市），完善农村土地所有权、承包权、经营权分置办法。制定稳步推进农村集体产权制度改革的意见。制定完善集体林权制度的意见。维护进城落户农民在农村的合法权益，探索土地承包权、宅基地使用权、集体收益分配权依法自愿有偿退出机制。创新金融支农服务机制，慎重稳妥开展农村承包土地经营权和农民住房财产权抵押贷款试点，完善农业保险基层服务体系。探索建立粮食生产功能区和重要农产品生产保护区，完善粮食主产区利益补偿机制。改革完善粮食等重要农产品价格形成机制，积极稳妥推进玉米收储制度改革。改革完善中央储备粮管理体制，完善吞吐调节机制。制定以绿色生态为导向的农业补贴制度方案。落实农垦改革发展意见。

（三十）完善扶贫机制。对在贫困地区开发水电、矿产资源占用集体土地的，试行给原住居民集体股权方式进行补偿，探索对贫困人口实行资产收益扶持制度。建立贫困退出机制。指导推动有关省（区、市）研究制定改进贫困县经济社会发展考核评价具体办法。

（三十一）强化区域协调发展体制保障。抓紧完善京津冀协同发展规划纲要的配套政策，启动一批北京非首都功能疏解示范项目，协调推进体制改革、创新驱动和试点示范。落实依托黄金水道推动长江经济带发展的指导意见和规划纲要。把改革开放作为新一轮东北地区等老工业基地振兴战略的关键举措，支持国企国资改革举措在东北地区先行先试，制定开展东北地区民营经济发展改革试点工作的意见，研究提出东北老工业基地进一步扩大对外开放的政策措施。

八、加快构建对外开放新体制，推进高水平双向开放

（三十二）进一步完善外贸体制。促进加工贸易创新发展，动态调整加工贸易禁止类、限制类商品目录，着力培育以技术、标准、品牌、质量、服务为核心的综合竞争优势。扩大跨境电子商务试点和市场采购贸易试点。实施自由贸易区战略，加快环境保护、投资保护、政府采购、电子商务、竞争政策等议题谈判。

（三十三）深化外商投资体制改革。推进外商投资负面清单管理模式改革，扩大金融、文化、电信、互联网、商贸物流等服务领域开放，进一步开放制造业。简化外商投资企业设立程序。深入推进自贸试验区建设，总结评估试验区经验，选择符合条件的地区扩大试验范围。创新开发区体制机制。

（三十四）完善“一带一路”和国际产能合作体制。深入贯彻实施“一带一路”战略规划及三年滚动计划，务实推进中蒙俄等六大国际经济合作走廊建设，加强与相关国家发展战略对接。完善上下联动、统一归口、高效运转的对内对外合作机制，形成推进国际产能和装备制造合作的合力。持续深化境外投资管理制度改革，健全风险评估、预警和应急处置机制，研究探索有效的事中事后监管和服务手段。设立人民币海外合作基金。落实外债登记制改革，为企业开展国际产能合作提供低成本融资渠道。

（三十五）推进通关便利化改革。推进电子口岸建设，制定“单一窗口”工作方案和相关制度。推动全国通关一体化，深入推进检验检疫一体化改革，强化互联互通、协同协作，提升通关便利化水平。统筹推进海关特殊监管区域整合优化，推动符合条件的各类海关特殊监管区域整合为综合保税区。

九、加快生态文明体制改革，推动形成绿色生产和消费方式

（三十六）建立国土空间开发保护制度。完善主体功能区政策，发布全国主体功能区规划图和农产品主产区、重点生态功能区目录。重点生态功能区实行产业准入负面清单。以主体功能区规划为基础统筹各类空间性规划，推进“多规合一”。编制京津冀空间规划。制定省级空间规划试点方案。编制实施全国国土规划纲要。研究编制全国城镇体系规划。建立资源环境承载能力监测预警长效机制，形成资源环境承载能力监测预警报告。制定划定并严守生态保护红线的若干意见。抓紧推进三江源等 9 个国家公园体制试点。制定自然生态空间用途管制办法，将用途管制扩大到所有自然生态空间。制定耕地、草原、河湖休养生息规划，开展退田还湖还湿、耕地轮作休耕制度试点，开展山水林田湖系统保护与修复试点。开展科学确定和维持河流生态流量试点。将确需退耕还林还草的陡坡地中的基本农田调整为非基本农田，扩大新一轮退耕还林还草规模。制定矿山地质环境保护和土地复垦制度方案。创建农业可持续发展试验示范区。

（三十七）完善资源总量管理和节约制度。实施能源消费总量和强度双控制度，制定全国能源消费总量和强度目标及分解方案，建立目标责任制。深入实施能效领跑者制度，健全节能标准体系。实行最严格的水资源管理制度，建设节水型社会，实施水资源消耗总量和强度双控行动，出台水效领跑者引领行动实施方案，推行合同节水管理，推动建立国家水资源督察制度。制定建设用地总量和强度双控方案。研究建立矿产资源开发利用水平调查评估制度。制定围填海总量、自然岸线保有率控制制度方案，健全海洋督察制度。研究制定海洋渔业资源总量管理制度方案。制定沙化土地封禁保护制度方案、草原保护制度方案。制定湿地保护修复制度方案，在甘肃、宁夏等地开展湿地产权确权试点。制定生产者责任延伸制度方案。

（三十八）建立健全市场化环境治理和生态保护机制。制定用能权有偿使用和交易制度方案。深入开展排污权有偿使用和交易试点。制定全国碳排放权交易总量设定与配额分配方案，推动碳市场建设。出台培育环境治理和生态保护市场主体的意见。实施环保领跑者制度。

（三十九）完善环境治理保护制度。改革和完善主要污染物总量控制制度，制定污染物排放许可制实施方案，建立覆盖所有固定污染源的企业排放许可制。深入实施大气、水、土壤污染防治三大行动计划。制定重点区域大气污染防治联防联控协作机制方案。培育发展各种形式的农业面源污染治理、农村污水垃圾处理市场主体。推进水环境监测系统共建和信息共享。制定按流域开展环境监管和行政执法试点方案。开展省以下环保机构监测监察执法垂直管理试点。

（四十）加快推进国有林场林区改革。完成国有林场改革试点验收和经验总结，完善林场林区基础设施、化解金融债务、深山远山职工搬迁、富余职工安置、职工社会保障、森林资源保护和培育等配套支持政策，积极稳妥推进国有林区改革。

（四十一）推进生态文明基础制度建设。设立统一规范的国家生态文明试验区。制定出台生态文明目标评价考核办法，建立绿色发展指标体系。出台自然资源统一确权登记办法，制定水流产权确权试点方案。制定全民所有自然资源资产有偿出让制度方案，制定矿业权出让制度方案和矿产资源国家权益金制度实施方案，开展国有森林资源有偿使用试点。出台建立流域上下游横向生态补偿机制的指导意见。开展生态环境损害赔偿制度改革试点。制定国家自然资源资产管理体制改革试点方案。深入开展领导干部自然资源资产离任审计试点。

十、深化社会事业相关改革，守住民生底线和社会稳定底线

（四十二）深化社会保障制度改革。加强顶层设计研究，完善个人账户制度，研究城镇职工基础养老金全国统筹方案，制定渐进式延迟退休年龄方案。继续推进机关事业单位养老保险制度改革。研究建立基本养老金合理调整机制。制定划转部分国有资本充实社保基金实施方案。研究适当降低社会保险费。

（四十三）深化收入分配制度改革。建立改革协调联动机制，统筹推进各类群体的增收措施。建立反映劳动力市场供求关系、与企业经济效益和劳动生产率挂钩的工资决定和正常增长机制。完善最低工资制度，合理确定最低工资标准调整幅度。

（四十四）深化教育体制改革。深入推进教育领域综合改革和考试招生制度改革。鼓励和督促各地制定推进教育管办评分离改革方案，开展相关改革试点。推动学前教育管理体制改革，鼓励普惠性幼儿园发展。出台统筹城乡义务教育一体化发展的意见。统一城乡义务教育学校生均公用经费基准定额。支持和规范民办教育发展。

（四十五）协调推动医疗、医保、医药联动改革。巩固完善县级公立医院综合改革，将公立医院综合改革试点城市增加到200个，扩大综合医改试点省份范围，加快建立现代医院管理制度。在部分综合医改试点省推广福建省三明市医改做法和经验。推进公立医院医务人员薪酬制度改革，建立维护公益性、调动积极性、保障可持续的运行新机制。深化基层医疗卫生机构综合改革，加快推进分级诊疗制度建设，在70%左右的地市开展试点。完善基本医疗保险制度，整合城乡居民基本医保制度和经办管理机构，加快医保支付方式改革，推进基本医保全国联网和异地就医结算。实现大病保险全覆盖。研究制定医疗保险和生育保险合并实施试点方案。健全药品供应保障机制，推进药品流通改革，降低药品虚高价格。全面推进药品医疗器械审评审批制度改革，建立以临床疗效为主导的审评制度，推进仿制药质量和疗效一致性评价，开展药品上市许可持有人制度试点。落实促进社会办医加快发展的若干政策措施。指导各地制定调整完善生育政策的配套政策。

（四十六）深化文化、体育改革。加快构建现代公共文化服务体系，推进基本公共文化服务标准化均等化。推动中央各部门各单位已转企改制的出版社、非时政类报刊社重组整合，组建若干出版传媒集团。落实足球改革发展总体方案。

（四十七）完善社会组织管理体制。开展行业协会商会与行政机关

脱钩改革试点。加大政府向社会组织购买服务力度，推进有条件的事业单位转为社会组织。

十一、加强改革试点和改革督查评估

（四十八）深入推进国家综合配套改革试验。充分发挥试验区的综合改革试验平台作用，鼓励和支持各部门将需要试点的重要改革举措优先放在国家综合配套改革试验区先行先试。做好对不同主题综合配套改革试验区试点经验的总结，将统筹城乡、“两型社会”建设、创新发展、社会治理等相关改革经验在更大范围进行推广。对需要一定前提条件才能推广的经验，在具备条件的地区和改革试验区定向推广。

（四十九）有序开展各类专项改革试点。加强相关部门间的沟通、协调和合作，使各类专项改革试点目的明确、主题突出、内容相互衔接。合理确定试点任务、试点数量、试点范围和时限要求，有效防控风险，及时梳理总结可复制可推广的经验。鼓励不同区域进行差别化的试点探索，有针对性开展既符合本地区特点又对解决面上共性难题有探索示范意义的改革试点。

（五十）加强改革督查评估和宣传引导。对已出台实施的重要改革方案，要加强对落实情况的督促检查，发现问题的要列出清单、明确责任、限定时间、挂账整改。采取第三方评估等方式，对改革举措执行情况、实施效果、群众感受等进行综合评估。根据评估情况进一步改进和完善改革政策，不断提高改革质量，使改革不断见到实效。加强改革宣传，正确引导社会预期，及时回应社会关切，为改革创造良好的舆论环境和社会氛围。

积极推进国家高端智库建设试点。遵循智库发展规律和决策咨询规律，创新组织形式和管理方式，建立成果质量导向的激励机制，不断提高政策研究、政策评估、政策解读和国际交流合作水平，为党和政府决策提供高质量的智力支持。

各地区、各部门要增强推进改革的思想自觉和行动自觉，加强组织领导，明确责任主体，提高方案质量，狠抓贯彻落实。牵头部门要切实负起主体责任，抓紧抓实改革方案制定、评估、督查、落实等工作；配合部门要加强协作，形成合力。国家发展改革委要加强对年度重点改革工作的综合协调、督促推进和检查评估，及时将改革进展情况和重大问题报告国务院。

国务院办公厅关于印发
2016年政务公开工作要点的通知

（2016年4月2日　国办发〔2016〕19号）

各省、自治区、直辖市人民政府，国务院各部委、各直属机构：

《2016年政务公开工作要点》已经国务院同意，现印发给你们，请结合实际认真贯彻落实。

2016年政务公开工作要点

2016年是全面建成小康社会决胜阶段的开局之年，也是推进结构性改革的攻坚之年。今年政务公开工作的总体要求是：紧紧围绕党中央、国务院重大决策部署和公众关切，深入贯彻中共中央办公厅、国务院办公厅《关于全面推进政务公开工作的意见》和《中华人民共和国政府信息公开条例》，认真落实《政府工作报告》有关要求，细化政务公开工作任务，加大公开力度，加强政策解读回应，不断增强公开实效，保障人民群众知情权、参与权、表达权和监督权，助力深化改革、经济发展、民生改善和政府建设。

一、围绕深化改革推进公开

（一）进一步推进权力清单和责任清单公开。要在全面公开省级政府工作部门权力清单和责任清单的基础上，大力推动市县两级政府工作部门全面公开权力清单和责任清单，并通过政府门户网站集中展示，及时动态更新，方便公众获取和监督。做好国务院部门取消、下放、保留行政审批、职业资格等事项的公开工作，重点公开保留的中央指定地方实施的行政许可事项清单，以及清理规范后保留为国务院部门行政审批受理条件的中介服务事项清单。（国务院审改办、人力资源社会保障部按职责分工分别牵头落实）

（二）推进市场监管公开透明。围绕加强事中事后监管，依法公开随机抽查事项清单，明确抽查依据、主体、内容、方式等，及时公布抽查结果和查处情况，实行“阳光执法”。重点推进保障性住房、产品质量、旅游市场、知识产权、安全生产等方面的监管执法信息公开，公开监管执法的依据、内容、标准、程序和结果。（国务院有关部门负责落实）加快推进国家企业信用信息公示系统建设，有关行业主管部门应将对企业作出的行政许可准予、变更、延续、撤销，以及行政处罚、抽查检查和企业严重违法失信等信息通过该系统进行归集并公示。（工商总局牵头落实）积极做好各级政府网站与“信用中国”网站的连接工作，推动信用信息互联共享。（国家发展改革委牵头落实）

（三）推进政务服务公开。制定出台加快推进“互联网＋政务服务”工作的指导意见，推动政务服务事项办理由实体政务大厅向网上办事大厅延伸，逐步实现服务事项在线咨询、网上办理、电子监察。（国务院办公厅牵头落实）推进公共企事业单位办事公开，国务院相关行业主管部门年内要制定完善具体办法，组织编制公共服务事项目录，公开服务指南，方便企业和群众办事。（国务院有关部门负责落实）推进面向转移落户人员的服务公开，及时公开户口迁移政策，明确户口迁移程序和具体要求；公开居住证申领条件及程序、居住证持有人享有的基本公共服务和便利等信息。（公安部会同相关部门落实）

二、围绕促进经济发展推进公开

（一）进一步推进经济社会政策公开透明。以稳定市场预期为目标，加大稳增长、促改革、调结构、惠民生、防风险等方面的政策公开力度，及时公布支持“双创”、培育发展新动能、改造提升传统动能、深挖内需潜力、优化产业结构、扩大对外开放等方面的政策措施，扩大传播范围，提高知晓度。对公开的重大政策，要分专题进行梳理、汇总，通过在政府网站开设专栏、设立微博微信专题、出版政策及解读汇编等方式集中发布，增强政策公开的系统性、针对性、可读性。（各地区、各部门负责落实）

（二）推进市场准入负面清单公开。做好市场准入负面清单试点情况的公开工作，公开市场准入负面清单试点内容，明确政府发挥作用的职责边界，落实市场主体自主权。试点过程中，市场准入负面清单的调整事项、依据和结果应及时向社会公开，方便公众查阅。负面清单调整时，要健全公众参与、专家论证和政府决定相结合的决策机制。（国家发展改革委、商务部牵头落实）

（三）推进政府投资的重大建设项目信息公开。围绕铁路、国家高速公路、水利、市政等基础设施，以及教育、卫生、文化事业建设、易地扶贫搬迁等工程，做好审批、核准、备案、实施等信息的公开，加大在线监测、项目稽察、执法检查等执法信息的公开力度，以公开促进公共产品供给质量提升。做好重大建设项目批准和实施信息公开的试点工作，加快研究起草相关指导意见，明确公开的范围、程序、标准等。（国家发展改革委牵头，会同相关部门落实）推动政府和社会资本合作（PPP）项目的信息公开，公开政府和社会资本参与方式、项目合同和回报机制、项目实施情况等内容，激发社会资本的参与热情。（国家发展改革委、财政部按职责分工分别牵头落实）

（四）推进公共资源配置领域信息公开。研究起草推进公共资源配置领域信息公开的意见。推动各级公共资源交易平台透明运行，依法公开交易公告、资格审查信息、成交信息、履约信息以及有关变更信息等，实现公共资源配置全流程公开和信息资源共享。建设国家公共资源交易服务平台，推动公共资源交易信息在全国范围内互联互通。（国家发展改革委牵头落实）

（五）推进减税降费信息公开。加大对支持小微企业、促进就业创业、兼并重组等方面的税收优惠和减免政策公开力度，充分发挥新媒体的主动推送功能，提高政策知晓度和传播率。（财政部、税务总局牵头落实）实行收费目录清单管理，公布行政事业性收费、政府性基金以及实施政府定价或指导价的经营服务性收费目录清单，明确项目名称、设立依据、标准等，公开对清单之外乱收费、乱摊派等行为的查处结果。具体执收单位要在收费场所公示收费文件依据、主体、项目、范围、标准、对象等，主动接受社会监督。（国家发展改革委、财政部按职责分工分别牵头落实）

（六）推进国有企业运营监管信息公开。依法依规公开国有资本整体运营情况、企业国有资产保值增值及经营业绩考核有关情况、国有资产监管制度和监督检查情况等。推动国有企业改制重组、产权交易、增资扩股等方面的信息公开和结果公示。及时公开中央企业改革重组、公司治理及管理架构、财务状况、重要人事变动、企业负责人薪酬等信息。研究制定国有企业信息公开有关制度，启动公开试点工作。（国务院国资委、财政部按职责分工分别牵头落实）

三、围绕民生改善推进公开

（一）推进扶贫工作信息公开。围绕实施精准扶贫、精准脱贫，加大扶贫政策、扶贫成效、贫困退出、扶贫资金、项目安排等信息公开力度。各地区要公开年度减贫责任书、建档立卡贫困人口脱贫计划、精准扶贫专项行动和专项工程信息及落实情况。贫困地区要建立扶贫公告公示制度，确保扶贫对象看得到、看得懂、能监督。指导督促相关社会组织全面及时公开扶贫捐赠信息，提高社会扶贫公信力和美誉度。（国务院扶贫办牵头落实）

（二）推进社会救助信息公开。细化公开内容，进一步增强城乡低保、特困人员救助供养、医疗救助、临时救助等信息公开的针对性和有效性，提高公开信息的到达率。低保和特困人员救助方面，重点公开城乡低保对象人数、特困人员人数、低保标准、补助水平、资金支出等情况；医疗救助方面，重点公开救助对象的人次数、资金支出等情况；临时救助方面，重点公开救助对象的户次数、救助水平、资金支出等情况。做好减灾救灾信息公开，定期发布全国核定灾情、救灾工作进展、救灾资金物资调拨使用等情况。（民政部牵头落实）

（三）推进就业创业信息公开。加大促进就业创业政策、措施的公开力度，推动公开相关补贴申领条件、申领程序等信息，并做好集中展示。加强面向农村劳动力、就业困难人员、高校毕业生等就业专项活动的公开工作。及时公开就业供求信息，进一步做好国有企事业单位人员招录信息和人力资源市场供求信息的发布工作，扩大就业信息服务的受众面。（人力资源社会保障部牵头落实）

（四）推进棚户区改造、农村危房改造和保障性住房信息公开。做好棚户区改造政策及相关任务完成情况信息公开工作，主动发布和准确解读政策措施，积极引导棚户区居民参与改造，为棚改工作营造良好社会氛围。强化农村危房改造政策、对象认定过程、补助资金分配、改造结果公开，提高工作的精准化水平。深入推进保障性住房分配和退出信息公开，定期公开住房公积金年度报告。（住房城乡建设部牵头落实）

（五）推进环境保护信息公开。加大全国重点区域及主要城市空气质量预测预报信息公开力度，细化公开空气质量预报、城市空气质量指数范围、空气质量级别及首要污染物、对人体健康的影响和建议措施等内容。推动集中式生活饮用水水源水质监测信息公开，自2016年起地级以上城市人民政府每季度应向社会公开饮用水水源、供水厂出水、用户水龙头水质等饮水安全状况。推进重点排污单位依法向社会公开其产生的主要污染物名称、排放方式、排放浓度和总量、超标排放情况，以及污染防治设施的建设和运行情况。督导检查建设单位公开环评信息。（环境保护部牵头，会同住房城乡建设部、水利部、国家卫生计生委落实）

（六）推进教育、卫生和食品药品安全信息公开。做好国家教育督导报告、义务教育均衡发展督导评估反馈意见、全面改善贫困地区义务教育薄弱学校基本办学条件工作进展和实施成效等公开工作。推进义务教育划片工作程序、内容、结果，随迁子女入学办法、入学流程、证件要求和办理方式公开，接受社会监督。推动地方高校财务信息公开。（教育部牵头落实）推动医疗机构院务公开，健全公开目录。做好涉及新食品原料、食品添加剂、食品安全标准以及食品安全风险评估结果等公开工作，继续加强对食品安全标准的宣传和解读。加强法定传染病疫情及防控信息的公开。（国家卫生计生委牵头落实）做好食品药品监管信息、抽检抽验信息的公开工作，及时发布处罚信息、消费警示信息和产生重大影响的典型案件信息，积极回应社会关切。（食品药品监管总局牵头落实）

四、围绕助力政府建设推进公开

（一）积极推进决策公开。探索建立利益相关方、公众、专家、媒体等列席政府有关会议制度。各级行政机关特别是市县两级政府要积极实行重大决策预公开，扩大公众参与，对社会关注度高的决策事项，除依法应当保密的外，在决策前应向社会公开相关信息，并及时反馈意见采纳情况。推行医疗卫生、资源开发、环境保护、社会保障等重大民生决策事项民意调查制度。（各地区、各部门负责落实）

（二）推进政策执行和落实情况公开。围绕政府工作报告、发展规划提出的重要事项，特别是党中央、国务院部署的改革任务、民生举措，细化公开执行措施、实施步骤、责任分工、监督方式等，实事求是公布进展和完成情况。进一步加大对督查发现问题及整改落实、奖惩情况的公开力度。（各地区、各部门负责落实）深化审计结果公告及整改情况的公开，以公开推动审计查处问题的整改，促进重大政策措施有效落实。（审计署牵头落实）

（三）深入推进预决算公开。在做好各级政府预决算公开工作的同时，重点推进省、市、县三级使用财政资金的部门和单位预决算公开，公开内容应包括本单位职责、机构设置、一般公共预算收支、政府性基金预算收支、机关运行经费等情况。除涉密信息外，部门预决算支出应当公开到功能分类项级科目，一般公共预算基本支出细化公开到经济分类款级科目。县、乡级部门和单位要重点公开教育、医疗卫生、社会保障和就业、住房保障、涉农补贴等民生支出情况，包括项目名称、预算规模、补助标准、发放程序、资金分配结果等。（财政部牵头落实）

五、围绕扩大政务参与加强解读回应

（一）主动做好政策解读。出台重要政策，牵头起草部门应将文件和解读方案一并报批，相关解读材料应于文件公开后3个工作日内在政府网站和媒体发布。对涉及面广、社会关注度高的法规政策和重大措施，各地区各部门主要负责人应通过参加新闻发布会、接受访谈、发表文章等方式带头宣讲政策，解疑释惑，传递权威信息。省级政府、与宏观经济和民生关系密切的国务院部门主要负责人，年内解读重要政策措施不少于1次。加强专家库建设，为专家学者了解政策信息提供便利，更好地发挥专家解读政策的作用。要针对不同社会群体，采取不同传播策略，注重运用各级各类新闻媒体，特别要重视发挥主流媒体及其新媒体“定向定调”作用，及时全面准确解读政策，增进社会认同。

（二）积极回应社会关切。各地区各部门要组织做好本地区本部门本系统的政务舆情监测工作，扩大舆情收集范围，及时了解各方关切，有针对性地做好回应工作。对涉及本地区本部门的重要政务舆情、媒体关切等热点问题，要认真研判处置，及时借助媒体、网站等渠道发布准确权威信息，讲清事实真相、有关政策措施、处置结果等。遇有重大突发事件时，负责处置的地方和部门是信息发布的第一责任人，主要负责人要当好“第一新闻发言人”，快速反应、及时发声。针对涉及突发事件的各种虚假不实信息，要迅速澄清事实，消除不良影响。特别重大、重大突发事件发生后，应在24小时内举行新闻发布会。

（三）更好发挥媒体作用。各地区各部门要善于运用媒体发布信息、解读政策，引领舆论、推动工作。对重要会议活动、重大决策部署、经济运行和社会发展重要动态等方面信息，要统筹运用媒体做好发布工作。重要信息、重大政策发布后，要注重运用主流媒体及其新媒体在重要版面、重要位置、重要时段及时报道解读。出台重大决策部署，要通过主动向媒体提供素材，召开媒体通气会，推荐掌握相关政策、熟悉相关领域业务的专家学者接受访谈等方式，做好发布解读工作。畅通媒体采访渠道，创造条件安排中央和地方主流媒体及其新媒体负责人列席有关重要决策会议。注重加强政策解读的国际传播，扩大政策信息的覆盖面和影响力。

六、围绕增强公开实效加强能力建设

（一）提高政务公开工作制度化标准化水平。选择部分地方、部门开展政务公开负面清单试点工作。加快推进政府信息公开条例修订工作。推进政府信息主动公开基本目录建设，进一步明确重点领域、重点行业公开的主体、内容、时限、方式等，提升主动公开的规范化水平。积极做好部门规章和政策性文件清理结果公开工作。加强对规范性文件公开的审查，定期对不公开的政府信息进行评审，确保应公开尽公开。严格执行保密审查制度，对拟公开的政府信息要依法依规做好保密审查。

（二）提高政务公开工作信息化集中化水平。制定出台全国政府网站发展指引，充分发挥政府门户网站信息公开第一平台作用，增强发布信息、解读政策、回应关切、引导舆论的功能。加强政府网站数据库建设，着力完善搜索查询功能，提升公开信息的集中度，方便公众获取。强化与新闻网站、商业网站的联动，增强信息传播效果。办好政府公报，着力提升规章、规范性文件的发布质量和时效，并做好网上发布工作，发挥好标准文本的指导和服务作用。加强政府热线电话管理，鼓励开展政府开放日、网络问政等主题活动，增进与公众的互动交流。

（三）提高政务公开队伍专业化理论化水平。各地区各部门要围绕3年内对全国政务公开工作人员轮训一遍的要求，制定业务培训计划，精心安排培训科目和内容，分级分层组织实施。政务公开工作人员要加强政策理论学习和业务研究，准确把握政策精神，增强专业素养，强化公开理念，提高指导、推动政务公开工作的能力和水平。

各地区各部门要高度重视，主要负责同志年内至少听取一次政务公开工作汇报，研究部署推进工作；要确定一位负责同志分管政务公开工作，列入工作分工，并对外公布。政务公开工作尚未纳入政府绩效考核体系的，年内应予纳入，所占分值权重不应低于4%。各地区各部门要结合实际，制定具体实施方案或工作措施，并在本要点公布后30个工作日内在本地区本部门政府网站公开。有牵头任务的部门还要加强对本系统的工作指导。国务院办公厅将对各地区、各部门落实情况进行督查，组织开展第三方评估，并公布评估结果。

国务院办公厅关于印发促进科技成果转移转化行动方案的通知

（2016年4月21日　国办发〔2016〕28号）

各省、自治区、直辖市人民政府，国务院各部委、各直属机构：

《促进科技成果转移转化行动方案》已经国务院同意，现印发给你们，请认真贯彻落实。

促进科技成果转移转化行动方案

促进科技成果转移转化是实施创新驱动发展战略的重要任务，是加强科技与经济紧密结合的关键环节，对于推进结构性改革尤其是供给侧结构性改革、支撑经济转型升级和产业结构调整，促进大众创业、万众创新，打造经济发展新引擎具有重要意义。为深入贯彻党中央、国务院一系列重大决策部署，落实《中华人民共和国促进科技成果转化法》，加快推动科技成果转化为现实生产力，依靠科技创新支撑稳增长、促改革、调结构、惠民生，特制定本方案。

一、总体思路

深入贯彻落实党的十八大、十八届三中、四中、五中全会精神和国务院部署，紧扣创新发展要求，推动大众创新创业，充分发挥市场配置资源的决定性作用，更好发挥政府作用，完善科技成果转移转化政策环境，强化重点领域和关键环节的系统部署，强化技术、资本、人才、服务等创新资源的深度融合与优化配置，强化中央和地方协同推动科技成果转移转化，建立符合科技创新规律和市场经济规律的科技成果转移转化体系，促进科技成果资本化、产业化，形成经济持续稳定增长新动力，为到2020年进入创新型国家行列、实现全面建成小康社会奋斗目标作出贡献。

（一）基本原则。

——市场导向。发挥市场在配置科技创新资源中的决定性作用，强化企业转移转化科技成果的主体地位，发挥企业家整合技术、资金、人才的关键作用，推进产学研协同创新，大力发展技术市场。完善科技成果转移转化的需求导向机制，拓展新技术、新产品的市场应用空间。

——政府引导。加快政府职能转变，推进简政放权、放管结合、优化服务，强化政府在科技成果转移转化政策制定、平台建设、人才培养、公共服务等方面职能，发挥财政资金引导作用，营造有利于科技成果转移转化的良好环境。

——纵横联动。加强中央与地方的上下联动，发挥地方在推动科技成果转移转化中的重要作用，探索符合地方实际的成果转化有效路径。加强部门之间统筹协同、军民之间融合联动，在资源配置、任务部署等方面形成共同促进科技成果转化的合力。

——机制创新。充分运用众创、众包、众扶、众筹等基于互联网的创新创业新理念，建立创新要素充分融合的新机制，充分发挥资本、人才、服务在科技成果转移转化中的催化作用，探索科技成果转移转化新模式。

（二）主要目标。

“十三五”期间，推动一批短中期见效、有力带动产业结构优化升级的重大科技成果转化应用，企业、高校和科研院所科技成果转移转化能力显著提高，市场化的技术交易服务体系进一步健全，科技型创新创业蓬勃发展，专业化技术转移人才队伍发展壮大，多元化的科技成果转移转化投入渠道日益完善，科技成果转移转化的制度环境更加优化，功能完善、运行高效、市场化的科技成果转移转化体系全面建成。

主要指标：建设100个示范性国家技术转移机构，支持有条件的地方建设10个科技成果转移转化示范区，在重点行业领域布局建设一批支撑实体经济发展的众创空间，建成若干技术转移人才培养基地，培养1万名专业化技术转移人才，全国技术合同交易额力争达到2万亿元。

二、重点任务

围绕科技成果转移转化的关键问题和薄弱环节，加强系统部署，抓好措施落实，形成以企业技术创新需求为导向、以市场化交易平台为载体、以专业化服务机构为支撑的科技成果转移转化新格局。

（一）开展科技成果信息汇交与发布。

1. 发布转化先进适用的科技成果包。围绕新一代信息网络、智能绿色制造、现代农业、现代能源、资源高效利用和生态环保、海洋和空间、智慧城市和数字社会、人口健康等重点领域，以需求为导向发布一批符合产业转型升级方向、投资规模与产业带动作用大的科技成果包。发挥财政资金引导作用和科技中介机构的成果筛选、市场化评估、融资服务、成果推介等作用,鼓励企业探索新的商业模式和科技成果产业化路径,加速重大科技成果转化应用。引导支持农业、医疗卫生、生态建设等社会公益领域科技成果转化应用。

2. 建立国家科技成果信息系统。制定科技成果信息采集、加工与服务规范,推动中央和地方各类科技计划、科技奖励成果存量与增量数据资源互联互通,构建由财政资金支持产生的科技成果转化项目库与数据服务平台。完善科技成果信息共享机制,在不泄露国家秘密和商业秘密的前提下,向社会公布科技成果和相关知识产权信息,提供科技成果信息查询、筛选等公益服务。

3. 加强科技成果信息汇交。建立健全各地方、各部门科技成果信息汇交工作机制,推广科技成果在线登记汇交系统,畅通科技成果信息收集渠道。加强科技成果管理与科技计划项目管理的有机衔接,明确由财政资金设立的应用类科技项目承担单位的科技成果转化义务,开展应用类科技项目成果以及基础研究中具有应用前景的科研项目成果信息汇交。鼓励非财政资金资助的科技成果进行信息汇交。

4. 加强科技成果数据资源开发利用。围绕传统产业转型升级、新兴产业培育发展需求,鼓励各类机构运用云计算、大数据等新一代信息技术,积极开展科技成果信息增值服务,提供符合用户需求的精准科技成果信息。开展科技成果转化为技术标准试点,推动更多应用类科技成果转化为技术标准。加强科技成果、科技报告、科技文献、知识产权、标准等的信息化关联,各地方、各部门在规划制定、计划管理、战略研究等方面要充分利用科技成果资源。

5. 推动军民科技成果融合转化应用。建设国防科技工业成果信息与推广转化平台,研究设立国防科技工业军民融合产业投资基金,支持军民融合科技成果推广应用。梳理具有市场应用前景的项目,发布军用技术转民用推广目录、"民参军"技术与产品推荐目录、国防科技工业知识产权转化目录。实施军工技术推广专项,推动国防科技成果向民用领域转化应用。

(二)产学研协同开展科技成果转移转化。

6. 支持高校和科研院所开展科技成果转移转化。组织高校和科研院所梳理科技成果资源,发布科技成果目录,建立面向企业的技术服务站点网络,推动科技成果与产业、企业需求有效对接,通过研发合作、技术转让、技术许可、作价投资等多种形式,实现科技成果市场价值。依托中国科学院的科研院所体系实施科技服务网络计划，围绕产业和地方需求开展技术攻关、技术转移与示范、知识产权运营等。鼓励医疗机构、医学研究单位等构建协同研究网络，加强临床指南和规范制定工作，加快新技术、新产品应用推广。引导有条件的高校和科研院所建立健全专业化科技成果转移转化机构，明确统筹科技成果转移转化与知识产权管理的职责，加强市场化运营能力。在部分高校和科研院所试点探索科技成果转移转化的有效机制与模式，建立职务科技成果披露与管理制度，实行技术经理人市场化聘用制，建设一批运营机制灵活、专业人才集聚、服务能力突出、具有国际影响力的国家技术转移机构。

7. 推动企业加强科技成果转化应用。以创新型企业、高新技术企业、科技型中小企业为重点，支持企业与高校、科研院所联合设立研发机构或技术转移机构，共同开展研究开发、成果应用与推广、标准研究与制定等。围绕“互联网+”战略开展企业技术难题竞标等“研发众包”模式探索，引导科技人员、高校、科研院所承接企业的项目委托和难题招标，聚众智推进开放式创新。市场导向明确的科技计划项目由企业牵头组织实施。完善技术成果向企业转移扩散的机制，支持企业引进国内外先进适用技术，开展技术革新与改造升级。

8. 构建多种形式的产业技术创新联盟。围绕“中国制造2025”、“互联网+”等国家重点产业发展战略以及区域发展战略部署，发挥行业骨干企业、转制科研院所主导作用，联合上下游企业和高校、科研院所等构建一批产业技术创新联盟，围绕产业链构建创新链，推动跨领域跨行业协同创新，加强行业共性关键技术研发和推广应用，为联盟成员企业提供订单式研发服务。支持联盟承担重大科技成果转化项目，探索联合攻关、利益共享、知识产权运营的有效机制与模式。

9. 发挥科技社团促进科技成果转移转化的纽带作用。以创新驱动助力工程为抓手，提升学会服务科技成果转移转化能力和水平，利用学会服务站、技术研发基地等柔性创新载体，组织动员学会智力资源服务企业转型升级，建立学会联系企业的长效机制，开展科技信息服务，实现科技成果转移转化供给端与需求端的精准对接。

（三）建设科技成果中试与产业化载体。

10. 建设科技成果产业化基地。瞄准节能环保、新一代信息技术、生物技术、高端装备制造、新能源、新材料、新能源汽车等战略性新兴产业领域，依托国家自主创新示范区、国家高新区、国家农业科技园区、国家可持续发展实验区、国家大学科技园、战略性新兴产业集聚区等创新资源集聚区域以及高校、科研院所、行业骨干企业等，建设一批科技成果产业化基地，引导科技成果对接特色产业需求转移转化，培育新的经济增长点。

11. 强化科技成果中试熟化。鼓励企业牵头、政府引导、产学研协同，面向产业发展需求开展中试熟化与产业化开发，提供全程技术研发解决方案，加快科技成果转移转化。支持地方围绕区域特色产业发展、中小企业技术创新需求，建设通用性或行业性技术创新服务平台，提供从实验研究、中试熟化到生产过程所需的仪器设备、中试生产线等资源，开展研发设计、检验检测认证、科技咨询、技术标准、知识产权、投融资等服务。推动各类技术开发类科研基地合理布局和功能整合，促进科研基地科技成果转移转化，推动更多企业和产业发展亟需的共性技术成果扩散与转化应用。

（四）强化科技成果转移转化市场化服务。

12. 构建国家技术交易网络平台。以“互联网＋”科技成果转移转化为核心，以需求为导向，连接技术转移服务机构、投融资机构、高校、科研院所和企业等，集聚成果、资金、人才、服务、政策等各类创新要素，打造线上与线下相结合的国家技术交易网络平台。平台依托专业机构开展市场化运作，坚持开放共享的运营理念，支持各类服务机构提供信息发布、融资并购、公开挂牌、竞价拍卖、咨询辅导等专业化服务，形成主体活跃、要素齐备、机制灵活的创新服务网络。引导高校、科研院所、国有企业的科技成果挂牌交易与公示。

13. 健全区域性技术转移服务机构。支持地方和有关机构建立完善区域性、行业性技术市场，形成不同层级、不同领域技术交易有机衔接的新格局。在现有的技术转移区域中心、国际技术转移中心基础上，落实“一带一路”、京津冀协同发展、长江经济带等重大战略，进一步加强重点区域间资源共享与优势互补，提升跨区域技术转移与辐射功能，打造连接国内外技术、资本、人才等创新资源的技术转移网络。

14. 完善技术转移机构服务功能。完善技术产权交易、知识产权交易等各类平台功能，促进科技成果与资本的有效对接。支持有条件的技术转移机构与天使投资、创业投资等合作建立投资基金，加大对科技成果转化项目的投资力度。鼓励国内机构与国际知名技术转移机构开展深层次合作，围绕重点产业技术需求引进国外先进适用的科技成果。鼓励技术转移机构探索适应不同用户需求的科技成果评价方法，提升科技成果转移转化成功率。推动行业组织制定技术转移服务标准和规范，建立技术转移服务评价与信用机制，加强行业自律管理。

15. 加强重点领域知识产权服务。实施“互联网 +”融合重点领域专利导航项目，引导“互联网 +”协同制造、现代农业、智慧能源、绿色生态、人工智能等融合领域的知识产权战略布局，提升产业创新发展能力。开展重大科技经济活动知识产权分析评议，为战略规划、政策制定、项目确立等提供依据。针对重点产业完善国际化知识产权信息平台，发布“走向海外”知识产权实务操作指引，为企业“走出去”提供专业化知识产权服务。

（五）大力推动科技型创新创业。

16. 促进众创空间服务和支撑实体经济发展。重点在创新资源集聚区域，依托行业龙头企业、高校、科研院所，在电子信息、生物技术、高端装备制造等重点领域建设一批以成果转移转化为主要内容、专业服务水平高、创新资源配置优、产业辐射带动作用强的众创空间，有效支撑实体经济发展。构建一批支持农村科技创新创业的“星创天地”。支持企业、高校和科研院所发挥科研设施、专业团队、技术积累等专业领域创新优势，为创业者提供技术研发服务。吸引更多科技人员、海外归国人员等高端创业人才入驻众创空间，重点支持以核心技术为源头的创新创业。

17. 推动创新资源向创新创业者开放。引导高校、科研院所、大型企业、技术转移机构、创业投资机构以及国家级科研平台（基地）等，将科研基础设施、大型科研仪器、科技数据文献、科技成果、创投资金等向创新创业者开放。依托3D打印、大数据、网络制造、开源软硬件等先进技术和手段，支持各类机构为创新创业者提供便捷的创新创业工具。支持高校、企业、孵化机构、投资机构等开设创新创业培训课程，鼓励经验丰富的企业家、天使投资人和专家学者等担任创业导师。

18. 举办各类创新创业大赛。组织开展中国创新创业大赛、中国创新挑战赛、中国“互联网 +”大学生创新创业大赛、中国农业科技创新创业大赛、中国科技创新创业人才投融资集训营等活动，支持地方和社会各界举办各类创新创业大赛，集聚整合创业投资等各类资源支持创新创业。

（六）建设科技成果转移转化人才队伍。

19. 开展技术转移人才培养。充分发挥各类创新人才培养示范基地作用，依托有条件的地方和机构建设一批技术转移人才培养基地。推动有条件的高校设立科技成果转化相关课程，打造一支高水平的师资队伍。加快培养科技成果转移转化领军人才，纳入各类创新创业人才引进培养计划。推动建设专业化技术经纪人队伍，畅通职业发展通道。鼓励和规范高校、科研院所、企业中符合条件的科技人员从事技术转移工作。与国际技术转移组织联合培养国际化技术转移人才。

20. 组织科技人员开展科技成果转移转化。紧密对接地方产业技术创新、农业农村发展、社会公益等领域需求，继续实施万名专家服务基层行动计划、科技特派员、科技创业者行动、企业院士行、先进适用技术项目推广等，动员高校、科研院所、企业的科技人员及高层次专家，深入企业、园区、农村等基层一线开展技术咨询、技术服务、科技攻关、成果推广等科技成果转移转化活动，打造一支面向基层的科技成果转移转化人才队伍。

21. 强化科技成果转移转化人才服务。构建"互联网+"创新创业人才服务平台，提供科技咨询、人才计划、科技人才活动、教育培训等公共服务，实现人才与人才、人才与企业、人才与资本之间的互动和跨界协作。围绕支撑地方特色产业培育发展，建立一批科技领军人才创新驱动中心，支持有条件的企业建设院士（专家）工作站，为高层次人才与企业、地方对接搭建平台。建设海外科技人才离岸创新创业基地，为引进海外创新创业资源搭建平台和桥梁。

（七）大力推动地方科技成果转移转化。

22. 加强地方科技成果转化工作。健全省、市、县三级科技成果转化工作网络，强化科技管理部门开展科技成果转移转化的工作职能，加强相关部门之间的协同配合，探索适应地方成果转化要求的考核评价机制。加强基层科技管理机构与队伍建设，完善承接科技成果转移转化的平台与机制，宣传科技成果转化政策，帮助中小企业寻找应用科技成果，搭建产学研合作信息服务平台。指导地方探索"创新券"等政府购买服务模式，降低中小企业技术创新成本。

23. 开展区域性科技成果转移转化试点示范。以创新资源集聚、工作基础好的省（区、市）为主导，跨区域整合成果、人才、资本、平台、服务等创新资源，建设国家科技成果转移转化试验示范区，在科技成果转移转化服务、金融、人才、政策等方面，探索形成一批可复制、可推广的工作经验与模式。围绕区域特色产业发展技术瓶颈，推动一批符合产业转型发展需求的重大科技成果在示范区转化与推广应用。

（八）强化科技成果转移转化的多元化资金投入。

24. 发挥中央财政对科技成果转移转化的引导作用。发挥国家科技成果转化引导基金等的杠杆作用，采取设立子基金、贷款风险补偿等方式，吸引社会资本投入，支持关系国计民生和产业发展的科技成果转化。通过优化整合后的技术创新引导专项（基金）、基地和人才专项，加大对符合条件的技术转移机构、基地和人才的支持力度。国家科技重大专项、重点研发计划支持战略性重大科技成果产业化前期攻关和示范应用。

25. 加大地方财政支持科技成果转化力度。引导和鼓励地方设立创业投资引导、科技成果转化、知识产权运营等专项资金(基金),引导信贷资金、创业投资资金以及各类社会资金加大投入,支持区域重点产业科技成果转移转化。

26. 拓宽科技成果转化资金市场化供给渠道。大力发展创业投资,培育发展天使投资人和创投机构,支持初创期科技企业和科技成果转化项目。利用众筹等互联网金融平台,为小微企业转移转化科技成果拓展融资渠道。支持符合条件的创新创业企业通过发行债券、资产证券化等方式进行融资。支持银行探索股权投资与信贷投放相结合的模式,为科技成果转移转化提供组合金融服务。

三、组织与实施

(一)加强组织领导。各有关部门要根据职能定位和任务分工,加强政策、资源统筹,建立协同推进机制,形成科技部门、行业部门、社会团体等密切配合、协同推进的工作格局。强化中央和地方协同,加强重点任务的统筹部署及创新资源的统筹配置,形成共同推进科技成果转移转化的合力。各地方要将科技成果转移转化工作纳入重要议事日程,强化科技成果转移转化工作职能,结合实际制定具体实施方案,明确工作推进路线图和时间表,逐级细化分解任务,切实加大资金投入、政策支持和条件保障力度。

(二)加强政策保障。落实《中华人民共和国促进科技成果转化法》及相关政策措施,完善有利于科技成果转移转化的政策环境。建立科研机构、高校科技成果转移转化绩效评估体系,将科技成果转移转化情况作为对单位予以支持的参考依据。推动科研机构、高校建立符合自身人事管理需要和科技成果转化工作特点的职称评定、岗位管理和考核评价制度。完善有利于科技成果转移转化的事业单位国有资产管理相关政策。研究探索科研机构、高校领导干部正职任前在科技成果转化中获得股权的代持制度。各地方要围绕落实《中华人民共和国促进科技成果转化法》,完善促进科技成果转移转化的政策法规。建立实施情况监测与评估机制,为调整完善相关政策举措提供支撑。

(三)加强示范引导。加强对试点示范工作的指导推动,交流各地方各部门的好经验、好做法,对可复制、可推广的经验和模式及时总结推广,发挥促进科技成果转移转化行动的带动作用,引导全社会关心和支持科技成果转移转化,营造有利于科技成果转移转化的良好社会氛围。

附件:重点任务分工及进度安排表

附件

重点任务分工及进度安排表

序号	重点任务	责任部门	时间进度
1	发布一批产业转型升级发展急需的科技成果包	科技部会同有关部门	2016年6月底前完成
2	建立国家科技成果信息系统	科技部、财政部、中科院、工程院、自然科学基金会等	2017年6月底前建成
3	加强科技成果信息汇交，推广科技成果在线登记汇交系统	科技部会同有关部门	持续推进
4	开展科技成果转化为技术标准试点	质检总局、科技部	2016年12月底前启动
5	推动军民科技成果融合转化应用	国家国防科工局、工业和信息化部、财政部、国家知识产权局等	持续推进
6	依托中科院科研院所体系实施科技服务网络计划	中科院	持续推进
7	在有条件的高校和科研院所建设一批国家技术转移机构	科技部、教育部、农业部、中科院等	2016年6月底前启动建设，持续推进
8	围绕国家重点产业和重大战略，构建一批产业技术创新联盟	科技部、工业和信息化部、中科院等	2016年6月底前启动建设，持续推进
9	推动各类技术开发类科研基地合理布局和功能整合，促进科研基地科技成果转移转化	科技部会同有关部门	持续推进
10	打造线上与线下相结合的国家技术交易网络平台	科技部、教育部、工业和信息化部、农业部、国务院国资委、中科院、国家知识产权局等	2017年6月底前建成运行
11	制定技术转移服务标准和规范	科技部、质检总局	2017年3月底前出台

续表

序号	重点任务	责任部门	时间进度
12	依托行业龙头企业、高校、科研院所建设一批支撑实体经济发展的众创空间	科技部会同有关部门	持续推进
13	依托有条件的地方和机构建设一批技术转移人才培养基地	科技部会同有关部门	持续推进
14	构建“互联网＋”创新创业人才服务平台	科技部会同有关部门	2016年12月底前建成运行
15	建设海外科技人才离岸创新创业基地	中国科协	持续推进
16	建设国家科技成果转移转化试验示范区,探索可复制、可推广的经验与模式	科技部会同有关地方政府	2016年6月底前启动建设
17	发挥国家科技成果转化引导基金等的杠杆作用,支持科技成果转化	科技部、财政部等	持续推进
18	引导信贷资金、创业投资资金以及各类社会资金加大投入,支持区域重点产业科技成果转移转化	科技部、财政部、人民银行、银监会、证监会	持续推进
19	推动科研机构、高校建立符合自身人事管理需要和科技成果转化工作特点的职称评定、岗位管理和考核评价制度	教育部、科技部、人力资源社会保障部等	2017年12月底前完成
20	研究探索科研机构、高校领导干部正职任前在科技成果转化中获得股权的代持制度	科技部、中央组织部、人力资源社会保障部、教育部	持续推进

国务院关于促进外贸回稳向好的若干意见

（2016 年 5 月 5 日　国发〔2016〕27 号）

各省、自治区、直辖市人民政府，国务院各部委、各直属机构：

外贸是国民经济重要组成部分和重要推动力量。当前，外贸形势复杂严峻，不确定不稳定因素增多，下行压力不断加大。促进外贸回稳向好，对经济平稳运行和升级发展具有重要意义。为此，提出以下意见：

一、充分发挥出口信用保险作用

进一步降低短期出口信用保险费率。对大型成套设备出口融资应保尽保，在风险可控的前提下，抓紧评估和支持一批中长期险项目。

二、大力支持外贸企业融资

通过差别准备金、利率、再贷款、再贴现等政策，引导金融机构加大对小微企业的支持力度。鼓励和支持金融机构对有订单、有效益的外贸企业贷款。加强银贸合作，鼓励和支持金融机构进一步扩大出口信用保险保单融资和出口退税账户质押融资规模。

三、进一步提高贸易便利化水平

积极改善通关便利化的技术条件，提高机检比例，进一步降低海关出口平均查验率，加强分类指导，对信用好的出口企业降低查验率，对信用差的出口企业加大查验力度。2016 年年底前将国际贸易“单一窗口”建设从沿海地区推广到有条件的中西部地区，建立标准体系，落实主体责任。全面推进通关作业无纸化。

四、调整完善出口退税政策

优化出口退税率结构，对照相机、摄影机、内燃发动机等部分机电产品按征多少退多少的原则退税，确保及时足额退税，严厉打击骗取退税。完善出口退税分类管理办法，逐步提高出口退税一类企业比例，发挥好一类企业的示范带动作用。

五、减免规范部分涉企收费

落实收费目录清单制度和《港口收费计费办法》，加快推进市场化改革,着重打破垄断,加强和创新收费监管,建立打击违规收费机制。加大对电子政务平台收费查处力度,对海关、出入境检验检疫、税务、商务等部门电子政务平台开展全面检查。合理规范港口、保险、运输、银行等收费,支持实体经济发展。加快将货物港务费并入港口建设费。电器电子产品出口符合政策条件的,可按规定免征废弃电器电子产品处理基金。

六、进一步完善加工贸易政策

综合运用财政、土地、金融政策,支持加工贸易向中西部地区转移。中西部地区要加大加工贸易产业用地保障力度,优先纳入供地计划并优先供应,东部地区加工贸易梯度转移腾退用地经批准可转变为商业、旅游、养老等用途。加工贸易企业依法取得的工业用地可按合同约定分期缴纳土地出让价款,对各省(区、市)确定的优先发展产业且用地集约的工业项目可按不低于相关标准的70%确定土地出让底价。鼓励转移到中西部地区的加工贸易企业参与电力直接交易。抓紧做好阶段性降低社会保险费率政策落实工作。优化财政支出结构,支持中西部地区加工贸易发展。鼓励金融机构为加工贸易梯度转移项目提供金融支持。

在全国范围内取消加工贸易业务审批,建立健全事中事后监管机制。在符合条件的海关特殊监管区域积极探索货物状态分类监管试点,在税负公平、风险可控的前提下,赋予具备条件的企业增值税一般纳税人资格。在自贸试验区的海关特殊监管区域积极推进选择性征收关税政策先行先试,及时总结评估,在公平税负原则下适时研究扩大试点。

七、支持边境贸易发展

将边贸政策与扶贫政策、民族政策相结合。加大中央财政对边境地区转移支付力度,继续支持边境小额贸易企业发展能力建设,并督促地方规范资金使用,确保将资金落实到基层一线地区,大力促进边境小额贸易企业发展。

八、实行积极的进口政策

完善进口贴息政策,调整《鼓励进口技术和产品目录》,重点支持先进设备、先进技术进口,鼓励企业引进消化吸收再创新。完善现行汽车品牌销售管理办法,切实推进汽车平行进口。赋予符合条件的原油加工企业原油使用和进口资质。降低部分日用消费品关税,引导境外消费回流。

九、加大对外贸新业态的支持力度

开展并扩大跨境电子商务、市场采购贸易方式和外贸综合服务企业试点。支持企业建设一批出口产品"海外仓"和海外运营中心。总结中国(杭州)跨境电子商务综合试验区和市场采购贸易方式的经验,扩大试点范围，对试点地区符合监管条件的出口企业，如不能提供进项税发票，按规定实行增值税免征不退政策，并在发展中逐步规范和完善。加快建立与外贸综合服务企业发展相适应的管理模式，抓紧完善外贸综合服务企业退（免）税分类管理办法。

十、加快国际营销服务体系建设

支持企业建立国际营销网络体系，建设一批境外展示中心、分拨中心、批发市场和零售网点等。鼓励企业建立境外服务保障体系，支持重点企业建设汽车、机床、工程机械、通信、轨道交通、航空、船舶和海洋工程等境外售后维修服务中心及备件生产基地和培训中心。鼓励中国出口信用保险公司、进出口银行、开发银行对企业建设国际营销和售后服务网络提供信保和融资支持。鼓励各类金融机构与企业合作，在重点市场为国际营销服务体系建设提供融资和消费信贷支持。

十一、加快培育外贸自主品牌

鼓励外贸企业创立自主品牌，提升出口质量。建立品牌商品出口统计制度。提高非商业性境外办展质量，培育一批重点行业专业性境外品牌展。加强自主品牌对外宣传，利用高层访问、国际会议、广交会等多渠道加大中国品牌推介力度。利用外经贸发展等专项资金支持品牌、专利等方面境外并购和国际营销体系建设。在风险可控前提下对外贸企业收购境外品牌、营销体系等加大信贷支持。

十二、发挥双向投资对贸易的促进作用

提高国家级经济技术开发区和各类园区的发展水平，加大招商引资力度，稳定外商投资规模和速度，提高引进外资质量。积极引导外资投向新兴产业、高新技术、节能环保等领域。进一步改善投资环境，大力引进国际人才，推动中关村国家自主创新示范区有关人才政策尽快在全国复制推广。促进引资和引智相结合，培育新的外贸经营主体。推动对外投资合作和贸易相结合。大力推进“一带一路”建设和国际产能合作，带动我国产品、技术、标准、服务出口。加大磋商协调力度，推动解决企业“走出去”面临的签证申办难点和普遍性问题。

十三、加强外贸知识产权保护

持续开展外贸领域打击侵权假冒专项行动，依法打击有关违法行为。支持企业开展商标、专利注册保护，加强境外知识产权争端解决和维权援助机制建设。健全多双边知识产权交流和执法协作机制，切实支持进出口企业应对境外知识产权纠纷，有效遏止境外恶意注册、恶意诉讼等行为。加强指导和帮助，提高外贸企业防范和应对国际技术性贸易壁垒的能力和水平。加强外贸领域诚信体系建设，探索建立外贸企业信用评价体系。

十四、加强组织实施

各地区、各部门要进一步提高认识，更加重视外贸工作，加强协调，形成合力。要加大政策落实力度，早部署、早落实，加强督促检查。各地区要提高政策的精准度，借鉴有益经验做法，根据形势需要和本地区实际，出台有针对性的配套措施。各部门要明确责任分工，抓紧制定实施细则。要多措并举，促进外贸创新发展，千方百计稳增长，坚定不移调结构，努力实现外贸回稳向好。

国务院办公厅关于加快培育和发展住房租赁市场的若干意见（节录）

（2016年5月17日　国办发〔2016〕39号）

各省、自治区、直辖市人民政府，国务院各部委、各直属机构：

实行购租并举，培育和发展住房租赁市场，是深化住房制度改革的重要内容，是实现城镇居民住有所居目标的重要途径。改革开放以来，我国住房租赁市场不断发展，对加快改善城镇居民住房条件、推动新型城镇化进程等发挥了重要作用，但市场供应主体发育不充分、市场秩序不规范、法规制度不完善等问题仍较为突出。为加快培育和发展住房租赁市场，经国务院同意，现提出以下意见。

一、总体要求

（一）指导思想。全面贯彻党的十八大和十八届三中、四中、五中全会以及中央城镇化工作会议、中央城市工作会议精神，认真落实国务院决策部署，按照“五位一体”总体布局和“四个全面”战略布局，牢固树立和贯彻落实创新、协调、绿色、开放、共享的发展理念，以建立购租并举的住房制度为主要方向，健全以市场配置为主、政府提供基本保障的住房租赁体系。支持住房租赁消费，促进住房租赁市场健康发展。

（二）发展目标。到2020年，基本形成供应主体多元、经营服务规范、租赁关系稳定的住房租赁市场体系，基本形成保基本、促公平、可持续的公共租赁住房保障体系，基本形成市场规则明晰、政府监管有力、权益保障充分的住房租赁法规制度体系，推动实现城镇居民住有所居的目标。

六、加大政策支持力度

（十四）提供金融支持。鼓励金融机构按照依法合规、风险可控、商业可持续的原则，向住房租赁企业提供金融支持。支持符合条件的住房租赁企业发行债券、不动产证券化产品。稳步推进房地产投资信托基金（REITs）试点。

国务院关于印发2016年推进简政放权放管结合优化服务改革工作要点的通知

（2016年5月23日　国发〔2016〕30号）

各省、自治区、直辖市人民政府，国务院各部委、各直属机构：

国务院批准《2016年推进简政放权放管结合优化服务改革工作要点》，现予印发，请认真贯彻落实。

2016年推进简政放权放管结合优化服务改革工作要点

2016年是“十三五”规划开局之年，也是推进供给侧结构性改革的攻坚之年。今年推进简政放权、放管结合、优化服务改革的总体要求是：全面贯彻党的十八大和十八届二中、三中、四中、五中全会精神，认真落实中央经济工作会议和《政府工作报告》部署，按照创新、协调、绿色、开放、共享的发展理念，紧紧扭住转变政府职能这个“牛鼻子”，在更大范围、更深层次，以更有力举措推进简政放权、放管结合、优化服务改革，使市场在资源配置中起决定性作用和更好发挥政府作用，破除制约企业和群众办事创业的体制机制障碍，着力降低制度性交易成本，优化营商环境，激发市场活力和社会创造力，与大众创业、万众创新和发展壮大新经济紧密结合起来，进一步形成经济增长内生动力，促进经济社会持续健康发展。

一、持续简政放权，进一步激发市场活力和社会创造力

（一）继续深化行政审批改革。继续加大放权力度，把该放的权力放出去，能取消的要尽量取消，直接放给市场和社会。今年要再取消50项以上国务院部门行政审批事项和中央指定地方实施的行政审批事项，再取消一批国务院部门行政审批中介服务事项，削减一批生产许可证、经营许可证。对确需下放给基层的审批事项，要在人才、经费、技术、装备等方面予以保障，确保基层接得住、管得好。对相同、相近或相关联的审批事项，要一并取消或下放，提高放权的协同性、联动性。对确需保留的行政审批事项，要统一审批标准，简化审批手续，规范审批流程。所有行政审批事项都要严格按法定时限做到“零超时”。继续开展相对集中行政许可权改革试点，推广地方实施综合审批的经验。（国务院审改办牵头，国务院各有关部门按职责分工负责）

（二）深入推进投资审批改革。进一步扩大企业自主权，再修订政府核准的投资项目目录，中央政府层面核准的企业投资项目削减比例累计达到原总量的90%以上。出台《企业投资项目核准和备案管理条例》。制定中央预算内投资审批制度改革方案。出台整合规范投资建设项目报建审批事项实施方案。保留的投资项目审批事项要全部纳入全国统一的投资项目在线审批监管平台，实行“一站式”网上审批，大幅缩短审批流程和审批时间，推进投资审批提速。（国家发展改革委牵头，国土资源部、环境保护部、住房城乡建设部、交通运输部、水利部、国务院法制办等相关部门按职责分工负责）

（三）扎实做好职业资格改革。再取消一批职业资格许可和认定事项，国务院部门设置的职业资格削减比例达到原总量的70%以上。全面清理名目繁多的各种行业准入证、上岗证等，不合理的要坚决取消或整合。建立国家职业资格目录清单管理制度，清单之外一律不得开展职业资格许可和认定工作，清单之内除准入类职业资格外一律不得与就业创业挂钩。严肃查处职业资格“挂证”、“助考”等行为，严格落实考培分离。（人力资源社会保障部牵头，工业和信息化部、住房城乡建设部、交通运输部、国务院国资委、质检总局、安全监管总局、食品药品监管总局等相关部门按职责分工负责）

（四）持续推进商事制度改革。进一步放宽市场准入，继续大力削减工商登记前置审批事项，今年再取消三分之一，削减比例达到原总量的90%以上，同步取消后置审批事项50项以上。在全面实施企业“三证合一”基础上，再整合社会保险登记证和统计登记证，实现“五证合一、一照一码”，降低创业准入的制度成本。扩大“三证合一”覆盖面，推进整合个体工商户营业执照和税务登记证，实现只需填写“一张表”、向“一个窗口”提交“一套材料”，即可办理工商及税务登记。加快推进工商登记全程电子化、名称登记、放宽住所条件、简易注销登记等改革试点。加快推行电子营业执照。抓好“证照分离”改革试点，切实减少各种不必要的证，解决企业“准入不准营”的问题，尽快总结形成可复制、可推广的经验。（工商总局、国务院审改办牵头，人力资源社会保障部、税务总局、国务院法制办、国家统计局等相关部门和上海市人民政府按职责分工负责）

（五）积极开展收费清理改革和监督检查。严格落实已出台的各项收费清理政策，防止反弹或变相收费。全面清理和整合规范各类认证、评估、检查、检测等中介服务，有效解决评审评估事项多、耗时长、费用高等问题。重点整治各种涉企乱收费，完善涉企收费监督检查制度，强化举报、查处和问责机制。组织对涉企收费专项监督检查，切实减轻企业负担。（财政部、国家发展改革委、工业和信息化部牵头，民政部、质检总局等相关部门按职责分工负责）

（六）扩大高校和科研院所自主权。凡是束缚教学科研人员积极性创造性发挥的不合理规定，都要取消或修改；凡是高校和科研院所能够自主管理的事项，相关权限都要下放，特别是要扩大高校和科研院所在经费使用、成果处置、职称评审、选人用人、薪酬分配、设备采购、学科专业设置等方面的自主权。落实完善支持教学科研人员创业创新的股权期权激励等相关政策，促进科技成果转化。为教学科研人员从事兼职创业积极创造宽松条件。（教育部、科技部牵头，国务院审改办、财政部、人力资源社会保障部、海关总署、工商总局、税务总局、国家知识产权局、中国科学院、中国社科院、中国工程院等相关部门、单位按职责分工负责）

（七）以政务公开推动简政放权。以更大力度推进政务公开，让人民群众和企业了解放权情况、监督放权进程、评价放权效果，做到权力公开透明、群众明白办事。全面公布地方各级政府部门权力清单和责任清单。抓紧制定国务院试点部门权力清单和责任清单；在部分地区试点市场准入负面清单制度，进一步压缩负面清单；加快编制行政事业性收费、政府定价或指导价经营服务性收费、政府性基金、国家职业资格、基本公共服务事项等各方面清单，并及时主动向社会公开。坚持“公开为常态，不公开为例外”，全面推进决策、执行、管理、服务、结果公开和重点领域信息公开。落实行政许可、行政处罚等信息自作出行政决定之日起7个工作日内上网公开的要求。加大政府信息数据开放力度，除涉及国家安全、商业秘密、个人隐私的外，都应向社会开放。及时公开突发敏感事件处置信息，回应社会关切。（国务院办公厅牵头，国务院审改办、国家发展改革委、教育部、公安部、民政部、财政部、人力资源社会保障部、住房城乡建设部、商务部、国家卫生计生委、工商总局、国家统计局等相关部门按职责分

工负责）

二、加强监管创新，促进社会公平正义

（八）实施公正监管。推进政府监管体制改革，加快构建事中事后监管体系。全面推开“双随机、一公开”监管，抓紧建立随机抽查事项清单、检查对象名录库和执法检查人员名录库，制定随机抽查工作细则，今年县级以上政府部门都要拿出“一单、两库、一细则”。随机抽查事项，要达到本部门市场监管执法事项的70%以上、其他行政执法事项的50%以上，力争2017年实现全覆盖，充分体现监管的公平性、规范性和简约性，并与信用监管、智能监管联动，加强社会信用体系建设，充分发挥全国信用信息共享平台作用，推进实施守信联合激励和失信联合惩戒工作，加大“信用中国”网站对失信行为的曝光力度。推进企业信用信息归集公示工作。积极运用大数据、云计算、物联网等信息技术，建立健全市场主体诚信档案、行业黑名单制度和市场退出机制。（国家发展改革委、人民银行、工商总局牵头，海关总署、税务总局、质检总局、食品药品监管总局等相关部门按职责分工负责）

（九）推进综合监管。按照权责一致原则，继续推进市县两级市场监管领域综合行政执法改革，强化基层监管力量，落实相关领域综合执法机构监管责任。建立健全跨部门、跨区域执法联动响应和协作机制，实现违法线索互联、监管标准互通、处理结果互认，消除监管盲点，降低执法成本。加强行业自律，鼓励社会公众参与市场监管，发挥媒体监督作用，充分发挥社会力量在强化市场监管中的作用。（国务院审改办、国务院法制办牵头，国家发展改革委、工业和信息化部、民政部、交通运输部、文化部、海关总署、工商总局、质检总局、新闻出版广电总局、食品药品监管总局等相关部门按职责分工负责）

（十）探索审慎监管。对新技术、新产业、新业态、新模式的发展，要区分不同情况，积极探索和创新适合其特点的监管方式，既要有利于营造公平竞争环境，激发创新创造活力，大力支持新经济快速成长，又要进行审慎有效监管，防范可能引发的风险，促进新经济健康发展。对看得准的基于“互联网+”和分享经济的新业态，要量身定制监管模式；对一时看不准的，可先监测分析、包容发展，不能一下子管得过严过死；对潜在风险大的，要严格加强监管；对以创新之名行非法经营之实的，要坚决予以打击、加强监管。（国家发展改革委、工业和信息化部、民政部、交通运输部、文化部、人民银行、海关总署、工商总局、质检总局、新闻出版广电总局、食品药品监管总局、银监会、证监会、保监会等相关部门按职责分工负

责）

（十一）促进各类市场主体公平竞争。要在同规则、同待遇、降门槛上下功夫，做到凡是法律法规未明确禁止的，一律允许各类市场主体进入；凡是已向外资开放或承诺开放的领域，一律向民间资本开放；凡是影响民间资本公平进入和竞争的各种障碍，一律予以清除。研究制定促进民间投资的配套政策和实施细则，在试点基础上，抓紧建立行业准入负面清单制度，破除民间投资进入电力、电信、交通、石油、天然气、市政公用、养老、医药、教育等领域的不合理限制和隐性壁垒，坚决取消对民间资本单独设置的附加条件和歧视性条款。加快建设统一开放、竞争有序的市场体系，打破地方保护。组织实施公平竞争审查制度。依法严厉打击侵犯知识产权、制售假冒伪劣商品等行为，完善知识产权保护措施，防止劣币驱逐良币，营造诚实守信、公平竞争的市场环境。（国家发展改革委、工商总局牵头，教育部、科技部、工业和信息化部、公安部、民政部、住房城乡建设部、交通运输部、商务部、文化部、国家卫生计生委、海关总署、质检总局、体育总局、食品药品监管总局、国务院法制办、国家知识产权局、国家能源局等相关部门按职责分工负责）

三、优化政府服务，提高办事效率

（十二）提高"双创"服务效率。因势利导，主动服务、跟踪服务，打造"双创"综合服务平台，为企业开办和成长"点对点"提供政策、信息、法律、人才、场地等全方位服务，砍掉束缚"双创"的繁文缛节，为扩大就业、培育新动能、壮大新经济拓展更大发展空间。建立新生市场主体统计调查、监测分析制度，密切跟踪新生市场主体特别是小微企业的经营发展情况，促进新生市场主体增势不减、活跃度提升。（国家发展改革委、工商总局牵头，教育部、科技部、司法部、人力资源社会保障部、国家统计局等相关部门按职责分工负责）

（十三）提高公共服务供给效率。坚持普惠性、保基本、均等化、可持续的方向，加快完善基本公共服务体系。创新机制，推广政府和社会资本合作模式，调动社会各方面积极性，增加基本公共服务。大幅放开服务业市场，促进民办教育、医疗、养老、健身等服务业和文化体育等产业健康发展，多渠道提高公共服务共建能力和共享水平，满足群众多层次、多样化公共服务需求。（财政部、国家发展改革委牵头，教育部、民政部、文化部、国家卫生计生委、工商总局、体育总局等相关部门按职责分工负责）

（十四）提高政务服务效率。大力推行"互联网＋政务服务"，推进实体政务大厅向网上办事大厅延伸，打造政务服务"一张网"，简化服务流程，创新服务方式，对企业和群众办事实行“一口受理”、全程服务。抓紧制定政府部门间数据信息共享实施方案，明确共享平台、标准、目录、管理、责任等要求，打破“信息孤岛”和数据壁垒，实现数据信息互联互通和充分共享，建设高效运行的服务型政府。坚决取消各种不必要的证明和手续，让企业和群众办事更方便、更快捷、更有效率。（国务院办公厅、国家发展改革委牵头，国务院审改办、工业和信息化部、公安部、民政部、人力资源社会保障部、住房城乡建设部、工商总局、质检总局、国家统计局等相关部门按职责分工负责）

（十五）加快推动形成更有吸引力的国际化、法治化、便利化营商环境。围绕企业申请开办时间压缩了多少、投资项目审批提速了多少、群众办事方便了多少等，提出明确的量化指标，制定具体方案并组织实施。以硬性指标约束倒逼减环节、优流程、压时限、提效率，激发改革动力，增强改革实效。（国务院办公厅、国家发展改革委、国家统计局、国务院审改办牵头，国务院各有关部门按职责分工负责）

各地区各部门要把深化简政放权、放管结合、优化服务改革放在突出位置，主要领导要亲自抓，鼓励地方积极探索创新，一项一项抓好改革任务的落实。要加强对已出台措施和改革任务落实情况的督查。对改革涉及的法律法规立改废问题，责任部门要主动与法制部门加强衔接、同步推进。要做好改革经验总结推广和宣传引导工作，及时回应社会关切，营造良好改革氛围。要充分发挥各级政府推进职能转变协调机构的作用，加强统筹协调和指导督促。改革中的重要情况要及时向国务院报告。

国务院关于建立完善守信联合激励和失信联合惩戒制度加快推进社会诚信建设的指导意见

（2016 年 5 月 30 日　国发〔2016〕33 号）

各省、自治区、直辖市人民政府，国务院各部委、各直属机构：

健全社会信用体系，加快构建以信用为核心的新型市场监管体制，有利于进一步推动简政放权和政府职能转变，营造公平诚信的市场环境。为建立完善守信联合激励和失信联合惩戒制度，加快推进社会诚信建设，现提出如下意见。

一、总体要求

（一）指导思想。

全面贯彻党的十八大和十八届三中、四中、五中全会精神，深入贯彻习近平总书记系列重要讲话精神，按照党中央、国务院决策部署，紧紧围绕“四个全面”战略布局，牢固树立创新、协调、绿色、开放、共享发展理念，落实加强和创新社会治理要求，加快推进社会信用体系建设，加强信用信息公开和共享，依法依规运用信用激励和约束手段，构建政府、社会共同参与的跨地区、跨部门、跨领域的守信联合激励和失信联合惩戒机制，促进市场主体依法诚信经营，维护市场正常秩序，营造诚信社会环境。

（二）基本原则。

——褒扬诚信，惩戒失信。充分运用信用激励和约束手段，加大对诚信主体激励和对严重失信主体惩戒力度，让守信者受益、失信者受限，形成褒扬诚信、惩戒失信的制度机制。

——部门联动，社会协同。通过信用信息公开和共享，建立跨地区、跨部门、跨领域的联合激励与惩戒机制，形成政府部门协同联动、行业组织自律管理、信用服务机构积极参与、社会舆论广泛监督的共同治理格局。

——依法依规，保护权益。严格依照法律法规和政策规定，科学界定守信和失信行为，开展守信联合激励和失信联合惩戒。建立健全信用修复、异议申诉等机制，保护当事人合法权益。

——突出重点，统筹推进。坚持问题导向，着力解决当前危害公共利益和公共安全、人民群众反映强烈、对经济社会发展造成重大负面影响的重点领域失信问题。鼓励支持地方人民政府和有关部门创新示范，逐步将守信激励和失信惩戒机制推广到经济社会各领域。

二、健全褒扬和激励诚信行为机制

（三）多渠道选树诚信典型。将有关部门和社会组织实施信用分类监管确定的信用状况良好的行政相对人、诚信道德模范、优秀青年志愿者，行业协会商会推荐的诚信会员，新闻媒体挖掘的诚信主体等树立为诚信典型。鼓励有关部门和社会组织在监管和服务中建立各类主体信用记录，向社会推介无不良信用记录者和有关诚信典型，联合其他部门和社会组织实施守信激励。鼓励行业协会商会完善会员企业信用评价机制。引导企业主动发布综合信用承诺或产品服务质量等专项承诺，开展产品服务标准等自我声明公开，接受社会监督，形成企业争做诚信模范的良好氛围。

（四）探索建立行政审批"绿色通道"。在办理行政许可过程中，对诚信典型和连续三年无不良信用记录的行政相对人，可根据实际情况实施"绿色通道"和"容缺受理"等便利服务措施。对符合条件的行政相对人，除法律法规要求提供的材料外，部分申报材料不齐备的，如其书面承诺在规定期限内提供，应先行受理，加快办理进度。

（五）优先提供公共服务便利。在实施财政性资金项目安排、招商引资配套优惠政策等各类政府优惠政策中，优先考虑诚信市场主体，加大扶持力度。在教育、就业、创业、社会保障等领域对诚信个人给予重点支持和优先便利。在有关公共资源交易活动中，提倡依法依约对诚信市场主体采取信用加分等措施。

（六）优化诚信企业行政监管安排。各级市场监管部门应根据监管对象的信用记录和信用评价分类，注重运用大数据手段，完善事中事后监管措施，为市场主体提供便利化服务。对符合一定条件的诚信企业，在日常检查、专项检查中优化检查频次。

（七）降低市场交易成本。鼓励有关部门和单位开发"税易贷"、"信易贷"、"信易债"等守信激励产品，引导金融机构和商业销售机构等市场服务机构参考使用市场主体信用信息、信用积分和信用评价结果，对诚信市场主体给予优惠和便利，使守信者在市场中获得更多机会和实惠。

（八）大力推介诚信市场主体。各级人民政府有关部门应将诚信市场主体优良信用信息及时在政府网站和"信用中国"网站进行公示，在会展、银企对接等活动中重点推介诚信企业，让信用成为市场配置资源的重要考量因素。引导征信机构加强对市场主体正面信息的采集，在诚信问题反映较为集中的行业领域，对守信者加大激励性评分比重。推动行业协会商会加强诚信建设和行业自律，表彰诚信会员，讲好行业"诚信故事"。

三、健全约束和惩戒失信行为机制

（九）对重点领域和严重失信行为实施联合惩戒。在有关部门和社会组织依法依规对本领域失信行为作出处理和评价基础上，通过信息共享，推动其他部门和社会组织依法依规对严重失信行为采取联合惩戒措施。重点包括：一是严重危害人民群众身体健康和生命安全的行为，包括食品药品、生态环境、工程质量、安全生产、消防安全、强制性产品认证等领域的严重失信行为。二是严重破坏市场公平竞争秩序和社会正常秩序的行为，包括贿赂、逃税骗税、恶意逃废债务、恶意拖欠货款或服务费、恶意欠薪、非法集资、合同欺诈、传销、无证照经营、制售假冒伪劣产品和故意侵犯知识产权、出借和借用资质投标、围标串标、虚假广告、侵害消费者或证券期货投资者合法权益、严重破坏网络空间传播秩序、聚众扰乱社会秩序等严重失信行为。三是拒不履行法定义务，严重影响司法机关、行政机关公信力的行为，包括当事人在司法机关、行政机关作出判决或决定后，有履行能力但拒不履行、逃避执行等严重失信行为。四是拒不履行国防义务，拒绝、逃避兵役，拒绝、拖延民用资源征用或者阻碍对被征用的民用资源进行改造，危害国防利益，破坏国防设施等行为。

（十）依法依规加强对失信行为的行政性约束和惩戒。对严重失信主体，各地区、各有关部门应将其列为重点监管对象，依法依规采取行政性约束和惩戒措施。从严审核行政许可审批项目，从严控制生产许可证发放，限制新增项目审批、核准，限制股票发行上市融资或发行债券，限制在全国股份转让系统挂牌、融资，限制发起设立或参股金融机构以及小额贷款公司、融资担保公司、创业投资公司、互联网融资平台等机构，限制从事互联网信息服务等。严格限制申请财政性资金项目，限制参与有关公共资源交易活动，限制参与基础设施和公用事业特许经营。对严重失信企业及其法定代表人、主要负责人和对失信行为负有直接责任的注册执业人员等实施市场和行业禁入措施。及时撤销严重失信企业及其法定代表人、负责人、高级管理人员和对失信行为负有直接责任的董事、股东等人员的荣誉称号，取消参加评先评优资格。

（十一）加强对失信行为的市场性约束和惩戒。对严重失信主体，有关部门和机构应以统一社会信用代码为索引，及时公开披露相关信息，便于市场识别失信行为，防范信用风险。督促有关企业和个人履行法定义务，对有履行能力但拒不履行的严重失信主体实施限制出境和限制购买不动产、乘坐飞机、乘坐高等级列车和席次、旅游度假、入住星级以上宾馆及其他高消费行为等措施。支持征信机构采集严重失信行为信息，纳入信用记录和信用报告。引导商业银行、证券期货经营机构、保险公司等金融机构按照风险定价原则，对严重失信主体提高贷款利率和财产保险费率，或者限制向其提供贷款、保荐、承销、保险等服务。

（十二）加强对失信行为的行业性约束和惩戒。建立健全行业自律公约和职业道德准则，推动行业信用建设。引导行业协会商会完善行业内部信用信息采集、共享机制，将严重失信行为记入会员信用档案。鼓励行业协会商会与有资质的第三方信用服务机构合作，开展会员企业信用等级评价。支持行业协会商会按照行业标准、行规、行约等，视情节轻重对失信会员实行警告、行业内通报批评、公开谴责、不予接纳、劝退等惩戒措施。

（十三）加强对失信行为的社会性约束和惩戒。充分发挥各类社会组织作用，引导社会力量广泛参与失信联合惩戒。建立完善失信举报制度，鼓励公众举报企业严重失信行为，对举报人信息严格保密。支持有关社会组织依法对污染环境、侵害消费者或公众投资者合法权益等群体性侵权行为提起公益诉讼。鼓励公正、独立、有条件的社会机构开展失信行为大数据舆情监测，编制发布地区、行业信用分析报告。

（十四）完善个人信用记录，推动联合惩戒措施落实到人。对企事业单位严重失信行为，在记入企事业单位信用记录的同时，记入其法定代表人、主要负责人和其他负有直接责任人员的个人信用记录。在对失信企事业单位进行联合惩戒的同时，依照法律法规和政策规定对相关责任人员采取相应的联合惩戒措施。通过建立完整的个人信用记录数据库及联合惩戒机制，使失信惩戒措施落实到人。

四、构建守信联合激励和失信联合惩戒协同机制

（十五）建立触发反馈机制。在社会信用体系建设部际联席会议制度下，建立守信联合激励和失信联合惩戒的发起与响应机制。各领域守信联合激励和失信联合惩戒的发起部门负责确定激励和惩戒对象，实施部门负责对有关主体采取相应的联合激励和联合惩戒措施。

（十六）实施部省协同和跨区域联动。鼓励各地区对本行政区域内确定的诚信典型和严重失信主体,发起部省协同和跨区域联合激励与惩戒。充分发挥社会信用体系建设部际联席会议制度的指导作用,建立健全跨地区、跨部门、跨领域的信用体系建设合作机制,加强信用信息共享和信用评价结果互认。

(十七)建立健全信用信息公示机制。推动政务信用信息公开,全面落实行政许可和行政处罚信息上网公开制度。除法律法规另有规定外,县级以上人民政府及其部门要将各类自然人、法人和其他组织的行政许可、行政处罚等信息在 7 个工作日内通过政府网站公开,并及时归集至"信用中国"网站,为社会提供"一站式"查询服务。涉及企业的相关信息按照企业信息公示暂行条例规定在企业信用信息公示系统公示。推动司法机关在"信用中国"网站公示司法判决、失信被执行人名单等信用信息。

(十八)建立健全信用信息归集共享和使用机制。依托国家电子政务外网,建立全国信用信息共享平台,发挥信用信息归集共享枢纽作用。加快建立健全各省(区、市)信用信息共享平台和各行业信用信息系统,推动青年志愿者信用信息系统等项目建设,归集整合本地区、本行业信用信息,与全国信用信息共享平台实现互联互通和信息共享。依托全国信用信息共享平台,根据有关部门签署的合作备忘录,建立守信联合激励和失信联合惩戒的信用信息管理系统,实现发起响应、信息推送、执行反馈、信用修复、异议处理等动态协同功能。各级人民政府及其部门应将全国信用信息共享平台信用信息查询使用嵌入审批、监管工作流程中,确保"应查必查"、"奖惩到位"。健全政府与征信机构、金融机构、行业协会商会等组织的信息共享机制,促进政务信用信息与社会信用信息互动融合,最大限度发挥守信联合激励和失信联合惩戒作用。

(十九)规范信用红黑名单制度。不断完善诚信典型"红名单"制度和严重失信主体"黑名单"制度,依法依规规范各领域红黑名单产生和发布行为,建立健全退出机制。在保证独立、公正、客观前提下,鼓励有关群众团体、金融机构、征信机构、评级机构、行业协会商会等将产生的"红名单"和"黑名单"信息提供给政府部门参考使用。

(二十)建立激励和惩戒措施清单制度。在有关领域合作备忘录基础上,梳理法律法规和政策规定明确的联合激励和惩戒事项,建立守信联合激励和失信联合惩戒措施清单,主要分为两类:一类是强制性措施,即依法必须联合执行的激励和惩戒措施;另一类是推荐性措施,即由参与各方推荐的,符合褒扬诚信、惩戒失信政策导向,各地区、各部门可根据实际情况实施的措施。社会信用体系建设部际联席会议应总结经验，不断完善两类措施清单，并推动相关法律法规建设。

（二十一）建立健全信用修复机制。联合惩戒措施的发起部门和实施部门应按照法律法规和政策规定明确各类失信行为的联合惩戒期限。在规定期限内纠正失信行为、消除不良影响的，不再作为联合惩戒对象。建立有利于自我纠错、主动自新的社会鼓励与关爱机制，支持有失信行为的个人通过社会公益服务等方式修复个人信用。

（二十二）建立健全信用主体权益保护机制。建立健全信用信息异议、投诉制度。有关部门和单位在执行失信联合惩戒措施时主动发现、经市场主体提出异议申请或投诉发现信息不实的，应及时告知信息提供单位核实，信息提供单位应尽快核实并反馈。联合惩戒措施在信息核实期间暂不执行。经核实有误的信息应及时更正或撤销。因错误采取联合惩戒措施损害有关主体合法权益的，有关部门和单位应积极采取措施恢复其信誉、消除不良影响。支持有关主体通过行政复议、行政诉讼等方式维护自身合法权益。

（二十三）建立跟踪问效机制。各地区、各有关部门要建立完善信用联合激励惩戒工作的各项制度，充分利用全国信用信息共享平台的相关信用信息管理系统，建立健全信用联合激励惩戒的跟踪、监测、统计、评估机制并建立相应的督查、考核制度。对信用信息归集、共享和激励惩戒措施落实不力的部门和单位，进行通报和督促整改，切实把各项联合激励和联合惩戒措施落到实处。

五、加强法规制度和诚信文化建设

（二十四）完善相关法律法规。继续研究论证社会信用领域立法。加快研究推进信用信息归集、共享、公开和使用，以及失信行为联合惩戒等方面的立法工作。按照强化信用约束和协同监管要求，各地区、各部门应对现行法律、法规、规章和规范性文件有关规定提出修订建议或进行有针对性的修改。

（二十五）建立健全标准规范。制定信用信息采集、存储、共享、公开、使用和信用评价、信用分类管理等标准。确定各级信用信息共享平台建设规范，统一数据格式、数据接口等技术要求。各地区、各部门要结合实际，制定信用信息归集、共享、公开、使用和守信联合激励、失信联合惩戒的工作流程和操作规范。

（二十六）加强诚信教育和诚信文化建设。组织社会各方面力量，引导广大市场主体依法诚信经营，树立“诚信兴商”理念，组织新闻媒体多渠道宣传诚信企业和个人,营造浓厚社会氛围。加强对失信行为的道德约束,完善社会舆论监督机制,通过报刊、广播、电视、网络等媒体加大对失信主体的监督力度,依法曝光社会影响恶劣、情节严重的失信案件,开展群众评议、讨论、批评等活动,形成对严重失信行为的舆论压力和道德约束。通过学校、单位、社区、家庭等,加强对失信个人的教育和帮助,引导其及时纠正失信行为。加强对企业负责人、学生和青年群体的诚信宣传教育,加强会计审计人员、导游、保险经纪人、公职人员等重点人群以诚信为重要内容的职业道德建设。加大对守信联合激励和失信联合惩戒的宣传报道和案例剖析力度,弘扬社会主义核心价值观。

(二十七)加强组织实施和督促检查。各地区、各有关部门要把实施守信联合激励和失信联合惩戒作为推进社会信用体系建设的重要举措,认真贯彻落实本意见并制定具体实施方案,切实加强组织领导,落实工作机构、人员编制、项目经费等必要保障,确保各项联合激励和联合惩戒措施落实到位。鼓励有关地区和部门先行先试,通过签署合作备忘录或出台规范性文件等多种方式,建立长效机制,不断丰富信用激励内容,强化信用约束措施。国家发展改革委要加强统筹协调,及时跟踪掌握工作进展,督促检查任务落实情况并报告国务院。

国务院办公厅关于营造良好市场环境促进有色金属工业调结构促转型增效益的指导意见（节录）

（2016年6月5日　国办发〔2016〕42号）

各省、自治区、直辖市人民政府，国务院各部委、各直属机构：

有色金属工业是重要的基础原材料产业。近年来，我国有色金属工业规模不断扩大，产业结构不断优化，质量水平不断提高，国际化经营能力不断增强，实现了较快发展。但与此同时，受国际国内经济形势变化影响，有色金属市场需求低迷，有色金属工业长期积累的结构性产能过剩、市场供求失衡等深层次矛盾和问题逐步显现。为贯彻落实党中央、国务院关于推进供给侧结构性改革、建设制造强国的决策部署，推动有色金属工业持续健康发展，经国务院同意，现提出以下意见：

一、总体要求

（一）指导思想。全面贯彻党的十八大和十八届三中、四中、五中全会以及中央经济工作会议精神，按照“五位一体”总体布局和“四个全面”战略布局，牢固树立和贯彻落实创新、协调、绿色、开放、共享的发展理念，推进供给侧结构性改革，优化存量、引导增量、主动减量，化解结构性过剩产能，促进行业技术进步，扩大应用消费市场，加强国际产能合作，创造良好营商环境，推动有色金属工业调结构、促转型、增效益。

（二）基本原则。

坚持市场主导。发挥市场配置资源的决定性作用，由企业自主经营决策，吸引生产要素向有前景的领域聚集。强化市场倒逼机制，促使过剩产能和不具备竞争力的产能主动退出。

坚持政府引导。健全激励约束机制，完善相关政策措施，严格实施环保、能耗、质量、安全等标准，推动企业压减过剩产能、开展国际合作，实现转型升级。

坚持创新驱动。适应科技进步和产业发展趋势，加强技术创新、制度创新、管理创新和模式创新，推进科技成果产业化，积极推广新型产品和新兴业态,补齐产业发展短板。

坚持分类指导。按照有色金属品种属性和特点,结合地区资源禀赋条件和产业发展实际,因地制宜,因企施策,促进产业有序发展。

(三)主要目标。优化有色金属工业产业结构,重点品种供需实现基本平衡,电解铝产能利用率保持在80%以上,铜、铝等品种矿产资源保障能力明显增强,稀有金属资源开发利用水平进一步提升,再生有色金属使用比重稳步提高,重点工艺技术装备取得突破,航空、汽车、建筑、电子、包装等领域有色金属材料消费量进一步增加,重大国际产能合作项目取得实质性进展,有色金属工业发展质量和效益明显提升。

二、重点任务

(八)健全储备体系。着眼有色金属工业未来发展,综合考虑国家战略储备需求和市场状况,完善政府储备与商业储备相结合的有色金属储备机制,适当增加部分有色金属储备。探索开展有色金属企业商业储备试点,鼓励金融机构研究支持有色金属商业收储。(国家发展改革委、财政部、工业和信息化部、银监会、证监会、保监会、中国有色金属工业协会负责)

三、政策保障

(十三)加强金融扶持。

落实有扶有控的信贷政策,建立产融信息对接机制,加强信息共享,引导金融机构按照风险可控、商业可持续原则,重点支持符合行业规范条件、环境保护和安全生产持续达标、有市场前景和经营效益的骨干企业。(工业和信息化部、人民银行、银监会、国家发展改革委、中国有色金属工业协会负责)

利用多层次资本市场,加大对有色金属行业的融资支持。支持符合条件的有色金属企业拓宽直接融资渠道,在资本市场进行股权融资。引导金融机构与企业自主协商,妥善解决兼并重组、产能退出中的金融债务问题。研究通过保险补偿机制支持有色金属新材料首批次应用。对符合条件的重大国际合作项目,引导金融机构给予优惠贷款等。(人民银行、银监会、证监会、保监会、国家发展改革委、工业和信息化部负责)

国务院办公厅关于转发国家发展改革委营造良好市场环境推动交通物流融合发展实施方案的通知(节录)

(2016 年 6 月 10 日　国办发〔2016〕43 号)

各省、自治区、直辖市人民政府,国务院各部委、各直属机构:

国家发展改革委《营造良好市场环境推动交通物流融合发展实施方案》已经国务院同意,现转发给你们,请认真贯彻执行。

各地区、各有关部门要充分认识推动交通物流融合发展的重要意义,制定完善配套政策措施,加强政策协同和监管协调,形成工作合力。各省级人民政府要加强组织领导,完善协调机制,结合本地实际抓紧制定具体方案,切实落实各项工作任务,及时研究解决实施过程中出现的新情况、新问题。国家发展改革委要会同有关部门对本实施方案的落实情况进行跟踪分析和监督检查,认真总结和推广经验,重大事项及时向国务院报告。

营造良好市场环境推动交通物流融合发展实施方案

近年来,我国综合交通体系不断完善,物流业持续快速发展,支撑实体经济降本增效的能力明显提升,初步形成了衔接互动的发展格局。但也要看到,我国交通与物流融合发展不足,交通枢纽和物流园区布局不衔接、多式联运和供应链物流发展滞后、运输标准化信息化规模化水平较低等问题仍较为突出,未能有效发挥交通基础设施网络优势,在一定程度上制约了物流业整体水平的提高。为进一步落实物流业发展中长期规划和工业稳增长的有关部署,促进交通与物流融合发展,有效降低社会物流总体成本,进一步提升综合效率效益,现制定本方案。

一、总体要求

(一)指导思想。

全面贯彻党的十八大和十八届三中、四中、五中全会精神,认真落实国务院决策部署,按照"五位一体"总体布局和"四个全面"战略布局,牢固树立并贯彻落实创新、协调、绿色、开放、共享的发展理念,以提质、降本、增效为导向,以融合联动为核心,充分发挥企业的市场主体作用,抓住关键环节,强化精准衔接,改革体制机制,创新管理模式,打通社会物流运输全链条,加强现代信息技术应用,推动交通物流一体化、集装化、网络化、社会化、智能化发展,构建交通物流融合发展新体系。

(二)发展目标。

到2018年,交通与物流融合发展取得明显成效,"一单制"便捷运输制度基本建立,开放共享的交通物流体系初步形成,多式联运比率稳步提升,标准化、集装化水平不断提高,互联网、大数据、云计算等应用更加广泛,公路港和智能配送模式有序推广,运输效率持续提升,物流成本显著下降。全国80%左右的主要港口和大型物流园区引入铁路,集装箱铁水联运量年均增长10%以上,铁路集装箱装车比率提高至10%以上,运输空驶率明显下降,全社会物流总费用占国内生产总值的比率较2015年降低1个百分点以上。

到2020年,初步实现以供应链和价值链为核心的产业集聚发展,形成一批有较强竞争力的交通物流企业,建成设施一体衔接、信息互联互通、市场公平有序、运行安全高效的交通物流发展新体系。集装箱铁水联运量年均增长10%以上,铁路集装箱装车比率提高至15%以上,大宗物资以外的铁路货物便捷运输比率达到80%,准时率达到95%,运输空驶率大幅下降。城乡物流配送网点覆盖率提高10个百分点左右。全社会物流总费用占国内生产总值的比率较2015年降低2个百分点。

五、营造交通物流融合发展的良好市场环境

(十五)加大政策支持。

国土资源部门要合理界定交通物流公益设施的范围,加大用地支持,在建设用地指标等方面给予保障。利用财政性资金和专项建设基金,鼓励和引导社会投资,加大信贷投放,支持综合交通物流枢纽建设、标准设备生产推广和绿色包装、公共服务信息平台建设等。支持交通物流企业通过发行债券、股票上市等方式多渠道融资。

国务院办公厅关于加强和改进行政应诉工作的意见

（2016年6月27日　国办发〔2016〕54号）

各省、自治区、直辖市人民政府，国务院各部委、各直属机构：

为贯彻落实《中共中央关于全面推进依法治国若干重大问题的决定》关于“健全行政机关依法出庭应诉、支持法院受理行政案件、尊重并执行法院生效裁判的制度”的要求，保障行政诉讼法有效实施，全面推进依法行政，加快建设法治政府，经国务院同意，现就加强和改进行政应诉工作提出以下意见。

一、高度重视行政应诉工作。行政诉讼是解决行政争议，保护公民、法人和其他组织合法权益，监督行政机关依法行使职权的重要法律制度，做好行政应诉工作是行政机关的法定职责。行政诉讼法施行以来，各地区、各部门依法履行行政应诉职责，取得了积极成效。但消极对待行政应诉、干预人民法院受理和审理行政案件、执行人民法院生效裁判不到位、行政应诉能力不强等问题依然存在，有的还较为突出。各地区、各部门要从协调推进“四个全面”战略布局的高度，充分认识做好行政应诉工作对于依法及时有效化解社会矛盾纠纷、规范行政行为、加强政府自身建设的重要意义，把加强和改进行政应诉工作提上重要议事日程，切实抓紧抓好。

二、支持人民法院依法受理和审理行政案件。行政机关要尊重人民法院依法登记立案，积极支持人民法院保障公民、法人和其他组织的起诉权利，接受人民法院依照行政诉讼法的规定对行政机关依法行使职权的监督，不得借促进经济发展、维护社会稳定等名义，以开协调会、发文件或者口头要求等任何形式，明示或者暗示人民法院不受理依法应当受理的行政案件，或者对依法应当判决行政机关败诉的行政案件不判决行政机关败诉。

三、认真做好答辩举证工作。被诉行政机关要严格按照行政诉讼法的规定，向人民法院提交答辩状，提供作出行政行为的证据和依据。要提高答辩举证工作质量，做到答辩形式规范、说理充分，提供证据全面、准确、及时，不得拒绝或者无正当理由迟延答辩举证。

四、依法履行出庭应诉职责。被诉行政机关负责人要带头履行行政应诉职责，积极出庭应诉。不能出庭的，应当委托相应的工作人员出庭，不得仅委托律师出庭。对涉及重大公共利益、社会高度关注或者可能引发群体性事件等案件以及人民法院书面建议行政机关负责人出庭的案件，被诉行政机关负责人应当出庭。经人民法院依法传唤的，行政机关负责人或者其委托的工作人员不得无正当理由拒不到庭，或者未经法庭许可中途退庭。

五、配合人民法院做好开庭审理工作。被诉行政机关出庭应诉人员要熟悉法律规定、了解案件事实和证据，配合人民法院查明案情。要积极协助人民法院依法开展调解工作，促进案结事了，不得以欺骗、胁迫等非法手段使原告撤诉。要严格遵守法庭纪律，自觉维护司法权威。

六、积极履行人民法院生效裁判。被诉行政机关要依法自觉履行人民法院生效判决、裁定和调解书。对人民法院作出的责令重新作出行政行为的判决，除原行政行为因程序违法或者法律适用问题被人民法院判决撤销的情形外，不得以同一事实和理由作出与原行政行为基本相同的行政行为。对人民法院作出的行政机关继续履行、采取补救措施或者赔偿、补偿损失的判决，要积极履行义务。

七、明确行政应诉工作职责分工。要强化被诉行政行为承办机关或者机构的行政应诉责任，同时发挥法制工作机构或者负责法制工作的机构在行政应诉工作中的组织、协调、指导作用。行政复议机关和作出原行政行为的行政机关为共同被告的，应当共同做好原行政行为的应诉举证工作，可以根据具体情况确定由一个机关实施。

八、加强行政应诉能力建设。各地区、各部门要加强行政应诉工作力量，合理安排工作人员，积极发挥政府法律顾问和公职律师作用，确保行政应诉工作力量与工作任务相适应。要切实保障行政应诉工作经费、装备和其他必要的工作条件。要建立行政应诉培训制度，每年开展一到两次集中培训、旁听庭审和案例研讨等活动，提高行政机关负责人、行政执法人员等相关人员的行政应诉能力。

九、有效预防和化解行政争议。行政机关要不断规范行政行为，认真研究落实人民法院提出的司法建议，提高依法行政水平，从源头上预防和化解行政争议。要进一步加强行政复议工作，提高行政复议办案质量，努力把行政争议化解在基层，化解在初发阶段，化解在行政程序中。

十、强化行政应诉工作监督管理。要加强行政应诉工作考核，将行政机关出庭应诉、支持人民法院受理和审理行政案件、执行人民法院生效裁判以及行政应诉能力建设情况纳入依法行政考核体系。要严格落实行政应诉责任追究制度，对于行政机关干预、阻碍人民法院依法受理和审理行政案件，无正当理由拒不到庭或者未经法庭许可中途退庭，被诉行政机关负责人不出庭应诉也不委托相应的工作人员出庭，拒不履行人民法院对行政案件的判决、裁定或者调解书的，由任免机关或者监察机关依照行政诉讼法、《行政机关公务员处分条例》、《领导干部干预司法活动、插手具体案件处理的记录、通报和责任追究规定》等规定，对相关责任人员严肃处理。各级政府应当加强对本意见执行情况的监督检查。

各省、自治区、直辖市人民政府和国务院各部门要根据本意见，结合本地区、本部门实际，制定加强和改进行政应诉工作的具体实施办法。

国务院办公厅关于加快推进“五证合一、一照一码”登记制度改革的通知

（2016年6月30日　国办发〔2016〕53号）

各省、自治区、直辖市人民政府，国务院各部委、各直属机构：

在全面实施工商营业执照、组织机构代码证、税务登记证“三证合一”登记制度改革的基础上，再整合社会保险登记证和统计登记证，实现“五证合一、一照一码”，是继续深化商事制度改革、优化营商环境、推动大众创业万众创新的重要举措。为加快推进这项改革，经国务院同意，现就有关事项通知如下：

一、总体要求

贯彻落实国务院关于深化简政放权、放管结合、优化服务改革的部署要求，统筹协调推进，精心组织实施，从2016年10月1日起正式实施“五证合一、一照一码”，在更大范围、更深层次实现信息共享和业务协同，巩固和扩大“三证合一”登记制度改革成果，进一步为企业开办和成长提供便利化服务，降低创业准入的制度性成本，优化营商环境，激发企业活力，推进大众创业、万众创新，促进就业增加和经济社会持续健康发展。

推进“五证合一、一照一码”登记制度改革的指导原则是：

——标准统一规范。建立健全并严格执行企业登记、数据交换等方面的标准，确保全流程无缝对接、流畅运转、公开公正。

——信息共享互认。强化相关部门间信息互联互通，实现企业基础信息的高效采集、有效归集和充分运用，以“数据网上行”让“企业少跑路”。

——流程简化优化。简化整合办事环节，强化部门协同联动，加快业务流程再造，务求程序上简约、管理上精细、时限上明确。

——服务便捷高效。拓展服务渠道，创新服务方式，推行全程电子化登记管理和线上线下一体化运行，让企业办事更方便、更快捷、更有效率。

二、主要任务

（一）完善一站式服务工作机制。以“三证合一”工作机制及技术方案为基础，按照“五证合一、一照一码”登记制度改革的要求加以完善。全面实行“一套材料、一表登记、一窗受理”的工作模式，申请人办理企业注册登记时只需填写“一张表格”，向“一个窗口”提交“一套材料”。登记部门直接核发加载统一社会信用代码的营业执照，相关信息在全国企业信用信息公示系统公示，并归集至全国信用信息共享平台。企业不再另行办理社会保险登记证和统计登记证。积极推进“五证合一”申请、受理、审查、核准、发照、公示等全程电子化登记管理，加快实现“五证合一”网上办理。

（二）推进部门间信息共享互认。制定统一的信息标准和传输方案，改造升级各相关业务信息系统和共享平台，健全信息共享机制，做好数据的导入、整理和转换工作，确保数据信息落地到工作窗口，并在各相关部门业务系统有效融合使用。登记机关将企业基本登记信息及变更、注销等信息及时传输至信息共享平台；暂不具备联网共享条件的，登记机关限时提供上述信息。对企业登记信息无法满足社会保险和统计工作需要的，社会保险经办机构和统计机构在各自开展业务工作时补充采集。社会保险经办机构在用人单位为其职工办理社会保险登记后，统计机构在完成统计调查任务后，要及时依法将涉及企业的相关基础信息反馈至信息共享平台。健全部门间信息查询、核实制度。

（三）做好登记模式转换衔接工作。已按照“三证合一”登记模式领取加载统一社会信用代码营业执照的企业，不需要重新申请办理“五证合一”登记，由登记机关将相关登记信息发送至社会保险经办机构、统计机构等单位。企业原证照有效期满、申请变更登记或者申请换发营业执照的，登记机关换发加载统一社会信用代码的营业执照。取消社会保险登记证和统计登记证的定期验证和换证制度，改为企业按规定自行向工商部门报送年度报告并向社会公示，年度报告要通过全国企业信用信息公示系统向社会保险经办机构、统计机构等单位开放共享。没有发放和已经取消统计登记证的地方通过与统计机构信息共享的方式做好衔接。

（四）推动“五证合一、一照一码”营业执照广泛应用。改革后，原要求企业使用社会保险登记证和统计登记证办理相关业务的，一律改为使用营业执照办理，各级政府部门、企事业单位及中介机构等均要予以认可，不得要求企业提供其他身份证明材料，各行业主管部门要加强指导和督促。积极推进电子营业执照的应用。

（五）加强办事窗口能力建设。围绕“五证合一、一照一码”登记制度改革涉及的法律法规、技术标准、业务流程、文书规范、信息传输等，系统加强业务培训，使办事窗口工作人员准确把握改革要求，熟练掌握业务流程和工作规范，提高服务效率。加快办事窗口服务标准化、规范化建设，突出问题导向，进一步完善窗口服务功能，真正实现一个窗口对外、一站式办结。加强办事窗口人员力量和绩效考核。健全行政相对人评议评价制度，不断提升窗口服务能力。

三、工作措施

（一）加强组织领导。各有关部门和地方各级政府要高度重视，按照任务分工和进度安排，把改革工作做扎实、做到位。主要领导要亲自抓，及时协调解决改革中遇到的问题。“三证合一”登记制度改革中落实不到位、衔接不顺畅等问题，要在推进“五证合一、一照一码”登记制度改革中认真研究、一并解决。工商、人力资源社会保障、统计、机构编制、发展改革、法制等部门要各负其责、协同配合，确保改革顺利推进。对改革涉及的法律、法规、规章及规范性文件，及时按程序修订和完善。

（二）加强督促检查。相关部门要组织联合督导，有针对性地对改革进展情况进行监督检查。国务院适时组织专项督查。畅通社会监督渠道。对工作积极主动、成效明显的予以表扬和激励，对落实不力、延误改革进程的要严肃问责。

（三）加强宣传引导。相关部门要对改革政策进行全面准确解读，对行之有效的经验做法加以推广，对相关热点难点问题及时解答和回应，让企业和社会公众充分了解改革政策，形成推动改革落地见效的良好氛围。

各地区、各部门在改革推进过程中遇到的新情况新问题，要及时报告国务院。

中国证监会发布的
部门规章及规范性文件

综　　合

证券投资者保护基金管理办法

（2016年4月19日　证监会令第124号）

第一章　总　　则

第一条　为建立防范和处置证券公司风险的长效机制，维护社会经济秩序和社会公共利益，保护证券投资者的合法权益，促进证券市场有序、健康发展，制定本办法。

第二条　证券投资者保护基金（以下简称基金）是指按照本办法筹集形成的、在防范和处置证券公司风险中用于保护证券投资者利益的资金。

设立国有独资的中国证券投资者保护基金有限责任公司（以下简称基金公司），负责基金的筹集、管理和使用。

第三条　基金主要用于按照国家有关政策规定对债权人予以偿付。

第四条　证券交易活动实行公开、公平、公正和投资者投资决策自主、投资风险自担的原则。

投资者在证券投资活动中因证券市场波动或投资产品价值本身发生变化所导致的损失，由投资者自行负担。

第五条　基金按照取之于市场、用之于市场的原则筹集。基金的筹集方式、标准，由中国证券监督管理委员会（以下简称证监会）商财政部、中国人民银行决定。

第六条　基金公司依据国家有关法律、法规及本办法独立运作，基金公司董事会对基金的合规使用及安全负责。

第二章　基金公司职责和组织机构

第 七 条　基金公司的职责为：

（一）筹集、管理和运作基金；

（二）监测证券公司风险，参与证券公司风险处置工作；

（三）证券公司被撤销、被关闭、破产或被证监会实施行政接管、托管经营等强制性监管措施时，按照国家有关政策规定对债权人予以偿付；

（四）组织、参与被撤销、关闭或破产证券公司的清算工作；

（五）管理和处分受偿资产，维护基金权益；

（六）发现证券公司经营管理中出现可能危及投资者利益和证券市场安全的重大风险时，向证监会提出监管、处置建议；对证券公司运营中存在的风险隐患会同有关部门建立纠正机制；

（七）国务院批准的其他职责。

第 八 条　基金公司应当与证监会建立证券公司信息共享机制，证监会定期向基金公司通报关于证券公司财务、业务等的经营管理信息。

证监会认定存在风险隐患的证券公司，应按照规定直接向基金公司报送财务、业务等经营管理信息和资料。

第 九 条　基金公司设立董事会。董事会由 9 名董事组成。其中 4 人为执行董事，其他为非执行董事。董事长人选由证监会商财政部、中国人民银行确定后，报国务院备案。

第 十 条　董事会为基金公司的决策机构，负责制定基本管理制度，决定内部管理机构设置，聘任或者解聘高级管理人员，对基金的筹集、管理和使用等重大事项做出决定，并行使基金公司章程规定的其他职权。

第十一条　基金公司董事会按季召开例会。董事长或 1/3 以上的董事联名提议时，可以召开临时董事会会议。

董事会会议由全体董事 2/3 以上出席方可举行。董事会会议决议，由全体董事 1/2 以上表决通过方为有效。

第十二条　基金公司设总经理 1 人，副总经理若干人。总经理负责主持公司的经营管理工作，执行董事会决议。总经理、副总经理由证监会提名，董事会聘任或者解聘。

第十三条　基金公司章程由证监会商财政部、中国人民银行依照法律、行政法规和本办法制定。

第三章　基金筹集

第十四条　基金的来源：

（一）上海、深圳证券交易所在风险基金分别达到规定的上限后，交易经手费的20%纳入基金；

（二）所有在中国境内注册的证券公司，按其营业收入的0.5－5%缴纳基金；

经营管理或运作水平较差、风险较高的证券公司，应当按较高比例缴纳基金。各证券公司的具体缴纳比例由基金公司根据证券公司风险状况确定后，报证监会批准，并按年进行调整。证券公司缴纳的基金在其营业成本中列支；

（三）发行股票、可转债等证券时，申购冻结资金的利息收入；

（四）依法向有关责任方追偿所得和从证券公司破产清算中受偿收入；

（五）国内外机构、组织及个人的捐赠；

（六）其他合法收入。

第十五条　基金公司设立时，财政部专户储存的历年认购新股冻结资金利差余额，一次性划入，作为基金公司的注册资本；中国人民银行安排发放专项再贷款，垫付基金的初始资金。专项再贷款余额的上限以国务院批准额度为准。

第十六条　根据防范和处置证券公司风险的需要，基金公司可以多种形式进行融资。必要时，经国务院批准，基金公司可以通过发行债券等方式获得特别融资。

基金公司因履行职责需要流动性支持时，证监会会同中国人民银行报请国务院批准后，可以向中国人民银行申请再贷款。

第十七条　证券公司采用当年预缴、次年汇算清缴的方式缴纳基金。

证券公司应在年度审计结束后，根据其审计后的收入和事先核定的比例确定需要缴纳的基金金额，并及时向基金公司申报清缴。

第十八条　中国证券登记结算有限责任公司及各主承销商应于每季结息后5个工作日内，将证券发行申购冻结资金利息全额划入基金公司指定的账户；证券交易所应于每季后10个工作日内，将交易经手费中应纳入基金的部分划入基金公司指定的账户。

第四章　基 金 使 用

第十九条　基金的用途为：

（一）证券公司被撤销、被关闭、破产或被证监会实施行政接管、托管经营等强制性监管措施时，按照国家有关政策规定对债权人予以偿付；

（二）国务院批准的其他用途。

第二十条　为处置证券公司风险需要动用基金的，证监会根据证券公司的风险状况制定风险处置方案，基金公司制定基金使用方案，报经国务院批准后，由基金公司办理发放基金的具体事宜。

第二十一条　基金公司使用基金偿付证券公司债权人后，取得相应的受偿权，依法参与证券公司的清算。

第五章　管理和监督

第二十二条　基金公司应依法合规运作，按照安全、稳健的原则履行对基金的管理职责，保证基金的安全。

基金的资金运用限于银行存款、购买政府债券、中央银行票据、中央企业债券、信用等级较高的金融机构发行的金融债券以及国务院批准的其他资金运用形式。

第二十三条　基金公司日常运营费用按照国家有关规定列支，具体支取范围、标准及预决算等由基金公司董事会制定，报财政部审批。

第二十四条　证监会负责基金公司的业务监管，监督基金的筹集、管理与使用。

财政部负责基金公司的国有资产管理和财务监督。

中国人民银行负责对基金公司向其借用再贷款资金的合规使用情况进行检查监督。

第二十五条　基金公司应建立科学的业绩考评制度，并将考核结果定期报送证监会、财政部、中国人民银行。

第二十六条　基金公司应建立信息报告制度，编制基金筹集、管理、使用的月报信息，报送证监会、财政部、中国人民银行。

基金公司每年应向财政部专题报告财务收支及预算、决算执行情况，接受财政部的监督检查。

基金公司每年应向中国人民银行专题报告再贷款资金的使用情况，

接受中国人民银行的监督检查。

第二十七条 证监会应按年度向国务院报告基金公司运作和证券公司风险处置情况，同时抄送财政部、中国人民银行。

第二十八条 证券公司、托管清算机构应按规定用途使用基金，不得将基金挪作他用。

基金公司对使用基金的情况进行检查，并可委托中介机构进行专项审计。接受检查的证券公司或托管清算机构及有关单位、个人应予以配合。

第二十九条 基金公司、证券公司及托管清算机构应妥善保管基金的收划款凭证、兑付清单及原始凭证，确保原始档案的完整性，并建立基金核算台账。

第三十条 证监会负责监督证券公司按期足额缴纳基金以及按期向基金公司如实报送财务、业务等经营管理信息、资料和基金公司监测风险所需的涉及客户资金安全的数据、材料。

证券公司违反前款规定的，证监会应按有关规定进行处理。

第三十一条 对挪用、侵占或骗取基金的违法行为，依法严厉打击；对有关人员的失职行为，依法追究其责任；涉嫌犯罪的，移送司法机关依法追究其刑事责任。

第六章 附 则

第三十二条 本办法所称托管清算机构，是指证券公司被行政接管、托管经营、撤销、关闭或破产时，对证券公司实施行政接管的接管组、实施托管经营的托管组或依法成立的行政清理组。

第三十三条 本办法自 2016 年 6 月 1 日起施行。

第三十四条 本办法由证监会会同财政部、中国人民银行负责解释。

关于公布金融行业推荐性标准《证券期货业信息系统托管基本要求》的公告

（2016 年 1 月 13 日　证监会公告〔2016〕2 号）

现公布金融行业推荐性标准《证券期货业信息系统托管基本要求》（JR/T 0133－2015），自公布之日起施行。

证券期货业信息系统托管基本要求

1　范围

本标准规定了证券期货业信息系统托管的基本要求。

本标准适用于在监管规定范围内使用托管服务的证券期货机构和为证券期货机构提供托管服务的证券期货市场核心机构及其下属机构。

2　规范性引用文件

下列文件对于本文件的应用是必不可少的。凡是注日期的引用文件，仅所注日期的版本适用于本文件。凡是不注日期的引用文件，其最新版本（包括所有的修改单）适用于本文件。

GB 50174	电子信息系统机房设计规范
GB 50348	安全防范工程技术规范
JR/T 0059	证券期货经营机构信息系统备份能力标准
JR/T 0060	证券期货业信息系统安全等级保护基本要求（试行）
JR/T 0099	证券期货业信息系统运维管理规范
GB/T 24405.1	信息技术 服务管理 第 1 部分：规范
GB/T 24405.2	信息技术 服务管理 第 2 部分：实践规则
GB/T 22080	信息技术 安全技术 信息安全管理体系 要求
GB/T 23359	框架式低压机柜
GB/T 22690	数据通信设备通用机械结构 机柜和插箱

3 术语和定义

下列术语和定义适用于本文件。

3.1 托管 colocation

委托其他机构对信息系统进行管理，即租用其他机构提供的物理空间、基础设施、网络通信设施、软硬件设备、运维服务等资源，放置、建立、管理、维护自身信息系统。

3.2 委托方 clients

托管服务的使用者。

3.3 受托方 assignee

托管服务的提供者。

3.4 证券期货机构 securities and futures institutions

包括承担证券期货市场公共职能的机构、承担证券期货行业信息技术公共基础设施运营的机构等证券期货市场核心机构及其下属机构，以及证券公司、基金管理公司、期货公司、证券期货服务机构等证券期货经营机构。

4 总体说明

4.1 托管系统

可进行托管的系统包括证券期货机构承载证券期货交易、结算相关的各类业务系统（包括承载面向客户和对外服务的最基本、最核心交易业务的系统，以及承载除核心交易业务外与交易业务有数据交换的其他业务的系统）和非业务系统。

4.2 托管系统分级

托管系统按照重要性分为二级、三级、三+级共3个级别，其中三+为最高级别。

证券期货机构在进行托管时，应当按照机构类别和信息系统信息安全等级保护定级确定托管级别：

a）证券期货机构中的经营机构，其按照信息安全等级保护二级要求进行定级的信息系统属于本标准二级，按照信息安全等级保护三级要求进行定级的信息系统属于本标准三级；

b）证券期货机构中的市场核心机构，其按照信息安全等级保护二级要求进行定级的信息系统属于本标准三级，按照信息安全等级保护三级要求进行定级的信息系统属于本标准三+级；

c）证券期货机构未进行信息安全等级保护定级备案的信息系统

参照本标准二级。

4.3 托管服务类型

托管服务类型是指委托方使用受托方提供的托管服务的类型。包括:

a) 机柜租赁

委托方租用受托方提供的机柜空间运行自身信息系统,由受托方负责基础设施及公共通信网络设施的运维工作,由委托方负责自身系统的运维工作;

b) 机房租赁

委托方租用受托方提供的机房空间运行自身信息系统,由受托方负责基础设施及公共通信网络设施的运维工作,由委托方负责自身系统的运维工作;

c) 基础资源租赁

委托方使用受托方提供的服务器设备、网络设备、安全设备、存储设备等基础硬件产品,或者系统软件等基础软件产品,或者虚拟机平台、存储平台等基础平台,由受托方负责所提供产品或平台的运维工作,由委托方负责自身系统的运维工作;

d) 整体外包

委托方使用受托方提供的证券期货应用系统及其运行所需的基础资源,并由受托方承担相关运维工作。

4.4 托管要求

托管要求如下:

a) 委托方应选择设立在中华人民共和国境内的受托方;
b) 委托方在进行托管时,应当明确选择要使用的托管服务类型组合;
c) 委托方应每年按照相应托管要求评估受托方提供的托管服务,并督促受托方进行相应整改,当受托方提供的托管服务严重违反托管要求时,应及时更换受托方;
d) 委托方应每年将信息系统托管等级及相关材料向中国证监会报备;
e) 委托方在签订托管服务合同时,应明确违约责任,并约定受托方须接受中国证监会及其派出机构的信息安全延伸检查;
f) 受托方应根据托管系统级别及委托方选择的托管服务类型提供满足要求的托管服务。托管系统级别、托管服务类型及托管要求的对应关系如表1所示；

g) 开展三级、三+级系统托管业务的受托方，应设立信息安全管理职能部门，在开展托管业务时两年内宜通过 GB/T 24405 和 GB/T 22080 认证。

表1 托管类型及受托方要求对照表

托管类型	二级系统	三级系统	三+级系统
机柜租赁	A2B1	A3B1	A3+B1
机房租赁	A2B2	A3B2	A3+B2
基础资源租赁	A2B3	A3B3	A3+B3
整体外包	A2B4	A3B4	A3+B4
注1：A代表托管系统级别。其中，A2代表二级系统，A3代表三级系统，A3+代表三+级系统。 注2：B代表托管服务类别。其中，B1代表机柜租赁，B2代表机房租赁，B3代表基础资源租赁，B4代表整体外包。			

5 二级系统受托方要求

5.1 机柜租赁（A2B1）

5.1.1 基础设施要求

基础设施要求如下：

a) 机柜所在机房应满足 GB 50174 中 B 级机房要求；

b) 机柜的结构尺寸、机电接口、机械性能、外观要求、通风散热等技术指标应满足 GB/T 23359 和 GB/T 22690 的要求；

c) 在证券期货交易时段，机柜的电力可用性应达到99.9%；

d) 机柜宜配置两路独立的电源分配模块，并且每个机柜的供电应由独立开关控制；

e) 机柜内强弱电线路应以不同标识或颜色区分，应确保线路安置清晰整洁；

f) 机柜所在机房区域的温湿度应达到 GB 50174 中 B 级的有关要求；

g) 机柜所在机房宜配置环境监控系统，能够对机柜所在机房的支路供电、温度、湿度等关键指标进行自动实时监控和报警；

h) 机柜所在区域消防系统应采用高效灭火系统和火灾自动报警

系统，并通过当地消防部门验收；

i）受托方应做好机柜所在机房基础设施的日常巡检工作，每日巡检次数不少于三次；

j）受托方应配备 7×24 小时值班基础设施管理员，负责机柜所在机房及机柜基础设施的日常维护、事件应急、故障处置等工作。

5.1.2　网络通信要求

网络通信要求如下：

a）受托方应提供网络线路接入条件，满足委托方交易专网、互联网、数据专线等网络通信需求；

b）受托方宜提供至少两家基础通信运营商的线路接入资源，且每家基础通信运营商至少采用两种不同的物理路由接入局端机房；

c）机柜网络接入集中网络前应采取有效的安全防护措施，实现机柜网络环境与其他区域网络环境的有效隔离；

d）受托方应 7×24 小时对机房公共网络运行情况进行实时监控，受托方未经委托方授权，禁止监听、获取、复制、利用通过网络传输的信息系统数据信息；

e）受托方应配备 7×24 小时网络支持人员，负责其提供的机柜公共网络的日常维护、事件应急、故障处置等工作。

5.1.3　安全保卫要求

安全保卫要求如下：

a）受托方应为机柜提供电子锁或机械锁。受托方可留有备用钥匙以备应急使用，但应提前获得委托方同意，并记录使用情况；

b）受托方应对机柜所在机房设置视频监控设备，监控范围覆盖机柜操作面、机柜所在机房出入口等关键区域。连续视频监控记录应保存至少 90 天；

c）受托方宜在机柜所在建筑物入口处安装出入控制和安全防护装置，包括闸机、防爆桶、X 射线安全检查设备等，并对出入人员和所带物品应进行安全检查；

d）受托方应对机柜所在区域出入人员身份执行审批审核流程，并记录出入人员信息、进出时间、工作内容等，相关记录应保存至少 360 天；

e）受托方应配备 7×24 小时值班保安人员，负责机柜所在机房的安全保卫工作。

5.1.4　运维保障要求

运维保障要求如下：

a）受托方应制定并完善对机柜的运维管理相关制度，包括对机柜所在机房、机柜本身、网络通信、安全保卫等运维操作流程、操作手册、故障处理、应急预案、应急联络人联络方式等，并提供给委托方；

b）受托方应为委托方提供信息系统运维和监控的场地条件，根据委托方要求，提供公共监控工位，满足委托方运维和监控需要；

c）受托方应向委托方告知值班基础设施管理员、网络管理员、保安人员的职责，并公布值班电话；

d）受托方在进行重大变更时，应提前至少10个工作日通过书面方式通知可能受到影响的委托方；

e）受托方应为委托方提供7×24小时支持服务，应在15分钟内响应委托方提出的服务请求。遇到突发事件，应积极配合委托方共同开展应急处置工作；

f）受托方应至少每年一次向委托方提供服务报告，包括监控及巡检、日常维护、应急处理工作等；

g）受托方宜做好基础设施演练的年度计划，并按计划予以实施。

5.2　机房租赁（A2B2）

5.2.1　基础设施要求

基础设施要求如下：

a）机房应满足GB 50174中B级机房要求；

b）机房应有独立的双路电源配电柜，在证券期货交易时段，机房的电力可用性应达到99.9%；

c）机房区域的温湿度应达到GB 50174中B级的有关要求；

d）机房宜具备集成的环境监控系统、设备监控系统，对环境、供电、空调、给水排水、消防等重要系统进行自动实时监控和报警；

e）机房消防系统应采用高效灭火系统和火灾自动报警系统，并通过当地消防部门验收；

f）受托方应做好对机房的基础设施日常巡检工作，每日巡检次数不少于三次；

g）受托方应配备7×24小时值班基础设施管理员，负责机房的日常维护、事件应急、故障处置等工作。

5.2.2 网络通信要求

网络通信要求如下：

a）受托方应提供网络线路接入条件，满足委托方交易专网、互联网、数据专线等网络通信需求；

b）受托方宜提供至少两家基础通信运营商的线路接入资源，且每家基础通信运营商至少采用两种不同的物理路由接入局端机房；

c）受托方应 7×24 小时对机房公共网络运行情况进行实时监控，受托方未经委托方授权，禁止监听、获取、复制、利用通过网络传输的信息系统数据信息；

d）受托方应配备 7×24 小时网络支持人员，负责其提供的机房公共网络的日常维护、事件应急、故障处置等工作。

5.2.3 安全保卫要求

安全保卫要求如下：

a）受托方应为机房划定单独区域，并进行物理隔离且设有电子门锁；

b）受托方应对机房设置视频监控设备，监控范围覆盖机房区域出入口。连续视频监控记录应保存至少 90 天；

c）机房所在建筑物宜设置周界区域，建筑物群体周界宜设置围墙，宜安装入侵报警系统、安全防护系统、防车辆撞击设施等。各安全防范子系统应满足 GB 50348 规定的集成式安全防范系统设计要求以及各子系统的设计要求；

d）受托方宜在机房所在建筑物入口处安装出入控制和安全防护装置，包括闸机、防爆桶、X 射线安全检查设备等，并对出入人员和所带物品应进行安全检查；

e）受托方应对机房所在区域出入人员身份执行审批审核流程，并记录出入人员信息、进出时间、工作内容等，相关记录应保存至少 360 天；

f）受托方应配备 7×24 小时值班保安人员，负责机房的安全保卫工作。

5.2.4 运维保障要求

运维保障要求如下：

a）受托方应制定并完善对机房的运维管理相关制度，包括对机房

基础设施、网络通信、安全保卫等运维操作流程、操作手册、故障处理、应急预案、应急联络人联络方式等,并提供给委托方;

b) 受托方应为委托方提供信息系统运维和监控的场地条件,至少提供公共监控工位,满足委托方运维和监控需要;

c) 受托方应向委托方告知值班基础设施管理员、网络管理员、保安人员的职责,并公布值班电话;

d) 受托方在进行重大变更时,应提前至少10个工作日通过书面方式通知可能受到影响的委托方;

e) 受托方应为委托方提供7×24小时支持服务,应在15分钟内响应委托方提出的服务请求。遇到突发事件,应积极配合委托方共同开展应急处置工作;

f) 受托方应至少每年一次向委托方提供服务报告,包括监控及巡检、日常维护、应急处理工作等;

g) 受托方宜做好基础设施演练的年度计划,并按计划予以实施。

5.3 基础资源租赁(A2B3)

5.3.1 基础设施要求

受托方应满足同级机柜租赁中的5.1.1基础设施要求或机房租赁中的5.2.1基础设施要求。

5.3.2 网络通信要求

受托方应满足同级机柜租赁中的5.1.2网络通信要求或机房租赁中的5.2.2网络通信要求。

5.3.3 安全保卫要求

受托方应满足同级机柜租赁中的5.1.3安全保卫要求或机房租赁中的5.2.3安全保卫要求。

5.3.4 基础资源租赁产品要求

5.3.4.1 基础硬件产品

基础硬件产品要求如下:

a) 受托方提供的服务器设备、网络设备、安全设备、存储设备等基础硬件产品应为冗余架构,性能和可用性应满足委托方需求;

b) 受托方应按照流程为提供的服务器设备、网络设备、安全设备、存储设备等基础硬件产品进行设备信息登记(供货日期,保修日期,序列号,厂家信息等)。

5.3.4.2 基础软件产品

基础软件产品要求如下:

a） 受托方应提供合法正版的系统软件等基础软件产品,并及时更新软件许可；

b） 受托方应负责对提供的系统软件等基础软件产品的安装、测试、升级和故障处理。

5.3.4.3 基础平台

基础平台要求如下：

a） 受托方应为虚拟机平台、存储平台等基础平台,提供安装、调试、培训、运行、升级等维护服务；

b） 受托方应保证委托方数据在虚拟机平台、存储平台等基础平台上的安全、可靠传输,并保留数据传输日志记录,时间不得少于一年；

c） 受托方应做好虚拟机平台、存储平台等基础平台的数据备份工作；

d） 受托方应做好虚拟机平台、存储平台等基础平台的容量管理工作。

5.3.5 运维保障要求

运维保障要求如下：

a） 受托方应制定并完善对基础资源的运维管理相关制度,包括对基础资源所在机房基础设施、网络通信、安全保卫、基础资源等运维操作流程、操作手册、故障处理、应急预案、应急联络人联络方式等,并提供给委托方；

b） 受托方应为委托方提供信息系统运维和监控条件,满足委托方运维和监控需要；

c） 受托方应提供专业监控工具对基础资源租赁产品进行监控；

d） 受托方应定期对基础资源租赁产品进行巡检,并记录巡检结果；

e） 受托方应向委托方告知值班基础设施管理员、网络管理员、保安人员、平台运维人员的职责,并确定明确的排班表；

f） 受托方在进行可能涉及基础资源的变更时,应提前至少10个工作日通过书面方式通知可能受到影响的委托方；

g） 基础资源发生故障时,受托方应按事件处理流程,积极配合委托方共同开展应急处置工作；

h） 受托方应采取有效措施限制单个委托方对基础资源的使用限度；

i) 受托方在进行双方合同中约定的关键操作时，应按合同约定的程序执行审批手续，确保双人复核，并进行留痕，相关记录应保存至少一年；

j) 受托方应采取身份识别控制和权限管理，杜绝非授权和越权访问、更改委托方的数据；

k) 受托方应持续跟踪厂商提供的系统升级更新情况，检查基础资源系统的补丁是否得到了及时更新；

l) 受托方应部署防病毒产品和支持防恶意代码软件的统一管理，并定期检查恶意代码库的版本更新情况；

m) 受托方应采取入侵防范措施，及时检测并阻断对平台系统的入侵行为；

n) 受托方应为委托方提供7×24小时支持服务，应在15分钟内响应委托方提出的服务请求。遇到突发事件，应积极配合委托方共同开展应急处置工作；

o) 受托方应至少每年一次向委托方提供基础资源服务报告；

p) 受托方应做好数据保密工作，未经授权不得使用、分析、复制委托方数据，不得向第三方透露数据内容；

q) 双方终止合同，受托方应协助委托方收回所有数据，并保证系统中全部相关数据被删除，并不可恢复。

5.4 整体外包(A2B4)

5.4.1 基础设施要求

受托方应满足同级基础资源租赁中的5.3.1基础设施要求。

5.4.2 网络通信要求

受托方应满足同级基础资源租赁中的5.3.2网络通信要求。

5.4.3 安全保卫要求

受托方应满足同级基础资源租赁中的5.3.3安全保卫要求。

5.4.4 基础资源租赁产品要求

受托方应满足同级基础资源租赁中的5.3.4基础资源租赁产品要求。

5.4.5 应用系统要求

应用系统要求如下：

a) 受托方应向委托方提供应用系统的交付文档，包括但不限于系统架构、功能说明和用户手册等；

b) 受托方提供的应用系统应稳定可靠，确保业务的正常运行；

c） 受托方提供的应用系统的性能和容量应满足委托方的要求；

d） 受托方提供的应用系统应具备身份识别和权限控制功能；

e） 受托方提供的应用系统在数据传输、备份、存储等过程中，应具备加密功能；

f） 受托方提供的应用系统应具备日志记录功能，满足委托方的安全审计要求。

5.4.6 运维保障要求

运维保障要求如下：

a） 受托方应满足同级基础资源租赁中的5.3.5运维保障要求；

b） 受托方对受托应用系统的运维工作，应当按照JR/T 0099的各项要求开展；

c） 受托方应配合委托方进行应用系统必要的业务测试；

d） 受托方在进行可能影响应用系统的变更时，应提前至少10个工作日通过书面方式通知可能受到影响的委托方；

e） 受托方在进行双方合同中约定的应用系统关键数据操作时，应按合同约定的程序执行审批手续，确保双人复核，并进行留痕，相关记录应保存至少一年；

f） 受托方应至少每年对应用系统进行检查，并形成相关检查记录和评估报告；

g） 受托方应根据委托方要求，为委托方提供7×24小时应用系统客户支持服务，应在15分钟内响应委托方提出的服务请求。遇到突发事件，应积极配合委托方共同开展应急处置工作；

h） 受托方应至少每年一次向委托方提供应用系统服务报告；

i） 受托方应做好应用系统数据保密工作，未经授权不得使用、分析、复制委托方数据，不得向第三方透露数据内容；

j） 双方终止合同，受托方应协助委托方收回所有数据，并保证应用系统中全部相关数据被删除，并不可恢复。

6 三级系统受托方要求

6.1 机柜租赁(A3B1)

6.1.1 基础设施要求

基础设施要求如下：

a） 机柜所在机房应满足GB 50174中A级机房要求；

b） 机柜的结构尺寸、机电接口、机械性能、外观要求、通风散热等技术指标应满足GB/T 23359和GB/T 22690的要求；

c） 在证券期货交易时段，机柜的电力可用性应达到99.99%；

d） 机柜应配置两路独立的电源分配模块，并且每个机柜的供电应由独立开关控制；

e） 机柜内强弱电线路应以不同标识或颜色区分，应确保线路安置清晰整洁；

f） 机柜所在机房精密空调至少采用N+1方式冗余，机柜所在机房区域的温湿度应达到GB 50174中A级的有关要求；

g） 机柜所在机房应配置环境监控系统，能够对机柜所在机房的支路供电、温度、湿度等关键指标进行自动实时监控和报警；

h） 机柜所在区域消防系统应采用高效灭火系统和火灾自动报警系统，并通过当地消防部门验收；

i） 受托方应做好机柜所在机房基础设施的日常巡检工作，每日巡检次数不少于六次；

j） 受托方应配备7×24小时值班基础设施管理员，负责机柜所在机房及机柜基础设施的日常维护、事件应急、故障处置等工作。

6.1.2 网络通信要求

网络通信要求如下：

a） 受托方应提供网络线路接入条件，满足委托方交易专网、互联网、数据专线等网络通信需求；

b） 受托方应提供至少两家基础通信运营商的线路接入资源，且每家基础通信运营商至少采用两种不同的物理路由接入局端机房；

c） 机柜网络接入集中网络前应采取有效的安全防护措施，实现机柜网络环境与其他区域网络环境的有效隔离；

d） 受托方应7×24小时对机房公共网络运行情况进行实时监控，受托方未经委托方授权，禁止监听、获取、复制、利用通过网络传输的信息系统数据信息；

e） 受托方应配备7×24小时网络支持人员，负责其提供的机柜公共网络的日常维护、事件应急、故障处置等工作。

6.1.3 安全保卫要求

安全保卫要求如下：

a） 受托方应为机柜提供电子锁或机械锁。受托方可留有备用钥匙以备应急使用，但应提前获得委托方同意，并记录使用情况；

b） 受托方应对机柜所在机房设置视频监控设备，监控范围覆盖机柜操作面、机柜所在机房出入口等关键区域。连续视频监控记录应保存至少90天；

c） 受托方应在机柜所在建筑物入口处安装出入控制和安全防护装置，包括闸机、防爆桶、X射线安全检查设备等，并对出入人员和所带物品应进行安全检查；

d） 受托方应对机柜所在区域出入人员身份执行审批审核流程，并记录出入人员信息、进出时间、工作内容等，相关记录应保存至少360天；

e） 受托方应配备7×24小时值班保安人员，负责机柜所在机房的安全保卫工作。

6.1.4 运维保障要求

运维保障要求如下：

a） 受托方应制定并完善对机柜的运维管理相关制度，包括对机柜所在机房、机柜本身、网络通信、安全保卫等运维操作流程、操作手册、故障处理、应急预案、应急联络人联络方式等，并提供给委托方；

b） 受托方应为委托方提供信息系统运维和监控的场地条件，根据委托方要求，提供专用监控工位或监控室，满足委托方运维和监控需要；

c） 受托方应向委托方告知值班基础设施管理员、网络管理员、保安人员的职责，并公布值班电话；

d） 受托方在进行重大变更时，应提前至少20个工作日通过书面方式通知可能受到影响的委托方；

e） 受托方应为委托方提供7×24小时支持服务，应在10分钟内响应委托方提出的服务请求。遇到突发事件，应积极配合委托方共同开展应急处置工作；

f） 受托方应至少每半年一次向委托方提供服务报告，包括监控及巡检、日常维护、应急处理工作等；

g） 受托方应做好基础设施演练的年度计划，并按计划予以实施。

6.2 机房租赁（A3B2）

6.2.1 基础设施要求

基础设施要求如下：

a） 机房应满足GB 50174中A级机房要求；

b） 机房应有独立的双路电源配电柜，在证券期货交易时段，机房的电力可用性应达到99.99%；

c） 机房精密空调至少采用N+1方式冗余，机房区域的温湿度应达到GB 50174中A级的有关要求；

d） 机房应具备集成的环境监控系统、设备监控系统，对环境、供电、空调、给水排水、消防等重要系统进行自动实时监控和报警；

e） 机房消防系统应采用高效灭火系统和火灾自动报警系统，并通过当地消防部门验收；

f） 受托方应做好对机房的基础设施日常巡检工作，每日巡检次数不少于六次；

g） 受托方应配备7×24小时值班基础设施管理员，负责机房的日常维护、事件应急、故障处置等工作。

6.2.2 网络通信要求

网络通信要求如下：

a） 受托方应提供网络线路接入条件，满足委托方交易专网、互联网、数据专线等网络通信需求；

b） 受托方应提供至少两家基础通信运营商的线路接入资源，且每家基础通信运营商至少采用两种不同的物理路由接入局端机房；

c） 受托方应7×24小时对机房公共网络运行情况进行实时监控，受托方未经委托方授权，禁止监听、获取、复制、利用通过网络传输的信息系统数据信息；

d） 受托方应配备7×24小时网络支持人员，负责其提供的机房公共网络的日常维护、事件应急、故障处置等工作。

6.2.3 安全保卫要求

安全保卫要求如下：

a） 受托方应为机房划定单独区域，并进行物理隔离且设有电子门锁；

b） 受托方应对机房设置视频监控设备，监控范围覆盖机房区域出入口，连续视频监控记录应保存至少90天；

c） 机房所在建筑物应设置周界区域，建筑物群体周界应设置围墙，应安装入侵报警系统、安全防护系统、防车辆撞击设施等。各安全防范子系统应满足GB 50348规定的集成式安全防范系统设计要求以及各子系统的设计要求；

d） 受托方应在机房所在建筑物入口处安装出入控制和安全防护装置，包括闸机、防爆桶、X 射线安全检查设备等，并对出入人员和所带物品应进行安全检查；

e） 受托方应对机房所在区域出入人员身份执行审批审核流程，并记录出入人员信息、进出时间、工作内容等，相关记录应保存至少 360 天；

f） 受托方应配备 7×24 小时值班保安人员，负责机房的安全保卫工作。

6.2.4 运维保障要求

运维保障要求如下：

a） 受托方应制定并完善对机房的运维管理相关制度，包括对机房基础设施、网络通信、安全保卫等运维操作流程、操作手册、故障处理、应急预案、应急联络人联络方式等，并提供给委托方；

b） 受托方应为委托方提供信息系统运维和监控的场地条件，至少提供专用的监控工位或专用监控室，满足委托方运维和监控需要；

c） 受托方应向委托方告知值班基础设施管理员、网络管理员、保安人员的职责，并公布值班电话；

d） 受托方在进行重大变更时，应提前至少 20 个工作日通过书面方式通知可能受到影响的委托方；

e） 受托方应为委托方提供 7×24 小时支持服务，应在 10 分钟内响应委托方提出的服务请求。遇到突发事件，应积极配合委托方共同开展应急处置工作；

f） 受托方应至少每半年一次向委托方提供服务报告，包括监控及巡检、日常维护、应急处理工作等；

g） 受托方应做好基础设施演练的年度计划，并按计划予以实施。

6.3 基础资源租赁（A3B3）

6.3.1 基础设施要求

受托方应满足同级机柜租赁中的 6.1.1 基础设施要求或机房租赁中的 6.2.1 基础设施要求。

6.3.2 网络通信要求

网络通信要求如下：

a） 受托方应满足同级机柜租赁中的 6.1.2 网络通信要求或机房租赁中的 6.2.2 网络通信要求；

b） 受托方应为委托方提供冗余通道，访问委托方租赁的基础资源。

6.3.3 安全保卫要求

受托方应满足同级机柜租赁中的6.1.3安全保卫要求或机房租赁中的6.2.3安全保卫要求。

6.3.4 基础资源租赁产品要求

6.3.4.1 基础硬件产品

基础硬件产品要求如下：

a） 受托方提供的服务器设备、网络设备、安全设备、存储设备等基础硬件产品应为冗余架构，性能和可用性应满足委托方需求；
b） 受托方应提供独立的区域，部署服务器设备、网络设备、安全设备、存储设备等基础硬件产品；
c） 受托方应按照流程为提供的服务器设备、网络设备、安全设备、存储设备等基础硬件产品进行设备信息登记（供货日期，保修日期，序列号，厂家信息等）。

6.3.4.2 基础软件产品

基础软件产品要求如下：

a） 受托方应提供合法正版的系统软件等基础软件产品，并及时更新软件许可；
b） 受托方应提供系统软件等基础软件产品的升级手册和升级包，且在提供升级补丁前，配合委托方进行可用性和风险评估；
c） 受托方应负责对提供的系统软件等基础软件产品的安装、测试、升级和故障处理；
d） 受托方应提供针对系统软件等基础软件产品的培训。

6.3.4.3 基础平台

基础平台要求如下：

a） 受托方提供的虚拟机平台、存储平台等基础平台的可用性应不低于99.9%；
b） 受托方应为虚拟机平台、存储平台等基础平台，提供安装、调试、培训、运行、升级等维护服务；
c） 受托方应为虚拟机平台、存储平台等基础平台建立灾备系统，并制定应急方案。委托方应配合受托方进行切换演练；
d） 受托方应保证委托方数据在虚拟机平台、存储平台等基础平台上的安全、可靠传输，并保留数据传输日志记录，时间不得少于一年；

e） 受托方应做好虚拟机平台、存储平台等基础平台的数据备份工作；

f） 受托方应做好虚拟机平台、存储平台等基础平台的容量管理工作，并定期提供容量监控报告；

g） 受托方应采取有效的安全隔离措施，防止基础平台内不同客户间的风险传导。

6.3.5 运维保障要求

运维保障要求如下：

a） 受托方应制定并完善对基础资源的运维管理相关制度，包括对基础资源所在机房基础设施、网络通信、安全保卫、基础资源等运维操作流程、操作手册、故障处理、应急预案、应急联络人联络方式等，并提供给委托方；

b） 受托方应为委托方提供信息系统运维和监控条件，满足委托方运维和监控需要；

c） 受托方应提供专业监控工具对基础资源租赁产品进行监控，并定期提供监控报告；

d） 受托方应定期对基础资源租赁产品进行巡检，并记录巡检结果；

e） 受托方应向委托方告知值班基础设施管理员、网络管理员、保安人员、平台运维人员的职责，并确定明确的排班表；

f） 受托方在进行可能涉及基础资源的变更时，应提前至少 20 个工作日通过书面方式通知可能受到影响的委托方；

g） 基础资源发生故障时，受托方应按事件处理流程，积极配合委托方共同开展应急处置工作；

h） 受托方应采取有效措施限制单个委托方对基础资源的使用限度；

i） 受托方在进行双方合同中约定的关键操作时，应按合同规定的程序执行审批手续，确保双人复核，并进行留痕，相关记录应保存至少一年；

j） 受托方应采取身份识别控制和权限管理，杜绝非授权和越权访问、更改委托方的数据；

k） 受托方应持续跟踪厂商提供的系统升级更新情况，检查基础资源系统的补丁是否得到了及时更新；

l） 受托方应部署防病毒产品和支持防恶意代码软件的统一管理，并定期检查恶意代码库的版本更新情况；

m） 受托方应采取入侵防范措施，及时检测并阻断对平台系统的入侵行为。应能够检测到对重要服务器进行入侵的行为，能够记录入侵的源 IP、攻击的类型、攻击的目的、攻击的时间，并在发生严重入侵事件时提供报警；

n） 受托方应为委托方提供 7×24 小时支持服务，应在 10 分钟内响应委托方提出的服务请求，并在 60 分钟内到场服务。遇到突发事件，应积极配合委托方共同开展应急处置工作；

o） 受托方应至少每半年一次向委托方提供基础资源服务报告，包括监控及巡检、日常维护、应急处理工作等；

p） 受托方宜至少每年组织一次基础资源的应急切换演练，并向委托方提供应急演练预案、应急演练报告；

q） 受托方应做好数据保密工作，未经授权不得使用、分析、复制委托方数据，不得向第三方透露数据内容；

r） 双方终止合同，受托方应协助委托方收回所有数据，并保证系统中全部相关数据被删除，并不可恢复。

6.4 整体外包（A3B4）

6.4.1 基础设施要求

受托方应满足同级基础资源租赁中的 6.3.1 基础设施要求。

6.4.2 网络通信要求

受托方应满足同级基础资源租赁中的 6.3.2 网络通信要求。

6.4.3 安全保卫要求

受托方应满足同级基础资源租赁中的 6.3.3 安全保卫要求。

6.4.4 基础资源租赁产品要求

受托方应满足同级基础资源租赁中的 6.3.4 基础资源租赁产品要求。

6.4.5 应用系统要求

应用系统要求如下：

a） 受托方应向委托方提供应用系统的交付文档，包括但不限于系统架构、功能说明和用户手册等；

b） 受托方提供的应用系统应稳定可靠，确保业务的正常运行；

c） 受托方提供的应用系统的性能和容量应满足委托方的要求；

d） 受托方提供的应用系统的设计和部署应满足 JR/T 0099 的

要求；

e） 受托方提供的应用系统应为委托方提供监控工具或者接口，满足委托方的监控需要；

f） 受托方提供的应用系统应具备身份识别和权限控制功能；

g） 受托方提供的应用系统在数据传输、备份、存储等过程中，应具备加密功能；

h） 受托方提供的应用系统应具备日志记录功能，满足委托方的安全审计要求；

i） 受托方提供的应用系统应满足委托方对于信息系统隔离的要求。

6.4.6 运维保障要求

运维保障要求如下：

a） 受托方应满足同级基础资源租赁中的6.3.5运维保障要求；

b） 受托方对受托应用系统的运维工作，应当按照JR/T 0099的各项要求开展；

c） 受托方应配合委托方进行应用系统必要的业务测试；

d） 受托方应向委托方告知值班基础设施管理员、网络管理员、保安人员、平台运维人员、应用系统人员的职责，并确定明确的排班表；

e） 受托方在进行可能影响应用系统的变更时，应提前至少20个工作日通过书面方式通知可能受到影响的委托方；

f） 受托方在进行双方合同中约定的应用系统关键数据操作时，应按合同规定的程序执行审批手续，确保双人复核，并进行留痕，相关记录应保存至少一年；

g） 受托方应至少每半年对应用系统进行检查，包括应用系统可用性、参数配置、系统性能容量、权限设置、系统版本等，并形成相关检查记录和评估报告；

h） 受托方应为委托方提供7×24小时应用系统客户支持服务，应在10分钟内响应委托方提出的服务请求，并在60分钟内到场服务。遇到突发事件，应积极配合委托方共同开展应急处置工作；

i） 受托方应至少每半年一次向委托方提供应用系统服务报告，包括监控及巡检、日常维护、应急处理工作等；

j） 受托方应提供应用系统的应急预案，当故障发生时，能恢复原来的工作状态。组织用户至少每年进行一次故障应急演练；

k） 受托方应做好应用系统数据保密工作，未经授权不得使用、分析、复制委托方数据，不得向第三方透露数据内容；

l） 双方终止合同，受托方应协助委托方收回所有数据，并保证应用系统中全部相关数据被删除，并不可恢复。

7 三+级系统受托方要求

7.1 机柜租赁（A3+B1）

7.1.1 基础设施要求

基础设施要求如下：

a） 机柜所在机房应满足 GB 50174 中 A 级机房要求；

b） 机柜的结构尺寸、机电接口、机械性能、外观要求、通风散热等技术指标应满足 GB/T 23359 和 GB/T 22690 的要求；

c） 在证券期货交易时段，机柜的电力可用性应达到 99.99%；

d） 机柜应配置两路独立的电源分配模块，并且每个机柜的供电应由独立开关控制；

e） 机柜内强弱电线路应以不同标识或颜色区分，应确保线路安置清晰整洁；

f） 机柜所在机房精密空调至少采用 N+1 方式冗余，机柜所在机房区域的温湿度应达到 GB 50174 中 A 级的有关要求；

g） 机柜所在机房应配置环境监控系统，能够对机柜所在机房的支路供电、温度、湿度等关键指标进行自动实时监控和报警；

h） 机柜所在区域消防系统应采用高效灭火系统和火灾自动报警系统，并通过当地消防部门验收；

i） 受托方应做好机柜所在机房基础设施的日常巡检工作，每日巡检次数不少于六次；

j） 受托方应配备 7×24 小时值班基础设施管理员，负责机柜所在机房及机柜基础设施的日常维护、事件应急、故障处置等工作。

7.1.2 网络通信要求

网络通信要求如下：

a） 受托方应提供网络线路接入条件，满足委托方交易专网、互联网、数据专线等网络通信需求；

b） 受托方应提供至少两家基础通信运营商的线路接入资源，且每家基础通信运营商至少采用两种不同的物理路由接入局端机房；

c） 机柜网络接入集中网络前应采取有效的安全防护措施，实现机柜网络环境与其他区域网络环境的有效隔离；

d） 受托方应 7×24 小时对机房公共网络运行情况进行实时监控，受托方未经委托方授权，禁止监听、获取、复制、利用通过网络传输的信息系统数据信息；

e） 受托方应配备 7×24 小时网络支持人员，负责其提供的机柜公共网络的日常维护、事件应急、故障处置等工作。

7.1.3　安全保卫要求

安全保卫要求如下：

a） 受托方应为机柜提供电子锁或机械锁。受托方可留有备用钥匙以备应急使用，但应提前获得委托方同意，并记录使用情况；

b） 受托方应对机柜所在机房设置视频监控设备，监控范围覆盖机柜操作面、机柜所在机房出入口等关键区域。连续视频监控记录应保存至少 90 天；

c） 受托方应在机柜所在建筑物入口处安装出入控制和安全防护装置，包括闸机、防爆桶、X 射线安全检查设备等，并对出入人员和所带物品应进行安全检查；

d） 受托方应对机柜所在区域出入人员身份执行审批审核流程，并记录出入人员信息、进出时间、工作内容等，相关记录应保存至少 360 天；

e） 受托方应配备 7×24 小时值班保安人员，负责机柜所在机房的安全保卫工作。

7.1.4　运维保障要求

运维保障要求如下：

a） 受托方应制定并完善对机柜的运维管理相关制度，包括对机柜所在机房、机柜本身、网络通信、安全保卫等运维操作流程、操作手册、故障处理、应急预案、应急联络人联络方式等，并提供给委托方；

b） 受托方应为委托方提供信息系统运维和监控的场地条件，根据委托方要求，提供专用监控工位或监控室，满足委托方运维和监控需要；

c） 受托方应向委托方告知值班基础设施管理员、网络管理员、保安人员的职责，并公布值班电话；

d） 受托方在进行重大变更时，应提前至少 30 个工作日通过书面方式通知可能受到影响的委托方；

e） 受托方应为委托方提供7×24小时支持服务，应在5分钟内响应委托方提出的服务请求。遇到突发事件，应积极配合委托方共同开展应急处置工作；

f） 受托方应至少每半年一次向委托方提供服务报告，包括监控及巡检、日常维护、应急处理工作等；

g） 受托方应做好基础设施演练的年度计划，并按计划予以实施。

7.2 机房租赁（A3+B2）

7.2.1 基础设施要求

基础设施要求如下：

a） 机房应满足GB 50174中A级机房要求；

b） 机房应有独立的双路电源配电柜，在证券期货交易时段，机房的电力可用性应达到99.99%；

c） 机房精密空调至少采用N+1方式冗余，机房区域的温湿度应达到GB 50174中A级的有关要求；

d） 机房应具备集成的环境监控系统、设备监控系统，对环境、供电、空调、给水排水、消防等重要系统进行自动实时监控和报警；

e） 机房消防系统应采用高效灭火系统和火灾自动报警系统，并通过当地消防部门验收；

f） 受托方应做好对机房的基础设施日常巡检工作，每日巡检次数不少于六次；

g） 受托方应配备7×24小时值班基础设施管理员，负责机房的日常维护、事件应急、故障处置等工作。

7.2.2 网络通信要求

网络通信要求如下：

a） 受托方应提供网络线路接入条件，满足委托方交易专网、互联网、数据专线等网络通信需求；

b） 受托方应提供至少两家基础通信运营商的线路接入资源，且每家基础通信运营商至少采用两种不同的物理路由接入局端机房；

c） 受托方应7×24小时对机房公共网络运行情况进行实时监控，受托方未经委托方授权，禁止监听、获取、复制、利用通过网络传输的信息系统数据信息；

d） 受托方应配备 7×24 小时网络支持人员，负责其提供的机房公共网络的日常维护、事件应急、故障处置等工作。

7.2.3 安全保卫要求

安全保卫要求如下：

a） 受托方应为机房划定单独区域，并进行物理隔离且设有电子门锁；

b） 受托方应对机房设置视频监控设备，监控范围覆盖机房区域出入口。连续视频监控记录应保存至少 90 天；

c） 机房所在建筑物应设置周界区域，建筑物群体周界应设置围墙，应安装入侵报警系统、安全防护系统、防车辆撞击设施等。各安全防范子系统应满足 GB 50348 规定的集成式安全防范系统设计要求以及各子系统的设计要求；

d） 受托方应在机房所在建筑物入口处安装出入控制和安全防护装置，包括闸机、防爆桶、X 射线安全检查设备等，并对出入人员和所带物品应进行安全检查；

e） 受托方应对机房所在区域出入人员身份执行审批审核流程，并记录出入人员信息、进出时间、工作内容等，相关记录应保存至少 360 天；

f） 受托方应配备 7×24 小时值班保安人员，负责机房的安全保卫工作。

7.2.4 运维保障要求

运维保障要求如下：

a） 受托方应制定并完善对机房的运维管理相关制度，包括对机房基础设施、网络通信、安全保卫等运维操作流程、操作手册、故障处理、应急预案、应急联络人联络方式等，并提供给委托方；

b） 受托方应为委托方提供信息系统运维和监控的场地条件，至少提供专用的监控工位或专用监控室，满足委托方运维和监控需要；

c） 受托方应向委托方告知值班基础设施管理员、网络管理员、保安人员的职责，并公布值班电话；

d） 受托方在进行重大变更时，应提前至少 30 个工作日通过书面方式通知可能受到影响的委托方；

e） 受托方应为委托方提供 7×24 小时支持服务，应在 5 分钟内响应委托方提出的服务请求。遇到突发事件，应积极配合委托方共同开展应急处置工作；

f） 受托方应至少每半年一次向委托方提供服务报告，包括监控及巡检、日常维护、应急处理工作等；

g） 受托方应做好基础设施演练的年度计划，并按计划予以实施。

7.3 基础资源租赁（A3 + B3）

7.3.1 基础设施要求

受托方应满足同级机柜租赁中的7.1.1基础设施要求或机房租赁中的7.2.1基础设施要求。

7.3.2 网络通信要求

网络通信要求如下：

a） 受托方应满足同级机柜租赁中的7.1.2网络通信要求或机房租赁中的7.2.2网络通信要求；

b） 受托方应为委托方提供冗余通道，访问委托方租赁的基础资源。

7.3.3 安全保卫要求

受托方应满足同级机柜租赁中的7.1.3安全保卫要求或机房租赁中的7.2.3安全保卫要求。

7.3.4 基础资源租赁产品要求

7.3.4.1 基础硬件产品

基础硬件产品要求如下：

a） 受托方提供的服务器设备、网络设备、安全设备、存储设备等基础硬件产品应为冗余架构，性能和可用性应满足委托方需求；

b） 受托方应提供独立的区域，部署服务器设备、网络设备、安全设备、存储设备等基础硬件产品；

c） 受托方应为提供的服务器设备、网络设备、安全设备、存储设备等基础硬件产品提供备机、备件服务，或原厂维保服务；

d） 受托方应按照流程为提供的服务器设备、网络设备、安全设备、存储设备等基础硬件产品进行设备信息登记（供货日期，保修日期，序列号，厂家信息等）。

7.3.4.2 基础软件产品

基础软件产品要求如下：

a） 受托方应提供合法正版的系统软件等基础软件产品，并及时更新软件许可；

b） 受托方应提供系统软件等基础软件产品的升级手册和升级包，

且在提供升级补丁前,配合委托方进行可用性和风险评估;

c) 受托方应负责对提供的系统软件等基础软件产品的安装、测试、升级和故障处理;

d) 受托方应提供针对系统软件等基础软件产品的培训。

7.3.4.3 基础平台

基础平台要求如下:

a) 受托方提供的虚拟机平台、存储平台等基础平台的可用性应不低于99.95%;

b) 受托方应为虚拟机平台、存储平台等基础平台,提供安装、调试、培训、运行、升级等维护服务;

c) 受托方应为虚拟机平台、存储平台等基础平台建立灾备系统,并制定应急方案。委托方应配合受托方进行切换演练;

d) 受托方应保证委托方数据在虚拟机平台、存储平台等基础平台上的安全、可靠传输,并保留数据传输日志记录,时间不得少于一年;

e) 受托方应做好虚拟机平台、存储平台等基础平台的数据备份工作;

f) 受托方应做好虚拟机平台、存储平台等基础平台的容量管理工作,设定报警阈值,并定期提供容量监控报告;

g) 受托方应采取有效的安全隔离措施,防止基础平台内不同客户间的风险传导。

7.3.5 运维保障要求

运维保障要求如下:

a) 受托方应制定并完善对基础资源的运维管理相关制度,包括对基础资源所在机房基础设施、网络通信、安全保卫、基础资源等运维操作流程、操作手册、故障处理、应急预案、应急联络人联络方式等,并提供给委托方;

b) 受托方应为委托方提供信息系统运维和监控条件,满足委托方运维和监控需要;

c) 受托方应提供专业监控工具对基础资源租赁产品进行监控,并定期提供监控报告;

d) 受托方应定期对基础资源租赁产品进行巡检,并记录巡检结果;

e) 受托方应向委托方告知值班基础设施管理员、网络管理员、保安人员、平台运维人员的职责，并确定明确的排班表；

f) 受托方在进行可能涉及基础资源的变更时，应提前至少30个工作日通过书面方式通知可能受到影响的委托方；

g) 基础资源发生故障时，受托方应按事件处理流程，积极配合委托方共同开展应急处置工作；

h) 受托方应采取有效措施限制单个委托方对基础资源的使用限度；

i) 受托方在进行双方合同中约定的关键操作时，应按合同规定的程序执行审批手续，确保双人复核，并进行留痕，相关记录应保存至少一年；

j) 受托方应采取身份识别控制和权限管理，杜绝非授权和越权访问、更改委托方的数据；

k) 受托方应持续跟踪厂商提供的系统升级更新情况，检查基础资源系统的补丁是否得到了及时更新；

l) 受托方应部署防病毒产品和支持防恶意代码软件的统一管理，并定期检查恶意代码库的版本更新情况；

m) 受托方应采取入侵防范措施，及时检测并阻断对平台系统的入侵行为。应能够检测到对重要服务器进行入侵的行为，能够记录入侵的源IP、攻击的类型、攻击的目的、攻击的时间，并在发生严重入侵事件时提供报警；

n) 受托方应为委托方提供7×24小时支持服务，应在5分钟内响应委托方提出的服务请求，并在30分钟内到场服务。遇到突发事件，应积极配合委托方共同开展应急处置工作；

o) 受托方应至少每半年一次向委托方提供基础资源服务报告，包括监控及巡检、日常维护、应急处理工作等；

p) 受托方宜至少每年组织一次基础资源的应急切换演练，并向委托方提供应急演练预案、应急演练报告；

q) 受托方应做好数据保密工作，未经授权不得使用、分析、复制委托方数据，不得向第三方透露数据内容；

r) 双方终止合同，受托方应协助委托方收回所有数据，并保证系统中全部相关数据被删除，并不可恢复。

7.4 整体外包(A3+B4)

7.4.1 基础设施要求

受托方应满足同级基础资源租赁中的7.3.1基础设施要求。

7.4.2　网络通信要求

受托方应满足同级基础资源租赁中的7.3.2网络通信要求。

7.4.3　安全保卫要求

受托方应满足同级基础资源租赁中的7.3.3安全保卫要求。

7.4.4　基础资源租赁产品要求

受托方应满足同级基础资源租赁中的7.3.4基础资源租赁产品要求。

7.4.5　应用系统要求

应用系统要求如下：

a）受托方应向委托方提供应用系统的交付文档，包括但不限于系统架构、功能说明和用户手册等；

b）受托方提供的应用系统应稳定可靠，确保业务的正常运行；

c）受托方提供的应用系统的性能和容量应满足委托方的要求；

d）受托方提供的应用系统的设计和部署应满足JR/T 0059的要求；

e）受托方提供的应用系统应为委托方提供监控工具或者接口，满足委托方的监控需要；

f）受托方提供的应用系统应具备身份识别和权限控制功能；

g）受托方提供的应用系统在数据传输、备份、存储等过程中，应具备加密功能；

h）受托方提供的应用系统应具备日志记录功能，满足委托方的安全审计要求；

i）受托方提供的应用系统应满足委托方对于信息系统隔离的要求；

7.4.6　运维保障要求

运维保障要求如下：

a）受托方应满足同级基础资源租赁中的7.3.5运维保障要求；

b）受托方对受托应用系统的运维工作，应当按照JR/T 0099的各项要求开展；

c）受托方应配合委托方进行应用系统必要的业务测试；

d）受托方应向委托方告知值班基础设施管理员、网络管理员、保安人员、平台运维人员、应用系统人员的职责，并确定明确的排班表；

e）受托方在进行可能影响应用系统的变更时，应提前至少30个工作日通过书面方式通知可能受到影响的委托方；

f）受托方在进行双方合同中约定的应用系统关键数据操作时，应按合同规定的程序执行审批手续，确保双人复核，并进行留痕，相关记录应保存至少两年；

g）受托方应至少每季度对应用系统进行检查，包括应用系统可用性、参数配置、系统性能容量、权限设置、系统版本等，并形成相关检查记录和评估报告；

h）受托方应为委托方提供 7 ×24 小时应用系统客户支持服务，应在 5 分钟内响应委托方提出的服务请求，并在 30 分钟内到场服务。遇到突发事件，应积极配合委托方共同开展应急处置工作；

i）受托方应至少每季度一次向委托方提供应用系统服务报告，包括监控及巡检、日常维护、应急处理工作等；

j）受托方应提供应用系统的应急预案，当故障发生时，能恢复原来的工作状态。组织用户至少每年进行一次故障应急演练；

k）受托方应做好应用系统数据保密工作，未经授权不得使用、分析、复制委托方数据，不得向第三方透露数据内容；

l）双方终止合同，受托方应协助委托方收回所有数据，并保证应用系统中全部相关数据被删除，并不可恢复。

关于整合证券、基金、期货业务许可证的公告

（2016 年 3 月 1 日　证监会公告〔2016〕4 号）

为贯彻落实国务院关于简政放权、简化优化公共服务流程的要求，中国证监会对现有证券、基金、期货业务许可证进行了整合。现就有关事宜公告如下：

一、自 2016 年 5 月 1 日起，中国证监会及其派出机构向证券期货经营机构颁发的《经营证券业务许可证》、《证券投资咨询业务资格证书》、《经营外资股业务资格证书》、《合格境外机构投资者证券投资业务许可证》、《证券投资业务许可证》、《基金管理资格证书》、《特定客户资产管理业务资格证书》、《基金销售业务资格证书》、《经营期货业务许可证》、《期货公司营业部经营许可证》等 10 项许可证统一为《经营证券期货业务许可证》。

自 2016 年 5 月 1 日起，证券期货经营机构向中国证监会或其派出机构申请颁（换）发证券、基金、期货业务许可证时，如持有其他相关证券、基金、期货业务许可证的，应当同时缴回，由中国证监会或其派出机构统一颁（换）发《经营证券期货业务许可证》。

二、证券期货经营机构因暂无换证事由仍持有原证券、基金、期货业务许可证的，原许可证继续有效。为贯彻落实《国务院关于批转发展改革委等部门法人和其他组织统一社会信用代码制度建设总体方案的通知》（国发〔2015〕33 号）相关要求，实现现有机构代码向统一社会信用代码过渡，中国证监会各派出机构应当督促辖区内证券期货经营机构最迟于 2017 年 12 月 31 日前向中国证监会或其派出机构申请换发并取得《经营证券期货业务许可证》。

三、中国证监会各派出机构应当按照职责分工，有序做好《经营证券期货业务许可证》发放管理涉及的空白许可证申领、原空白许可证销毁、许可证缴回注销等相关工作。在执行过程中遇到问题的，应当及时报告中国证监会。

关于取消部分行政审批事项及行政审批中介服务事项的公告

(2016年3月25日　证监会公告〔2016〕6号)

根据《全国人民代表大会常务委员会关于修改〈中华人民共和国港口法〉等七部法律的决定》(以下简称《全国人大常委会决定》)、《国务院关于取消非行政许可审批事项的决定》(国发〔2015〕27号,以下简称国发〔2015〕27号文)、《国务院关于取消13项国务院部门行政许可事项的决定》(国发〔2016〕10号,以下简称国发〔2016〕10号文)、《国务院关于第二批清理规范192项国务院部门行政审批中介服务事项的决定》(国发〔2016〕11号,以下简称国发〔2016〕11号文)的规定,现将有关事项公告如下:

一、对于《全国人大常委会决定》中涉及中国证监会取消的行政审批项目"公募基金管理人的法定代表人、经营管理主要负责人和从事合规监管的负责人的选任或者改任审批",自《全国人大常委会决定》发布之日起,中国证监会及其派出机构不再受理行政相对人提起的有关申请,已受理的不再审理。有关项目取消的后续管理和衔接工作,请按附件1中确定的方式执行。

二、对于国发〔2015〕27号文、国发〔2016〕10号文中涉及中国证监会取消的行政审批项目"证券交易所与境外机构重大合作项目、证券登记结算机构重大国际合作与交流活动、涉港澳台重大事项审批"、"境外证券交易所驻华代表机构审批"、"其他期货经营机构从事期货投资咨询业务资格审批",自国发〔2015〕27号文、国发〔2016〕10号文发布之日起,中国证监会及其派出机构不再受理行政相对人提起的有关申请,已受理的不再审理。有关事项取消的后续管理和衔接工作,请按附件1中确定的方式执行。

三、对于国发〔2016〕11号文中涉及中国证监会取消的行政审批中介服务事项"出具保荐机构审计报告"、"出具公募基金管理公司设立、公募基金管理人资格法律意见书"、"出具基金托管人资格法律意见书"、"出具公募基金管理公司变更重大事项法律意见书"、"出具基金服务机构注册法律意见书”、“出具证券公司变更业务范围、增加注册资本且股权结构发生重大调整、减少注册资本、变更持有5%以上股权的股东、实际控制人、变更公司章程重要条款及合并、分立法律意见书”、“出具期货公司合并资产评估报告”,自国发〔2016〕11号文发布之日起,不再作为相应行政审批事项的受理条件。有关事项取消的后续管理和衔接工作,请按附件2中确定的方式执行。

四、中国证监会将着手清理与被取消行政审批事项及行政审批中介服务事项有关的部门规章和规范性文件,清理结果将对外公布。

五、有关行政审批事项及行政审批中介服务事项取消后,中国证监会将根据审慎监管原则,制定管理规范和标准,完善监管手段,加大事中检查、事后稽查处罚力度,进一步加强对有关业务活动的监督管理,切实保护投资者合法权益。

附件1:中国证监会取消的行政审批事项目录

附件2:中国证监会取消的行政审批中介服务事项目录

附件1

中国证监会取消的行政审批事项目录

序号	项目名称	设定依据	取消后的管理方式和衔接措施
1	公募基金管理人的法定代表人、经营管理主要负责人和从事合规监管的负责人的选任或者改任审批	《中华人民共和国证券投资基金法》	改为事后报告管理。公募基金管理人任命法定代表人、经营管理主要负责人、从事合规监管的负责人和其他高级管理人员,应当符合行业协会规定的从业人员资质管理要求,并在作出选任或改任法定代表人、经营管理主要负责人、从事合规监管的负责人和其他高级管理人员的相关决议后5个工作日内向中国证监会相关派出机构(取得基金管理业务资格的证券公司、期货公司向其注册地派出机构,基金管理公司及其他取得基金管理业务资格的资产管理机构向其主要业务运营地派出机构)报告,提交以下资料:

续表

序号	项目名称	设定依据	取消后的管理方式和衔接措施
			（一）任职情况登记表；（二）相关会议决议；（三）公募基金管理人出具的任职人员符合《证券投资基金行业高级管理人员任职管理办法》（证监会令第23号）第六条第（三）至第（五）项规定的考察意见；（四）任职人员的身份证明复印件、基金从业资格证明复印件和任职人员高级管理人员证券投资法律知识考试合格证明复印件。 中国证监会相关派出机构应当依法审慎履行职责，不增加报告材料。在收到上述材料后应当对相关人员符合《证券投资基金行业高级管理人员任职管理办法》（证监会令第23号）规定的任职条件的情况进行审阅，发现不符合条件的，应当责令限期更换。
2	证券交易所与境外机构重大合作项目、证券登记结算机构重大国际合作与交流活动、涉港澳台重大事项审批	《国务院办公厅关于保留部分非行政许可审批项目的通知》（国办发〔2004〕62号） 《证券登记结算管理办法》（证监会令第65号）	要求证券交易所、证券登记结算机构严格执行党中央、国务院和我会有关外事及涉港澳台交流的规定；按我会内部管理程序，向我会履行有关重大国际合作项目的评估、报告等程序；遇重大、紧急情况及时报告，并做好事中事后协调工作。
3	境外证券交易所驻华代表机构审批	《境外证券交易所驻华代表机构管理办法》（证监会令第44号）	改为事后备案。境外证券交易所于代表处机构设立后五个工作日内向中国证监会国际合作部备案。
4	其他期货经营机构从事期货投资咨询业务资格审批	《期货交易管理条例》（国务院令第489号）	纳入期货业务范围统一管理。

附件2

中国证监会取消的行政审批中介服务事项目录

序号	中介服务事项名称	涉及的审批事项项目名称	中介服务设定依据	中介服务实施机构	取消后的管理方式和衔接措施
1	出具保荐机构审计报告	保荐机构注册	《证券公司监督管理条例》(国务院令第522号) 《证券发行上市保荐业务管理办法》(证监会令第58号)	会计师事务所	不再要求申请人提供审计报告;严格审核申请人提交的符合规定的最近一年度净资本计算表、风险资本准备计算表和风险控制指标监管报表等材料。
2	出具公募基金管理公司设立、公募基金管理人资格法律意见书	公募基金管理公司设立、公募基金管理人资格审批	《中华人民共和国证券投资基金法》 《资产管理机构开展公募证券投资基金管理业务暂行规定》(证监会公告〔2013〕10号) 注:审批工作中要求申请人提供有关机构出具的法律意见书	律师事务所	不再要求申请人提供公募基金管理公司设立、公募基金管理人资格法律意见书;通过完善审核标准程序,严格核查申请人股东会议决议、国有资产管理部门相关批复等材料,就重大法律问题内部征求意见等方式加强监管。
3	出具基金托管人资格法律意见书	基金托管人资格核准	《证券投资基金托管业务管理办法》(证监会令第92号) 《非银行金融机构开展证券投资基金托管业务暂行规定》(证监会公告〔2013〕15号)	律师事务所	不再要求申请人提供基金托管人资格法律意见书;通过完善审核标准程序,严格核查申请人股东会议决议、国有资产管理部门相关批复等材料,就重大法律问题内部征求意见等方式加强监管。

续表

序号	中介服务事项名称	涉及的审批事项项目名称	中介服务设定依据	中介服务实施机构	取消后的管理方式和衔接措施
4	出具公募基金管理公司变更重大事项法律意见书	公募基金管理公司变更重大事项审批	《中华人民共和国证券投资基金法》 《国务院关于管理公开募集基金的基金管理公司有关问题的批复》(国函〔2013〕132号) 《基金管理公司特定客户资产管理业务试点办法》(证监会令第83号) 《证券投资基金管理公司管理办法》(证监会令第84号) 《关于证券投资基金管理公司在香港设立机构的规定》(证监会公告〔2008〕12号)	律师事务所	不再要求申请人提供变更重大事项法律意见书;通过完善审核标准程序,严格核查申请人股东会议决议、国有资产管理部门相关批复等材料,就重大法律问题内部征求意见等方式加强监管。
5	出具基金服务机构注册法律意见书	基金服务机构注册	《证券投资基金销售管理办法》(证监会令第91号)	律师事务所	不再要求申请人提供法律意见书;通过完善审核标准程序,严格核查申请人股东会议决议、国有资产管理部门相关批复等材料,就重大法律问题内部征求意见等方式加强监管。

续表

序号	中介服务事项名称	涉及的审批事项项目名称	中介服务设定依据	中介服务实施机构	取消后的管理方式和衔接措施
6	出具证券公司变更业务范围、增加注册资本且股权结构发生重大调整、减少注册资本、变更持有5%以上股权的股东、实际控制人、变更公司章程重要条款及合并、分立法律意见书	证券公司变更业务范围、增加注册资本且股权结构发生重大调整、减少注册资本、变更持有5%以上股权的股东、实际控制人、变更公司章程重要条款及合并、分立审批	《中华人民共和国证券法》 《证券公司监督管理条例》(国务院令第522号) 《合格境内机构投资者境外证券投资管理试行办法》(证监会令第46号) 《证券公司业务范围审批暂行规定》(证监会公告〔2008〕42号)	律师事务所	不再要求申请人提供变更业务范围、增加注册资本且股权结构发生重大调整、减少注册资本、变更持有5%以上股权的股东、实际控制人、变更公司章程重要条款及合并、分立法律意见书;通过完善审核标准程序,严格核查申请人股东会议决议、国有资产管理部门相关批复等材料,就重大法律问题内部征求意见等方式加强监管。
7	出具期货公司合并资产评估报告	期货公司设立、合并、分立、停业、解散或者破产,变更业务范围、注册资本、5%以上股权以及设立、收购、参股或者终止境外期货类经营机构的审批	《中华人民共和国企业国有资产法》	资产评估机构	不再要求申请人提供期货公司合并资产评估报告;通过严格核查国有资产管理部门相关批复、备案等材料加强监管。

关于废止部分证券期货规章的决定（第十四批）

（2016年3月31日　证监会公告〔2016〕7号）

根据《规章制定程序条例》规定，按照国务院办公厅《关于做好行政法规部门规章和文件清理工作有关事项的通知》要求，在废止前十三批规章和规范性文件（以下统称规章）的基础上，我会对自成立以来至2015年12月31日期间公布的证券期货类规章进行了再次清理。其中，2015年1月1日至2015年12月31日期间，应予废止的规章6件（见附件1），已经明令废止的规章21件（见附件2）。现将这两部分共27件规章的目录予以公布。

附件：1. 第十四批废止的证券期货类部门规章目录

2. 2015年1月1日至2015年12月31日期间明令废止的证券期货类部门规章目录

附件1

第十四批废止的证券期货类部门规章目录

序号	名称	文号	发文日期	发布部门
1	关于基金管理公司设立分支机构、变更名称及修改章程等行政许可事项审核有关问题的通知	证监基金字〔2006〕15号	2006年2月7日	中国证券监督管理委员会
2	关于做好下放派出机构行政许可项目实施工作的通知	证监法律字〔2004〕8号	2004年7月15日	中国证券监督管理委员会
3	关于授权各派出机构审核证券公司相关人员任职资格的决定	证监机构字〔2007〕344号	2007年12月26日	中国证券监督管理委员会

续表

序号	名称	文号	发文日期	发布部门
4	关于进一步完善证券投资基金募集申请审核程序有关问题的通知	证监基金字〔2005〕101号	2005年6月16日	中国证券监督管理委员会
5	关于股权分置改革中证券投资基金投资权证有关问题的通知	证监基金字〔2005〕138号	2005年8月15日	中国证券监督管理委员会
6	关于加强期货经纪公司内部控制的指导原则	证监期货字〔2000〕12号	2000年4月6日	中国证券监督管理委员会

附件2

2015年1月1日至2015年12月31日期间明令废止的证券期货类部门规章目录

序号	名称	文号	发布日期	明令废止文件
1	证券公司债券管理暂行办法	证监会令第15号	2003年8月29日	公司债券发行与交易管理办法(证监会令第113号)
2	关于修订《证券公司债券管理暂行办法》的决定	证监会令第25号	2004年10月18日	公司债券发行与交易管理办法(证监会令第113号)
3	关于发布《证券公司债券管理暂行办法》五个配套文件的通知	证监发行字〔2003〕106号	2003年8月29日	公司债券发行与交易管理办法(证监会令第113号)
4	公司债券发行试点办法	证监会令第49号	2007年8月14日	公司债券发行与交易管理办法(证监会令第113号)
5	关于实施《公司债券发行试点办法》有关事项的通知	证监发〔2007〕112号	2007年8月14日	公司债券发行与交易管理办法(证监会令第113号)
6	关于创业板上市公司非公开发行债券有关事项的公告	证监会公告〔2011〕29号	2011年10月12日	公司债券发行与交易管理办法(证监会令第113号)

续表

序号	名称	文号	发布日期	明令废止文件
7	证券公司融资融券业务管理办法	证监会公告〔2011〕31 号	2011 年 10 月 26 日	证券公司融资融券业务管理办法(证监会令第 117 号)
8	关于印发《派出机构监管工作职责》的通知	证监发〔2003〕86 号	2003 年 12 月 5 日	中国证监会派出机构监管职责规定(证监会令第 118 号)
9	中国证券监督管理委员会行政处罚听证规则	证监法律字〔2007〕8 号	2007 年 4 月 26 日	中国证券监督管理委员会行政处罚听证规则(证监会令第 119 号)
10	货币市场基金暂行规定	证监发〔2004〕78 号	2004 年 8 月 16 日	货币市场基金监督管理办法(证监会令第 120 号)
11	关于货币市场基金投资等相关问题的通知	证监基金字〔2005〕41 号	2005 年 3 月 25 日	货币市场基金监督管理办法(证监会令第 120 号)
12	关于货币市场基金投资短期融资券有关问题的通知	证监基金字〔2005〕163 号	2005 年 9 月 22 日	货币市场基金监督管理办法(证监会令第 120 号)
13	关于货币市场基金投资银行存款有关问题的通知	证监发〔2005〕190 号	2005 年 11 月 21 日	货币市场基金监督管理办法(证监会令第 120 号)
14	关于加强货币市场基金风险控制有关问题的通知	基金部通知〔2011〕41 号	2011 年 10 月 26 日	货币市场基金监督管理办法(证监会令第 120 号)
15	公开发行证券的公司信息披露内容与格式准则第 23 号——公开发行公司债券募集说明书	证监发行字〔2007〕224 号	2007 年 8 月 15 日	公开发行证券的公司信息披露内容与格式准则第 23 号——公开发行公司债券募集说明书(2015 年修订)(证监会公告〔2015〕2 号)
16	公开发行证券的公司信息披露内容与格式准则第 24 号——公开发行公司债券申请文件	证监发行字〔2007〕225 号	2007 年 8 月 15 日	公开发行证券的公司信息披露内容与格式准则第 24 号——公开发行公司债券申请文件(2015 年修订)(证监会公告〔2015〕3 号)

续表

序号	名称	文号	发布日期	明令废止文件
17	《上市公司重大资产重组管理办法》第十三条、第四十三条的适用意见——证券期货法律适用意见第12号	证监会公告〔2011〕17号	2011年8月1日	《上市公司重大资产重组管理办法》第十四条、第四十四条的适用意见——证券期货法律适用意见第12号（证监会公告〔2015〕10号）
18	公开发行证券的公司信息披露内容与格式准则第2号——年度报告的内容与格式（2014年修订）	证监会公告〔2014〕21号	2014年5月28日	公开发行证券的公司信息披露内容与格式准则第2号——年度报告的内容与格式（2015年修订）（证监会公告〔2015〕24号）
19	公开发行证券的公司信息披露内容与格式准则第30号——创业板上市公司年度报告的内容与格式（2012年修订）	证监会公告〔2012〕43号	2012年12月14日	公开发行证券的公司信息披露内容与格式准则第2号——年度报告的内容与格式（2015年修订）（证监会公告〔2015〕24号）
20	公开发行证券的公司信息披露内容与格式准则第1号——招股说明书（2006年修订）	证监发行字〔2006〕5号	2006年5月18日	公开发行证券的公司信息披露内容与格式准则第1号——招股说明书（2015年修订）（证监会公告〔2015〕32号）
21	公开发行证券的公司信息披露内容与格式准则第28号——创业板公司招股说明书（2014年修订）	证监会公告〔2014〕28号	2014年6月11日	公开发行证券的公司信息披露内容与格式准则第28号——创业板公司招股说明书（2015年修订）（证监会公告〔2015〕33号）

关于证券期货基金经营机构做好营业税改征增值税试点工作的意见

（2016年4月27日 证监会公告〔2016〕8号）

为做好证券期货基金经营机构和交易结算机构（以下简称各类机构）实施营改增试点工作，根据《关于全面推开营业税改征增值税试点的通知》（财税〔2016〕36号），结合各类机构业务特点，现就有关工作提出以下意见。

一、充分认识营改增试点工作的重要性

从2016年5月1日起，在全国范围内全面推开营业税改征增值税试点。证券期货基金业作为现代服务业的重要组成部分，全面推开营改增试点工作，有利于证券期货基金业的改革创新，丰富投融资品种，拓宽投融资渠道，促进金融商品交易，扩大对外开放。各类机构要充分认识营改增对资本市场稳定健康发展的重要意义，增强发展的责任感和使命感，全面充分、积极主动地做好营改增各项准备和实施工作，进一步发挥金融服务实体经济功能。

二、认真做好营改增试点工作

这次全面推开营改增试点工作，从政策出台到操作实施，时间短、任务重，各类机构要高度重视，将推行营改增作为当前以及今后一段时间的重点工作。特别是针对资本市场特点，各类机构在全面推开营改增工作过程中，必须把防范和化解技术、操作、法律等风险作为重中之重，抓紧抓好，确保全行业营改增工作平稳、有序、顺利进行。

（一）加强组织领导。营改增工作涉及业务流程梳理与调整、信息系统评估与开发改造、定价策略调整、成本费用管控以及内部制度建设和修订等多项内容，涉及面大、影响范围广，是一项系统工程，需要各类机构内部多个部门参与配合。各类机构主要负责人要高度重视、提高认识、明确责任、积极应对，研究分解目标任务，明确内部各部门职责分工，加强协调配合，确保营改增准备工作有序推进。

（二）开展学习培训工作。各类机构要加大学习培训力度，积极主动地争取当地财税部门的指导和支持,分层做好培训。一要做好管理层的培训工作,让高管人员充分认识营改增对企业经营管理的深刻影响;二要做好业务人员的培训,帮助业务人员熟悉增值税管理流程和要求,促使业务人员在收费定价、采购管理等企业经营管理活动中充分考虑增值税的影响;三要做好财务人员的培训,帮助财务人员掌握营改增政策法规以及实务操作要求。各类机构要抓紧制定培训方案,并尽快组织实施,确保分层分级分类培训到位,做到全方位、多角度、广覆盖。

(三)开展业务流程梳理和信息系统改造工作。增值税的基本原理是道道扣、层层抵,涉及企业各项业务、各个流程、各项制度,覆盖面广、专业性强、政策性强。各类机构应尽快开展业务流程的梳理,找准增值税涉及的各个业务节点,在确保生产经营信息系统安全可控和零风险的前提下,做好信息系统的改造工作。各类机构可以借助税务咨询机构等专业机构力量,梳理业务流程、制定实施方案、改造信息系统、完善内部制度,尽快满足营改增的各项技术需求。

(四)做好定价策略调整和合同更新工作。各类机构要做好营业税销售收入基础上的价税分离工作,研究确定增值税下销售和采购的定价策略和相应的定价政策。梳理营业税模式下各项业务的合同模本,结合增值税相关政策,制定增值税模式下的合同模本,并尽快完成与供应商和客户新合同模本的签署工作。

(五)做好增值税发票开具和纳税申报工作。在营改增试点实施前,各类机构应做好增值税税务登记和发票申领等工作,对增值税系统进行调试并开展模拟测试,通过开具增值税销项发票、进项税票的抵扣以及增值税申报等工作,确保增值税系统的安全稳定运行,以实现营改增的平稳过渡。

(六)做好增值税涉税环节的风险管理工作。增值税实施"以票控税",企业需要对增值税发票实施全周期的管理。各类机构应将增值税管理做为自身全面风险管理的重要组成部分,可结合自身部门构架、职责分工等情况,增加相应的岗位、增配足够的人手,加强对增值税发票开具、票据保管、进项抵扣、纳税申报等关键环节的管理,确保发票开具与资金流一致,满足增值税的监管要求,确保营改增试点工作不出现任何风险隐患。

三、营改增试点工作中涉及的几个具体事项

营改增不是营业税和增值税的简单转换,而是一次重大税收制度变革。依据营改增相关政策规定,结合资本市场实际,就以下事项予以明确：

（一）在营改增试点中，各类机构向投资者（客户）提供的各种直接收费金融服务，应以不增加投资者成本且让利于市场为原则，做好价税分离工作。

（二）对于各类监管指标的计算，营改增后统一按价税分离后的价格部分作为计算基数，不应包括相关的税款部分。

（三）为了加强增值税管理，各类机构应统一向税务机关申请各分支机构税务登记和纳税人认定，尽可能采用同一税控系统。

（四）各证券期货交易所、中国证券登记结算有限责任公司、中国证券投资者保护基金有限责任公司、中国期货市场监控中心有限责任公司等单位，应严格遵循营改增有关政策规定，及时向需要增值税专用发票的会员、机构、企业、投资者等开具发票。

营改增是资本市场的大事。各类机构在制度转换过程中遇到的问题请及时向财税部门反映，同时报告机构所在地中国证监会派出机构。中国证监会各派出机构要将辖区证券期货基金机构营改增的准备工作纳入监管与服务范围。中国证券业协会、中国期货业协会、中国证券投资基金业协会应密切跟踪营改增对行业税负和资本市场的影响，并定期向中国证监会报告。

证　券

机　构　类

关于修改《证券公司风险控制指标管理办法》的决定

（2016 年 6 月 16 日　证监会令第 125 号）

一、将第一条中的“为了建立以净资本为核心的风险控制指标体系，加强证券公司风险监管，督促证券公司加强内部控制、防范风险”，修改为“为了建立以净资本和流动性为核心的风险控制指标体系，加强证券公司风险监管，督促证券公司加强内部控制、提升风险管理水平、防范风险”。

二、将第二条修改为：“证券公司应当按照中国证券监督管理委员会（以下简称中国证监会）的有关规定，遵循审慎、实质重于形式的原则，计算净资本、风险覆盖率、资本杠杆率、流动性覆盖率、净稳定资金率等各项风险控制指标，编制净资本计算表、风险资本准备计算表、表内外资产总额计算表、流动性覆盖率计算表、净稳定资金率计算表、风险控制指标计算表等监管报表（以下统称风险控制指标监管报表）。”

三、将第三条修改为：“中国证监会可以根据市场发展情况和审慎监管原则，对各项风险控制指标标准及计算要求进行动态调整；调整之前，应当公开征求行业意见，并为调整事项的实施作出过渡性安排。

“对于未规定风险控制指标标准及计算要求的新产品、新业务，证券公司在投资该产品或者开展该业务前，应当按照规定事先向中国证监会、公司注册地的中国证监会派出机构（以下简称派出机构）报告或者报批。中国证监会根据证券公司新产品、新业务的特点和风险状况，在征求行业意见基础上确定相应的风险控制指标标准及计算要求。”

四、将第四条中的“对不同类别公司的风险控制指标标准和某项业务的风险资本准备计算比例进行适当调整”,修改为“对不同类别公司的风险控制指标标准和计算要求,以及某项业务的风险资本准备计算比例进行动态调整。”

五、将第五条中的“要求证券公司聘请具有证券相关业务资格的会计师事务所对其月度风险控制指标监管报表进行审计”,修改为“要求证券公司聘请具有证券、期货相关业务资格的会计师事务所对其风险控制指标监管报表进行审计”。

六、将第五条、第七条、第八条、第二十六条、第二十七条、第二十九条、第三十二条、第三十三条中的“净资本计算表、风险资本准备计算表和风险控制指标监管报表”,修改为“风险控制指标监管报表”。

七、增加一条,作为第六条:“证券公司应当根据中国证监会有关规定建立符合自身发展战略需要的全面风险管理体系。证券公司应当将所有子公司以及比照子公司管理的各类孙公司纳入全面风险管理体系,强化分支机构风险管理,实现风险管理全覆盖。全面风险管理体系应当包括可操作的管理制度、健全的组织架构、可靠的信息技术系统、量化的风险指标体系、专业的人才队伍、有效的风险应对机制。

“证券公司应当任命一名具有风险管理相关专业背景、任职经历、履职能力的高级管理人员为首席风险官,由其负责全面风险管理工作。”

八、将第六条改为第七条,将第一款中的“补足机制”修改为“资本补足机制”。

将第二款修改为:“证券公司应当在发生重大业务事项及分配利润前对风险控制指标进行压力测试,合理确定有关业务及分配利润的最大规模。”

将第三款修改为:“证券公司应当建立健全压力测试机制,及时根据市场变化情况及监管部门要求,对公司风险控制指标进行压力测试。”

增加一款,作为第四款:“压力测试结果显示风险超过证券公司自身承受能力范围的,证券公司应采取措施控制业务规模或降低风险。”

九、将第七条改为第八条,修改为:“证券公司应当聘请具有证券、期货相关业务资格的会计师事务所对其年度风险控制指标监管报表进行审计。”

十、将第八条改为第九条,修改为:“会计师事务所及其注册会计师应当勤勉尽责,对证券公司净资本计算表、风险资本准备计算表和风险控制指标监管报表的真实性、准确性、完整性进行审计,并发表恰当的审计意见。”

十一、将第九条改为第十条,修改为:“证券公司净资本由核心净资本和附属净资本构成。其中:

“核心净资本 = 净资产 - 资产项目的风险调整 - 或有负债的风险调整 -/+ 中国证监会认定或核准的其他调整项目。

“附属净资本 = 长期次级债 × 规定比例 -/+ 中国证监会认定或核准的其他调整项目。”

十二、将第十一条改为第十二条,将第二款中的“中国证监会及其派出机构可以要求公司补充提取资产减值准备并相应核减净资本金额”,修改为“中国证监会及其派出机构可以责令公司整改并追究相关人员责任”。

十三、将第十一条、第十七条中的“净资本”修改为“核心净资本”。

十四、删去第十二条、第十三条、第十四条、第十五条。

十五、将第十六条改为第十三条,修改为:“证券公司应当根据公司期末或有事项的性质(如未决诉讼、未决仲裁、对外提供担保等)、涉及金额、形成原因和进展情况、可能发生的损失和预计损失进行相应会计处理。对于很可能导致经济利益流出公司的或有事项,应当确认预计负债;对于未确认预计负债,但仍可能导致经济利益流出公司的或有事项,在计算核心净资本时,应当作为或有负债,按照一定比例在净资本中予以扣减,并在净资本计算表的附注中披露。”

十六、将第十八条改为第十五条,修改为:“证券公司向股东或机构投资者借入或发行的次级债,可以按照一定比例计入附属净资本或扣减风险资本准备。具体规定由中国证监会另行制定。”

十七、将第二十条改为第十七条,修改为:“证券公司必须持续符合下列风险控制指标标准:

“(一)风险覆盖率不得低于100%;

“(二)资本杠杆率不得低于8%;

“(三)流动性覆盖率不得低于100%;

“(四)净稳定资金率不得低于100%;

“其中:

“风险覆盖率 = 净资本/各项风险资本准备之和 ×100%;

“资本杠杆率 = 核心净资本/表内外资产总额 ×100%;

“流动性覆盖率 = 优质流动性资产/未来30天现金净流出量 ×100%;

“净稳定资金率 = 可用稳定资金/所需稳定资金 ×100%。”

十八、将第二十一条改为第十八条,修改为:“证券公司应当按照中国证监会规定的证券公司风险资本准备计算标准计算市场风险、信用风险、操作风险资本准备。中国证监会可以根据特定产品或业务的风险特征,以及监督检查结果,要求证券公司计算特定风险资本准备。

“市场风险资本准备按照各类金融工具市场风险特征的不同,用投资规模乘以风险系数计算;信用风险资本准备按照各表内外项目信用风险程度的不同,用资产规模乘以风险系数计算;操作风险资本准备按照各项业务收入的一定比例计算。

“证券公司可以采取内部模型法等风险计量高级方法计算风险资本准备,具体规定由中国证监会另行制定。”

十九、将第二十二条、第二十三条合并改为第十九条,修改为:“证券公司经营证券自营业务、为客户提供融资或融券服务的,应当符合中国证监会对该项业务的风险控制指标标准。”

二十、将第二十七条改为第二十三条,将第二款中的“证券公司经营管理的主要负责人、财务负责人应当对公司月度风险控制指标监管报表签署确认意见”,修改为“证券公司经营管理的主要负责人、首席风险官、财务负责人应当对公司月度风险控制指标监管报表签署确认意见”。

二十一、将第二十八条改为第二十四条,将第一款中的“证券公司应当至少每半年经主要负责人签署确认后”,修改为“证券公司应当至少每半年经主要负责人、首席风险官签署确认后”。

将第二款中的“指标与上月相比发生30%以上变化”,修改为“指标与上月相比发生20%以上不利变化”。

二十二、删去第二十八条、第三十条、第三十一条中的“书面”。

二十三、将第三十条改为第二十六条,修改为:“证券公司的净资本等风险控制指标与上月相比发生不利变化超过20%的,应当在该情形发生之日起3个工作日内,向中国证监会及其派出机构书面报告,说明基本情况和变化原因。”

二十四、将第五章名称修改为“监督管理”。

二十五、将第三十二条改为第二十八条,将第一款修改为:“证券公司的财务会计报告、风险控制指标监管报表被注册会计师出具了保留意见、带强调事项段或其他事项段无保留意见的,证券公司应当就涉及事项进行专项说明。”

二十六、删去第三十四条。

二十七、增加一条,作为第三十条:“证券公司未按照监管部门要求报送风险控制指标监管报表,或者风险控制指标监管报表存在重大错报、漏报以及虚假报送情况,中国证监会及其派出机构可以根据情况采取出具警示函、责令改正、监管谈话、责令处分有关人员等监管措施。”

二十八、将第三十七条改为第三十三条,增加一项,作为新第(七)项“中国证监会及其派出机构认为有必要采取的其他措施”。

二十九、将第四十条改为第三十六条,修改为:“本办法下列用语的含义:

“(一)风险资本准备:指证券公司在开展各项业务等过程中,因市场风险、信用风险、操作风险等可能引起的非预期损失所需要的资本。证券公司应当按照一定标准计算风险资本准备并与净资本建立对应关系,确保风险资本准备有对应的净资本支撑。

“(二)负债:指对外负债,不含代理买卖证券款、信用交易代理买卖证券款、代理承销证券款。

“(三)资产:指自有资产,不含客户资产。

“(四)或有负债:指过去的交易或者事项形成的潜在义务,其存在须通过未来不确定事项的发生或者不发生予以证实;或过去的交易或者事项形成的现时义务,履行该义务不是很可能导致经济利益流出企业或该义务的金额不能可靠计量。

“(五)表内外资产总额:表内资产余额与表外项目余额之和。”

本决定自2016年10月1日起施行。

《证券公司风险控制指标管理办法》根据本决定作相应的修改,重新公布。

证券公司风险控制指标管理办法

(2006年7月5日中国证券监督管理委员会第185次主席办公会议审议通过　根据2008年6月24日中国证券监督管理委员会《关于修改〈证券公司风险控制指标管理办法〉的决定》、2016年6月16日中国证券监督管理委员会《关于修改〈证券公司风险控制指标管理办法〉的决定》修正)

第一章　总　　则

第 一 条　为了建立以净资本和流动性为核心的风险控制指标体

系，加强证券公司风险监管，督促证券公司加强内部控制、提升风险管理水平、防范风险，根据《证券法》等有关法律、行政法规，制定本办法。

第二条 证券公司应当按照中国证券监督管理委员会（以下简称中国证监会）的有关规定，遵循审慎、实质重于形式的原则，计算净资本、风险覆盖率、资本杠杆率、流动性覆盖率、净稳定资金率等各项风险控制指标，编制净资本计算表、风险资本准备计算表、表内外资产总额计算表、流动性覆盖率计算表、净稳定资金率计算表、风险控制指标计算表等监管报表（以下统称风险控制指标监管报表）。

第三条 中国证监会可以根据市场发展情况和审慎监管原则，对各项风险控制指标标准及计算要求进行动态调整；调整之前，应当公开征求行业意见，并为调整事项的实施作出过渡性安排。

对于未规定风险控制指标标准及计算要求的新产品、新业务，证券公司在投资该产品或者开展该业务前，应当按照规定事先向中国证监会、公司注册地的中国证监会派出机构（以下简称派出机构）报告或者报批。中国证监会根据证券公司新产品、新业务的特点和风险状况，在征求行业意见基础上确定相应的风险控制指标标准及计算要求。

第四条 中国证监会可以按照分类监管原则，根据证券公司的治理结构、内控水平和风险控制情况，对不同类别公司的风险控制指标标准和计算要求，以及某项业务的风险资本准备计算比例进行动态调整。

第五条 中国证监会及其派出机构应当对证券公司净资本等各项风险控制指标数据的生成过程及计算结果的真实性、准确性、完整性进行定期或者不定期检查。

中国证监会及其派出机构可以根据监管需要，要求证券公司聘请具有证券、期货相关业务资格的会计师事务所对其风险控制指标监管报表进行审计。

第六条 证券公司应当根据中国证监会有关规定建立符合自身发展战略需要的全面风险管理体系。证券公司应当将所有子公司以及比照子公司管理的各类孙公司纳入全面风险管理体系，强化分支机构风险管理，实现风险管理全覆盖。全面风险管理体系应当包括可操作的管理制度、健全的组织架构、可靠的信息技术系统、量化的风险指标体系、专业的人才队伍、有效的风险应对机制。

证券公司应当任命一名具有风险管理相关专业背景、任职经历、履职能力的高级管理人员为首席风险官，由其负责全面风险管理工作。

第七条 证券公司应当根据自身资产负债状况和业务发展情况，

建立动态的风险控制指标监控和资本补足机制，确保净资本等各项风险控制指标在任一时点都符合规定标准。

证券公司应当在发生重大业务事项及分配利润前对风险控制指标进行压力测试，合理确定有关业务及分配利润的最大规模。

证券公司应当建立健全压力测试机制，及时根据市场变化情况及监管部门要求，对公司风险控制指标进行压力测试。

压力测试结果显示风险超过证券公司自身承受能力范围的，证券公司应采取措施控制业务规模或降低风险。

第 八 条 证券公司应当聘请具有证券、期货相关业务资格的会计师事务所对其年度风险控制指标监管报表进行审计。

第 九 条 会计师事务所及其注册会计师应当勤勉尽责，对证券公司风险控制指标监管报表的真实性、准确性、完整性进行审计，并发表恰当的审计意见。

第二章 净资本及其计算

第 十 条 证券公司净资本由核心净资本和附属净资本构成。其中：

核心净资本 = 净资产 - 资产项目的风险调整 - 或有负债的风险调整 -／+ 中国证监会认定或核准的其他调整项目。

附属净资本 = 长期次级债 × 规定比例 -／+ 中国证监会认定或核准的其他调整项目。

第十一条 证券公司应当按照中国证监会规定的证券公司净资本计算标准计算净资本。

第十二条 证券公司计算核心净资本时，应当按照规定对有关项目充分计提资产减值准备。

中国证监会及其派出机构可以要求公司专项说明资产减值准备提取的充足性和合理性。有证据表明公司未充分计提资产减值准备的，中国证监会及其派出机构可以责令公司整改并追究相关人员责任。

第十三条 证券公司应当根据公司期末或有事项的性质（如未决诉讼、未决仲裁、对外提供担保等）、涉及金额、形成原因和进展情况、可能发生的损失和预计损失进行相应会计处理。对于很可能导致经济利益流出公司的或有事项，应当确认预计负债；对于未确认预计负债，但仍可能导致经济利益流出公司的或有事项，在计算核心净资本时，应当作为或有负债，按照一定比例在净资本中予以扣减，并在净资本计算表的附注中披露。

第十四条 证券公司对控股证券业务子公司出具承诺书提供担保承诺的，应当按照担保承诺金额的一定比例扣减核心净资本。从事证券承销与保荐、证券资产管理业务等中国证监会认可的子公司可以将母公司提供的担保承诺按照一定比例计入核心净资本。

第十五条 证券公司向股东或机构投资者借入或发行的次级债，可以按照一定比例计入附属净资本或扣减风险资本准备。具体规定由中国证监会另行制定。

第三章 风险控制指标标准

第十六条 证券公司经营证券经纪业务的，其净资本不得低于人民币2000万元。

证券公司经营证券承销与保荐、证券自营、证券资产管理、其他证券业务等业务之一的，其净资本不得低于人民币5000万元。

证券公司经营证券经纪业务，同时经营证券承销与保荐、证券自营、证券资产管理、其他证券业务等业务之一的，其净资本不得低于人民币1亿元。

证券公司经营证券承销与保荐、证券自营、证券资产管理、其他证券业务中两项及两项以上的，其净资本不得低于人民币2亿元。

第十七条 证券公司必须持续符合下列风险控制指标标准：

（一）风险覆盖率不得低于100%；

（二）资本杠杆率不得低于8%；

（三）流动性覆盖率不得低于100%；

（四）净稳定资金率不得低于100%；

其中：

风险覆盖率＝净资本/各项风险资本准备之和×100%；

资本杠杆率＝核心净资本/表内外资产总额×100%；

流动性覆盖率＝优质流动性资产/未来30天现金净流出量×100%；

净稳定资金率＝可用稳定资金/所需稳定资金×100%。

第十八条 证券公司应当按照中国证监会规定的证券公司风险资本准备计算标准计算市场风险、信用风险、操作风险资本准备。中国证监会可以根据特定产品或业务的风险特征，以及监督检查结果，要求证券公司计算特定风险资本准备。

市场风险资本准备按照各类金融工具市场风险特征的不同,用投资规模乘以风险系数计算;信用风险资本准备按照各表内外项目信用风险程度的不同,用资产规模乘以风险系数计算;操作风险资本准备按照各项业务收入的一定比例计算。

证券公司可以采取内部模型法等风险计量高级方法计算风险资本准备,具体规定由中国证监会另行制定。

第十九条 证券公司经营证券自营业务、为客户提供融资或融券服务的,应当符合中国证监会对该项业务的风险控制指标标准。

第二十条 证券公司可以结合自身实际情况,在不低于中国证监会规定标准的基础上,确定相应的风险控制指标标准。

第二十一条 中国证监会对各项风险控制指标设置预警标准,对于规定"不得低于"一定标准的风险控制指标,其预警标准是规定标准的120%;对于规定"不得超过"一定标准的风险控制指标,其预警标准是规定标准的80%。

第四章 编制和披露

第二十二条 设有子公司的证券公司应当以母公司数据为基础,编制风险控制指标监管报表。

中国证监会及其派出机构可以根据监管需要,要求证券公司以合并数据为基础编制风险控制指标监管报表。

第二十三条 证券公司的董事、高级管理人员应当对公司半年度、年度风险控制指标监管报表签署确认意见。

证券公司经营管理的主要负责人、首席风险官、财务负责人应当对公司月度风险控制指标监管报表签署确认意见。在证券公司风险控制指标监管报表上签字的人员,应当保证风险控制指标监管报表真实、准确、完整,不存在虚假记载、误导性陈述和重大遗漏;对风险控制指标监管报表内容持有异议的,应当在报表上注明自己的意见和理由。

第二十四条 证券公司应当至少每半年经主要负责人、首席风险官签署确认后,向公司全体董事报告一次公司净资本等风险控制指标的具体情况和达标情况;证券公司应当至少每半年经董事会签署确认,向公司全体股东报告一次公司净资本等风险控制指标的具体情况和达标情况,并至少获得主要股东的签收确认证明文件。

净资本指标与上月相比发生20%以上不利变化或不符合规定标准

时,证券公司应当在5个工作日内向公司全体董事报告,10个工作日内向公司全体股东报告。

第二十五条 证券公司应当在每月结束之日起7个工作日内,向中国证监会及其派出机构报送月度风险控制指标监管报表。

派出机构可以根据监管需要,要求辖区内单个、部分或者全部证券公司在一定阶段内按周或者按日编制并报送各项风险控制指标监管报表。

第二十六条 证券公司的净资本等风险控制指标与上月相比发生不利变化超过20%的,应当在该情形发生之日起3个工作日内,向中国证监会及其派出机构报告,说明基本情况和变化原因。

第二十七条 证券公司的净资本等风险控制指标达到预警标准或者不符合规定标准的,应当分别在该情形发生之日起3个、1个工作日内,向中国证监会及其派出机构报告,说明基本情况、问题成因以及解决问题的具体措施和期限。

第五章 监督管理

第二十八条 证券公司的财务会计报告、风险控制指标监管报表被注册会计师出具了保留意见、带强调事项段或其他事项段无保留意见的,证券公司应当就涉及事项进行专项说明。

涉及事项不属于明显违反会计准则、证券公司净资本计算规则等有关规定的,中国证监会及其派出机构可以要求证券公司说明该事项对公司净资本等风险控制指标的影响。

涉及事项属于明显违反会计准则、证券公司净资本计算规则等有关规定的,中国证监会及其派出机构可以要求证券公司限期纠正、重新编制风险控制指标监管报表;证券公司未限期纠正的,中国证监会及其派出机构可以认定其净资本等风险控制指标低于规定标准。

第二十九条 证券公司的财务会计报告、风险控制指标监管报表被注册会计师出具了无法表示意见或者否定意见的,中国证监会及其派出机构可以认定其净资本等风险控制指标低于规定标准。

第三十条 证券公司未按照监管部门要求报送风险控制指标监管报表,或者风险控制指标监管报表存在重大错报、漏报以及虚假报送情况,中国证监会及其派出机构可以根据情况采取出具警示函、责令改正、监管谈话、责令处分有关人员等监管措施。

第三十一条 证券公司净资本或者其他风险控制指标不符合规定标

准的，派出机构应当责令公司限期改正，在5个工作日制定并报送整改计划，整改期限最长不超过20个工作日；证券公司未按时报送整改计划的，派出机构应当立即限制其业务活动。

整改期内，中国证监会及其派出机构应当区别情形，对证券公司采取下列措施：

（一）停止批准新业务；

（二）停止批准增设、收购营业性分支机构；

（三）限制分配红利；

（四）限制转让财产或在财产上设定其他权利。

第三十二条 证券公司整改后，经派出机构验收符合有关风险控制指标的，中国证监会及其派出机构应当自验收完毕之日起3个工作日内解除对其采取的有关措施。

第三十三条 证券公司未按期完成整改的，自整改期限到期的次日起，派出机构应当区别情形，对其采取下列措施：

（一）限制业务活动；

（二）责令暂停部分业务；

（三）限制向董事、监事、高级管理人员支付报酬、提供福利；

（四）责令更换董事、监事、高级管理人员或者限制其权利；

（五）责令控股股东转让股权或者限制有关股东行使股东权利；

（六）认定董事、监事、高级管理人员为不适当人选；

（七）中国证监会及其派出机构认为有必要采取的其他措施。

第三十四条 证券公司未按期完成整改、风险控制指标情况继续恶化，严重危及该证券公司的稳健运行的，中国证监会可以撤销其有关业务许可。

第三十五条 证券公司风险控制指标无法达标，严重危害证券市场秩序、损害投资者利益的，中国证监会可以区别情形，对其采取下列措施：

（一）责令停业整顿；

（二）指定其他机构托管、接管；

（三）撤销经营证券业务许可；

（四）撤销。

第六章 附 则

第三十六条 本办法下列用语的含义：

（一）风险资本准备：指证券公司在开展各项业务等过程中，因市场风险、信用风险、操作风险等可能引起的非预期损失所需要的资本。证券公司应当按照一定标准计算风险资本准备并与净资本建立对应关系，确保风险资本准备有对应的净资本支撑。

（二）负债：指对外负债，不含代理买卖证券款、信用交易代理买卖证券款、代理承销证券款。

（三）资产：指自有资产，不含客户资产。

（四）或有负债：指过去的交易或者事项形成的潜在义务，其存在须通过未来不确定事项的发生或者不发生予以证实；或过去的交易或者事项形成的现时义务，履行该义务不是很可能导致经济利益流出企业或该义务的金额不能可靠计量。

（五）表内外资产总额：表内资产余额与表外项目余额之和。

第三十七条 本办法自 2006 年 11 月 1 日起施行。

证券公司风险控制指标计算标准规定

（2016年6月16日　证监会公告〔2016〕10号）

根据《证券公司风险控制指标管理办法》（证监会令第125号）相关规定，为充分反映和有效防范证券公司风险，根据市场发展情况，我会制定了《证券公司风险控制指标计算标准规定》，自2016年10月1日起施行。《关于调整证券公司净资本计算标准的规定》（证监会公告〔2012〕37号）、《关于修改〈证券公司风险资本准备计算标准的规定〉的决定》（证监会公告〔2012〕36号）同时废止。

附件：1. 证券公司净资本计算表

2. 证券公司风险资本准备计算表

3. 证券公司表内外资产总额计算表

4. 证券公司流动性覆盖率计算表

5. 证券公司净稳定资金率计算表

6. 证券公司风险控制指标计算表

附件1

证券公司净资本计算表

编制单位：　　　　年　月　日　　　　单位：元

项目	行次	期初余额	期末余额	扣减比例	应计算的金额	
					期初余额	期末余额
净资产	1					
减：优先股及永续次级债等	2			100%		
减：资产项目的风险调整合计	3					

续表

项目	行次	期初余额	期末余额	扣减比例	应计算的金额	
					期初余额	期末余额
存出保证金	4					
其中:履约保证金	5			10%		
期货保证金注 1	6			100%		
其他存出保证金	7					
长期股权投资	8			100%		
投资性房地产、固定资产注 2	9			100%		
其他注 3	10			100%		
减:或有负债的风险调整合计	11					
对外担保金额及担保承诺注 4	12			100%		
其他或有负债注 5	13			100%		
加:中国证监会认定或核准的其他调整项目合计注 6	14					
母公司提供的担保承诺	15			100%		
其他项目	16					
减:中国证监会认定或核准的其他调整项目合计注 6	17					
所有权受限等无法变现的资产(如被冻结)	18			100%		
其他项目	19					
核心净资本	20					
加:附属净资本注 7	21					
借入的次级债(含永续次级债)注 8	22					
中国证监会认定或核准的其他调整项目注 9	23					
净资本注 10	24					
附 1:期末或有事项						

续表

附2:其他需要特别说明的事项
注: 1. 期货保证金是指已被股指期货、国债期货、商品期货等合约占用的交易保证金。 2. 固定资产包括所有权权属明确的房产及其他固定资产。 3. 其他资本扣除项包括商誉、递延所得税资产、无形资产、应收融资融券客户款、待转承销费用、抵债资产、长期待摊费用等其他资产,例如购买固定资产等长期资产的预付款项等。持有的金融资产不扣减净资本。 4. 对外担保金额不包括公司为自身负债提供的反担保。担保承诺指对控股证券业务子公司提供的担保承诺。 5. 按或有事项涉及金额的20%或可能发生的损失孰高者扣除。对于证券公司在债券承销过程中设置定向转让条款,约定投资者有权在一定时间内,将持有的部分或全部债券转让给承销商的,以及证券公司为境外子公司融资提供的担保涉及的或有事项净资本扣除额在本行填列。 6. 指由中国证监会认定或核准的可计入核心净资本或需从核心净资本中扣除的项目。 7. 附属净资本不得超过核心净资本。 8. 次级债计入净资本的具体比例参照中国证监会的相关规定。 9. 指由中国证监会认定或核准的可计入附属净资本的项目,包括优先股、应急可转债等。 10. 净资本为核心净资本和附属净资本之和。 11. 计算净资本时,需要计提资产减值准备的项目,以扣减资产减值准备后的净额作为计算基础;无须计提资产减值准备的项目,以其账面余额作为计算基础。

法定代表人	办公电话	移动电话
总经理	办公电话	移动电话
财务负责人	办公电话	移动电话
首席风险官	办公电话	移动电话
制表人	办公电话	移动电话

附件 2

证券公司风险资本准备计算表

编制单位： 年 月 日 单位:元

项目	行次	期初余额	期末余额	计算标准	风险资本准备	
					期初余额	期末余额
1. 市场风险资本准备	1					
其中:(1)权益类证券及其衍生品规模注 1	2					
上海 180 指数、深圳 100 指数、沪深 300 指数成分股	3			15%		
一般上市股票注 2	4			30%		
流通受限的股票注 2	5			50%		
其他股票注 2	6			80%		
权益类基金注 3	7			10%		
其中:分级基金中的非优先级基金	8			30%		
股指期货、权益互换及卖出期权注 4	9			20%		
买入期权注 4	10			100%		
其他	11					
(2)非权益类证券及其衍生品规模注 1	12					
国债、中央银行票据、国开债	13			0%		
政策性金融债、政府支持机构债券注 5	14			2%		
地方政府债注 5	15			5%		
信用评级 AAA 级的信用债券注 5	16			10%		

续表

项目	行次	期初余额	期末余额	计算标准	风险资本准备	
					期初余额	期末余额
信用评级AAA级以下,AA级(含)以上的信用债券注5	17			15%		
信用评级AA级以下,BBB级(含)以上的信用债券注5	18			50%		
信用评级BBB级以下的信用债券注5	19			80%		
非权益类基金注6	20			10%		
其中:货币基金	21			5%		
国债期货、债券远期及利率互换注4	22			20%		
集合及信托等产品注6	23					
其中:未约定先行承担亏损	24			25%		
约定先行承担亏损	25			50%		
定向产品注6	26			50%		
大宗商品现货(含黄金)	27			8%		
大宗商品衍生品注4	28			20%		
其他	29					
(3)已对冲风险的权益类证券及其衍生品注7	30					
权益类证券	31			5%		
权益类衍生品	32			5%		
(4)已对冲风险的非权益类证券及其衍生品注7	33					
非权益类证券	34			1%		
非权益类衍生品	35			1%		
2. 信用风险资本准备	36					
融资类业务注8	37					

续表

项目	行次	期初余额	期末余额	计算标准	风险资本准备	
					期初余额	期末余额
其中:场内融资业务	38			10%		
其中:股票质押回购	39			20%		
场外融资业务	40			30%		
应收账款	41					
其中:账龄1年以内(含1年)	42			10%		
账龄1年以上、应收股东及其关联公司款项	43			100%		
其他	44					
3. 操作风险资本准备注9	45					
证券经纪业务净收入	46			12%		
证券投资咨询业务净收入	47			12%		
证券承销与保荐业务、财务顾问业务净收入	48			15%		
证券资产管理业务净收入	49			15%		
证券自营业务净收入	50			18%		
融资类业务及其他业务净收入	51			18%		
4. 特定风险资本准备	52					
证券公司资产管理业务注10	53					
其中:结构化集合资管计划	54			1%		
投资非标资产的定向资管计划	55			0.9%		
各类私募投资基金(含各类直投基金)注11	56			0.7%		
其他定向资管计划	57			0.5%		
分类调整前的各项风险资本准备合计注12	58					

续表

项目	行次	期初余额	期末余额	计算标准	风险资本准备	
					期初余额	期末余额
分类调整后的各项风险资本准备合计注 13	59					
附:其他需要特别说明的事项	60					

注:

1. 权益类证券及其衍生品包括:股票、权益类基金、股指期货、权益互换、期权等。非权益类证券及其衍生品包括:债券、非权益类基金、国债期货、债券远期、利率互换、外汇衍生品、定向、集合及信托等产品、大宗商品现货和衍生品等。
2. 一般上市股票包含境外市场股票、优先股以及在全国股转系统挂牌股份中做市并且持股市值与该股票市值比例低于5%的部分。流通受限的股票包含未上市流通、限制流通以及流动性较低的股票,具体指已发行尚未上市流通的新股、处于限售期的法人股、在一定期限内被锁定的股票以及在全国股转系统挂牌的股份(包含做市并且持股市值与该股票市值比例高于5%的部分)。其他股票包含 ST 股票、* ST、股票、已退市股票和持有市值与该股票市值的比例超过5%的股票。股票的分类中同时符合两个或两个以上标准的,应采用最高的比例进行计算。股票不含转融通融入的证券。
3. 权益类基金包括股票基金、混合基金、权益类 ETF 和分级基金中非优先级基金等。分级基金中非优先级基金指分级基金中除优先份额之外的基金份额。
4. 股指期货、国债期货、债券远期、大宗商品衍生品投资规模分别按照合约名义价值总额的15%、5%、50%、15%计算。权益互换、利率互换、外汇衍生品投资规模分别按照合约名义价值总额的10%、3%和3%计算。买入期权投资规模按照买入股票期权和买入场外期权的权利金价格之和计算。卖出股票期权投资规模按照 Delta,金额的15%计算。期权的 Delta 金额根据交易所公布的:Delta,系数进行计算。卖出场外期权投资规模按照该期权在给定压力情形下的最大损失的5倍计算,且不低于名义金额的5‰;给定压力情形为期权标的证券价格以当前价格为基础上下波动20%。
5. 政策性金融债特指进出口银行、农业发展银行等政策性银行发行的金融债券。政府支持机构债券为得到中央政府正式支持发行的债券,如中国铁路总公司发行的获得中央政府支持的铁路建设债券等。地方政府债为地方政府作为发行主体发行的债券。信用评级以长期信用评级为基准,短期信用评级 A-1 归入 AAA 级信用债券中,短期信用评级 A-2 归入 AAA 级以下、AA 级(含)以上信用债券中,短期信用评级 A-3 归入 AA 级以下、BBB 级(含)以上的信用债券中,短期信用评级 B 级(含)以下归入信用评级 BBB 级以下的信用债券中。未评级的信用债券参照债券发行主体评级,发行主体无评级的归入 BBB 级以下信用债券。债券信用评级信息以中央国债登记结算有限责任公司公布的信息为准。可转债、永续债、资产支持证券、资产支持专项计划参照信用债评级标准计算填列。

6. 非权益类基金包括货币基金、分级基金中优先级基金、债券基金、黄金ETF等。集合及信托等产品指证券公司持有的证券公司集合资产管理计划、商业银行理财产品及信托产品等集合类产品。定向产品指证券公司委托其他证券公司、基金公司、信托公司等机构进行的一对一投资。
7. 符合以下条件的可认为已对冲风险:(1)投资组合中的标的一致,或相关标的过去一年价格相关系数不低于95%;(2)投资组合中相关投资为对冲目的而持有;(3)投资组合中的多头Delta或DV01绝对值与空头Delta或DV01绝对值的比例处于80% -125%之间。投资规模为多头规模的绝对值及空头规模的绝对值,衍生品多头规模、空头规模计算方法参照附注4。
8. 融资类业务包括融资融券业务、约定购回业务和股票质押回购业务等。其中,融券业务规模按照融出时证券的市值计算。场内融资业务特指在证券交易所开展的股票质押等融资类业务。场外融资业务主要指在柜台市场、机构间市场开展的股票质押等融资类业务(新三板股票质押融资比照场外计算)。
9. 证券经纪业务、证券投资咨询业务、证券承销与保荐业务、财务顾问业务、证券资产管理业务的净收入以及其他业务净收入,为近三个年度利润监管报表相应科目余额的平均数。证券自营业务净收入为近三个年度利润监管报表“交易性金融工具的投资收益、可供出售金融资产的投资收益、持有至到期金融资产的投资收益、衍生金融工具的投资收益、交易性金融工具公允价值变动收益、衍生金融工具公允价值变动收益”科目余额之和的平均数。若证券自营业务净收入为负,则按上一年末自营业务证券投资成本的3%计算。融资业务净收入为近三个年度利润监管报表“融资业务利息收入”科目的平均数。
10. 资产管理业务规模按照受托管理资产净值计算。投资非标资产的定向资产管理计划指资管计划投资范围含票据、信托、理财产品、各类收益权等未在银行间市场及公开证券交易场所交易的股权、债权及其他财产权利的资产。
11. 各类私募投资基金(含各类直投基金)是指证券公司控股的从事私募证券投资及私募股权投资业务的子公司开展的各类私募投资基金,包括各类直投基金(含合伙制)、并购基金等。
12. 分类调整前的各项风险资本准备合计为市场风险资本准备、信用风险资本准备、操作风险资本准备及特定风险资本准备计算结果之和。
13. 各类证券公司风险资本准备根据分类评价结果进行调整,系数为:连续三年A类为0.7,A类为0.8,B类为0.9,C类为1,D类为2。C类为基准。

法定代表人	移动电话
总经理	移动电话
财务负责人	移动电话
首席风险官	移动电话
制表人	移动电话

附件3

证券公司表内外资产总额计算表

编制单位：　　　　　　　　　　年　　月　　日　　　　　　　　单位：元

项目		行次	期末余额	转换系数	计算结果
表内资产	表内资产总额注1	1		100%	
	减：表内资产扣除项	2			
	1. 客户资金	3			
	代理买卖证券款、信用交易代理买卖证券款、代理承销证券款	4		100%	
	其他	5			
	表内资产余额	6			
表外项目	1. 证券衍生产品注2	7			
	国债期货、债券远期及利率互换	8		100%	
	股指期货、权益互换及卖出股票期权	9		100%	
	大宗商品衍生品	10		100%	
	卖出场外期权	11		100%	
	其他	12			
	2. 资产管理业务注3	13		0.2%	
	3. 其他表外项目	14			
	转融通融入证券注4	15		10%	
	股票再融资承销承诺注5	16		15%	
	股票IPO承销承诺注5	17		10%	
	债券承销承诺注5	18		5%	
	对外担保金额及担保承诺注6	19		100%	
	其他或有事项注7	20		100%	
	表外项目余额注8	21			

续表

项目	行次	期末余额	转换系数	计算结果
表内外资产总额注9	22			

注：

1. 表内资产总额为资产负债表中的总资产。
2. 国债期货、债券远期、利率互换、外汇衍生品、股指期货、权益互换、大宗商品衍生品期末余额分别按照合约名义价值总额的5%、50%、3%、3%、15%、10%、15%计算。卖出股票期权期末余额按照Delta金额的15%计算。期权的Delta金额根据交易所公布的Delta系数进行计算。卖出场外期权期末余额按照该期权在给定压力情形下的最大损失的5倍计算，且不低于名义金额的5‰，给定压力情形为期权标的证券价格以当前价格为基础上下波动20%。多头与空头不允许净轧差。
3. 含各类私募投资基金（含各类直投基金），即证券公司控股的从事私募证券投资及私募股权投资业务的子公司开展的各类私募投资基金，包括各类直投基金（含合伙制）、并购基金等。
4. 转融通融入证券按照其期末市值计算。
5. 股票再融资项目、IPO项目、债券项目承销承诺自网上申购日（或发行日期）前3天开始计算至发行期结束日止。若在此期间之前已经签署承销团协议的，期末余额按照各主承销商及分销商承诺包销的金额填列；若在此期间之前没有签署承销团协议的，期末余额按照各主承销商承诺包销的金额填列。若承销协议没有约定各主承销商承诺包销的金额，按总包销金额平均分配到各主承销商填列。
6. 对外担保金额不包括公司为自身负债提供的反担保；担保承诺指对控股证券业务子公司提供的担保承诺。
7. 其他或有事项包括但不限于资本性支出承诺、投资承诺、或有负债、未决诉讼赔偿及其他各类承诺事项等。按或有事项涉及金额的或可能发生的损失孰高者计算。
8. 表外项目余额为证券衍生产品、资产管理业务及其他表外项目计算结果合计。
9. 表内外资产总额为表内资产余额与表外项目余额合计。

法定代表人　　办公电话　　移动电话
总经理　　办公电话　　移动电话
财务负责人　　办公电话　　移动电话
首席风险官　　办公电话　　移动电话
制表人　　办公电话　　移动电话

附件4

证券公司流动性覆盖率计算表

编制单位:　　　　　　　　　　　　年　　月　　日　　　　　　　　　　单位:元

项目	行次	期末金额	折算率	折算后金额
优质流动性资产	1			
其中:货币资金注1	2		100%	
结算备付金	3		100%	
国债、中央银行票据、国开债	4		100%	
减:已冻结或质押部分	5		100%	
政策性金融债、政府支持机构债券注2	6		98%	
减:已冻结或质押部分	7		98%	
地方政府债注2	8		95%	
减:已冻结或质押部分	9		95%	
信用评级AAA级的信用债券注2	10		96%	
减:已冻结或质押部分	11		96%	
信用评级AAA级以下,AA级(含)以上的信用债券注2	12		90%	
减:已冻结或质押部分	13		90%	
货币基金	14		60%	
上海180指数、深圳100指数、沪深300指数:ETF及成分股注3	15		40%	
减:已冻结或质押部分	16		40%	
未来30日现金流出	17			
1. 30日内到期的负债现金流出	18			
短期借款	19		100%	
拆入资金	20		100%	

续表

项目	行次	期末金额	折算率	折算后金额
卖出回购(按质押物分类)注 4	21			
其中:国债、中央银行票据、国开债	22		0%	
政策性金融债、政府支持机构债券注 2	23		2%	
地方政府债注 2	24		5%	
信用评级 AAA 级的信用债券注 2	25		4%	
信用评级 AAA 级以下,AA 级(含)以上的信用债券注 2	26		10%	
债券基金注 5	27		10%	
其他	28		100%	
应付职工薪酬、税费、利息和股利	29		100%	
交易性金融负债、衍生金融负债	30		100%	
30 日内须偿还的次级债务和其他债务	31		100%	
2. 或有负债	32			
对外担保金额及担保承诺注 6	33		3%	
其他或有事项	34		3%	
3. 自营业务及长期投资资金流出	35			
利率互换注 7	36		0.1%	
国债期货及债券远期注 8	37		4%	
股指期货注 9	38		20%	
已承诺不可撤销的 30 日内须支付的自营业务投资金额	39		100%	
已承诺不可撤销的 30 日内须支付的长期股权、固定资产、无形资产和其他长期资产的投资金额	40		100%	
4. 承销业务资金流出注 10	41			
股票再融资承销承诺	42		15%	

续表

项目	行次	期末金额	折算率	折算后金额
股票 IPO 承销承诺	43		10%	
债券承销承诺	44		5%	
5. 融资类业务资金流出注 11	45		5%	
6. 资产管理业务资金流出	46			
已承诺不可撤销的 30 日内须自有资金认购的金额	47		100%	
7. 其他资金流出	48			
已承诺不可撤销的 30 日内须给付的约定购回业务金额	49		100%	
未来 30 日现金流入	50			
1. 30 日内到期的短期资金流入	51			
银行承兑汇票	52		100%	
拆出资金	53		50%	
买入返售金融资产注 12	54		90%	
应收股利、应收利息	55		50%	
2. 自营业务资金流入	56			
30 日内到期的信用评级 AA 级以下(不含)的信用债券注 13	57		75%	
3. 未使用的不可撤销金融机构授信额度	58		75%	
4. 其他资金流入	59			
集中清算交易在途结算资金	60		50%	
银行间市场非集中清算交易在途结算资金	61		40%	
未来 30 日内现金净流出注 14	62			
流动性覆盖率(LCR)注 15	63			

注:

1. 不包括代理买卖证券款、信用交易代理买卖证券款以及代理承销证券款。
2. 政策性金融债特指进出口银行、农业发展银行等政策性银行发行的金融债券。政府支持机构债券为得到中央政府正式支持发行的债券,如中国铁路总公司发行的获得中央政府支持的铁路建设债券等。地方政府债为地方政

续表

府作为发行主体发行的债券。信用债券不含证券、基金、期货公司发行的债券。信用评级以长期信用评级为基准,短期信用评级 A-1 归入 AAA 级信用债券中,短期信用评级 A-2 归入 AAA 级以下、AA 级(含)以上信用债券中,短期信用评级 A-3 归入 AA 级以下、BBB 级(含)以上的信用债券中,短期信用评级 B 级(含)以下归入信用评级 BBB 级以下的信用债券中。未评级的信用债券参照债券发行主体评级,发行主体无评级的归入 BBB 级以下信用债券。债券信用评级信息以中央国债登记结算有限责任公司公布的信息为准。可转债、永续债、资产支持证券、资产支持专项计划参照信用债评级标准计算填列。

3. 不包括融资融券业务中已借出证券及已用于对冲权益互换合约的证券。上海 180 指数、深圳 100 指数及沪深 300 指数 ETF 及对应的成分股折算后金额不超过优质流动性资产总额的 15%。
4. 含报价回购融入的资金。
5. 指作为交易所报价回购质押品的债券基金或基金专户。
6. 对外担保金额不包括公司为自身负债提供的反担保;担保承诺指对控股证券业务子公司提供的担保承诺。
7. 利率互换及外汇衍生品期末金额按照名义价值总额填列。
8. 国债期货及债券远期期末金额按照名义价值总额填列。
9. 股指期货期末金额按照名义价值总额填列。
10. 股票再融资项目、IPO 项目、债券项目承销承诺自网上申购日(或发行日期)前 3 天开始计算至发行期结束日止。若在此期间之前已经签署承销团协议的,期末余额按照各主承销商及分销商承诺包销的金额填列;若在此期间之前没有签署承销团协议的,期末余额按照各主承销商承诺包销的金额填列。若承销协议没有约定各主承销商承诺包销的金额,按总包销金额平均分配到各主承销商填列。
11. 指未清偿融资融券业务下的融出资金、未清偿约定购回及未清偿股票质押式回购。
12. 不含约定购回及股票质押式回购融出的资金。买入返售金融资产余额超出对应持有的未被冻结的质押券面额部分不得计入。
13. 不含证券、基金、期货公司发行的债券。
14. 未来 30 日内现金净流出 = 未来 30 日现金流出 - min(未来 30 日现金流入,75% 未来 30 日现金流出)。
15. 流动性覆盖率(LCR)为优质流动性资产/未来 30 日内现金净流出 ×100%。

法定代表人	办公电话	移动电话
总经理	办公电话	移动电话
财务负责人	办公电话	移动电话
首席风险官	办公电话	移动电话
制表人	办公电话	移动电话

附件5

证券公司净稳定资金率计算表

编制单位: 年 月 日 单位:元

项目	行次	期末金额	折算率	折算后金额
可用稳定资金	1			
其中:1. 净资产	2		100%	
2. 剩余存续期大于等于1年的借款和负债	3			
次级债务	4		100%	
长期借款	5		100%	
应付债券	6		100%	
其他注1	7		100%	
3. 所有其他负债和权益	8		0%	
所需稳定资金	9			
其中:1. 高流动性资产	10			
货币资金注2	11		0%	
结算备付金	12		0%	
拆出资金(不足1年)	13		0%	
存出保证金	14		0%	
买入返售金融资产注3	15		0%	
货币基金	16		0%	
2. 剩余存续期不足1年的证券注4	17			
国债、中央银行票据、国开债	18		0%	
政策性金融债、政府支持机构债券	19		0%	
地方政府债	20		0%	
信用评级AAA级的信用债券	21		0%	

续表

项目	行次	期末金额	折算率	折算后金额
信用评级 AAA 级以下,AA 级(含)以上的信用债券	22		1%	
信用评级 AA 级以下,BBB 级(含)以上的信用债券	23		3%	
信用评级 BBB 级以下的信用债券	24		5%	
3. 剩余存续期大于等于 1 年证券注 4	25			
国债、中央银行票据、国开债	26		5%	
政策性金融债、政府支持机构债券	27		5%	
地方政府债	28		5%	
信用评级 AAA 级的信用债券	29		10%	
信用评级 AAA 级以下,AA 级(含)以上的信用债券	30		20%	
信用评级 AA 级以下,BBB 级(含)以上的信用债券	31		30%	
信用评级 BBB 级以下的信用债券	32		50%	
4. 股票注 5	33			
上海 180 指数、深圳 100 指数、沪深 300 指数成分股	34		30%	
一般上市股票	35		50%	
流通受限的股票及其他股票	36		100%	
5. 可转换债券	37		30%	
6. 衍生金融资产	38		0%	
7. 证券投资基金注 6	39			
非权益类基金	40		10%	
权益类基金	41		20%	
其中:分级基金中非优先级基金	42		50%	
8. 其他现金管理类产品注 7	43		20%	

续表

项目	行次	期末金额	折算率	折算后金额
9. 融出资金	44			
自有资金融出资金	45		50%	
转融通融出资金	46		5%	
10. 约定购回融出资金	47		50%	
11. 股票质押式回购融出资金	48			
到期日在1年以内(含)的融出资金	49		50%	
到期日在1年以上(不含)的融出资金	50		75%	
12. 1年以内的应收款项、应收股利、应收利息	51		50%	
13. 其他所有资产注8	52		100%	
14. 表外项目	53			
14.1 证券衍生产品	54			
利率互换注9	55		0.5%	
国债期货及债券远期注10	56		3%	
股指期货注11	57		12%	
14.2 其他表外项目	58			
股票再融资承销承诺注12	59		15%	
股票IPO承销承诺注12	60		10%	
债券承销承诺注12	61		5%	
对外担保金额及担保承诺注13	62		5%	
其他或有事项	63		5%	
净稳定资金率(NSFR)注14	64			

注：

1. 指有相关政策法规、合同、公司股东大会或董事会决议等法律依据表明其剩余存续期大于等于一年,且债权人无权要求公司提前偿还的债务。
2. 不包括代理买卖证券款、信用交易代理买卖证券款以及代理承销证券款。
3. 不含约定购回及股票质押式回购融出的资金。
4. 政策性金融债特指进出口银行、农业发展银行等政策性银行发行的金融债券。

政府支持机构债券为得到中央政府正式支持发行的债券，如中国铁路总公司发行的获得中央政府支持的铁路建设债券等。地方政府债为地方政府作为发行主体发行的债券。信用评级以长期信用评级为基准，短期信用评级 A－1 归入 AAA 级信用债券中，短期信用评级 A－2 归入 AAA 级以下、AA 级（含）以上信用债券中，短期信用评级 A－3 归入 AA 级以下、BBB 级（含）以上的信用债券中，短期信用评级 B 级（含）以下归入信用评级 BBB 级以下的信用债券中。未评级的信用债券参照债券发行主体评级，发行主体无评级的归入 BBB 级以下信用债券。债券信用评级信息以中央国债登记结算有限责任公司公布的信息为准。永续债、资产支持证券、资产支持专项计划参照信用债评级标准计算填列。可转债不在此处填报。

5. 一般上市股票包含境外市场股票、优先股以及在全国股转系统挂牌股份中做市并且持股市值与该股票市值比例低于 5% 的部分。流通受限的股票包含未上市流通、限制流通以及流动性较低的股票，具体指已发行尚未上市流通的新股、处于禁售期的法人股、在一定期限内被锁定的股票以及在全国股转系统挂牌的股份（包含做市并且持股市值与该股票市值比例高于 5% 的部分）。其他股票包含 ST 股票、*ST 股票、已退市股票和持有市值与该股票市值的比例超过 5% 的股票。股票的分类中同时符合两个或两个以上标准的，应采用最高的比例进行计算。股票不含转融通融入的证券。
6. 证券投资基金不含货币基金。
7. 指一个月内可赎回或到期的其他现金管理类产品。
8. 不含代理买卖证券款、信用交易代理买卖证券款、代理承销证券款及转融通融入证券形成的资产。
9. 利率互换、外汇衍生品期末金额按照名义价值总额填列。
10. 国债期货、债券远期期末金额按照名义价值总额填列。
11. 股指期货期末金额按照名义价值总额填列。
12. 股票再融资项目、IPO 项目、债券项目承销承诺自网上申购日（或发行日期）前 3 天开始计算至发行期结束日止。若在此期间之前已经签署承销团协议的，期末余额按照各主承销商及分销商承诺包销的金额填列；若在此期间之前没有签署承销团协议的，期末余额按照各主承销商承诺包销的金额填列。若承销协议没有约定各主承销商承诺包销的金额，按总包销金额平均分配到各主承销商填列。
13. 对外担保金额不包括公司为自身负债提供的反担保；担保承诺指对控股证券业务子公司提供的担保承诺。
14. 净稳定资金率为可用稳定资金/所需稳定资金 ×100%。

法定代表人	办公电话	移动电话
总经理	办公电话	移动电话
财务负责人	办公电话	移动电话
首席风险官	办公电话	移动电话
制表人	办公电话	移动电话

附件 6

证券公司风险控制指标计算表

编制单位：　　　　　　　　　　年　　　月　　　日　　　　　　　　单位:元

项目	行次	期初	期末	预警标准	监管标准	备注
核心净资本	1					
附属净资本	2					
净资本	3					
净资产	4					
各项风险资本准备之和	5					
表内外资产总额	6					
风险覆盖率注 1	7			≥120%	≥100%	
资本杠杆率注 2	8			≥9.6%	≥8%	
流动性覆盖率注 3	9			≥120%	≥100%	
净稳定资金率注 4	10			≥120%	≥100%	
净资本/净资产	11			≥24%	≥20%	
净资本/负债	12			≥9.6%	≥8%	
净资产/负债	13			≥12%	≥10%	
自营权益类证券及其衍生品注 5/净资本	14			≤80%	≤100%	
自营非权益类证券及其衍生品注 6/净资本	15			≤400%	≤500%	
持有一种权益类证券的成本与净资本的比例前五名	16			≤24%	≤30%	
其中：	17					
	18					
	19					
	20					
	21					

续表

项目	行次	期初	期末	预警标准	监管标准	备注
持有一种权益类证券的市值与其总市值的比例前五名注7	22			≤4%	≤5%	
其中：	23					
	24					
	25					
	26					
	27					
持有一种非权益类证券的规模与其总规模的比例前五名注8	28			≤16%	≤20%	
	29					
	30					
	31					
	32					
	33					
融资(含融券)的金额/净资本注9	34			≤320%	≤400%	
对单一客户融资(含融券)业务规模与净资本的比例前五名注10	35			≤4%	≤5%	
其中：	36					
	37					
	38					
	39					
	40					
接受单只担保股票市值与该股票总市值比例前五名注11	41			≤16%	≤20%	
其中：	42					
	43					
	44					
	45					
	46					

注：

1. 风险覆盖率 = 净资本/各项风险资本准备之和 × 100%
2. 资本杠杆率 = 核心净资本/表内外资产总额 × 100%，此处核心净资本不扣除担保等或有负债的风险调整。
3. 流动性覆盖率 = 优质流动性资产/未来 30 日内现金净流出 × 100%
4. 净稳定资金率 = 可用稳定资金/所需稳定资金 × 100%
5. “自营权益类证券及其衍生品”包括：股票、权益类基金、股指期货、权益互换、期权等。其中，自营权益类证券按照其市值计算；股指期货投资规模按照合约名义价值总额的 15% 计算；权益互换投资规模按照合约名义价值总额的 10% 计算；买入期权投资规模按照买入股票期权和买入场外期权的权利金价格之和计算；卖出股票期权投资规模按照 Delta 金额的 15% 计算；卖出场外期权投资规模按照该期权在给定压力情形下的最大损失的 5 倍计算，且不低于名义金额的 5‰，给定压力情形为期权标的证券价格以当前价格为基础上下波动 20%。对于已有效对冲风险的投资组合，按投资规模总额的 5% 计算，投资规模为多头规模的绝对值与空头规模的绝对值之和。
6. “自营非权益类证券及其衍生品”包括：债券、非权益类基金、国债期货、债券远期、利率互换、外汇衍生品、定向、集合及信托等产品。其中，自营非权益类证券按照其市值计算；国债期货、债券远期投资规模分别按照合约名义价值总额的 5% 和 50% 计算；利率互换、外汇衍生品投资规模按照合约名义价值总额的 3% 计算。对于已有效对冲风险的投资组合，按投资规模总额的 1% 计算，投资规模为多头规模的绝对值与空头规模的绝对值之和。
7. 因包销、中国证监会认可的做市业务以及股票质押违约处理等导致的情形及中国证监会另有认定的除外。
8. 不含同业存单。因包销等导致的情形及中国证监会另有认定的除外。证券公司委托其他证券公司、基金公司、信托公司等机构进行的一对一投资不必填报。
9. 融资（含融券）的金额指证券公司开展融资融券业务、约定式购回交易、股票质押式回购交易等融资类业务融出（含融券）金额总计。
10. 单一客户融资（含融券）业务指客户参与融资融券业务、约定式购回交易、股票质押式回购交易等融资类业务。
11. 指证券公司开展融资融券业务接受的担保股票。
12. 表中有关前五名的期初数据，是指期末前五名情形所对应的期初数。

法定代表人	办公电话	移动电话
总经理	办公电话	移动电话
财务负责人	办公电话	移动电话
首席风险官	办公电话	移动电话
制表人	办公电话	移动电话

上市公司类

上市公司大股东、董监高减持股份的若干规定

（2016 年 1 月 7 日　证监会公告〔2016〕1 号）

第一条　为了规范上市公司控股股东和持股 5% 以上股东（以下并称大股东）及董事、监事、高级管理人员（以下简称董监高）减持股份行为，促进证券市场长期稳定健康发展，根据《公司法》、《证券法》的有关规定，制定本规定。

第二条　上市公司大股东、董监高减持股份的，适用本规定。

大股东减持其通过二级市场买入的上市公司股份，不适用本规定。

第三条　上市公司大股东、董监高应当遵守《公司法》、《证券法》和有关法律、法规，以及中国证监会规章、规范性文件中关于股份转让的限制性规定。

上市公司大股东、董监高曾就限制股份转让作出承诺的，应当严格遵守。

第四条　上市公司大股东、董监高可以通过证券交易所的证券交易卖出，也可以通过协议转让及法律、法规允许的其他方式减持股份。

因司法强制执行、执行股权质押协议、赠与等减持股份的，应当按照本规定办理。

第五条　上市公司大股东、董监高减持股份，应当按照法律、法规和本规定，以及证券交易所相关规则，真实、准确、完整、及时履行信息披露义务。

第六条　具有下列情形之一的，上市公司大股东不得减持股份：

（一）上市公司或者大股东因涉嫌证券期货违法犯罪，在被中国证监会立案调查或者被司法机关立案侦查期间，以及在行政处罚决定、刑事判决作出之后未满六个月的。

（二）大股东因违反证券交易所自律规则，被证券交易所公开谴责未

满三个月的。

（三）中国证监会规定的其他情形。

第 七 条 具有下列情形之一的，上市公司董监高不得减持股份：

（一）董监高因涉嫌证券期货违法犯罪，在被中国证监会立案调查或者被司法机关立案侦查期间，以及在行政处罚决定、刑事判决作出之后未满六个月的。

（二）董监高因违反证券交易所自律规则，被证券交易所公开谴责未满三个月的。

（三）中国证监会规定的其他情形。

第 八 条 上市公司大股东计划通过证券交易所集中竞价交易减持股份，应当在首次卖出的 15 个交易日前预先披露减持计划。

上市公司大股东减持计划的内容应当包括但不限于：拟减持股份的数量、来源、减持时间、方式、价格区间、减持原因。

第 九 条 上市公司大股东在三个月内通过证券交易所集中竞价交易减持股份的总数，不得超过公司股份总数的百分之一。

第 十 条 通过协议转让方式减持股份并导致股份出让方不再具有上市公司大股东身份的，股份出让方、受让方应当在减持后六个月内继续遵守本规定第八条、第九条的规定。

第十一条 上市公司大股东的股权被质押的，该股东应当在该事实发生之日起二日内通知上市公司，并予公告。

中国证券登记结算公司应当统一制定上市公司大股东场内场外股权质押登记要素标准，并负责采集相关信息。证券交易所应当明确上市公司大股东办理股权质押登记、发生平仓风险、解除股权质押等信息披露内容。

因执行股权质押协议导致上市公司大股东股份被出售的，应当执行本规定。

第十二条 上市公司大股东、董监高未按照本规定减持股份的，证券交易所应当视情节采取书面警示等监管措施和通报批评、公开谴责等纪律处分措施；情节严重的，证券交易所应当通过限制交易的处置措施禁止相关证券账户六个月内或十二个月内减持股份。

第十三条 上市公司大股东、董监高未按照本规定减持股份的，中国证监会可以采取责令改正等监管措施。

第十四条 上市公司大股东、董监高未按照本规定披露信息，或者所披露的信息存在虚假记载、误导性陈述或者重大遗漏的，中国证监会依照

《证券法》第一百九十三条的规定给予行政处罚。

第十五条 上市公司大股东、董监高减持股份超过法律、法规、中国证监会规章、规范性文件设定的比例，中国证监会依法给予行政处罚。

第十六条 上市公司大股东、董监高未按照本规定减持股份，构成欺诈、内幕交易和操纵市场的，中国证监会依法给予行政处罚。

第十七条 上市公司大股东、董监高违反本规定减持股份，情节严重的，中国证监会可以依法采取证券市场禁入的措施。

第十八条 本规定自2016年1月9日起施行。

信息披露规范类

内容与格式准则类

公开发行证券的公司信息披露内容与格式准则第 38 号——公司债券年度报告的内容与格式

（2016 年 1 月 17 日　证监会公告〔2016〕3 号）

第一章　总　　则

第 一 条　为规范公开发行公司债券的公司年度报告的编制及信息披露行为，保护投资者合法权益，根据《公司法》、《证券法》、《公司债券发行与交易管理办法》等法律、法规及中国证券监督管理委员会（以下简称中国证监会）有关规定，制定本准则。

第 二 条　在中华人民共和国境内公开发行公司债券并在证券交易所、全国中小企业股份转让系统上市或转让，且在年度报告批准报出日公司债券未到期或到期未能全额兑付的公司（以下简称公司），应当按照本准则的要求编制和披露年度报告。

上市公司、全国中小企业股份转让系统挂牌公司公开发行公司债券的，应当按照中国证监会及相关证券交易场所的其他规定编制和披露年度报告，但应当同时将披露的年度报告刊登在其债券交易场所的互联网网站。

第 三 条　本准则的规定是对公司债券年度报告信息披露的最低要求；对投资者投资决策有重大影响的信息，公司均应当披露。

本准则某些具体要求对公司确实不适用的，公司可以根据实际情况调整，并在相关章节说明调整原因。

由于商业秘密等特殊原因导致本准则规定的某些信息确实不便披露的，公司可以不予披露，但应当在相关章节详细说明未按本准则要求进行披露的原因。中国证监会认为需要披露的,公司应当披露。

第 四 条 在不影响信息披露完整性和不妨碍阅读的前提下,公司可采取相互引证的方法,对年度报告相关部分进行合理的技术处理,以避免不必要的重复和保持文字简洁。

第 五 条 年度报告的全文应当遵循本准则第二章的要求进行编制和披露。

年度报告摘要应当遵循本准则第三章的要求,按照附件的格式进行编制和披露。

第 六 条 年度报告中的财务报告应当由具有从事证券服务业务资格的会计师事务所审计,审计报告应当由该所至少两名注册会计师签字。

第 七 条 公司在编制年度报告时应当遵循如下一般要求:

(一)年度报告中引用的数字应当采用阿拉伯数字,货币金额除特别说明外,通常指人民币金额,并以元、千元、万元、百万元或亿元为单位;

(二)公司可根据有关规定或其他需求,编制年度报告外文译本,同时应当保证中外文文本的一致性,并在外文文本上注明:"本报告分别以中、英(或日、法、俄等)文编制,在对中外文文本的理解上发生歧义时,以中文文本为准。"

(三)年度报告封面应当载明公司的中文名称、"公司债券年度报告"字样、报告期年份,年度报告的目录应当编排在显著位置;

(四)年度报告应当使用通俗易懂的事实性描述语言,引用的数据应当提供资料来源,事实依据应当充分、客观;不得有祝贺性、恭维性、推荐性或诋毁性的措辞,不得含有欺诈、误导内容的词句;

(五)公司债券年度报告应当参照中国证监会上市公司行业分类的有关规定,公司可以增加披露所适用的其他的行业分类数据、资料作为参考。

第 八 条 公司应当在每个会计年度结束之日起 4 个月内将年度报告全文和摘要刊登在其公司债券上市或转让的证券交易场所网站上。

公司按照境内外其他监管机构、交易场所等的要求公开披露年度报告、年度财务信息,或者将公司债券年度报告刊登在其他媒体上的时间不得早于在中国证监会指定媒体披露的时间。

第 九 条 公司应当在年度报告披露后,将年度报告原件备置于公司住所,以供投资者及社会公众查阅。

第 十 条 中国证监会和相关证券交易场所对特殊行业公司信息披露另有规定的,公司应当遵循其规定。

行业主管部门对公司信息披露另有规定的,公司在编制和披露年度报告时应当遵循其规定。

第二章　年度报告正文

第一节　重要提示、目录和释义

第十一条　公司应当在年度报告文本扉页刊登如下重要提示:公司董事、监事、高级管理人员保证年度报告内容的真实、准确、完整,不存在虚假记载、误导性陈述或重大遗漏,并承担相应的法律责任。

如有董事、监事、高级管理人员对年度报告内容存在异议或无法保证其真实、准确、完整的,应当声明××无法保证本报告内容的真实、准确、完整,并说明理由,请投资者特别关注。

如执行审计的会计师事务所对公司出具了非标准审计报告,重要提示中应当声明××会计师事务所为本公司出具了带强调事项段或其他事项段的无保留意见、保留意见、否定意见或无法表示意见的审计报告,本公司董事会(或法律法规及公司章程规定的有权机构)对相关事项已有详细说明,请投资者注意阅读。

第十二条　公司应当刊登重大风险提示,披露可能对公司债券的偿付以及债券价值判断和投资者权益保护产生重大不利影响的风险。公司对风险因素的描述应当遵循关联性和重要性原则,重点说明与上一年度(或募集说明书)所提示的风险因素的变化之处。

第十三条　公司应当对可能造成投资者理解障碍以及特定含义的术语作出通俗易懂的解释,年度报告的释义应当在目录次页排印。

年度报告目录应当标明各章、节的标题及其对应的页码。

第二节　公司及相关中介机构简介

第十四条　公司应当披露如下内容:

(一)公司的中文名称及简称,外文名称及缩写;

(二)公司的法定代表人;

(三)信息披露事务负责人的姓名、联系地址、电话、传真、电子信箱;

(四)公司注册地址,公司办公地址及其邮政编码,公司网址、电子信箱;

(五)公司登载年度报告的交易场所网站的网址,年度报告备置地;

(六)报告期内公司控股股东、实际控制人、董事、监事、高级管理人员的变更情况。

报告期内公司控股股东、实际控制人发生变更的,公司应当参照《公开发行证券的公司信息披露内容与格式准则第 23 号——公开发行公司债券募集说明书》第三十六条的规定披露新任控股股东、实际控制人的相关情况;未发生变更的,应当披露控股股东、实际控制人具体信息与上一年度报告(或募集说明书)披露情况的变化之处。

第十五条 公司应当披露相关中介机构情况:公司聘请的会计师事务所名称、办公地址及签字会计师姓名;债券受托管理人名称、办公地址、联系人及联系电话;报告期内对公司债券进行跟踪评级的资信评级机构名称、办公地址。

公司存在多只未到期公司债券,有多个受托管理人和资信评级机构的,应当分别说明对应关系。

报告期内公司聘请的会计师事务所、债券受托管理人、资信评级机构发生变更的,应当披露变更的原因、履行的程序、对投资者利益的影响等。

第三节 公司债券事项

第十六条 公司应当披露所有公开发行并在证券交易所、全国中小企业股份转让系统上市或转让,且在年度报告批准报出日未到期或到期未能全额兑付的公司债券名称、简称、代码、发行日、到期日、债券余额、利率、还本付息方式,公司债券上市或转让的交易场所,投资者适当性安排,报告期内公司债券的付息兑付情况。

公司债券附发行人或投资者选择权条款、可交换条款等特殊条款的,应当披露报告期内相关条款的执行情况。

第十七条 公司应当披露募集资金使用情况及履行的程序、年末余额、募集资金专项账户运作情况,并说明是否与募集说明书承诺的用途、使用计划及其他约定一致。

第十八条 公司应当披露资信评级机构根据报告期情况对公司及公司债券作出最新跟踪评级的时间(预计)、评级结果披露地点,提醒投资者关注。

报告期内资信评级机构对公司及公司债券进行不定期跟踪评级的,公司应当披露不定期跟踪评级情况,包括但不限于评级机构、评级报告出具的时间、评级结论及标识所代表的含义等,并重点说明与上一次评级结果的对比情况。如评级发生变化,公司还应当披露相关变化对投资者适当性的影响。

报告期内资信评级机构因公司在中国境内发行其他债券、债务融资工具对公司进行主体评级的，应当披露是否存在评级差异情况。

第十九条 报告期内公司债券增信机制、偿债计划及其他偿债保障措施发生变更的，应当参照《公开发行证券的公司信息披露内容与格式准则第23号——公开发行公司债券募集说明书》第五节的有关规定披露增信机制、偿债计划及其他偿债保障措施的相关情况，说明变更原因，变更是否已取得有权机构批准，以及相关变更对债券持有人利益的影响。

公司债券增信机制、偿债计划及其他偿债保障措施未发生变更的，公司应当披露增信机制、偿债计划及其他偿债保障措施在报告期内的执行情况、变化情况，并说明相关变化对债券持有人利益的影响：

（一）提供保证担保的，如保证人为法人或其他组织，应当披露保证人报告期末的净资产额、资产负债率、净资产收益率、流动比率、速动比率等主要财务指标（并注明相关财务报告是否经审计），保证人资信状况、累计对外担保余额以及累计对外担保余额占其净资产的比例；如保证人为自然人，应当披露保证人资信状况、代偿能力、资产受限情况、对外担保情况以及可能影响保证权利实现的其他信息；保证人为发行人控股股东或实际控制人的，还应当披露保证人所拥有的除发行人股权外的其他主要资产，以及该部分资产的权利限制及是否存在后续权利限制安排。公司应当着重说明保证人情况与上一年度（或募集说明书）披露情况的变化之处；

（二）提供抵押或质押担保的，应当披露担保物的价值（账面价值和评估值，注明评估时点）变化情况，已经担保的债务总余额以及抵/质押顺序，报告期内担保物的评估、登记、保管等情况；

（三）采用其他方式进行增信的，应当披露报告期内相关增信措施的变化情况等；

（四）公司制定偿债计划或采取其他偿债保障措施的，应当披露报告期内相关计划和措施的执行情况，与募集说明书的相关承诺是否一致等；

（五）公司设置专项偿债账户的，应当披露该账户资金的提取情况，与募集说明书的相关承诺是否一致等。

第二十条 公司应当披露报告期内债券持有人会议的召开情况，包括召开时间、地点、召开原因、形成的决议等。

第二十一条 公司应当披露报告期内债券受托管理人履行职责的情况。受托管理人在履行职责时可能存在利益冲突情形的，应当披露采取的相关风险防范、解决机制。

公司应当说明受托管理人是否已披露报告期受托管理事务报告，以及披露（或预计披露）地址，提醒投资者关注。

第二十二条 公司发行多只公司债券的，披露本节相关事项时应当指明与相关公司债券的对应关系。

第四节 财务和资产情况

第二十三条 公司应当采用数据列表方式，提供截至报告期末公司近2年的主要会计数据和财务指标，包括但不限于：总资产、归属于母公司股东的净资产、营业收入、归属于母公司股东的净利润、息税折旧摊销前利润（EBITDA）、经营活动产生的现金流量净额、投资活动产生的现金流量净额、筹资活动产生的现金流量净额、期末现金及现金等价物余额；流动比率、速动比率、资产负债率、EBITDA全部债务比（EBITDA/全部债务）、利息保障倍数［息税前利润/（计入财务费用的利息支出+资本化的利息支出）］、现金利息保障倍数［（经营活动产生的现金流量净额+现金利息支出+所得税付现）/现金利息支出］、EBITDA利息保障倍数［EBITDA/（计入财务费用的利息支出+资本化的利息支出）］、贷款偿还率（实际贷款偿还额/应偿还贷款额）、利息偿付率（实际支付利息/应付利息）等财务指标。

若上述会计数据和财务指标同比变动超过30%的，应当披露产生变化的主要原因。

第二十四条 公司年度财务报告被会计师事务所出具非标准审计报告的，公司应当就所涉及事项作出说明，并分析相关事项对公司生产经营和偿债能力的影响。

第二十五条 公司应当结合上一年度年报（或募集说明书）披露情况分析报告期末主要资产和负债的变动情况，同比变动超过30%的，应当说明产生变化的主要原因。有逾期未偿还债项的，应当说明其金额、未按期偿还的原因等。

第二十六条 公司应当披露截至报告期末的资产抵押、质押、被查封、冻结、必须具备一定条件才能变现、无法变现、无法用于抵偿债务的情况和其他权利受限制的情况和安排，以及其他具有可对抗第三人的优先偿付负债情况。

第二十七条 公司发行其他债券和债务融资工具的，应当披露报告期内对其他债券和债务融资工具的付息兑付情况。

第二十八条 公司应当披露报告期对外担保的增减变动情况。公司尚未履行及未履行完毕的对外担保金额累计超过报告期末净资产30%的，应当披露被担保人的基本情况（包括名称、注册资本、所从事的主要业务等）和资信状况、担保的类型、被担保债务的到期时间等，并分析对外担保事项对公司偿债能力的影响。

第二十九条 公司应当披露报告期内获得的银行授信情况、使用情况以及偿还银行贷款的情况（包括按时偿还、展期及减免情况等）。

第三十条 公司主要会计数据和财务指标的计算和披露应当遵循如下要求：

（一）公司作出会计政策、会计估计变更或重大会计差错更正的，公司应当披露变更、更正的原因及影响，涉及追溯调整或重述的，应当披露对以往各年度经营成果和财务状况的影响金额；

（二）编制合并财务报表的公司应当以合并财务报表数据填列或计算以上数据和指标；

（三）财务数据按照时间顺序自左至右排列，左起为报告期的数据，向右依次列示前一期的数据。

第五节 业务和公司治理情况

第三十一条 公司应当简要介绍报告期公司从事的主要业务，主要产品及其用途，经营模式，所属行业的发展阶段、周期性特点以及所处的行业地位，重点突出报告期发生的重大变化以及有关变化对公司经营情况及偿债能力的影响。

第三十二条 公司应当回顾分析在报告期内的主要经营情况。内容包括但不限于：

（一）主要经营业务。公司应当根据自身实际情况，按照不同的业务板块分别说明报告期内公司营业收入的构成及比例，分析营业收入、成本、费用、现金流等项目的增减变动情况，同比变动超过30%的，应当说明变化原因；

（二）若本期公司利润构成或利润来源的重大变化源自非主要经营业务，包括但不限于投资收益、公允价值变动损益、资产减值、营业外收支等，应当详细说明涉及金额、形成原因、是否具有可持续性；

（三）投资状况。公司应当介绍本年度新增投资情况，重点分析投资额超过公司上年度末经审计净资产20%的重大投资情况。对报告期内获取的重大的股权投资，公司应当披露被投资企业基本情况、主营业务、近一年的主要财务数据（包括资产、负债、所有者权益、收入、净利润等）；

对报告期内正在进行的重大的非股权投资,公司应当披露项目本年度和累计实际投入情况、资金来源、项目的进度及收益情况。

第三十三条 公司应当简要分析未来发展战略、行业格局和趋势、下一年度的经营计划以及公司可能面临的风险。

第三十四条 公司应当披露报告期内与主要客户发生业务往来时,是否有严重违约事项;如有,应当披露相关基本情况、涉及金额、是否形成预计负债等,以及对公司经营情况和偿债能力的影响。

第三十五条 公司应当就其与控股股东在业务、人员、资产、机构、财务等方面是否存在不能保证独立性、不能保持自主经营能力的情况进行说明。

第三十六条 公司应当披露报告期内是否存在非经营性往来占款或资金拆借的情形,或者违规为控股股东、实际控制人及其关联方提供担保的情形;如有,应当披露报告期末未收回的非经营性往来占款或资金拆借金额、违规担保金额。

报告期末未收回的非经营性往来占款和资金拆借总额超过公司净资产(合并财务报表口径)10%的,应当披露往来占款和资金拆借的主要构成、形成原因、回款相关安排;公司相关决策程序、定价机制(关联方往来参照企业会计准则《关联方披露》的相关要求执行);明确披露债券存续期内是否将继续发生非经营性往来占款或资金拆借事项,如有,应当进一步披露相关事项应履行的决策程序和持续信息披露安排。

第三十七条 公司应当披露报告期内在公司治理、内部控制等方面是否有违反《公司法》、《公司章程》规定的情况,以及执行募集说明书相关约定或承诺的情况,并分析相关情况对债券投资者利益的影响。

第六节 重大事项

第三十八条 公司应当披露报告期内重大诉讼、仲裁或受到重大行政处罚的事项,包括但不限于案件进展情况、涉及金额、是否形成预计负债,以及对公司经营情况和偿债能力的影响。

第三十九条 公司应当披露报告期内发生的破产重整相关事项,包括向法院申请重整、和解或破产清算,法院受理重整、和解或破产清算,以及公司重整期间发生的法院裁定结果及其他重大事项。执行重整计划的公司应当说明计划的具体内容及执行情况。

第四十条 年度报告披露后公司债券面临暂停上市或终止上市风险的,公司应当披露导致其暂停上市或终止上市的原因及拟采取的应对措施。

第四十一条 报告期内公司及其控股股东、实际控制人涉嫌犯罪被司法机关立案调查,公司董事、监事、高级管理人员涉嫌犯罪被司法机关采取强制措施的,公司应当披露事项原因、最新进展以及对公司经营情况和偿债能力的影响。

第四十二条 公司应当披露其他在报告期内发生的《公司债券发行与交易管理办法》第四十五条列示的重大事项,以及公司董事会或有权机构判断为重大的事项,说明该事项的最新进展以及对公司经营情况和偿债能力的影响。

第四十三条 本节规定的相关重大事项,如已作为临时报告在指定网站披露且后续实施无变化的,仅需说明信息披露指定网站的相关查询索引及披露日期。

第七节 财 务 报 告

第四十四条 公司应当披露审计报告正文和经审计的财务报表。财务报表包括公司近2年的比较式资产负债表、比较式利润表和比较式现金流量表,以及比较式所有者权益(股东权益)变动表和财务报表附注。编制合并财务报表的公司,除提供合并财务报表外,还应当提供母公司财务报表。

财务报表附注应当按照《企业会计准则》的规定编制。

第四十五条 保证人为法人或其他组织的,应当披露保证人报告期财务报表(并注明是否经审计),包括资产负债表、利润表、现金流量表、所有者权益(股东权益)变动表和财务报表附注。

第八节 备查文件目录

第四十六条 公司应当披露备查文件的目录,包括:

(一)载有公司负责人、主管会计工作负责人、会计机构负责人(会计主管人员)签名并盖章的财务报表;

(二)载有会计师事务所盖章、注册会计师签名并盖章的审计报告原件;

(三)报告期内在中国证监会指定网站上公开披露过的所有公司文件的正本及公告的原稿;

(四)按照境内外其他监管机构、交易场所等的要求公开披露的年度报告、年度财务信息。

公司应当在办公场所置备上述文件的原件。中国证监会及其派出机构、证券交易场所要求提供时,或债券持有人、受托管理人依据法律、法规、公司章程或有关协议要求查阅时,公司应当及时提供。

第三章　年度报告摘要

第四十七条　公司应当在年度报告摘要显要位置刊登如下(但不限于)重要提示:“本年度报告摘要来自年度报告全文,为全面了解本公司债券相关事项、经营和财务状况,投资者应当到××网站仔细阅读年度报告全文。”

第四十八条　年度报告摘要的内容至少包括下列各部分:

(一)公司债券基本情况,披露所有公开发行并在证券交易所、全国中小企业股份转让系统上市或转让,且在年度报告批准报出日未到期或到期未能全额兑付的公司债券简称、代码、公司债券上市或转让的交易场所;

(二)公司主要财务数据,披露公司近2年主要会计数据和财务指标,包括但不限于:总资产、归属于母公司股东的净资产、营业收入、归属于母公司股东的净利润;经营活动产生的现金流量净额、资产负债率、EBITDA全部债务比(息税折旧摊销前利润/全部债务)、利息保障倍数[息税前利润/(计入财务费用的利息支出+资本化的利息支出)];

(三)重大事项,说明报告期内是否发生本准则第二章第六节规定的重大事项。

第四章　附　　则

第四十九条　本准则所称对外担保,包括公司自身的对外担保及其子公司的对外担保,不含公司对子公司的担保。

第五十条　其他公开发行公司信用类债券并在交易所上市交易的企业,应参照本准则的规定编制和披露年度报告。

第五十一条　本准则自公布之日起施行。

附件:××公司公司债券年度报告摘要格式

附件

××公司公司债券年度报告摘要格式

一、重要提示

本年度报告摘要来自年度报告全文,为全面了解本公司债券相关事项、经营和财务状况,投资者应当到××网站仔细阅读年度报告全文。

二、公司债券基本情况

公司债券简称	代码	上市或转让的交易场所

三、公司主要财务数据

单位:元

	N年(末)	N-1年(末)	本年(末)比上年(末)增减(%)
总资产			
归属于母公司股东的净资产			
营业收入			
归属于母公司股东的净利润			
经营活动产生的现金流量净额			
资产负债率			
EBITDA全部债务比			
利息保障倍数			

注:1. N年是指报告期当年。

2. EBITDA全部债务比=息税折旧摊销前利润/全部债务、利息保障倍数=息税前利润/(计入财务费用的利息支出+资本化的利息支出)。

四、重大事项

未发生重大事项的,应当说明:报告期内本公司未发生重大事项。

发生重大事项的,应当说明:报告期内本公司发生×项重大事项,具体情况请参见××(指明相关查询索引及披露日期)。

关于公开发行公司债券的上市公司年度报告披露的补充规定

（2016 年 1 月 17 日　证监会公告〔2016〕3 号）

为落实《公司债券发行与交易管理办法》等要求，做好公司债券年度报告与上市公司年度报告的衔接，现就有关事项补充规定如下：

公开发行公司债券的发行人应当按照规定披露年度报告。发行人为上市公司的，应当在按照《公开发行证券的公司信息披露内容与格式准则第 2 号——年度报告的内容与格式》编制和披露的年度报告中，以专门章节披露“公司债券相关情况”。上市公司年度报告其他章节与“公司债券相关情况”一节要求披露的部分内容相同的，可以建立相关查询索引，避免重复。上市公司发行多只公司债券的，披露“公司债券相关情况”一节相关事项时应当指明与公司债券的对应关系。

“公司债券相关情况”应当披露在上市公司年度报告正文第十节（原第十节“财务报告”相应调整为第十一节），并包含以下内容：

一、披露所有公开发行并在证券交易所上市，且在年度报告批准报出日未到期或到期未能全额兑付的公司债券名称、简称、代码、发行日、到期日、债券余额、利率、还本付息方式，公司债券上市或转让的交易场所，投资者适当性安排，报告期内公司债券的付息兑付情况。

公司债券附发行人或投资者选择权条款、可交换条款等特殊条款的，应当披露报告期内相关条款的执行情况。

二、披露债券受托管理人名称、办公地址、联系人及联系电话；报告期内对公司债券进行跟踪评级的资信评级机构名称、办公地址。

报告期内上市公司聘请的债券受托管理人、资信评级机构发生变更的，应当披露变更的原因、履行的程序、对投资者利益的影响等。

三、披露公司债券募集资金使用情况及履行的程序、年末余额、募集资金专项账户运作情况，并说明是否与募集说明书承诺的用途、使用计划及其他约定一致。

四、披露资信评级机构根据报告期情况对上市公司及公司债券作出最新跟踪评级的时间（预计）、评级结果披露地点，提醒投资者关注。

报告期内资信评级机构对上市公司及公司债券进行不定期跟踪评级的，上市公司应当披露不定期跟踪评级情况，包括但不限于评级机构、评级报告出具的时间、评级结论及标识所代表的含义等，并重点说明与上一次评级结果的对比情况。如评级发生变化，上市公司还应当披露相关变化对投资者适当性的影响。

报告期内资信评级机构因上市公司在中国境内发行其他债券、债务融资工具对上市公司进行主体评级的，应当披露是否存在评级差异情况。

五、报告期内公司债券增信机制、偿债计划及其他偿债保障措施发生变更的，应当参照《公开发行证券的公司信息披露内容与格式准则第23号——公开发行公司债券募集说明书》第五节的有关规定披露增信机制、偿债计划及其他偿债保障措施的相关情况，说明变更原因，变更是否已取得有权机构批准，以及相关变更对债券持有人利益的影响。

公司债券增信机制、偿债计划及其他偿债保障措施未发生变更的，上市公司应当披露增信机制、偿债计划及其他偿债保障措施在报告期内的执行情况、变化情况，并说明相关变化对债券持有人利益的影响：

（一）提供保证担保的，如保证人为法人或者其他组织，应当披露保证人报告期末的净资产额、资产负债率、净资产收益率、流动比率、速动比率等主要财务指标（并注明相关财务报告是否经审计），保证人资信状况、累计对外担保余额以及累计对外担保余额占其净资产的比例；如保证人为自然人，应当披露保证人资信状况、代偿能力、资产受限情况、对外担保情况以及可能影响保证权利实现的其他信息；保证人为发行人控股股东或实际控制人的，还应当披露保证人所拥有的除发行人股权外的其他主要资产，以及该部分资产的权利限制及是否存在后续权利限制安排。上市公司应当着重说明保证人情况与上一年度（或募集说明书）披露情况的变化之处。

（二）提供抵押或质押担保的，应当披露担保物的价值（账面价值和评估值，注明评估时点）变化情况，已经担保的债务总余额以及抵/质押顺序，报告期内担保物的评估、登记、保管等情况。

（三）采用其他方式进行增信的，应当披露报告期内相关增信措施的变化情况等。

（四）上市公司制定偿债计划或采取其他偿债保障措施的，应当披露报告期内相关计划和措施的执行情况，与募集说明书的相关承诺是否一致等。

（五）上市公司设置专项偿债账户的，应当披露该账户资金的提取情况，与募集说明书的相关承诺是否一致等。

六、披露报告期内债券持有人会议的召开情况，包括召开时间、地点、召开原因、形成的决议等。

七、披露报告期内债券受托管理人履行职责的情况。受托管理人在履行职责时可能存在利益冲突情形的，应当披露采取的相关风险防范、解决机制。

上市公司应当说明受托管理人是否已披露报告期受托管理事务报告，以及披露（或预计披露）地址，提醒投资者关注。

八、采用数据列表方式，提供截至报告期末上市公司近2年的下列会计数据和财务指标，包括但不限于：息税折旧摊销前利润、投资活动产生的现金流量净额、筹资活动产生的现金流量净额、期末现金及现金等价物余额；流动比率、速动比率、资产负债率、EBITDA全部债务比（息税折旧摊销前利润/全部债务）、利息保障倍数［息税前利润/（计入财务费用的利息支出+资本化的利息支出）］、现金利息保障倍数［（经营活动产生的现金流量净额+现金利息支出+所得税付现）/现金利息支出］、EBITDA利息保障倍数［息税折旧摊销前利润/（计入财务费用的利息支出+资本化的利息支出）］、贷款偿还率（实际贷款偿还额/应偿还贷款额）、利息偿付率（实际支付利息/应付利息）。

若上述会计数据和财务指标同比变动超过30%的，应当披露产生变化的主要原因。

九、披露截至报告期末的资产抵押、质押、被查封、冻结、必须具备一定条件才能变现、无法变现、无法用于抵偿债务的情况和其他权利受限制的情况和安排，以及其他具有可对抗第三人的优先偿付负债情况。

十、上市公司发行其他债券和债务融资工具的，应当披露报告期内对其他债券和债务融资工具的付息兑付情况。

十一、披露报告期内获得的银行授信情况、使用情况以及偿还银行贷款的情况（包括按时偿还、展期及减免情况等）。

十二、披露报告期内执行公司债券募集说明书相关约定或承诺的情况，并分析相关情况对债券投资者利益的影响。

十三、披露报告期内发生的《公司债券发行与交易管理办法》第四十五条列示的重大事项，说明该事项的最新进展以及对上市公司经营情况和偿债能力的影响。

本条规定的相关重大事项，如已作为临时报告在指定网站披露且后续实施无变化的，仅需说明信息披露指定网站的相关查询索引及披露日期。

十四、公司债券的保证人为法人或者其他组织的，应当披露保证人报告期财务报表（并注明是否经审计），包括资产负债表、利润表、现金流量表、所有者权益（股东权益）变动表和财务报表附注。

本规定自公布之日起施行。

公开发行证券的公司信息披露内容与格式准则第39号——公司债券半年度报告的内容与格式

（2016年5月11日　证监会公告〔2016〕9号）

第一章　总　　则

第 一 条　为规范公开发行公司债券的公司半年度报告的编制及信息披露行为，保护投资者合法权益，根据《公司法》、《证券法》、《公司债券发行与交易管理办法》等法律、法规及中国证券监督管理委员会（以下简称中国证监会）有关规定，制定本准则。

第 二 条　在中华人民共和国境内公开发行公司债券并在证券交易所、全国中小企业股份转让系统上市或转让，且在半年度报告批准报出日公司债券未到期或到期未能全额兑付的公司，应当按照本准则的要求编制和披露半年度报告。

上市公司、全国中小企业股份转让系统挂牌公司公开发行公司债券的，应当按照中国证监会及相关证券交易场所的其他规定编制和披露半年度报告，但应当同时将披露的半年度报告刊登在其债券交易场所的互联网网站。

第 三 条　本准则的规定是对公司债券半年度报告信息披露的最低要求；对投资者投资决策有重大影响的信息，公司均应当披露。

本准则有关要求对公司确实不适用的，公司可以根据实际情况调整，并在相关章节说明调整原因。

由于商业秘密等特殊原因导致本准则规定的某些信息确实不便披露的，公司可以不予披露，但应当在相关章节详细说明未按本准则要求进行披露的原因。中国证监会认为需要披露的，公司应当披露。

第 四 条　在不影响信息披露完整性和不妨碍阅读的前提下，公司可采取相互引证的方法，对半年度报告相关部分进行合理的技术处理，以避免不必要的重复和保持文字简洁。

第 五 条 半年度报告的全文应当遵循本准则第二章的要求进行编制和披露。

半年度报告摘要应当遵循本准则第三章的要求,按照附件的格式进行编制和披露。

半年度报告的报告期是指年初至半年度期末的期间。

第 六 条 半年度报告中的财务报告可以不经审计,但中国证监会和证券交易场所另有规定的除外。

第 七 条 公司在编制半年度报告时应当遵循以下一般要求:

(一)半年度报告中引用的数字应当采用阿拉伯数字,货币金额除特别说明外,通常指人民币金额,并以元、千元、万元、百万元或亿元为单位;

(二)公司可根据有关规定或其他需求,编制半年度报告外文译本,同时应当保证中外文文本的一致性,并在外文文本上注明:"本报告分别以中、英(或日、法、俄等)文编制,在对中外文文本的理解上发生歧义时,以中文文本为准。"

(三)半年度报告封面应当载明公司的中文名称、"公司债券半年度报告"字样、报告期间,半年度报告的目录应当编排在显著位置;

(四)半年度报告应当使用通俗易懂的事实性描述语言,引用的数据应当提供资料来源,事实依据应当充分、客观;不得有祝贺性、恭维性、推荐性或诋毁性的措辞,不得含有欺诈、误导内容的词句;

(五)公司债券半年度报告应当参照中国证监会上市公司行业分类的有关规定,公司可以增加披露所适用的其他行业分类数据、资料作为参考。

第 八 条 公司应当在每个会计年度上半年结束之日起 2 个月内将半年度报告全文和摘要刊登在其公司债券上市或转让的证券交易场所网站上。

公司按照境内外其他监管机构、交易场所等的要求公开披露半年度报告、半年度财务信息,或者将公司债券半年度报告刊登在其他媒体上的时间不得早于在中国证监会指定媒体披露的时间。

第 九 条 公司应当在半年度报告披露后,将半年度报告原件备置于公司住所、证券交易场所,供投资者及社会公众查阅。

第 十 条 中国证监会和相关证券交易场所对特殊行业公司信息披露另有规定的,公司应当遵循其规定。

行业主管部门对公司信息披露另有规定的,公司在编制和披露半年度报告时应当遵循其规定。

第二章　半年度报告正文

第一节　重要提示、目录和释义

第十一条　公司应当在半年度报告文本扉页刊登如下重要提示：公司董事、监事、高级管理人员保证半年度报告内容的真实、准确、完整，不存在虚假记载、误导性陈述或重大遗漏，并承担相应的法律责任。

如有董事、监事、高级管理人员对半年度报告内容存在异议或无法保证其真实、准确、完整的，应当声明××无法保证本报告内容的真实、准确、完整，并说明理由，请投资者特别关注。

如半年度财务报告已经审计并被出具非标准审计报告，重要提示中应当声明××会计师事务所为本公司出具了带强调事项段或其他事项段的无保留意见、保留意见、否定意见或无法表示意见的审计报告，本公司董事会（或法律法规及公司章程规定的有权机构）对相关事项已有详细说明，请投资者注意阅读。

第十二条　公司应当刊登重大风险提示，披露可能对公司债券的偿付以及债券价值判断和投资者权益产生重大不利影响的风险。公司对风险因素的描述应当遵循关联性和重要性原则，重点说明与上一报告期（或募集说明书）所提示风险的变化之处。

第十三条　公司应当对可能造成投资者理解障碍以及特定含义的术语作出通俗易懂的解释，半年度报告的释义应当在目录次页排印。

半年度报告目录应当标明各章、节的标题及其对应的页码。

第二节　公司及相关中介机构简介

第十四条　公司应当披露以下内容：

（一）公司的中文名称及简称，外文名称及缩写（如有）；

（二）公司的法定代表人；

（三）信息披露事务负责人的姓名、联系地址、电话、传真、电子信箱；

（四）公司注册地址，公司办公地址及其邮政编码，公司网址、电子信箱；

（五）公司登载半年度报告的交易场所网站的网址，半年度报告备置地；

（六）报告期内公司控股股东、实际控制人、董事、监事、高级管理人员的变更情况。

报告期内公司控股股东、实际控制人发生变更的,公司应当参照《公开发行证券的公司信息披露内容与格式准则第 23 号——公开发行公司债券募集说明书》第三十六条的规定披露新任控股股东、实际控制人的相关情况;未发生变更的,应当披露控股股东、实际控制人具体信息与上一年度报告(或募集说明书)披露情况的变化之处。

第十五条 公司应当披露相关中介机构情况:公司聘请的会计师事务所名称、办公地址及签字会计师姓名(如有);债券受托管理人名称、办公地址、联系人及联系电话;报告期内对公司债券进行跟踪评级的资信评级机构名称、办公地址。

公司存在多只未到期公司债券,有多个受托管理人和资信评级机构的,应当分别说明对应关系。

报告期内公司聘请的会计师事务所(如有)、债券受托管理人、资信评级机构发生变更的,应当披露变更的原因、履行的程序、对投资者利益的影响等。

第三节　公司债券事项

第十六条 公司应当列表披露所有公开发行并在证券交易所、全国中小企业股份转让系统上市或转让,且在半年度报告批准报出日未到期或到期未能全额兑付的公司债券名称、简称、代码、发行日、到期日、债券余额、利率、还本付息方式,公司债券上市或转让的交易场所,投资者适当性安排,报告期内公司债券的付息兑付情况。

公司债券附发行人或投资者选择权条款、可交换条款、提前偿还条款等特殊条款的,应当披露报告期内相关条款的触发及执行情况。

第十七条 公司应当披露募集资金使用情况及履行的程序、期末余额、募集资金专项账户运作情况,并说明是否与募集说明书承诺的用途、使用计划及其他约定一致。

第十八条 报告期内资信评级机构对公司及公司债券进行定期和不定期跟踪评级的,公司应当披露定期和不定期跟踪评级情况,包括但不限于评级机构、评级报告出具的时间、评级结论及标识所代表的含义等,并重点说明与上一次评级结果的对比情况。如评级发生变化,公司还应当披露相关变化对投资者适当性的影响。

报告期内资信评级机构因公司在中国境内发行其他债券、债务融资工具对公司进行主体评级的,应当披露是否存在评级差异情况。

第十九条 报告期内公司债券增信机制、偿债计划及其他偿债保障措施发生变更的，应当参照《公开发行证券的公司信息披露内容与格式准则第23号——公开发行公司债券募集说明书》第五节的有关规定披露增信机制、偿债计划及其他偿债保障措施的相关情况，说明变更原因，变更是否已取得有权机构批准，以及相关变更对债券持有人利益的影响。

公司债券增信机制、偿债计划及其他偿债保障措施未发生变更的，公司应当披露增信机制、偿债计划及其他偿债保障措施在报告期内的执行情况、变化情况，并说明相关变化对债券持有人利益的影响：

（一）提供保证担保的，如保证人为法人或其他组织，应当披露保证人报告期末的净资产额、资产负债率、净资产收益率、流动比率、速动比率等主要财务指标（并注明相关财务报告是否经审计），保证人资信状况、累计对外担保余额以及累计对外担保余额占其净资产的比例；如保证人为自然人，应当披露保证人资信状况、代偿能力、资产受限情况、对外担保情况以及可能影响保证权利实现的其他信息；保证人为发行人控股股东或实际控制人的，还应当披露保证人所拥有的除发行人股权外的其他主要资产，以及该部分资产的权利限制及是否存在后续权利限制安排。公司应当着重说明保证人情况在本报告期的变化之处；

（二）提供抵押或质押担保的，应当披露担保物的价值（账面价值和评估值，注明评估时点）变化情况，已经担保的债务总余额以及抵/质押顺序，报告期内担保物的评估、登记、保管等情况；

（三）采用其他方式进行增信的，应当披露报告期内相关增信措施的变化情况等；

（四）公司制定偿债计划或采取其他偿债保障措施的，应当披露报告期内相关计划和措施的执行情况，与募集说明书的相关承诺是否一致等；

（五）公司设置专项偿债账户的，应当披露该账户资金的提取情况，与募集说明书的相关承诺是否一致等。

第二十条 公司应当披露报告期内债券持有人会议的召开情况，包括召开时间、地点、召开原因、形成的决议等。

第二十一条 公司应当披露报告期内债券受托管理人履行职责的情况。受托管理人在履行职责时可能存在利益冲突情形的，应当披露采取的相关风险防范、解决机制。

第二十二条 公司发行多只公司债券的，披露本节相关事项时应当指明与相关公司债券的对应关系。

第四节　财务和资产情况

第二十三条　公司应当采用数据列表方式，提供报告期末和上年末（或报告期和上年相同期间）的主要会计数据和财务指标，包括但不限于：总资产、归属于母公司股东的净资产、营业收入、归属于母公司股东的净利润、经营活动产生的现金流量净额、流动比率、速动比率、资产负债率、EBITDA利息保障倍数［息税折旧摊销前利润/（计入财务费用的利息支出+资本化的利息支出）］、贷款偿还率（实际贷款偿还额/应偿还贷款额）、利息偿付率（实际支付利息/应付利息）等财务指标。

若上述会计数据和财务指标同比变动超过30%的，应当披露产生变化的主要原因。

第二十四条　公司半年度财务报告已经审计，并被出具非标准审计报告的，公司应当就所涉及事项作出说明，并分析相关事项对公司生产经营和偿债能力的影响。

上年年度报告中的财务报告被注册会计师出具非标准审计报告的，公司应当就所涉及事项的变化及处理情况作出说明，并分析相关事项对公司生产经营和偿债能力的影响。

第二十五条　公司应当结合上一年度年报（或募集说明书）披露情况分析报告期末主要资产和负债的变动情况，同比变动超过30%的，应当说明产生变化的主要原因。

第二十六条　有逾期未偿还债项的，应当说明其金额、未按期偿还的原因、后续偿还安排等情况。

第二十七条　公司应当披露截至报告期末的资产抵押、质押、被查封、冻结、必须具备一定条件才能变现、无法变现、无法用于抵偿债务的情况和其他权利受限制的情况和安排，以及其他具有可对抗第三人的优先偿付负债情况。

第二十八条　公司发行其他债券和债务融资工具的，应当披露报告期内对其他债券和债务融资工具的付息兑付情况。

第二十九条　公司应当披露报告期对外担保的担保金额及增减变动情况。公司尚未履行及未履行完毕的对外担保金额累计超过报告期末净资产30%的，应当披露被担保人的基本情况（包括名称、注册资本、所从事的主要业务等）和资信状况、担保的类型、被担保债务的到期时间等，并分析对外担保事项对公司偿债能力的影响。

第三十条　公司应当披露报告期内获得的银行授信情况、使用情况以及偿还银行贷款的情况（包括按时偿还、展期及减免情况等）。

第三十一条 公司主要会计数据和财务指标的计算和披露应当遵循以下要求：

（一）公司作出会计政策、会计估计变更或重大会计差错更正的，公司应当披露变更、更正的原因及影响，涉及追溯调整或重述的，应当披露对以往各年度经营成果和财务状况的影响金额；

（二）编制合并财务报表的公司应当以合并财务报表数据填列或计算以上数据和指标；

（三）财务数据按照时间顺序自左至右排列，左起为报告期的数据，向右依次列示前一期的数据。

第五节 业务和公司治理情况

第三十二条 公司应当简要介绍报告期公司从事的主要业务，主要产品及其用途，经营模式，所属行业的发展阶段、周期性特点以及所处的行业地位，重点突出报告期发生的重大变化以及有关变化对公司经营情况及偿债能力的影响。

第三十三条 公司应当回顾分析在报告期内的主要经营情况，内容包括但不限于：

（一）主要经营业务。公司应当根据自身实际情况，按照不同的业务板块分别说明报告期内公司营业收入的构成及比例，分析营业收入、成本、费用、现金流等项目的增减变动情况，与上年相同期间相比，变动超过30%的，应当说明变化原因；

（二）若本期公司利润构成或利润来源的重大变化源自非主要经营业务，包括但不限于投资收益、公允价值变动损益、资产减值、营业外收支等，应当详细说明涉及金额、形成原因、是否具有可持续性；

（三）投资状况。公司应当介绍报告期内新增投资情况，重点分析投资额超过公司上年度末经审计净资产20%的重大投资情况。对报告期内获取的重大的股权投资，公司应当披露被投资企业基本情况、主营业务、报告期的主要财务数据（包括资产、负债、所有者权益、收入、净利润等）；对报告期内正在进行的重大的非股权投资，公司应当披露项目报告期内和累计实际投入情况、资金来源、项目的进度及收益情况。

第三十四条 公司应当披露报告期内与主要客户发生业务往来时，是否有严重违约事项；如有，应当披露相关基本情况、涉及金额、是否形成预计负债等，以及对公司经营情况和偿债能力的影响。

第三十五条 公司应当就其与控股股东在业务、人员、资产、机构、财务等方面是否存在不能保证独立性、不能保持自主经营能力的情况进行说明。

第三十六条 公司应当披露报告期内是否存在非经营性往来占款或资金拆借的情形，或者违规为控股股东、实际控制人及其关联方提供担保的情形；如有，应当披露报告期末未收回的非经营性往来占款或资金拆借金额、违规担保金额。

报告期末未收回的非经营性往来占款和资金拆借总额超过公司净资产（合并财务报表口径）10%的，应当披露往来占款和资金拆借的主要构成、形成原因、回款相关安排；公司相关决策程序、定价机制（关联方往来参照企业会计准则《关联方披露》的相关要求执行）；明确披露债券存续期内是否将继续发生非经营性往来占款或资金拆借事项，如有，应当进一步披露相关事项应履行的决策程序和持续信息披露安排。

第三十七条 公司应当披露报告期内在公司治理、内部控制等方面是否有违反《公司法》、《公司章程》规定的情况，以及执行募集说明书相关约定或承诺的情况，并分析相关情况对债券投资者利益的影响。

第六节 重 大 事 项

第三十八条 公司应当披露报告期内重大诉讼、仲裁或受到重大行政处罚的事项，包括但不限于案件进展情况、涉及金额、是否形成预计负债，以及对公司经营情况和偿债能力的影响。

第三十九条 公司应当披露报告期内发生的破产重整相关事项，包括向法院申请重整、和解或破产清算，法院受理重整、和解或破产清算，以及公司重整期间发生的法院裁定结果及其他重大事项。执行重整计划的公司应当说明计划的具体内容及执行情况。

第四十条 报告期内公司及其控股股东、实际控制人涉嫌犯罪被司法机关立案调查，公司董事、监事、高级管理人员涉嫌犯罪被司法机关采取强制措施的，公司应当披露事项原因、最新进展以及对公司经营情况和偿债能力的影响。

第四十一条 公司应当披露其他在报告期内发生的《公司债券发行与交易管理办法》第四十五条列示的重大事项、提交股东大会审议的重要事项，以及公司董事会或有权机构判断为重大的事项，说明该事项的最新进展以及对公司经营情况和偿债能力的影响。

第四十二条 本节规定的相关重大事项，如已作为临时报告在指定网站披露且后续实施无变化的，仅需说明信息披露指定网站的相关查询索引及披露日期。

第七节　财 务 报 告

第四十三条　公司应当在半年度报告中披露比较式资产负债表、比较式利润表、比较式现金流量表、比较式所有者权益（股东权益）变动表以及财务报表重要项目的附注。编制合并财务报表的公司，除提供合并财务报表外，还应当提供母公司财务报表。

财务报告应当按照《企业会计准则》的规定编制。

半年度财务报告未经审计的，公司应当注明“未经审计”字样。半年度财务报告已经审计的，公司应当披露审计意见类型；若被注册会计师出具非标准审计报告，公司还应当披露审计报告正文。

第四十四条　保证人为法人或其他组织的，应当披露保证人报告期财务报表（并注明是否经审计），包括资产负债表、利润表、现金流量表和所有者权益（股东权益）变动表。

第八节　备查文件目录

第四十五条　公司应当披露备查文件的目录，包括：

（一）载有公司负责人、主管会计工作负责人、会计机构负责人（会计主管人员）签名并盖章的财务报表；

（二）载有会计师事务所盖章、注册会计师签名并盖章的审计报告原件（如有）；

（三）报告期内在中国证监会指定网站上公开披露过的所有公司文件的正本及公告的原稿；

（四）按照境内外其他监管机构、交易场所等的要求公开披露的半年度报告、半年度财务信息。

公司应当在办公场所置备上述文件的原件。中国证监会及其派出机构、证券交易场所要求提供时，或债券持有人、受托管理人依据法律、法规、公司章程或有关协议要求查阅时，公司应当及时提供。

第三章　半年度报告摘要

第四十六条　公司应当在半年度报告摘要显要位置刊登如下（但不限于）重要提示：“本半年度报告摘要来自半年度报告全文，为全面了解本公司债券相关事项、经营和财务状况，投资者应当到××网站仔细阅读半年度报告全文。”

第四十七条 半年度报告摘要的内容至少包括下列各部分：

（一）公司债券基本情况，披露所有公开发行并在证券交易所、全国中小企业股份转让系统上市或转让，且在半年度报告批准报出日未到期或到期未能全额兑付的公司债券简称、代码、公司债券上市或转让的交易场所；

（二）公司主要财务数据，披露公司报告期末和上年末（或报告期和上年相同期间）主要会计数据和财务指标，包括但不限于：总资产、归属于母公司股东的净资产、营业收入、归属于母公司股东的净利润、经营活动产生的现金流量净额、资产负债率；

（三）重大事项，说明报告期内是否发生本准则第二章第六节规定的重大事项。

第四章 附　　则

第四十八条 本准则所称对外担保，包括公司自身的对外担保及其子公司的对外担保，不含公司对子公司的担保。

第四十九条 其他公开发行公司信用类债券并在交易所上市交易的企业，应参照本准则的规定编制和披露半年度报告。

第五十条 本准则自公布之日起施行。

附件：××公司公司债券半年度报告摘要格式

附件

××公司公司债券半年度报告摘要格式

一、重要提示

本半年度报告摘要来自半年度报告全文，为全面了解本公司债券相关事项、经营和财务状况，投资者应当到××网站仔细阅读半年度报告全文。

二、公司债券基本情况

公司债券简称	代码	上市或转让的交易场所

三、公司主要财务数据

单位：

	本报告期末	上年度末	本报告期末比上年度末增减（%）
总资产			
归属于母公司股东的净资产			
资产负债率			
	本报告期	上年同期	本报告期比上年同期增减（%）
营业收入			
归属于母公司股东的净利润			
经营活动产生的现金流量净额			

四、重大事项

未发生重大事项的，应当说明：报告期内本公司未发生重大事项。

发生重大事项的，应当说明：报告期内本公司发生×项重大事项，具体情况请参见××（指明相关查询索引及披露日期）。

关于公开发行公司债券的上市公司半年度报告披露的补充规定

（2016年5月11日　证监会公告〔2016〕9号）

为落实《公司债券发行与交易管理办法》等要求，做好公司债券半年度报告与上市公司半年度报告的衔接，现就有关事项补充规定如下：

公开发行公司债券的发行人应当按照规定披露半年度报告。发行人为上市公司的，应当在按照《公开发行证券的公司信息披露内容与格式准则第3号——半年度报告的内容与格式》编制和披露的半年度报告中，以专门章节披露"公司债券相关情况"。上市公司半年度报告其他章节与"公司债券相关情况"一节要求披露的部分内容相同的，可以建立相关查询索引，避免重复。上市公司发行多只公司债券的，披露"公司债券相关情况"一节相关事项时应当指明与公司债券的对应关系。

"公司债券相关情况"应当披露在上市公司半年度报告正文第九节（原第九节"财务报告"相应调整为第十节），并包含以下内容：

一、列表披露所有公开发行并在证券交易所上市，且在半年度报告批准报出日未到期或到期未能全额兑付的公司债券名称、简称、代码、发行日、到期日、债券余额、利率、还本付息方式，公司债券上市或转让的交易场所，投资者适当性安排，报告期内公司债券的付息兑付情况。

公司债券附发行人或投资者选择权条款、可交换条款、提前偿还条款等特殊条款的，应当披露报告期内相关条款的触发及执行情况。

二、披露债券受托管理人名称、办公地址、联系人及联系电话；报告期内对公司债券进行跟踪评级的资信评级机构名称、办公地址。

报告期内上市公司聘请的债券受托管理人、资信评级机构发生变更的，应当披露变更的原因、履行的程序、对投资者利益的影响等。

三、披露公司债券募集资金使用情况及履行的程序、期末余额、募集资金专项账户运作情况，并说明是否与募集说明书承诺的用途、使用计划及其他约定一致。

四、报告期内资信评级机构对上市公司及公司债券进行定期和不定期跟踪评级的，上市公司应当披露定期和不定期跟踪评级情况，包括但不限于评级机构、评级报告出具的时间、评级结论及标识所代表的含义等，并重点说明与上一次评级结果的对比情况。如评级发生变化，上市公司还应当披露相关变化对投资者适当性的影响。

报告期内资信评级机构因上市公司在中国境内发行其他债券、债务融资工具对上市公司进行主体评级的，应当披露是否存在评级差异情况。

五、报告期内公司债券增信机制、偿债计划及其他偿债保障措施发生变更的，应当参照《公开发行证券的公司信息披露内容与格式准则第23号——公开发行公司债券募集说明书》第五节的有关规定披露增信机制、偿债计划及其他偿债保障措施的相关情况，说明变更原因，变更是否已取得有权机构批准，以及相关变更对债券持有人利益的影响。

公司债券增信机制、偿债计划及其他偿债保障措施未发生变更的，上市公司应当披露增信机制、偿债计划及其他偿债保障措施在报告期内的执行情况、变化情况，并说明相关变化对债券持有人利益的影响：

（一）提供保证担保的，如保证人为法人或者其他组织，应当披露保证人报告期末的净资产额、资产负债率、净资产收益率、流动比率、速动比率等主要财务指标（并注明相关财务报告是否经审计），保证人资信状况、累计对外担保余额以及累计对外担保余额占其净资产的比例；如保证人为自然人，应当披露保证人资信状况、代偿能力、资产受限情况、对外担保情况以及可能影响保证权利实现的其他信息；保证人为发行人控股股东或实际控制人的，还应当披露保证人所拥有的除发行人股权外的其他主要资产，以及该部分资产的权利限制及是否存在后续权利限制安排。上市公司应当着重说明保证人情况在本报告期的变化之处。

（二）提供抵押或质押担保的，应当披露担保物的价值（账面价值和评估值，注明评估时点）变化情况，已经担保的债务总余额以及抵/质押顺序，报告期内担保物的评估、登记、保管等情况。

（三）采用其他方式进行增信的，应当披露报告期内相关增信措施的变化情况等。

（四）上市公司制定偿债计划或采取其他偿债保障措施的，应当披露报告期内相关计划和措施的执行情况，与募集说明书的相关承诺是否一致等。

（五）上市公司设置专项偿债账户的，应当披露该账户资金的提取情况，与募集说明书的相关承诺是否一致等。

六、披露报告期内债券持有人会议的召开情况，包括召开时间、地点、召开原因、形成的决议等。

七、披露报告期内债券受托管理人履行职责的情况。受托管理人在履行职责时可能存在利益冲突情形的，应当披露采取的相关风险防范、解决机制。

八、采用数据列表方式，提供截至报告期末和上年末（或报告期和上年相同期间）下列会计数据和财务指标，包括但不限于：流动比率、速动比率、资产负债率、EBITDA 利息保障倍数［息税折旧摊销前利润/（计入财务费用的利息支出 + 资本化的利息支出）］、贷款偿还率（实际贷款偿还额/应偿还贷款额）、利息偿付率（实际支付利息/应付利息）。

若上述会计数据和财务指标同比变动超过 30% 的，应当披露产生变化的主要原因。

九、披露截至报告期末的资产抵押、质押、被查封、冻结、必须具备一定条件才能变现、无法变现、无法用于抵偿债务的情况和其他权利受限制的情况和安排，以及其他具有可对抗第三人的优先偿付负债情况。

十、有逾期未偿还债项的，应当说明其金额、未按期偿还的原因、后续偿还安排等情况。

十一、上市公司发行其他债券和债务融资工具的，应当披露报告期内对其他债券和债务融资工具的付息兑付情况。

十二、披露报告期内获得的银行授信情况、使用情况以及偿还银行贷款的情况（包括按时偿还、展期及减免情况等）。

十三、披露报告期内执行公司债券募集说明书相关约定或承诺的情况，并分析相关情况对债券投资者利益的影响。

十四、披露报告期内发生的《公司债券发行与交易管理办法》第四十五条列示的重大事项，说明该事项的最新进展以及对上市公司经营情况和偿债能力的影响。

本条规定的相关重大事项，如已作为临时报告在指定网站披露且后续实施无变化的，仅需说明信息披露指定网站的相关查询索引及披露日期。

十五、公司债券的保证人为法人或者其他组织的，应当披露保证人报告期财务报表（并注明是否经审计），包括资产负债表、利润表、现金流量表和所有者权益（股东权益）变动表。

本规定自公布之日起施行。

附　录

附录一

2016 年上半年中国证监会明令废止或停止执行的文件、条款

1. 根据《证券公司风险控制指标计算标准规定》(2016 年 6 月 16 日证监会公告〔2016〕10 号),原《关于调整证券公司净资本计算标准的规定》(证监会公告〔2012〕37 号)、《关于修改〈证券公司风险资本准备计算标准的规定〉的决定》(证监会公告〔2012〕36 号)同时废止。

附录二　司法解释及其他司法文件

最高人民法院关于适用《中华人民共和国物权法》若干问题的解释（一）

（2016 年 2 月 22 日　法释〔2016〕5 号）

为正确审理物权纠纷案件，根据《中华人民共和国物权法》的相关规定，结合民事审判实践，制定本解释。

第 一 条　因不动产物权的归属，以及作为不动产物权登记基础的买卖、赠与、抵押等产生争议，当事人提起民事诉讼的，应当依法受理。当事人已经在行政诉讼中申请一并解决上述民事争议，且人民法院一并审理的除外。

第 二 条　当事人有证据证明不动产登记簿的记载与真实权利状态不符、其为该不动产物权的真实权利人，请求确认其享有物权的，应予支持。

第 三 条　异议登记因物权法第十九条第二款规定的事由失效后，当事人提起民事诉讼，请求确认物权归属的，应当依法受理。异议登记失效不影响人民法院对案件的实体审理。

第 四 条　未经预告登记的权利人同意，转移不动产所有权，或者设定建设用地使用权、地役权、抵押权等其他物权的，应当依照物权法第二十条第一款的规定，认定其不发生物权效力。

第 五 条　买卖不动产物权的协议被认定无效、被撤销、被解除，或者预告登记的权利人放弃债权的，应当认定为物权法第二十条第二款所称的“债权消灭”。

第 六 条　转让人转移船舶、航空器和机动车等所有权，受让人已经支付对价并取得占有，虽未经登记，但转让人的债权人主张其为物权法第二十四条所称的“善意第三人”的，不予支持，法律另有规定的除外。

第 七 条 人民法院、仲裁委员会在分割共有不动产或者动产等案件中作出并依法生效的改变原有物权关系的判决书、裁决书、调解书,以及人民法院在执行程序中作出的拍卖成交裁定书、以物抵债裁定书,应当认定为物权法第二十八条所称导致物权设立、变更、转让或者消灭的人民法院、仲裁委员会的法律文书。

第 八 条 依照物权法第二十八条至第三十条规定享有物权,但尚未完成动产交付或者不动产登记的物权人,根据物权法第三十四条至第三十七条的规定,请求保护其物权的,应予支持。

第 九 条 共有份额的权利主体因继承、遗赠等原因发生变化时,其他按份共有人主张优先购买的,不予支持,但按份共有人之间另有约定的除外。

第 十 条 物权法第一百零一条所称的“同等条件”,应当综合共有份额的转让价格、价款履行方式及期限等因素确定。

第十一条 优先购买权的行使期间,按份共有人之间有约定的,按照约定处理;没有约定或者约定不明的,按照下列情形确定:

(一)转让人向其他按份共有人发出的包含同等条件内容的通知中载明行使期间的,以该期间为准;

(二)通知中未载明行使期间,或者载明的期间短于通知送达之日起十五日的,为十五日;

(三)转让人未通知的,为其他按份共有人知道或者应当知道最终确定的同等条件之日起十五日;

(四)转让人未通知,且无法确定其他按份共有人知道或者应当知道最终确定的同等条件的,为共有份额权属转移之日起六个月。

第十二条 按份共有人向共有人之外的人转让其份额,其他按份共有人根据法律、司法解释规定,请求按照同等条件购买该共有份额的,应予支持。

其他按份共有人的请求具有下列情形之一的,不予支持:

(一)未在本解释第十一条规定的期间内主张优先购买,或者虽主张优先购买,但提出减少转让价款、增加转让人负担等实质性变更要求;

(二)以其优先购买权受到侵害为由,仅请求撤销共有份额转让合同或者认定该合同无效。

第十三条 按份共有人之间转让共有份额,其他按份共有人主张根据物权法第一百零一条规定优先购买的,不予支持,但按份共有人之间另有约定的除外。

第十四条 两个以上按份共有人主张优先购买且协商不成时，请求按照转让时各自份额比例行使优先购买权的，应予支持。

第十五条 受让人受让不动产或者动产时，不知道转让人无处分权，且无重大过失的，应当认定受让人为善意。

真实权利人主张受让人不构成善意的，应当承担举证证明责任。

第十六条 具有下列情形之一的，应当认定不动产受让人知道转让人无处分权：

（一）登记簿上存在有效的异议登记；

（二）预告登记有效期内，未经预告登记的权利人同意；

（三）登记簿上已经记载司法机关或者行政机关依法裁定、决定查封或者以其他形式限制不动产权利的有关事项；

（四）受让人知道登记簿上记载的权利主体错误；

（五）受让人知道他人已经依法享有不动产物权。

真实权利人有证据证明不动产受让人应当知道转让人无处分权的，应当认定受让人具有重大过失。

第十七条 受让人受让动产时，交易的对象、场所或者时机等不符合交易习惯的，应当认定受让人具有重大过失。

第十八条 物权法第一百零六条第一款第一项所称的“受让人受让该不动产或者动产时”，是指依法完成不动产物权转移登记或者动产交付之时。

当事人以物权法第二十五条规定的方式交付动产的，转让动产法律行为生效时为动产交付之时；当事人以物权法第二十六条规定的方式交付动产的，转让人与受让人之间有关转让返还原物请求权的协议生效时为动产交付之时。

法律对不动产、动产物权的设立另有规定的，应当按照法律规定的时间认定权利人是否为善意。

第十九条 物权法第一百零六条第一款第二项所称“合理的价格”，应当根据转让标的物的性质、数量以及付款方式等具体情况，参考转让时交易地市场价格以及交易习惯等因素综合认定。

第二十条 转让人将物权法第二十四条规定的船舶、航空器和机动车等交付给受让人的，应当认定符合物权法第一百零六条第一款第三项规定的善意取得的条件。

第二十一条 具有下列情形之一，受让人主张根据物权法第一百零六条规定取得所有权的，不予支持：

（一）转让合同因违反合同法第五十二条规定被认定无效；

（二）转让合同因受让人存在欺诈、胁迫或者乘人之危等法定事由被撤销。

第二十二条 本解释自2016年3月1日起施行。

本解释施行后人民法院新受理的一审案件，适用本解释。

本解释施行前人民法院已经受理、施行后尚未审结的一审、二审案件，以及本解释施行前已经终审、施行后当事人申请再审或者按照审判监督程序决定再审的案件，不适用本解释。

最高人民法院、中国证券监督管理委员会关于试点法院通过网络查询、冻结被执行人证券有关事项的通知

（2016 年 3 月 4 日　法〔2016〕72 号）

北京、上海、浙江、福建、广东省（市）高级人民法院，中国证券登记结算有限责任公司，北京、上海、浙江、福建、广东证监局：

为协助人民法院提高执行效率、依法保护被执行人合法权益，最高人民法院、中国证券监督管理委员会（以下简称中国证监会）决定建立网络执行查控系统，开展人民法院通过网络查询、冻结被执行人证券的试点工作。现将有关事项通知如下：

一、建立网络查控工作机制

最高人民法院与中国证监会建立“总对总”的网络执行查控工作机制。最高人民法院和中国证监会负责协调解决建立网络执行查控系统及网络查控试点阶段有关的重大问题。建立和通过网络执行查控系统查询、冻结证券的具体工作由最高人民法院执行局和中国证券登记结算有限责任公司（以下简称中国结算）负责。

中国结算与最高人民法院之间建立网络查控专线联接。试点法院通过最高人民法院网络执行查控系统提出查询、冻结（含初次冻结、续冻、轮候冻结、解除冻结）被执行人证券的请求。中国结算按照人民法院的请求完成相应的协助执行事项，并将查询、冻结结果反馈最高人民法院。最高人民法院通过网络执行查控系统将查询、冻结结果反馈提出查询、冻结请求的试点法院。

二、坚持依法查控、依法保密原则

人民法院通过网络执行查控系统查询、冻结被执行人证券的，应当坚持“一案一查一冻一用原则”，即只查询、冻结执行案件中被执行人证券及相关信息，不得查询、冻结被执行人以外的非执行义务主体的证券及相关信息；查询、冻结所获被执行人证券相关信息只用于该案件的执行工

作，不得用于该案件执行以外的其他任何用途。

人民法院应当将所获得的被执行人证券相关信息作为内部办案信息予以保护，做好信息处理、传输、接收、使用中的信息保护工作，切实防范相关信息被违规泄露、扩散。

被执行人持有证券的市值总额信息可以提供给申请执行人等与案件执行直接相关的人员，但被执行人持有证券的品种、数量、价格等敏感、明细信息的反馈结果不得提供给法院办案人员以外的其他任何人。

网络查控涉及的与被执行人证券信息有关的单位和个人，应当遵守证券市场有关信息披露、禁止内幕交易等法律法规和业务规则。

三、规范冻结执行顺序及执行争议的处理

人民法院通过网络执行查控系统提交的冻结请求，同一批次冻结请求以系统提交时的自然排序作为执行顺序，不同批次冻结请求之间以系统提交的时间先后作为执行顺序。

在同一交易日，对同一被执行人的证券，既有法定有权机关通过证券公司或者中国结算的业务柜台提交冻结或者扣划请求，又有人民法院通过网络执行查控系统提交冻结请求的，以人民法院通过网络执行查控系统提交的冻结请求排序作为当日最后到达的冻结请求。

人民法院通过网络执行查控系统提交的冻结被执行人证券的请求，与其他法定有权机关的书面冻结请求具有同等法律效力，适用《最高人民法院、最高人民检察院、公安部、中国证监会关于查询、冻结、扣划证券和证券交易结算资金有关问题的通知》（法发〔2008〕4 号）关于冻结的有关规定。本通知有关人民法院通过网络查询、冻结被执行人证券的相关规定与法发〔2008〕4 号文件规定不一致的，以本通知为准。

人民法院与其他法定有权机关就执行被执行人证券产生争议的，由最高人民法院与最高人民检察院、公安部等依法协调解决。争议协调解决期间，中国结算控制发生执行争议的相关证券，不协助任何一方执行。争议协调解决完成，中国结算按照最高人民法院与最高人民检察院、公安部等协商的最终结论处理。

人民法院在查询、冻结被执行人证券的具体执行工作中，应当符合中国结算依法制定的协助执行有关业务规则，维护证券登记结算系统的安全稳定运行、维护登记结算工作的正常秩序。

四、提交有效、规范的法律文书

人民法院通过网络执行查控系统查询、冻结被执行人证券的，应当分别提交盖章的协助查询通知书、协助冻结通知书和执行裁定书的电子版，并附两名执行人员公务证件复印件的扫描件。

五、规范查询、冻结的具体操作

人民法院应当在中国结算相关业务系统工作时间内通过网络执行查控系统提交协助查询、冻结请求。

人民法院应当按照网络执行查控系统规定的相关项目和格式,准确、完整地填写查询、冻结请求及相关信息,做到查询、冻结请求明确、具体、可执行。

中国结算接收到人民法院通过网络执行查控系统提交的协助查询、冻结请求后进行合规性核对。核对无误的,协助查询、冻结并通过网络执行查控系统将协助查询、冻结的结果反馈最高人民法院;核对后存在查询、冻结请求不明确、不具体、不可执行等情形的,予以退回并提示退回原因。人民法院可以在补充完善后重新发出查询、冻结请求,相关冻结请求按照再次提交的时间重新排序。

法律、行政法规以及最高人民法院、中国证监会规定不得被强制执行的证券或者资金,依法依规不予实施冻结,并在查询结果中予以标识。此类不予实施冻结的证券或者资金,由中国结算负责依据有关规定在网络执行查控系统中以清单方式具体列明,并根据有关规定的变动及时更新。

通过网络执行查控系统查询、冻结被执行人证券的具体范围、法律文书必备要素和格式、查控系统工作时间段等具体事项,由最高人民法院执行局与中国结算商定后另行规定。

六、网络查控系统技术安全保障及故障处理

网络执行查控系统与中国结算的证券登记结算业务技术系统之间应当实现有效隔离,确保各自技术系统的运行安全,切实防范各自技术系统的运行风险。

因技术故障导致网络执行查控系统无法正常运行的,发现故障一方应当立即通知另一方,故障一方应当及时排除故障。因技术系统故障或者不可抗力而未能及时办理查询、冻结请求的,最高人民法院执行局与中国结算均不承担任何法律责任。

七、试点工作相关安排

通过网络查询、冻结被执行人证券的试点区域包括北京、上海、浙江、福建、广东等省、市高级人民法院及其辖区各级人民法院。

试点期间,网络执行查控系统先上线开通查询被执行人证券信息的功能。经过一段时间的查询试点,待条件成熟后,再行上线开展通过网络冻结被执行人证券的试点工作。网络执行查控系统查询、冻结功能上线开通的具体时间由最高人民法院执行局与中国结算另行通知。

经过试点,待条件成熟后,将网络查控工作机制推广到其他地区。

人民检察院
行政诉讼监督规则(试行)

(2016年4月15日)

第一章　总　　则

第 一 条　为了保障和规范人民检察院依法履行行政诉讼监督职责,根据《中华人民共和国行政诉讼法》《中华人民共和国民事诉讼法》《中华人民共和国人民检察院组织法》和其他有关规定,结合检察工作实际,制定本规则。

第 二 条　人民检察院通过办理行政诉讼监督案件,监督人民法院依法审判和执行,促进行政机关依法行使职权,维护司法公正和司法权威,维护国家利益和社会公共利益,保护公民、法人和其他组织的合法权益,保障国家法律的统一正确实施。

第 三 条　人民检察院通过抗诉、检察建议等方式,对行政诉讼实行法律监督。

第 四 条　人民检察院对行政诉讼实行监督,应当以事实为根据,以法律为准绳,坚持公开、公平、公正,坚持合法性审查,监督和支持人民法院、行政机关依法行使职权。

第二章　受　　理

第 五 条　有下列情形之一的,当事人可以向人民检察院申请监督:

(一)人民法院对生效判决、裁定、调解书驳回再审申请或者逾期未对再审申请作出裁定的;

(二)认为再审判决、裁定确有错误的;

(三)认为审判程序中审判人员存在违法行为的;

(四)认为人民法院执行活动存在违法情形的。

第 六 条　当事人依照本规则第五条第一项、第二项规定向人民检察院申请监督，应当在人民法院作出驳回再审申请裁定之日或者再审判决、裁定发生法律效力之日起六个月内提出；对人民法院逾期未对再审申请作出裁定的，应当在再审申请审查期限届满之日起六个月内提出。

当事人以下列理由申请监督，应当在知道或者应当知道之日起六个月内提出：

（一）有新的证据，足以推翻再审判决、裁定的；

（二）再审判决、裁定认定事实的主要证据系伪造的；

（三）据以作出再审判决、裁定的法律文书被撤销或者变更的；

（四）审判人员在审理该案件时有贪污受贿、徇私舞弊、枉法裁判行为的。

当事人依照本规则第五条第三项、第四项向人民检察院申请监督，应当在知道或者应当知道审判人员违法行为或者执行活动违法情形发生之日起六个月内提出。

本条规定的期间为不变期间，不适用中止、中断、延长的规定。

第 七 条 当事人向人民检察院申请监督，有下列情形之一的，人民检察院不予受理：

（一）当事人对生效判决、裁定、调解书未向人民法院申请再审或者申请再审超过法律规定的期限的；

（二）人民法院正在对再审申请进行审查的，但无正当理由超过三个月未对再审申请作出裁定的除外；

（三）人民法院已经裁定再审且尚未审结的；

（四）人民检察院已经审查终结作出决定的；

（五）判决、裁定、调解书是人民法院根据人民检察院的抗诉或者再审检察建议再审后作出的；

（六）申请监督超过本规则第六条规定的期限的；

（七）当事人提出有关执行的异议、申请复议、申诉或者提起诉讼后，人民法院已经受理并正在审查处理的，但超过法定期间未作出处理的除外；

（八）其他不应当受理的情形。

第 八 条 当事人对已经发生法律效力的行政判决、裁定、调解书向人民检察院申请监督的，由作出生效判决、裁定、调解书的人民法院所在地同级人民检察院控告检察部门受理。

当事人认为审判程序中审判人员存在违法行为或者执行活动存在违法情形，向人民检察院申请监督的，由审理、执行案件的人民法院所在地同级人民检察院控告检察部门受理。

同级人民检察院不依法受理的，当事人可以向上一级人民检察院申请监督。

第九条 有下列情形之一的行政诉讼案件，人民检察院应当依职权进行监督：

（一）损害国家利益或者社会公共利益的；

（二）审判、执行人员有贪污受贿、徇私舞弊、枉法裁判等违法行为的；

（三）其他确有必要进行监督的。

第三章 审 查

第十条 人民检察院行政检察部门负责对受理后的行政诉讼监督案件进行审查。

第十一条 人民检察院对审查终结的案件，应当区分情况作出下列决定：

（一）再审检察建议；

（二）提请抗诉；

（三）抗诉；

（四）检察建议；

（五）不支持监督申请；

（六）终结审查。

第十二条 人民检察院受理当事人申请监督的案件，应当在三个月内审查终结并作出决定，但调卷、鉴定、评估、审计期间不计入审查期限。有特殊情况需要延长的，由本院检察长批准。

第十三条 人民检察院因履行法律监督职责提出检察建议或者抗诉的需要，有下列情形之一的，可以向当事人或者案外人调查核实有关情况：

（一）判决、裁定、调解书可能存在法律规定需要监督的情形，仅通过阅卷及审查现有材料难以认定的；

（二）审判人员可能存在违法行为的；

（三）人民法院执行活动可能存在违法情形的；

（四）其他需要调查核实的情形。

人民检察院不得为证明行政行为的合法性调取行政机关作出行政行

为时未收集的证据。

人民检察院通过阅卷以及调查核实难以认定有关事实的，可以向相关审判、执行人员了解有关情况，听取意见。

第四章　对生效判决、裁定、调解书的监督

第一节　一 般 规 定

第十四条　申请监督人提供的新的证据，能够证明原判决、裁定认定基本事实或者裁判结果错误的，应当认定为《中华人民共和国行政诉讼法》第九十一条第二项规定的情形，但原审被告无正当理由逾期提供证据的除外。

第十五条　有下列情形之一的，应当认定为《中华人民共和国行政诉讼法》第九十一条第三项规定的“认定事实的主要证据不足”：

（一）认定的事实没有证据支持，或者认定的事实所依据的证据虚假、缺乏证明力的；

（二）认定的事实所依据的证据不合法的；

（三）认定事实的主要证据不足的其他情形。

第十六条　有下列情形之一的，应当认定为《中华人民共和国行政诉讼法》第九十一条第四项规定的“适用法律、法规确有错误”：

（一）适用法律、法规与案件性质明显不符的；

（二）适用的法律、法规已经失效或者尚未施行的；

（三）违反法律适用规则的；

（四）违反法律溯及力规定的；

（五）适用法律、法规明显违背立法本意的；

（六）应当适用的法律、法规未适用的；

（七）适用法律、法规错误的其他情形。

第十七条　有下列情形之一的，应当认定为《中华人民共和国行政诉讼法》第九十一条第五项规定的“违反法律规定的诉讼程序，可能影响公正审判的”：

（一）审判组织的组成不合法的；

（二）依法应当回避的审判人员没有回避的；

（三）未经合法传唤缺席判决的；

（四）无诉讼行为能力人未经法定代理人代为诉讼的；

（五）遗漏应当参加诉讼的当事人的；

（六）违反法律规定，剥夺当事人辩论权、上诉权等重大诉讼权利的；

（七）其他严重违反法定程序的情形。

第二节　再审检察建议和提请抗诉、抗诉

第十八条　地方各级人民检察院发现同级人民法院已经发生法律效力的判决、裁定有下列情形之一的，可以向同级人民法院提出再审检察建议：

（一）不予立案或者驳回起诉确有错误的；

（二）有新的证据，足以推翻原判决、裁定的；

（三）原判决、裁定认定事实的主要证据不足、未经质证或者系伪造的；

（四）违反法律规定的诉讼程序，可能影响公正审判的；

（五）原判决、裁定遗漏诉讼请求的；

（六）据以作出原判决、裁定的法律文书被撤销或者变更的。

第十九条　符合本规则第十八条规定的案件有下列情形之一的，地方各级人民检察院应当提请上一级人民检察院抗诉：

（一）判决、裁定是经同级人民法院再审后作出的；

（二）判决、裁定是经同级人民法院审判委员会讨论作出的；

（三）其他不适宜由同级人民法院再审纠正的。

第二十条　地方各级人民检察院发现同级人民法院已经发生法律效力的判决、裁定具有下列情形之一的，应当提请上一级人民检察院抗诉：

（一）原判决、裁定适用法律、法规确有错误的；

（二）审判人员在审理该案件时有贪污受贿、徇私舞弊、枉法裁判行为的。

第二十一条　地方各级人民检察院发现同级人民法院已经发生法律效力的调解书损害国家利益、社会公共利益的，可以向同级人民法院提出再审检察建议，也可以提请上一级人民检察院抗诉。

第二十二条　最高人民检察院对各级人民法院已经发生法律效力的判决、裁定、调解书，上级人民检察院对下级人民法院已经发生法律效力的判决、裁定、调解书，发现有《中华人民共和国行政诉讼法》第九十一条、第九十三条规定情形的，应当向同级人民法院提出抗诉。

第二十三条　人民检察院提出再审检察建议，应当制作《再审检察建议书》，在决定之日起十五日内将《再审检察建议书》连同案件卷宗移送同级人民法院，并制作决定提出再审检察建议的《通知书》，发送当事

人。人民检察院提出再审检察建议，应当经检察委员会决定，并将《再审检察建议书》报上一级人民检察院备案。

人民检察院依照前款规定提出再审检察建议的，人民法院根据《最高人民法院、最高人民检察院关于对民事审判活动与行政诉讼实行法律监督的若干意见（试行）》等规定审查回复。

第二十四条 人民检察院提请抗诉，应当制作《提请抗诉报告书》，在决定之日起十五日内将《提请抗诉报告书》连同案件卷宗等材料报送上一级人民检察院，并制作决定提请抗诉的《通知书》，发送当事人。

第二十五条 人民检察院提出抗诉，应当制作《抗诉书》，在决定之日起十五日内将《抗诉书》连同案件卷宗移送同级人民法院，并制作决定抗诉的《通知书》，发送当事人。

第二十六条 人民检察院提出抗诉的案件，人民法院再审时，人民检察院应当派员出席法庭。

第二十七条 人民检察院认为当事人的监督申请不符合监督条件，应当制作《不支持监督申请决定书》，在决定之日起十五日内发送当事人。

下级人民检察院提请抗诉的案件，上级人民检察院可以委托提请抗诉的人民检察院将《不支持监督申请决定书》发送当事人。

第五章 对审判程序中审判人员违法行为的监督与对执行活动的监督

第二十八条 人民检察院发现人民法院审判活动有下列情形之一的，应当向同级人民法院提出检察建议：

（一）判决、裁定确有错误，但不适用再审程序纠正的；

（二）调解违反自愿原则或者调解协议内容违反法律的；

（三）当事人依照《中华人民共和国行政诉讼法》第五十二条规定向上一级人民法院起诉，上一级人民法院未按该规定处理的；

（四）审理案件适用审判程序错误的；

（五）保全、先予执行、停止执行或者不停止执行行政行为违反法律规定的；

（六）诉讼中止或者诉讼终结违反法律规定的；

（七）违反法定审理期限的；

（八）对当事人采取罚款、拘留等妨害行政诉讼的强制措施违反法律规定的；

（九）违反法律规定送达的；

（十）审判人员接受当事人及其委托代理人请客送礼或者违反规定会见当事人及其委托代理人的；

（十一）审判人员实施或者指使、支持、授意他人实施妨害行政诉讼行为，尚未构成犯罪的；

（十二）其他违反法律规定的情形。

第二十九条 人民检察院发现人民法院执行裁定、决定等有下列情形之一的，应当向同级人民法院提出检察建议：

（一）提级管辖、指定管辖或者对管辖异议的裁定违反法律规定的；

（二）裁定受理、不予受理、中止执行、终结执行、恢复执行、执行回转等违反法律规定的；

（三）变更、追加执行主体错误的；

（四）裁定采取财产调查、控制、处置等措施违反法律规定的；

（五）审查执行异议、复议以及案外人异议作出的裁定违反法律规定的；

（六）决定罚款、拘留、暂缓执行等事项违反法律规定的；

（七）执行裁定、决定等违反法定程序的；

（八）对行政机关申请强制执行的行政行为作出准予执行或者不准予执行的裁定违反法律规定的；

（九）执行裁定、决定等有其他违法情形的。

第三十条 人民检察院发现人民法院在执行活动中违反规定采取调查、查封、扣押、冻结、评估、拍卖、变卖、保管、发还财产等执行实施措施的，应当向同级人民法院提出检察建议。

第三十一条 人民检察院发现人民法院有下列不履行或者怠于履行执行职责情形之一的，应当向同级人民法院提出检察建议：

（一）对依法应当受理的执行申请不予受理又不依法作出不予受理裁定的；

（二）对已经受理的执行案件不依法作出执行裁定、无正当理由未在法定期限内采取执行措施或者执行结案的；

（三）违法不受理执行异议、复议或者受理后逾期未作出裁定、决定的；

（四）暂缓执行、停止执行、中止执行的原因消失后，不按规定恢复执行的；

（五）依法应当变更或者解除执行措施而不变更、解除的；

（六）有其他不履行或者怠于履行执行职责行为的。

第三十二条 人民检察院根据本规则第二十八条、第二十九条、第三十条、第三十一条提出检察建议，应当制作《检察建议书》，在决定之日起十五日内将《检察建议书》连同案件卷宗移送同级人民法院。当事人申请监督的案件，人民检察院应当制作决定提出检察建议的《通知书》，发送申请人。人民检察院对行政执行活动提出检察建议，应当经检察委员会决定。

人民检察院依照前款规定提出检察建议的，人民法院根据《最高人民法院、最高人民检察院关于对民事审判活动与行政诉讼实行法律监督的若干意见（试行）》等规定审查回复。

第六章 其他规定

第三十三条 人民法院对人民检察院监督行为提出书面建议的，人民检察院应当在一个月内将处理结果书面回复人民法院。人民法院对回复意见有异议，并通过上一级人民法院向上一级人民检察院提出，上一级人民检察院认为建议正确的，应当要求下级人民检察院及时纠正。

第三十四条 人民检察院办理行政诉讼监督案件，发现行政机关有违反法律规定、可能影响人民法院公正审理的行为，可以向行政机关提出检察建议，并将相关情况告知人民法院。

第三十五条 人民检察院行政检察部门在履行职责过程中，发现违法违纪或者涉嫌犯罪线索，应当及时将相关材料移送有关职能部门。

人民检察院相关职能部门在办案工作中发现人民法院行政审判人员、执行人员有贪污受贿、徇私舞弊、枉法裁判等违法行为，可能导致原判决、裁定错误的，应当及时将相关材料移送行政检察部门。

第七章 附 则

第三十六条 人民检察院办理行政诉讼监督案件，本规则没有规定的，适用《人民检察院民事诉讼监督规则（试行）》的相关规定。

第三十七条 本规则自发布之日起施行。本院之前公布的其他有关行政诉讼监督的规定与本规则内容不一致的，以本规则为准。

最高人民法院印发《关于落实“用两到三年时间基本解决执行难问题”的工作纲要》的通知

（2016年4月29日　法发〔2016〕10号）

各省、自治区、直辖市高级人民法院，解放军军事法院，新疆维吾尔自治区高级人民法院生产建设兵团分院：

“用两到三年时间基本解决执行难问题”，是最高人民法院经过认真研判和广泛征求意见后作出的重大决策部署，是当前和今后一段时期人民法院工作的重中之重。为实现基本解决执行难总体目标，全面强化各项执行工作，最高人民法院制定了《关于落实“用两到三年时间基本解决执行难问题”的工作纲要》，对基本解决执行难的总体思路、主要任务及组织保障提出了明确、具体要求。

现将《关于落实“用两到三年时间基本解决执行难问题”的工作纲要》印发给你们，请结合实际认真贯彻执行。执行中发现情况和问题请及时报告最高人民法院。

关于落实“用两到三年时间基本解决执行难问题”的工作纲要

2016年3月13日，周强院长在十二届全国人大四次会议上报告最高人民法院工作时庄严承诺：“用两到三年时间基本解决执行难问题”，这是人民法院满足人民群众日益增长的多元司法需求、提升司法公信力的内在要求，是人民法院为实现全面建成小康社会和“四个全面”战略布局目标提供有力司法保障的应有之义，是对人民法院执行工作的极大鞭策和鼓舞。各级人民法院要牢固树立政治意识、大局意识、为民意识，切实增强使命感、责任感和紧迫感，求真务实、锐意进取，勇于担当、奋发有为，全力推进各项执行工作健康快速发展，确保在两到三年期限内完成基本解决执行难目标任务，切实“让人民群众在每一个司法案件中感受到公平正义”。

一、基本解决执行难的总体目标与评价体系

（一）总体目标

全面推进执行体制、执行机制、执行模式改革，加强正规化、专业化、职业化执行队伍建设，建立健全信息化执行查控体系、执行管理体系、执行指挥体系及执行信用惩戒体系，不断完善执行规范体系及各种配套措施，破解执行难题，补齐执行短板，在两到三年内实现以下目标：被执行人规避执行、抗拒执行和外界干预执行现象基本得到遏制；人民法院消极执行、选择性执行、乱执行的情形基本消除；无财产可供执行案件终结本次执行的程序标准和实质标准把握不严、恢复执行等相关配套机制应用不畅的问题基本解决；有财产可供执行案件在法定期限内基本执行完毕，人民群众对执行工作的满意度显著提升，人民法院执行权威有效树立，司法公信力进一步增强。

（二）评价体系

引入第三方评估机构研究制定基本解决执行难的评价体系，确定两到三年内解决执行难的具体目标及指标体系，广泛征求意见后向社会公开发布。两到三年期限届满前由该第三方评估机构及参与单位按照既定的评价体系进行效果评估，向社会发布评估结果。

二、基本解决执行难应坚持的原则

基本解决执行难，要把握新时期执行工作基本规律，坚持问题导向，秉持发展理念，系统设计、整体布局、突出重点、多措并举。

1. 坚持党的领导，确保正确方向。要始终坚持和依靠党的领导，积极主动向党委汇报解决执行难的各项工作部署，充分发挥党委总揽全局、协调各方的领导核心作用，帮助解决工作推进中的重大问题。同时也要充分发挥主观能动性，开拓进取，积极作为，按照总体要求和部署坚持不懈狠抓落实。

2. 加强顶层设计，鼓励改革创新。最高人民法院要立足中国国情，科学谋划解决执行难的顶层设计。作为有益补充，各地法院要紧紧围绕提高执行工作效率、增强司法公信力目标，在执行理念、执行方式、执行管理等方面勇于探索、大胆创新，不断积累解决执行难的实践经验。

3. 实行整体推进，强调重点突破。解决执行难涉及方方面面的工作，必须整体布局、有序推进，同时也要突出重点，集中精力破解影响整体工

作推进的瓶颈和障碍，确保各项工作部署顺利进行。

4. 坚持标本兼治，注重长远发展。破解执行难是一项系统工程，需多措并举、标本兼治。既要立足现实，着力解决当前工作推进中的突出问题；也要着眼长远，从影响执行难的全局性问题入手，积极推动社会诚信体系建设和破产、保险、救助等制度完善，谋划解决执行难的长效治本之策。

三、基本解决执行难的主要任务

基本解决执行难，要坚持以信息化建设为抓手，着力强化执行规范化建设和专业化建设，切实完善执行体制机制，努力实现执行工作各个领域的深刻变革。

（一）实现执行模式改革

全力推进执行信息化进程，联合惩戒失信被执行人，畅通被执行人及其财产发现渠道，基本改变“登门临柜”查人找物的传统模式，真正破解查人找物传统执行难题。

1. 实现网络执行查控系统全覆盖。建成以最高人民法院“总对总”网络执行查控系统为核心、以地方各级法院“点对点”网络执行查控系统为补充、覆盖全国地域存款及其他金融产品、车辆、证券、股权、房地产等主要财产形式的网络化、自动化执行查控体系，实现全国四级法院互联互通、全面应用，所有负责办理执行实施案件的执行人员均能熟练使用系统，快速查找、控制所承办案件的被执行人及其财产。

2. 强力惩戒失信被执行人。贯彻落实党中央关于加强社会诚信建设的战略部署，制定出台关于加快建立失信被执行人信用监督、威慑和惩戒机制的意见，不断拓展对失信被执行人联合信用惩戒的范围和深度。确保最高人民法院、国家发改委等 44 家单位达成的联合惩戒合作协议落地生根，形成多部门、多行业、多领域、多手段联合信用惩戒工作新常态，让失信被执行人寸步难行、无处逃遁，迫使其自动履行法定义务。

3. 拓宽被执行财产发现渠道。严格落实被执行人财产申报制度，对拒不申报或申报不实的被执行人依法进行制裁；探索、推行委托审计调查、委托律师调查、悬赏举报等制度，最大限度发现被执行人财产。

（二）实现执行体制改革

要按照党的十八届四中全会确定的“完善司法管理体制，推动实行审判权和执行权相分离的体制改革试点”要求，蹄疾步稳推进执行体制改革，让改革成果更多惠及执行当事人，促进解决执行难。

4. 实行执行权和审判权科学合理分离。进一步优化执行权的科学配置，设立执行裁判庭，审理执行程序中涉及实体权利的重大事实和法律争议，形成审判权对执行权的有效制约和监督。

5. 强化执行工作统一管理体制。依托执行指挥系统，强化全国四级法院统一管理、统一指挥、统一协调的执行工作管理体制，规范指定执行、提级执行、异地交叉执行的提起和审批程序，提高执行实施效率。

6. 探索改革基层法院执行机构设置。采取两种模式进行试点：一是中级人民法院打破行政区划设立执行分局、负责执行实施原基层人民法院的执行案件；二是强化中级人民法院执行局对基层人民法院执行人员、实施案件、执行装备的统一管理、调度和指挥职能，在破除地方保护主义、提高执行工作效率方面进行探索。

（三）实现执行管理改革

要以全国法院执行案件信息管理系统为依托，强化对执行程序各个环节的监督制约，严格规范执行行为，切实提高执行效率，努力增强司法公信力。

7. 全面运行案件流程信息管理系统。建立全国四级法院一体化的执行案件办案平台、案件节点管理系统，强化节点管控，自动生成、公开相关流程信息，形成执行法院、上级法院、当事人对执行案件多位一体的监督功能，堵塞廉政漏洞，有效解决消极执行、拖延执行、选择执行、乱执行等失范执行、违法执行问题。

8. 开展执行案款专项清理活动。在全国法院部署开展执行案款专项清理，集中解决执行案款管理中的历史遗留问题。通过清理活动建章立制，制定出台执行案款管理办法，全面实现执行款物的信息化管理，确保对执行案款的流转与发放透明高效，全程留痕、全程公开。

9. 推动建立执行救助制度。积极推动普遍建立执行救助制度，结合执行案款清理工作，研究扩充救助资金来源，充分体现国家和社会对弱势群体的人文关怀，彰显人民法院司法为民的核心宗旨。

（四）实现财产处置改革

要针对当前经济增速放缓、经济下行压力加大的形势，树立互联网思维，加大被执行财产的处置力度，及时、有效兑现债权人权益。

10. 推行网络司法评估管理。对拟处置的被执行人财产，通过网络平台进行流程管理，自动筛选评估机构，按照预设的程序进行价值评估，避免暗箱操作、低值高估、高值低估等侵害执行当事人权益现象，斩断利益输送链条，为后续拍卖工作奠定基础。

11. 推广网络司法拍卖。广泛推动各地法院以网络司法拍卖方式处置被执行财产，从源头上减少和杜绝串通压价、恶意竞买等有损公平公正的现象，祛除权力寻租空间，实现当事人利益最大化。

（五）完善执行工作机制

要在人民法院内部深挖潜力，理顺各种关系，完善相关工作衔接机制，努力提高执行工作效率。

12. 建立无财产可供执行案件退出和恢复执行机制。建立健全无财产可供执行案件终结本次执行程序的实质标准和程序标准；终结本次执行程序后，在一定年限内继续对被执行人采取限制高消费及有关消费的跟进措施；被执行人恢复履行能力后，执行法院依职权或依当事人申请启动恢复执行程序；全国法院执行案件流程信息管理系统设置专门数据库集中管理无财产可供执行案件，实现退出和恢复执行程序自动衔接。

13. 完善保全和先予执行协调配合机制。在立案阶段强化执行风险告知和保全、先予执行申请提示，支持、鼓励财产保全保险担保，做好保全申请与执行查控系统的有序衔接，提高保全债务人财产的及时性、有效性，以保全促调解、促和解、促执行，从源头上减少进入执行程序的案件数量，降低申请执行人权利落空的风险。

14. 建立和完善行为执行机制。加强对要求被执行人履行作为或不作为义务强制执行的专题研究，有针对性地解决实践中对行为履行义务的强制执行难题，出台相关指导意见。

15. 建立执行与破产有序衔接机制。将被执行人中大量资不抵债、符合破产条件的“僵尸企业”依法转入破产程序，充分发挥破产法律制度消化执行积案、缓解执行难的功能，促进市场经济按照规律健康有序发展。

16. 完善异地执行协作机制。树立全国执行一盘棋的理念，总结推广各地法院之间开展异地执行协作的经验，修改完善委托执行规定，以执行事项委托为主，建立全国统一的协作协助执行工作机制。

17. 建立繁简分流办案机制。根据执行案件财产查找、争议解决、拍卖处置等环节的难易程度，结合执行人员的个人专长，建立和完善案件分配、人员组合机制，最大限度发挥执行人员个人优势和人民法院集体优势。

18. 完善执行纠错机制。建立执行与赔偿的联动对接机制，对国家赔偿审理中发现的应当由执行监督程序解决的案件，及时进行审查纠正；完善执行回转案件的执行机制，确保原执行依据被撤销后当事人依法享有的执行回转权利能够得到及时行使，最大限度减少当事人因裁判错误受到的损失。

（六）完善执行规范体系

要针对执行工作实践中执法办案的法律适用难题，着力解决执行中因法律资源不足、法律空白点多、法律规定不明确、缺乏可操作性导致的执行人员规范意识淡薄、执行行为失范等现象，及时制定出台相关司法解释、规范性文件、指导意见，形成比较完善的执行工作司法解释规范体系。

19. 及时出台单行司法解释或指导性意见。出台变更追加执行主体、财产申报和财产调查、财产保全、网络司法拍卖、执行和解、仲裁裁决执行、公证债权文书执行、参与分配、股权执行等系列单行司法解释或指导性意见。

20. 全面梳理司法解释体系。对现行执行司法解释进行系统梳理，消除矛盾冲突，填补规则漏洞，提高司法解释的系统性。

21. 推动强制执行单独立法进程。配合立法机关深入开展强制执行法调研起草工作，形成比较完善的草案稿，提交立法机关审议，推动强制执行法尽快出台。

（七）完善执行监督体系

要健全和强化执行监督体系，从内到外、从上至下全方位加强对执行工作的监督制约，确保执行权高效、廉洁、有序运行。

22. 加强法院内部监督。最高人民法院要充分运用执行综治考核办法、执行工作约谈办法两个规范性文件，切实加强和改进执行监督工作。上级法院要适时成立督查组，对下级法院应用执行案件流程信息管理系统、清理执行案款、办理重点督办案件等方面的落实情况，进行全面督查指导，发现问题及时问责。

23. 主动接受人大监督。定期或不定期向各级人大报告执行工作，邀请人大代表到法院视察，及时办理代表议案和质询，主动接受监督。

24. 依法接受检察监督。与检察机关联合出台规范民事执行活动法律监督的规定，主动邀请检察机关对具有重大影响以及群体性、敏感性的执行案件，被执行人为特殊主体或因不当干预难以执行的案件，被执行人以暴力或其他方式抗拒执行的案件等进行监督，改善执行环境，维护当事人的合法权益。

25. 广泛接受社会监督。全力打造中国执行信息公开网，将执行案件流程信息、失信被执行人名单信息、执行裁判文书等及时向社会公开，保障当事人和社会公众对执行案件及执行工作的知情权、监督权，让执行权在阳光下运行。

（八）完善专项治理机制

要针对严重制约和影响执行质效的突出问题，持续深入开展反消极执行、反规避执行、反抗拒执行等整治行动，将专项治理要求转变为长期性、常态化工作机制。

26. 建立反消极执行长效机制。利用案件流程信息管理系统对消极执行现象进行自动筛查，发现问题及时予以警示、督促，经警示后在一定期限内仍消极不作为的，视情节轻重追究有关人员的责任。

27. 建立特别案件执行长效机制。继续深化涉党政机关执行积案清理专项活动，通过联合通报机制督促自动履行，推动将特殊主体的债务纳入预算管理，形成破解涉党政机关执行积案的合力与机制；建立涉民生案件执行常态化、随时性、优先性机制，将功夫用在平时，逐步改变每逢年节要靠组织开展集中清理活动突击解决问题的状况。

28. 建立反规避执行长效机制。持续深入开展反规避执行整治行动，提高查处规避执行行为的司法能力，完善相关协调配合工作机制，加大依法制裁力度，全面压缩规避执行行为的存在空间。

29. 建立反抗拒执行长效机制。依法加大对抗拒执行、阻碍执行甚至暴力抗法行为的惩治力度。执行过程中及时收集、固定被执行人或相关人员抗拒执行的音视频证据，充分利用罚款、拘留强制措施，以及公诉、自诉两种渠道追究拒不执行判决、裁定罪责任等手段进行依法制裁，定期公布典型案例，形成打击抗拒执行违法犯罪的高压态势。

四、基本解决执行难的组织保障

基本解决执行难，任务艰巨、责任重大、时间紧迫，要切实做好相关组织保障工作，确保各项安排部署有计划、按步骤顺利推进，达到预期目标。

（一）加强组织领导工作

1. 强化组织领导。各级人民法院党组要高度重视、切实加强对解决执行难工作的组织领导，要将解决执行难工作作为“一把手工程”来抓，各级法院党组书记、院长作为第一责任人要亲自过问、亲自部署、亲自协调，集中各方力量，确保抓出成效。

（二）加强执行队伍建设

要努力建设一支专业化、职业化、清正廉明的执行队伍，为基本解决执行难提供强有力的人力支撑。

2. 加强力量配备。认真落实《中共中央关于转发〈中共最高人民法院党组关于解决人民法院“执行难”问题的报告〉的通知》（中发〔1999〕11 号）要求，合理确定和配备从事执行工作的人员比例，并确保执行人员具备必要的政治素质、专业素质和任职资格，对不具备相应任职资格的现有人员进行调整，严格杜绝将不具备任职资格的人员安排到执行工作岗位。

3. 推行人员分类管理。在法官员额制改革中对执行部门原具备法官资格的人员要与其他业务部门同等对待；执行局及执行裁判庭的法官员额比例总体不低于其他业务部门；积极推动现有执行人员的分类管理改革，在执行机构配备法官以及法官助理、司法警察等司法辅助人员，分别落实相应待遇，分工负责行使执行权。

4. 强化教育培训。始终以加强思想政治工作为核心，增强广大执行干警的政治意识、大局意识、责任意识、核心意识、看齐意识，确保执行工作方向正确；以强化党风廉政建设为关键，坚决整治执行队伍在纪律作风方面存在的突出问题，确保廉洁司法；以提升业务素养为重点，鼓励和保障广大执行干警钻研执行业务、优化知识结构、强化实践锻炼，确保执行队伍的司法能力。

（三）强化物质装备建设

要进一步落实科技强院的工作方针，强化对执行工作的物质装备建设，抓好技术、经费、设备三大保障。

5. 全面完成执行指挥系统建设。坚持高标准、高起点，全面完成执行指挥系统的软硬件建设，实现全国四级法院执行指挥系统音视频互联互通。

6. 加强执行队伍装备建设。为执行机构配备必要的执法车辆、通讯系统，给每一位从事执行实施工作的人员配备单兵执法仪以及其他必要的物质装备，加强执行人员人身安全保障，确保应急处置工作及时到位。

（四）切实加大宣传力度

要充分认识新闻宣传工作的重要性，充分利用各种新闻平台，加大执行工作宣传力度，凝聚全社会理解执行、尊重执行、协助执行的广泛共识，推动形成良好的法治环境。

7. 不断宣传执行工作新成效。通过多种形式在报纸、广播、电视、新媒体、户外广场、社区等平台或场所，全面展示一定时期内执行工作取得的成效，扩大影响。讲究宣传策略，重点选择正反两方面典型案例进行宣传报道，惩戒失信，褒奖诚信，营造形成守法光荣、违法可耻的社会氛围，促进社会诚信体系建设。

8. 宣传对执行难的理性认识。通过大力宣传，让人民群众深刻认识到，被执行人无财产可供执行、丧失履行能力的案件虽然在形式上表现为生效法律文书确定的权利义务未能最终实现，但其本质上属于当事人应当自己承担的商业风险、交易风险或法律风险，不属于应由人民法院解决的执行难。

最高人民法院、中国证券监督管理委员会关于在全国部分地区开展证券期货纠纷多元化解机制试点工作的通知

（2016年5月25日　法〔2016〕149号）

各省、自治区、直辖市高级人民法院，新疆维吾尔自治区高级人民法院生产建设兵团分院，中国证券监督管理委员会各派出机构、各证券期货交易所、各下属单位、各证券期货行业协会：

为贯彻中共中央办公厅、国务院办公厅《关于完善矛盾纠纷多元化解机制的意见》和《最高人民法院关于人民法院全面深化多元化纠纷解决机制改革的若干意见》，充分发挥证券期货监管机构、行业组织等在预防和化解证券期货矛盾纠纷方面的积极作用，依法、公正、高效化解证券期货纠纷，维护投资者的合法权益，最高人民法院和中国证券监督管理委员会决定在全国部分地区联合开展建立健全证券期货纠纷多元化解机制的试点工作（试点地区法院和试点调解组织名单附后）。现就有关事项通知如下：

一、工作目标

1.建立、健全有机衔接、协调联动、高效便民的证券期货纠纷多元化解机制，依法保护投资者的合法权益，维护公开、公平、公正的资本市场秩序，促进资本市场的和谐健康发展。

二、工作原则

2.依法公正原则。要充分尊重投资者的程序选择权，严格遵守法定程序；调解工作的开展不得违反法律的基本原则，不得损害国家利益、社会公共利益和第三人合法权益。

3.灵活便民原则。要着眼于纠纷的实际情况，灵活确定纠纷化解的方式、时间和地点，尽可能方便投资者，降低当事人解决纠纷的成本；调解工作应当明确办理时限，提高工作效率，不得久调不决。

4.注重预防原则。要发挥调解的矛盾预防和源头治理功能，推动健

康投资文化、投资理念、投资知识的传播；试点地区法院、证券期货监管机构及调解组织要加强信息共享，防止矛盾纠纷积累、激化。

三、试点工作主要内容

（一）试点调解机构的认可和管理

5. 建立最高人民法院、中国证券监督管理委员会共同确定试点调解组织制度。证券期货监管机构、行业组织等发起设立、实际管理的调解组织，可以成为试点调解组织。试点调解组织应当符合具有规范的组织形式、固定的办公场所和调解场地、专业的调解人员、健全的调解工作制度等基本条件。中国证券监督管理委员会负责试点调解组织的认定和管理工作，并商最高人民法院后公布。

6. 建立证券期货纠纷特邀调解组织和特邀调解员名册制度。试点地区法院应当将公布的试点调解组织及其调解员纳入名册，做好动态更新和维护，并向证券期货纠纷当事人提供完整、准确的调解组织和调解员信息，供当事人自愿选择。

7. 试点调解组织受理中小投资者的纠纷调解申请，不收取任何费用。

8. 证券期货监管机构负责监督指导各试点调解组织工作。监督试点调解组织完善内部制度并规范运行。

9. 试点调解组织应建立专职或专家调解员制度。依法开展调解工作，完善工作制度和流程管理，建立科学的考核评估体系和责任追究制度。

（二）健全诉调对接工作机制

10. 证券期货纠纷多元化解机制的试点范围。自然人、法人和其他组织之间因证券、期货、基金等资本市场风险投资业务产生的合同和侵权责任纠纷，均属试点范围；证券期货监管机构、试点调解组织的非诉讼调解、先行赔付等，均可与司法诉讼对接。

11. 调解协议的司法确认制度。经试点调解组织主持调解达成的调解协议，具有民事合同性质。经调解员和调解组织签字盖章后，当事人可以申请有管辖权的人民法院确认其效力。当事人申请确认调解协议的案件，按照《中华人民共和国民事诉讼法》第十五章第六节和相关司法解释的规定执行。

经人民法院确认有效的具有明确给付主体和给付内容的调解协议，当事人可以申请人民法院强制执行。

12. 落实委派调解或者委托调解机制。试点地区法院在受理和审理证券期货纠纷的过程中，应当依法充分行使释明权，经双方当事人同意，采取立案前委派、立案后委托、诉中邀请等方式，引导当事人通过试点调解组织解决纠纷。

经人民法院委派调解并达成调解协议、当事人申请司法确认的，由委派调解的法院依法受理。

13. 建立示范判决机制。证券期货监管机构在清理处置大规模群体性纠纷的过程中，可以将涉及投资者权利保护的相关事宜委托试点调解组织进行集中调解。对因虚假陈述、内幕交易、操纵市场等行为所引发的民事赔偿纠纷，需要人民法院通过司法判决宣示法律规则、统一法律适用的，人民法院应当及时作出判决。

14. 充分运用在线纠纷解决方式开展工作。试点调解组织应充分运用现代传媒手段，把面对面与网络对话、即时化解等方式有机结合，并总结推广电视调解、视频调解等做法。试点地区法院要借助互联网等现代科技手段，通过接受相关申请、远程审查和确认、快捷专业服务渠道、电子督促、电子送达等方法方便当事人参与多元化解工作，提高工作质量和效率。

（三）强化纠纷多元化解机制保障落实

15. 充分发挥督促程序功能。符合法定条件的调解协议，可以作为当事人向有管辖权的基层人民法院申请支付令的依据。

16. 对调解协议所涉纠纷的司法审理范围。当事人就调解协议的履行或者调解协议的内容发生争议的，一方当事人可以就调解协议问题向人民法院提起诉讼，人民法院按照合同纠纷进行审理。当事人一方以原纠纷向人民法院起诉，对方当事人以调解协议抗辩并提供调解协议书的，应当就调解协议的内容进行审理。

17. 加大对多元化解机制的监管支持力度。投资者申请采用调解方式解决纠纷的，证券期货市场经营主体应当积极配合参与调解。对于无正当理由而拒不履行调解、和解协议的证券期货市场经营主体，证券期货监管机构应当依法对其相关行为进行核查，发现违法违规行为的及时查处，并记入资本市场诚信数据库。

18. 加强执法联动，严厉打击损害投资者合法权益的行为。试点地区法院和证券期货监管机构应当充分发挥各自职能优势，对损毁证据、转移财产等可能损害投资者合法权益的行为，依法及时采取保全措施。对工作中发现的违法、违规行为，及时予以查处；涉嫌犯罪的，依法移送有关司法机关处理。

19. 加强经费保障和人员培训。证券期货监管机构、行业自律组织等应当为建立健全证券期货纠纷多元化解机制提供必要的人员、经费和物质保障,加大对调解员培训力度;有条件的试点地区法院应提供专门处理证券期货纠纷的调解室,供特邀调解组织、调解员开展工作。

四、工作要求

20. 建立证券期货纠纷多元化解协调机制。试点地区法院和证券期货监管机构、试点调解组织应各自指定联系部门和联系人,对工作中遇到的问题加强协调;强化沟通联系和信息共享,构建完善的证券期货纠纷排查预警机制,防止矛盾纠纷积累激化。

21. 加强宣传和投资者教育工作。试点地区法院和证券期货监管机构、行业自律组织、投资者保护专门机构、试点调解组织应通过多种途径,及时总结和宣传典型案例,发挥示范教育作用;加大对证券期货纠纷多元化解机制的宣传力度,增进各方对多元化解机制的认识,引导中小投资者转变观念、理性维权。

22. 加强对试点工作的管理。最高人民法院民二庭与中国证券监督管理委员会投资者保护局成立证券期货纠纷多元化解机制工作小组,具体负责对证券期货纠纷多元化解机制试点的指导和协调工作。各试点地区法院所在辖区的高级人民法院应指导、督促、检查其辖区法院的试点工作。试点地区法院和证券期货监管机构应将试点工作情况和遇到的问题,及时层报最高人民法院和中国证券监督管理委员会。

23. 本通知下发后,各省、区、市高级法院和中国证券监督管理委员会各派出机构共同商定辖区内开展试点工作的中级法院和基层人民法院名单后各自层报,不再另行签订合作协议。

附件1:证券期货纠纷多元化解机制试点地区名单(略)

附件2:证券期货纠纷多元化解机制试点调解组织名单(略)

最高人民法院关于防范和制裁虚假诉讼的指导意见

（2016年6月20日　法发〔2016〕13号）

当前，民事商事审判领域存在的虚假诉讼现象，不仅严重侵害案外人合法权益，破坏社会诚信，也扰乱了正常的诉讼秩序，损害司法权威和司法公信力，人民群众对此反映强烈。各级人民法院对此要高度重视，努力探索通过多种有效措施防范和制裁虚假诉讼行为。

1. 虚假诉讼一般包含以下要素：（1）以规避法律、法规或国家政策谋取非法利益为目的；（2）双方当事人存在恶意串通；（3）虚构事实；（4）借用合法的民事程序；（5）侵害国家利益、社会公共利益或者案外人的合法权益。

2. 实践中，要特别注意以下情形：（1）当事人为夫妻、朋友等亲近关系或者关联企业等共同利益关系；（2）原告诉请司法保护的标的额与其自身经济状况严重不符；（3）原告起诉所依据的事实和理由明显不符合常理；（4）当事人双方无实质性民事权益争议；（5）案件证据不足，但双方仍然主动迅速达成调解协议，并请求人民法院出具调解书。

3. 各级人民法院应当在立案窗口及法庭张贴警示宣传标识，同时在“人民法院民事诉讼风险提示书”中明确告知参与虚假诉讼应当承担的法律责任，引导当事人依法行使诉权，诚信诉讼。

4. 在民间借贷、离婚析产、以物抵债、劳动争议、公司分立（合并）、企业破产等虚假诉讼高发领域的案件审理中，要加大证据审查力度。对可能存在虚假诉讼的，要适当加大依职权调查取证力度。

5. 涉嫌虚假诉讼的，应当传唤当事人本人到庭，就有关案件事实接受询问。除法定事由外，应当要求证人出庭作证。要充分发挥民事诉讼法司法解释有关当事人和证人签署保证书规定的作用，探索当事人和证人宣誓制度。

6. 诉讼中，一方对另一方提出的于己不利的事实明确表示承认，且不符合常理的，要做进一步查明，慎重认定。查明的事实与自认的事实不符的，不予确认。

7. 要加强对调解协议的审查力度。对双方主动达成调解协议并申请人民法院出具调解书的，应当结合案件基础事实，注重审查调解协议是否损害国家利益、社会公共利益或者案外人的合法权益；对人民调解协议司法确认案件，要按照民事诉讼法司法解释要求，注重审查基础法律关系的真实性。

8. 在执行公证债权文书和仲裁裁决书、调解书等法律文书过程中，对可能存在双方恶意串通、虚构事实的，要加大实质审查力度，注重审查相关法律文书是否损害国家利益、社会公共利益或者案外人的合法权益。如果存在上述情形，应当裁定不予执行。必要时，可向仲裁机构或者公证机关发出司法建议。

9. 加大公开审判力度，增加案件审理的透明度。对与案件处理结果可能存在法律上利害关系的，可适当依职权通知其参加诉讼，避免其民事权益受到损害，防范虚假诉讼行为。

10. 在第三人撤销之诉、案外人执行异议之诉、案外人申请再审等案件审理中，发现已经生效的裁判涉及虚假诉讼的，要及时予以纠正，保护案外人诉权和实体权利；同时也要防范有关人员利用上述法律制度，制造虚假诉讼，损害原诉讼中合法权利人利益。

11. 经查明属于虚假诉讼，原告申请撤诉的，不予准许，并应当根据民事诉讼法第一百一十二条的规定，驳回其请求。

12. 对虚假诉讼参与人，要适度加大罚款、拘留等妨碍民事诉讼强制措施的法律适用力度；虚假诉讼侵害他人民事权益的，虚假诉讼参与人应当承担赔偿责任；虚假诉讼违法行为涉嫌虚假诉讼罪、诈骗罪、合同诈骗罪等刑事犯罪的，民事审判部门应当依法将相关线索和有关案件材料移送侦查机关。

13. 探索建立虚假诉讼失信人名单制度。将虚假诉讼参与人列入失信人名单，逐步开展与现有相关信息平台和社会信用体系接轨工作，加大制裁力度。

14. 人民法院工作人员参与虚假诉讼的，要依照法官法、法官职业道德基本准则和法官行为规范等规定，从严处理。

15. 诉讼代理人参与虚假诉讼的，要依法予以制裁，并应当向司法行政部门、律师协会或者行业协会发出司法建议。

16. 鉴定机构、鉴定人参与虚假诉讼的，可以根据情节轻重，给予鉴定机构、鉴定人训诫、责令退还鉴定费用、从法院委托鉴定专业机构备选名单中除名等制裁,并应当向司法行政部门或者行业协会发出司法建议。

17. 要积极主动与有关部门沟通协调,争取支持配合,探索建立多部门协调配合的综合治理机制。要通过向社会公开发布虚假诉讼典型案例等多种形式,震慑虚假诉讼违法行为。

18. 各级人民法院要及时组织干警学习了解中央和地方的各项经济社会政策,充分预判有可能在司法领域反映出来的虚假诉讼案件类型,也可以采取典型案例分析、审判业务交流、庭审观摩等多种形式,提高甄别虚假诉讼的司法能力。

最高人民法院
关于人民法院进一步
深化纠纷解决机制改革的意见

（2016 年 6 月 28 日　法发〔2016〕14 号）

深入推进多元化纠纷解决机制改革，是人民法院深化司法改革、实现司法为民公正司法的重要举措，是实现国家治理体系和治理能力现代化的重要内容，是促进社会公平正义、维护社会和谐稳定的必然要求。为贯彻落实《中共中央关于全面推进依法治国若干重大问题的决定》以及中共中央办公厅、国务院办公厅《关于完善矛盾纠纷多元化解机制的意见》，现就人民法院进一步深化多元化纠纷解决机制改革、完善诉讼与非诉讼相衔接的纠纷解决机制提出如下意见。

一、指导思想、主要目标和基本原则

1. 指导思想。全面贯彻党的十八大和十八届三中、四中、五中全会精神，以邓小平理论、“三个代表”重要思想、科学发展观为指导，深入贯彻习近平总书记系列重要讲话精神，紧紧围绕协调推进“四个全面”战略布局和五大发展理念，主动适应经济发展新常态，以体制机制创新为动力，有效化解各类纠纷，不断满足人民群众多元司法需求，实现人民安居乐业、社会安定有序。

2. 主要目标。根据“国家制定发展战略、司法发挥引领作用、推动国家立法进程”的工作思路，建设功能完备、形式多样、运行规范的诉调对接平台，畅通纠纷解决渠道，引导当事人选择适当的纠纷解决方式；合理配置纠纷解决的社会资源，完善和解、调解、仲裁、公证、行政裁决、行政复议与诉讼有机衔接、相互协调的多元化纠纷解决机制；充分发挥司法在多元化纠纷解决机制建设中的引领、推动和保障作用，为促进经济社会持续健康发展、全面建成小康社会提供有力的司法保障。

3. 基本原则。

——坚持党政主导、综治协调、多元共治，构建各方面力量共同参与纠纷解决的工作格局。

——坚持司法引导、诉调对接、社会协同，形成社会多层次多领域齐抓共管的解纷合力。

——坚持优化资源、完善制度、法治保障，提升社会组织解决纠纷的法律效果。

——坚持以人为本、自愿合法、便民利民，建立高效便捷的诉讼服务和纠纷解决机制。

——坚持立足国情、合理借鉴、改革创新，完善具有中国特色的多元化纠纷解决体系。

二、加强平台建设

4. 完善平台设置。各级人民法院要将诉调对接平台建设与诉讼服务中心建设结合起来，建立集诉讼服务、立案登记、诉调对接、涉诉信访等多项功能为一体的综合服务平台。人民法院应当配备专门人员从事诉调对接工作，建立诉调对接长效工作机制，根据辖区受理案件的类型，引入相关调解、仲裁、公证等机构或者组织在诉讼服务中心等部门设立调解工作室、服务窗口，也可以在纠纷多发领域以及基层乡镇（街道）、村（社区）等派驻人员指导诉调对接工作。

5. 明确平台职责。人民法院诉调对接平台负责以下工作：对诉至法院的纠纷进行适当分流，对适宜调解的纠纷引导当事人选择非诉讼方式解决；开展委派调解、委托调解；办理司法确认案件；负责特邀调解组织、特邀调解员名册管理；加强对调解工作的指导，推动诉讼与非诉讼纠纷解决方式在程序安排、效力确认、法律指导等方面的有机衔接，健全人民调解、行政调解、商事调解、行业调解、司法调解等的联动工作体系。

6. 完善与综治组织的对接。人民法院可以依托社会治安综合治理平台，建立矛盾纠纷排查化解对接机制；对群体性纠纷、重大案件及时进行通报反馈和应急处理，建立定期或不定期的联席会议制度，形成信息互通、优势互补、协作配合的纠纷解决互动机制。

7. 加强与行政机关的对接。人民法院要加强与行政机关的沟通协调，促进诉讼与行政调解、行政复议、行政裁决等机制的对接。支持行政机关根据当事人申请或者依职权进行调解、裁决，或者依法作出其他处理。在治安管理、社会保障、交通事故赔偿、医疗卫生、消费者权益保护、物业管理、环境污染、知识产权、证券期货等重点领域，支持行政机关或者行政调解组织依法开展行政和解、行政调解工作。

8. 加强与人民调解组织的对接。不断完善对人民调解工作的指导，推进人民调解组织的制度化、规范化建设，进一步扩大人民调解组织协助人民法院解决纠纷的范围和规模。支持在纠纷易发多发领域创新发展行业性、专业性人民调解组织，建立健全覆盖城乡的调解组织网络，发挥人民调解组织及时就地解决民间纠纷、化解基层矛盾、维护基层稳定的基础性作用。

9. 加强与商事调解组织、行业调解组织的对接。积极推动具备条件的商会、行业协会、调解协会、民办非企业单位、商事仲裁机构等设立商事调解组织、行业调解组织，在投资、金融、证券期货、保险、房地产、工程承包、技术转让、环境保护、电子商务、知识产权、国际贸易等领域提供商事调解服务或者行业调解服务。完善调解规则和对接程序，发挥商事调解组织、行业调解组织专业化、职业化优势。

10. 加强与仲裁机构的对接。积极支持仲裁制度改革，加强与商事仲裁机构、劳动人事争议仲裁机构、农村土地承包仲裁机构等的沟通联系。尊重商事仲裁规律和仲裁规则，及时办理仲裁机构的保全申请，依照法律规定处理撤销和不予执行仲裁裁决案件，规范涉外和外国商事仲裁裁决司法审查程序。支持完善劳动人事争议仲裁办案制度，加强劳动人事争议仲裁与诉讼的有效衔接，探索建立裁审标准统一的新规则、新制度。加强对农村土地承包经营纠纷调解仲裁的支持和保障，实现涉农纠纷仲裁与诉讼的合理衔接，及时审查和执行农村土地承包仲裁机构作出的裁决书或者调解书。

11. 加强与公证机构的对接。支持公证机构对法律行为、事实和文书依法进行核实和证明，支持公证机构对当事人达成的债权债务合同以及具有给付内容的和解协议、调解协议办理债权文书公证，支持公证机构在送达、取证、保全、执行等环节提供公证法律服务，在家事、商事等领域开展公证活动或者调解服务。依法执行公证债权文书。

12. 支持工会、妇联、共青团、法学会等组织参与纠纷解决。支持工会、妇联、共青团参与解决劳动争议、婚姻家庭以及妇女儿童权益等纠纷。支持法学会动员组织广大法学工作者、法律工作者参与矛盾纠纷化解，开展法律咨询服务和调解工作。支持其他社团组织参与解决与其职能相关的纠纷。

13. 发挥其他社会力量的作用。充分发挥人大代表、政协委员、专家学者、律师、专业技术人员、基层组织负责人、社区工作者、网格管理员、“五老人员”（老党员、老干部、老教师、老知识分子、老政法干警）等参与纠纷解决的作用。支持心理咨询师、婚姻家庭指导师、注册会计师、大学生志愿者等为群众提供心理疏导、评估、鉴定、调解等服务。支持完善公益慈善类、城乡社区服务类社会组织建设,鼓励其参与纠纷解决。

14. 加强“一站式”纠纷解决平台建设。在道路交通、劳动争议、医疗卫生、物业管理、消费者权益保护、土地承包、环境保护以及其他纠纷多发领域,人民法院可以与行政机关、人民调解组织、行业调解组织等进行资源整合,推进建立“一站式”纠纷解决服务平台,切实减轻群众负担。

15. 创新在线纠纷解决方式。根据“互联网+”战略要求,推广现代信息技术在多元化纠纷解决机制中的运用。推动建立在线调解、在线立案、在线司法确认、在线审判、电子督促程序、电子送达等为一体的信息平台,实现纠纷解决的案件预判、信息共享、资源整合、数据分析等功能,促进多元化纠纷解决机制的信息化发展。

16. 推动多元化纠纷解决机制的国际化发展。充分尊重中外当事人法律文化的多元性,支持其自愿选择调解、仲裁等非诉讼方式解决纠纷。进一步加强我国与其他国家和地区司法机构、仲裁机构、调解组织的交流和合作,提升我国纠纷解决机制的国际竞争力和公信力。发挥各种纠纷解决方式的优势,不断满足中外当事人纠纷解决的多元需求,为国家“一带一路”等重大战略的实施提供司法服务与保障。

三、健全制度建设

17. 健全特邀调解制度。人民法院可以吸纳人民调解、行政调解、商事调解、行业调解或者其他具有调解职能的组织作为特邀调解组织,吸纳人大代表、政协委员、人民陪审员、专家学者、律师、仲裁员、退休法律工作者等具备条件的个人担任特邀调解员。明确特邀调解组织或者特邀调解员的职责范围,制定特邀调解规定,完善特邀调解程序,健全名册管理制度,加强特邀调解队伍建设。

18. 建立法院专职调解员制度。人民法院可以在诉讼服务中心等部门配备专职调解员,由擅长调解的法官或者司法辅助人员担任,从事调解指导工作和登记立案后的委托调解工作。法官主持达成调解协议的,依法出具调解书;司法辅助人员主持达成调解协议的,应当经法官审查后依法出具调解书。

19. 推动律师调解制度建设。人民法院加强与司法行政部门、律师协会、律师事务所以及法律援助中心的沟通联系,吸纳律师加入人民法院特邀调解员名册,探索建立律师调解工作室,鼓励律师参与纠纷解决。支持律师加入各类调解组织担任调解员,或者在律师事务所设置律师调解员,充分发挥律师专业化、职业化优势。建立律师担任调解员的回避制度,担任调解员的律师不得担任同一案件的代理人。推动建立律师接受委托代理时告知当事人选择非诉讼方式解决纠纷的机制。

20. 完善刑事诉讼中的和解、调解制度。对于符合刑事诉讼法规定可以和解或者调解的公诉案件、自诉案件、刑事附带民事案件，人民法院应当与公安机关、检察机关建立刑事和解、刑事诉讼中的调解对接工作机制，可以邀请基层组织、特邀调解组织、特邀调解员，以及当事人所在单位或者同事、亲友等参与调解，促成双方当事人达成和解或者调解协议。

21. 促进完善行政调解、行政和解、行政裁决等制度。支持行政机关对行政赔偿、补偿以及行政机关行使法律法规规定的自由裁量权的案件开展行政调解工作，支持行政机关通过提供事实调查结果、专业鉴定或者法律意见，引导促使当事人协商和解，支持行政机关依法裁决同行政管理活动密切相关的民事纠纷。

22. 探索民商事纠纷中立评估机制。有条件的人民法院在医疗卫生、不动产、建筑工程、知识产权、环境保护等领域探索建立中立评估机制，聘请相关专业领域的专家担任中立评估员。对当事人提起的民商事纠纷，人民法院可以建议当事人选择中立评估员，协助出具评估报告，对判决结果进行预测，供当事人参考。当事人可以根据评估意见自行和解，或者由特邀调解员进行调解。

23. 探索无争议事实记载机制。调解程序终结时，当事人未达成调解协议的，调解员在征得各方当事人同意后，可以用书面形式记载调解过程中双方没有争议的事实，并由当事人签字确认。在诉讼程序中，除涉及国家利益、社会公共利益和他人合法权益的外，当事人无需对调解过程中已确认的无争议事实举证。

24. 探索无异议调解方案认可机制。经调解未能达成调解协议，但是对争议事实没有重大分歧的，调解员在征得各方当事人同意后，可以提出调解方案并书面送达双方当事人。当事人在七日内未提出书面异议的，调解方案即视为双方自愿达成的调解协议；提出书面异议的，视为调解不成立。当事人申请司法确认调解协议的，应当依照有关规定予以确认。

四、完善程序安排

25. 建立纠纷解决告知程序。人民法院应当在登记立案前对诉讼风险进行评估，告知并引导当事人选择适当的非诉讼方式解决纠纷，为当事人提供纠纷解决方法、心理咨询、诉讼常识等方面的释明和辅导。

26. 鼓励当事人先行协商和解。鼓励当事人就纠纷解决先行协商，达成和解协议。当事人双方均有律师代理的，鼓励律师引导当事人先行和解。特邀调解员、相关专家或者其他人员根据当事人的申请或委托参与协商,可以为纠纷解决提供辅助性的协调和帮助。

27. 探索建立调解前置程序。探索适用调解前置程序的纠纷范围和案件类型。有条件的基层人民法院对家事纠纷、相邻关系、小额债务、消费者权益保护、交通事故、医疗纠纷、物业管理等适宜调解的纠纷,在征求当事人意愿的基础上,引导当事人在登记立案前由特邀调解组织或者特邀调解员先行调解。

28. 健全委派、委托调解程序。对当事人起诉到人民法院的适宜调解的案件,登记立案前,人民法院可以委派特邀调解组织、特邀调解员进行调解。委派调解达成协议的,当事人可以依法申请司法确认。当事人明确拒绝调解的,人民法院应当依法登记立案。登记立案后或者在审理过程中,人民法院认为适宜调解的案件,经当事人同意,可以委托给特邀调解组织、特邀调解员或者由人民法院专职调解员进行调解。委托调解达成协议的,经法官审查后依法出具调解书。

29. 完善繁简分流机制。对调解不成的民商事案件实行繁简分流,通过简易程序、小额诉讼程序、督促程序以及速裁机制分流案件,实现简案快审、繁案精审。完善认罪认罚从宽制度,进一步探索刑事案件速裁程序改革,简化工作流程,构建普通程序、简易程序、速裁程序等相配套的多层次诉讼制度体系。按照行政诉讼法规定,完善行政案件繁简分流机制。

30. 推动调解与裁判适当分离。建立案件调解与裁判在人员和程序方面适当分离的机制。立案阶段从事调解的法官原则上不参与同一案件的裁判工作。在案件审理过程中,双方当事人仍有调解意愿的,从事裁判的法官可以进行调解。

31. 完善司法确认程序。经行政机关、人民调解组织、商事调解组织、行业调解组织或者其他具有调解职能的组织调解达成的具有民事合同性质的协议,当事人可以向调解组织所在地基层人民法院或者人民法庭依法申请确认其效力。登记立案前委派给特邀调解组织或者特邀调解员调解达成的协议,当事人申请司法确认的,由调解组织所在地或者委派调解的基层人民法院管辖。

32. 加强调解与督促程序的衔接。以金钱或者有价证券给付为内容的和解协议、调解协议,债权人依据民事诉讼法及其司法解释的规定,向有管辖权的基层人民法院申请支付令的,人民法院应当依法发出支付令。债务人未在法定期限内提出书面异议且逾期不履行支付令的,人民法院可以强制执行。

五、加强工作保障

33. 加强组织领导。各级人民法院要进一步加强对诉调对接工作的组织领导，建立整体协调、分工明确、各负其责的工作机制。要主动争取党委、人大、政府的支持，推动出台多元化纠纷解决机制建设的地方配套文件，促进构建科学、系统的多元化纠纷解决体系。

34. 加强指导监督。上级人民法院要切实加强对下级人民法院的指导监督，及时总结多元化纠纷解决机制改革可复制可推广的经验。高级人民法院要明确专门机构，制定落实方案，掌握工作情况，积极开展本辖区多元化纠纷解决机制改革示范法院的评选工作。中级人民法院要加强对辖区基层人民法院的指导监督，促进多元化纠纷解决机制改革不断取得实效。

35. 完善管理机制。建立诉调对接案件管理制度，将委派调解、委托调解、专职调解和司法确认等内容纳入案件管理系统和司法统计系统。完善特邀调解组织、特邀调解员、法院专职调解员的管理制度，建立奖惩机制。

36. 加强调解人员培训。完善特邀调解员、专职调解员的培训机制，配合有关部门推动建立专业化、职业化调解员资质认证制度，加强职业道德建设，共同完善调解员职业水平评价体系。

37. 加强经费保障。各级人民法院要主动争取党委和政府的支持，将纠纷解决经费纳入财政专项预算，积极探索以购买服务等方式将纠纷解决委托给社会力量承担。支持商事调解组织、行业调解组织、律师事务所等按照市场化运作，根据当事人的需求提供纠纷解决服务并适当收取费用。

38. 发挥诉讼费用杠杆作用。当事人自行和解而申请撤诉的，免交案件受理费。当事人接受法院委托调解的，人民法院可以适当减免诉讼费用。一方当事人无正当理由不参与调解或者不履行调解协议、故意拖延诉讼的，人民法院可以酌情增加其诉讼费用的负担部分。

39. 加强宣传工作和理论研究。各级人民法院要大力宣传多元化纠纷解决机制的优势，鼓励和引导当事人优先选择成本较低、对抗性较弱、利于修复关系的非诉讼方式解决纠纷。树立“国家主导、司法推动、社会参与、多元并举、法治保障”现代纠纷解决理念，营造诚信友善、理性平和、文明和谐、创新发展的社会氛围。加强与政法院校、科研机构等单位的交流与合作，积极推动研究成果的转化，充分发挥多元化纠纷解决理论对司法实践的指导作用。借鉴域外经验，深入研究人民法院在多元化纠纷解决机制中的职能作用。

40. 推动立法进程。人民法院及时总结各地多元化纠纷解决机制改革的成功经验，积极支持本辖区因地制宜出台相关地方性法规、地方政府规章，从而推动国家层面相关法律的立法进程，将改革实践成果制度化、法律化，促进多元化纠纷解决机制改革在法治轨道上健康发展。

最高人民法院
关于人民法院特邀调解的规定

（2016 年 6 月 28 日　法释〔2016〕14 号）

为健全多元化纠纷解决机制，加强诉讼与非诉讼纠纷解决方式的有效衔接，规范人民法院特邀调解工作，维护当事人合法权益，根据《中华人民共和国民事诉讼法》《中华人民共和国人民调解法》等法律及相关司法解释，结合人民法院工作实际，制定本规定。

第 一 条　特邀调解是指人民法院吸纳符合条件的人民调解、行政调解、商事调解、行业调解等调解组织或者个人成为特邀调解组织或者特邀调解员，接受人民法院立案前委派或者立案后委托依法进行调解，促使当事人在平等协商基础上达成调解协议、解决纠纷的一种调解活动。

第 二 条　特邀调解应当遵循以下原则：

（一）当事人平等自愿；

（二）尊重当事人诉讼权利；

（三）不违反法律、法规的禁止性规定；

（四）不损害国家利益、社会公共利益和他人合法权益；

（五）调解过程和调解协议内容不公开，但是法律另有规定的除外。

第 三 条　人民法院在特邀调解工作中，承担以下职责：

（一）对适宜调解的纠纷，指导当事人选择名册中的调解组织或者调解员先行调解；

（二）指导特邀调解组织和特邀调解员开展工作；

（三）管理特邀调解案件流程并统计相关数据；

（四）提供必要场所、办公设施等相关服务；

（五）组织特邀调解员进行业务培训；

（六）组织开展特邀调解业绩评估工作；

（七）承担其他与特邀调解有关的工作。

第 四 条　人民法院应当指定诉讼服务中心等部门具体负责指导特邀调解工作，并配备熟悉调解业务的工作人员。

人民法庭根据需要开展特邀调解工作。

第 五 条 人民法院开展特邀调解工作应当建立特邀调解组织和特邀调解员名册。建立名册的法院应当为入册的特邀调解组织或者特邀调解员颁发证书,并对名册进行管理。上级法院建立的名册,下级法院可以使用。

第 六 条 依法成立的人民调解、行政调解、商事调解、行业调解及其他具有调解职能的组织,可以申请加入特邀调解组织名册。品行良好、公道正派、热心调解工作并具有一定沟通协调能力的个人可以申请加入特邀调解员名册。

人民法院可以邀请符合条件的调解组织加入特邀调解组织名册,可以邀请人大代表、政协委员、人民陪审员、专家学者、律师、仲裁员、退休法律工作者等符合条件的个人加入特邀调解员名册。

特邀调解组织应当推荐本组织中适合从事特邀调解工作的调解员加入名册,并在名册中列明;在名册中列明的调解员,视为人民法院特邀调解员。

第 七 条 特邀调解员在入册前和任职期间,应当接受人民法院组织的业务培训。

第 八 条 人民法院应当在诉讼服务中心等场所提供特邀调解组织和特邀调解员名册,并在法院公示栏、官方网站等平台公开名册信息,方便当事人查询。

第 九 条 人民法院可以设立家事、交通事故、医疗纠纷等专业调解委员会,并根据特定专业领域的纠纷特点,设定专业调解委员会的入册条件,规范专业领域特邀调解程序。

第 十 条 人民法院应当建立特邀调解组织和特邀调解员业绩档案,定期组织开展特邀调解评估工作,并及时更新名册信息。

第十一条 对适宜调解的纠纷,登记立案前,人民法院可以经当事人同意委派给特邀调解组织或者特邀调解员进行调解;登记立案后或者在审理过程中,可以委托给特邀调解组织或者特邀调解员进行调解。

当事人申请调解的,应当以口头或者书面方式向人民法院提出;当事人口头提出的,人民法院应当记入笔录。

第十二条 双方当事人应当在名册中协商确定特邀调解员;协商不成的,由特邀调解组织或者人民法院指定。当事人不同意指定的,视为不同意调解。

第十三条 特邀调解一般由一名调解员进行。对于重大、疑难、复杂或者当事人要求由两名以上调解员共同调解的案件,可以由两名以上调解员调解,并由特邀调解组织或者人民法院指定一名调解员主持。当事人有正当理由的,可以申请更换特邀调解员。

第十四条 调解一般应当在人民法院或者调解组织所在地进行,双方当事人也可以在征得人民法院同意的情况下选择其他地点进行调解。

特邀调解组织或者特邀调解员接受委派或者委托调解后,应当将调解时间、地点等相关事项及时通知双方当事人,也可以通知与纠纷有利害关系的案外人参加调解。

调解程序开始之前,特邀调解员应当告知双方当事人权利义务、调解规则、调解程序、调解协议效力、司法确认申请等事项。

第十五条 特邀调解员有下列情形之一的,当事人有权申请回避:

(一)是一方当事人或者其代理人近亲属的;

(二)与纠纷有利害关系的;

(三)与纠纷当事人、代理人有其他关系,可能影响公正调解的。

特邀调解员有上述情形的,应当自行回避;但是双方当事人同意由该调解员调解的除外。

特邀调解员的回避由特邀调解组织或者人民法院决定。

第十六条 特邀调解员不得在后续的诉讼程序中担任该案的人民陪审员、诉讼代理人、证人、鉴定人以及翻译人员等。

第十七条 特邀调解员应当根据案件具体情况采用适当的方法进行调解,可以提出解决争议的方案建议。特邀调解员为促成当事人达成调解协议,可以邀请对达成调解协议有帮助的人员参与调解。

第十八条 特邀调解员发现双方当事人存在虚假调解可能的,应当中止调解,并向人民法院或者特邀调解组织报告。

人民法院或者特邀调解组织接到报告后,应当及时审查,并依据相关规定作出处理。

第十九条 委派调解达成调解协议,特邀调解员应当将调解协议送达双方当事人,并提交人民法院备案。

委派调解达成的调解协议,当事人可以依照民事诉讼法、人民调解法等法律申请司法确认。当事人申请司法确认的,由调解组织所在地或者委派调解的基层人民法院管辖。

第二十条 委托调解达成调解协议,特邀调解员应当向人民法院提交调解协议,由人民法院审查并制作调解书结案。达成调解协议后,当事人申请撤诉的,人民法院应当依法作出裁定。

第二十一条 委派调解未达成调解协议的,特邀调解员应当将当事人的起诉状等材料移送人民法院;当事人坚持诉讼的,人民法院应当依法登记立案。

委托调解未达成调解协议的,转入审判程序审理。

第二十二条 在调解过程中,当事人为达成调解协议作出妥协而认可的事实,不得在诉讼程序中作为对其不利的根据,但是当事人均同意的除外。

第二十三条 经特邀调解组织或者特邀调解员调解达成调解协议的,可以制作调解协议书。当事人认为无需制作调解协议书的,可以采取口头协议方式,特邀调解员应当记录协议内容。

第二十四条 调解协议书应当记载以下内容:

(一)当事人的基本情况;

(二)纠纷的主要事实、争议事项;

(三)调解结果。

双方当事人和特邀调解员应当在调解协议书或者调解笔录上签名、盖章或者捺印;由特邀调解组织主持达成调解协议的,还应当加盖调解组织印章。

委派调解达成调解协议,自双方当事人签名、盖章或者捺印后生效。委托调解达成调解协议,根据相关法律规定确定生效时间。

第二十五条 委派调解达成调解协议后,当事人就调解协议的履行或者调解协议的内容发生争议的,可以向人民法院提起诉讼,人民法院应当受理。一方当事人以原纠纷向人民法院起诉,对方当事人以调解协议提出抗辩的,应当提供调解协议书。

经司法确认的调解协议,一方当事人拒绝履行或者未全部履行的,对方当事人可以向人民法院申请执行。

第二十六条 有下列情形之一的,特邀调解员应当终止调解:

(一)当事人达成调解协议的;

(二)一方当事人撤回调解请求或者明确表示不接受调解的;

(三)特邀调解员认为双方分歧较大且难以达成调解协议的;

(四)其他导致调解难以进行的情形。

特邀调解员终止调解的,应当向委派、委托的人民法院书面报告,并移送相关材料。

第二十七条 人民法院委派调解的案件,调解期限为30日。但是双方当事人同意延长调解期限的,不受此限。

人民法院委托调解的案件,适用普通程序的调解期限为 15 日,适用简易程序的调解期限为 7 日。但是双方当事人同意延长调解期限的,不受此限。延长的调解期限不计入审理期限。

委派调解和委托调解的期限自特邀调解组织或者特邀调解员签字接收法院移交材料之日起计算。

第二十八条 特邀调解员不得有下列行为:

(一)强迫调解;

(二)违法调解;

(三)接受当事人请托或收受财物;

(四)泄露调解过程或调解协议内容;

(五)其他违反调解员职业道德的行为。

当事人发现存在上述情形的,可以向人民法院投诉。经审查属实的,人民法院应当予以纠正并作出警告、通报、除名等相应处理。

第二十九条 人民法院应当根据实际情况向特邀调解员发放误工、交通等补贴,对表现突出的特邀调解组织和特邀调解员给予物质或者荣誉奖励。补贴经费应当纳入人民法院专项预算。

人民法院可以根据有关规定向有关部门申请特邀调解专项经费。

第三十条 本规定自 2016 年 7 月 1 日起施行。

最高人民法院关于发布第13批指导性案例的通知（节录）

（2016年6月30日　法〔2016〕214号）

指导案例61号：马乐利用未公开信息交易案

裁判要点

刑法第一百八十条第四款规定的利用未公开信息交易罪援引法定刑的情形，应当是对第一款内幕交易、泄露内幕信息罪全部法定刑的引用，即利用未公开信息交易罪应有"情节严重""情节特别严重"两种情形和两个量刑档次。

相关法条

《中华人民共和国刑法》第180条

基本案情

2011年3月9日至2013年5月30日期间，被告人马乐担任博时基金管理有限公司旗下的博时精选股票证券投资经理，全权负责投资基金投资股票市场，掌握了博时精选股票证券投资基金交易的标的股票、交易时间和交易数量等未公开信息。马乐在任职期间利用其掌控的上述未公开信息，从事与该信息相关的证券交易活动，操作自己控制的"金某""严某甲""严某乙"三个股票账户，通过临时购买的不记名神州行电话卡下单，先于（1－5个交易日）、同期或稍晚于（1－2个交易日）其管理的"博时精选"基金账户买卖相同股票76只，累计成交金额10.5亿余元，非法获利18833374.74元。2013年7月17日，马乐主动到深圳市公安局投案，且到案之后能如实供述其所犯罪行，属自首；马乐认罪态度良好，违法所得能从扣押、冻结的财产中全额返还，判处的罚金亦能全额缴纳。

裁判结果

广东省深圳市中级人民法院（2014）深中法刑二初字第27号刑事判

决认为，被告人马乐的行为已构成利用未公开信息交易罪。但刑法中并未对利用未公开信息交易罪规定“情节特别严重”的情形，因此只能认定马乐的行为属于“情节严重”。马乐自首，依法可以从轻处罚；马乐认罪态度良好，违法所得能全额返还，罚金亦能全额缴纳，确有悔罪表现；另经深圳市福田区司法局社区矫正和安置帮教科调查评估，对马乐宣告缓刑对其所居住的社区没有重大不良影响，符合适用缓刑的条件。遂以利用未公开信息交易罪判处马乐有期徒刑三年，缓刑五年，并处罚金人民币1884万元；违法所得人民币18833374.74元依法予以追缴，上缴国库。

宣判后，深圳市人民检察院提出抗诉认为，被告人马乐的行为应认定为犯罪情节特别严重，依照“情节特别严重”的量刑档次处罚。一审判决适用法律错误，量刑明显不当，应当依法改判。

广东省高级人民法院（2014）粤高法刑二终字第137号刑事裁定认为，刑法第一百八十条第四款规定，利用未公开信息交易，情节严重的，依照第一款的规定处罚，该条款并未对利用未公开信息交易罪规定有“情节特别严重”情形；而根据第一百八十条第一款的规定，情节严重的，处五年以下有期徒刑或者拘役，并处或者单处违法所得一倍以上五倍以下罚金，故马乐利用未公开信息交易，属于犯罪情节严重，应在该量刑幅度内判处刑罚。原审判决量刑适当，抗诉机关的抗诉理由不成立，不予采纳。遂裁定驳回抗诉，维持原判。

二审裁定生效后，广东省人民检察院提请最高人民检察院按照审判监督程序向最高人民法院提出抗诉。最高人民检察院抗诉提出，刑法第一百八十条第四款属于援引法定刑的情形，应当引用第一款处罚的全部规定；利用未公开信息交易罪与内幕交易、泄露内幕信息罪的违法与责任程度相当，法定刑亦应相当；马乐的行为应当认定为犯罪情节特别严重，对其适用缓刑明显不当。本案终审裁定以刑法第一百八十条第四款未对利用未公开信息交易罪规定有“情节特别严重”为由，降格评价马乐的犯罪行为，属于适用法律确有错误，导致量刑不当，应当依法纠正。

最高人民法院依法组成合议庭对该案直接进行再审，并公开开庭审理了本案。再审查明的事实与原审基本相同，原审认定被告人马乐非法获利数额为18833374.74元存在计算错误，实际为19120246.98元，依法应当予以更正。最高人民法院（2015）刑抗字第1号刑事判决认为，原审被告人马乐的行为已构成利用未公开信息交易罪。马乐利用未公开信息交易股票76只，累计成交额10.5亿余元，非法获利1912万余元，属于情节特别严重。鉴于马乐具有主动从境外回国投案自首法定从轻、减刑处罚情节；在未受控制的情况下，将股票兑成现金存在涉案三个账户中并主动向中国证券监督管理委员会说明情况，退还了全部违法所得，认罪悔罪态度好，赃款未挥霍，原判罚金刑得已全部履行等酌定从轻处罚情节，对马乐可予减轻处罚。第一审判决、第二审裁定认定事实清楚，证据确实、充分，定罪准确，但因对法律条文理解错误，导致量刑不当，应予纠正。依照《中华人民共和国刑法》第一百八十条第四款、第一款、第六十七条第一款、第五十二条、第五十三条、第六十四条及《最高人民法院关于适用〈中华人民共和国刑事诉讼法〉的解释》第三百八十九条第（三）项的规定，判决如下：一、维持广东省高级人民法院（2014）粤高法刑二终字第137号刑事裁定和深圳市中级人民法院（2014）深中法刑二初字第27号刑事判决中对原审被告人马乐的定罪部分；二、撤销广东省高级人民法院（2014）粤高法刑二终字第137号刑事裁定和深圳市中级人民法院（2014）深中法刑二初字第27号刑事判决中对原审被告人马乐的量刑及追缴违法所得部分；三、原审被告人马乐犯利用未公开信息交易罪，判处有期徒刑三年，并处罚金人民币1913万元；四、违法所得人民币19120246.98元依法予以追缴，上缴国库。

裁判理由

法院生效裁判认为：本案事实清楚，定罪准确，争议的焦点在于如何正确理解刑法第一百八十条第四款对于第一款的援引以及如何把握利用未公开信息交易罪"情节特别严重"的认定标准。

一、对刑法第一百八十条第四款援引第一款量刑情节的理解和把握

刑法第一百八十条第一款对内幕交易、泄露内幕信息罪规定为："证券、期货交易内幕信息的知情人员或者非法获取证券、期货交易内幕信息的人员，在涉及证券的发行，证券、期货交易或者其他对证券、期货交易价格有重大影响的信息尚未公开前，买入或者卖出该证券，或者从事与该内幕信息有关的期货交易，或者泄露该信息，或者明示、暗示他人从事上述交易活动，情节严重的，处五年以下有期徒刑或者拘役，并处或者单处违法所得一倍以上五倍以下罚金；情节特别严重的，处五年以上十年以下有期徒刑，并处违法所得一倍以上五倍以下罚金。"第四款对利用未公开信息交易罪规定为："证券交易所、期货交易所、证券公司、期货经济公司、基金管理公司、商业银行、保险公司等金融机构的从业人员以及有关监管部门或者行业协会的工作人员，利用因职务便利获取的内幕信息以外的其他未公开的信息，违反规定，从事与该信息相关的证券、期货交易活动，或者明示、暗示他人从事相关交易活动，情节严重的，依照第一款的规定处罚。”

对于第四款中“情节严重的，依照第一款的规定处罚”应如何理解，在司法实践中存在不同的认识。一种观点认为，第四款中只规定了“情节严重”的情形，而未规定“情节特别严重”的情形，因此，这里的“情节严重的，依照第一款的规定处罚”只能是依照第一款中“情节严重”的量刑档次予以处罚；另一种观点认为，第四款中的“情节严重”只是入罪条款，即达到了情节严重以上的情形，依据第一款的规定处罚。至于具体处罚，应看符合第一款中的“情节严重”还是“情节特别严重”的情形，分别情况依法判处。情节严重的，“处五年以下有期徒刑”，情节特别严重的，“处五年以上十年以下有期徒刑”。

最高人民法院认为，刑法第一百八十条第四款援引法定刑的情形，应当是对第一款全部法定刑的引用，即利用未公开信息交易罪应有“情节严重”“情节特别严重”两种情形和两个量刑档次。这样理解的具体理由如下：

（一）符合刑法的立法目的。由于我国基金、证券、期货等领域中，利用未公开信息交易行为比较多发，行为人利用公众投入的巨额资金作后盾，以提前买入或者提前卖出的手段获得巨额非法利益，将风险与损失转嫁到其他投资者，不仅对其任职单位的财产利益造成损害，而且严重破坏了公开、公正、公平的证券市场原则，严重损害客户投资者或处于信息弱势的散户利益，严重损害金融行业信誉，影响投资者对金融机构的信任，进而对资产管理和基金、证券、期货市场的健康发展产生严重影响。为此，《中华人民共和国刑法修正案（七）》新增利用未公开信息交易罪，并将该罪与内幕交易、泄露内幕信息罪规定在同一法条中，说明两罪的违法与责任程度相当。利用未公开信息交易罪也应当适用“情节特别严重”。

（二）符合法条的文意。首先，刑法第一百八十条第四款中的“情节严重”是入罪条款。《最高人民检察院、公安部关于公安机关管辖的刑事案件立案追诉标准的规定（二）》，对利用未公开信息交易罪规定了追诉的情节标准，说明该罪需达到“情节严重”才能被追诉。利用未公开信息交易罪属情节犯，立法要明确其情节犯属性，就必须借助“情节严重”的表述，以避免“情节不严重”的行为入罪。其次，该款中“情节严重”并不兼具量刑条款的性质。刑法条文中大量存在“情节严重”兼具定罪条款及量刑条款性质的情形，但无一例外均在其后列明了具体的法定刑。刑法第一百八十条第四款中“情节严重”之后，并未列明具体的法定刑，而是参照内幕交易、泄露内幕信息罪的法定刑。因此,本款中的"情节严重"仅具有定罪条款的性质,而不具有量刑条款的性质。

(三)符合援引法定刑立法技术的理解。援引法定刑是指对某一犯罪并不规定独立的法定刑,而是援引其他犯罪的法定刑作为该犯罪的法定刑。刑法第一百八十条第四款援引法定刑的目的是为了避免法条文字表述重复,并不属于法律规定不明确的情形。

综上,刑法第一百八十条第四款虽然没有明确表述"情节特别严重",但是根据本条款设立的立法目的、法条文意及立法技术,应当包含"情节特别严重"的情形和量刑档次。

二、利用未公开信息交易罪"情节特别严重"的认定标准

目前虽然没有关于利用未公开信息交易罪"情节特别严重"认定标准的专门规定,但鉴于刑法规定利用未公开信息交易罪是参照内幕交易、泄露内幕信息罪的规定处罚,最高人民法院、最高人民检察院《关于办理内幕交易、泄露内幕信息刑事案件具体应用法律若干问题的解释》将成交额250万元以上、获利75万元以上等情形认定为内幕交易、泄露内幕信息罪"情节特别严重"的标准,利用未公开信息交易罪也应当遵循相同的标准。马乐利用未公开信息进行交易活动,累计成交额达10.5亿余元,非法获利达1912万余元,已远远超过上述标准,且在案发时属全国查获的该类犯罪数额最大者,参照最高人民法院、最高人民检察院《关于办理内幕交易、泄露内幕信息刑事案件具体应用法律若干问题的解释》,马乐的犯罪情节应当属于"情节特别严重"。

(生效裁判审判人员:罗智勇、董朝阳、李剑弢)

附录三 其他部委发布的相关部门规章及规范性文件

国家发展改革委、最高人民法院、中国人民银行等关于印发《对失信被执行人实施联合惩戒的合作备忘录》的通知（节录）

（2016 年 1 月 20 日 发改财金〔2016〕141 号）

各省、自治区、直辖市有关部门、机构：

为深入贯彻党的十八届三中、四中、五中全会精神，落实《中央政法委关于切实解决人民法院执行难问题的通知》（政法〔2005〕52 号）、《国务院关于促进市场公平竞争维护市场正常秩序的若干意见》（国发〔2014〕20 号）、《国务院关于印发社会信用体系建设规划纲要（2014－2020 年）的通知》（国发〔2014〕21 号）等文件精神及“褒扬诚信、惩戒失信”的总体要求，促进大数据信息共享融合，创新驱动健全社会信用体系，国家发展改革委、最高人民法院、人民银行、中央组织部、中央宣传部、中央编办、中央文明办、最高人民检察院、教育部、工业和信息化部、公安部、安全部、民政部、司法部、财政部、人力资源社会保障部、国土资源部、环境保护部、住房城乡建设部、交通运输部、农业部、商务部、文化部、卫生计生委、国资委、海关总署、税务总局、工商总局、质检总局、安全监管总局、食品药品监管总局、林业局、知识产权局、旅游局、法制办、国家网信办、银监会、证监会、保监会、公务员局、外汇局、共青团中央、全国工商联、中国铁路总公司联合签署了《关于对失信被执行人实施联合惩戒的合作备忘录》。现印发给你们，请认真贯彻执行。

附件：关于对失信被执行人实施联合惩戒的合作备忘录

附件

关于对失信被执行人实施联合惩戒的合作备忘录

为深入贯彻党的十八届三中、四中、五中全会精神，落实《中央政法委关于切实解决人民法院执行难问题的通知》（政法〔2005〕52 号）、《国务院关于促进市场公平竞争维护市场正常秩序的若干意见》（国发〔2014〕20 号）、《国务院关于印发社会信用体系建设规划纲要（2014 - 2020 年）的通知》（国发〔2014〕21 号）等文件精神及“褒扬诚信、惩戒失信”的总体要求，促进大数据信息共享融合，创新驱动健全社会信用体系，国家发展改革委、最高人民法院、人民银行、中央组织部、中央宣传部、中央编办、中央文明办、最高人民检察院、教育部、工业和信息化部、公安部、安全部、民政部、司法部、财政部、人力资源社会保障部、国土资源部、环境保护部、住房城乡建设部、交通运输部、农业部、商务部、文化部、卫生计生委、国资委、海关总署、税务总局、工商总局、质检总局、安全监管总局、食品药品监管总局、林业局、知识产权局、旅游局、法制办、国家网信办、银监会、证监会、保监会、公务员局、外汇局、共青团中央、全国工商联、中国铁路总公司等部门就针对违法失信的被执行人实施联合惩戒措施达成如下一致意见：

一、联合惩戒对象

联合惩戒对象为最高人民法院公布的失信被执行人（包括自然人和单位）。

二、信息共享与联合惩戒的实施方式

国家发展改革委基于全国信用信息共享平台建立失信行为联合惩戒系统。最高人民法院通过该系统向签署本备忘录的其他部门和单位提供失信被执行人信息并按照有关规定更新动态。其他部门和单位从失信行为联合惩戒系统获取失信被执行人信息，执行或协助执行本备忘录规定的惩戒措施并按季度将执行情况通过该系统反馈给最高人民法院和国家发展改革委。

三、惩戒措施、共享内容及实施单位

（一）设立证券公司、基金管理公司、期货公司审批，私募投资基金管理人登记参考；限制发行企业债券及公司债券；限制收购上市公司

将失信被执行人相关信息作为设立证券公司、基金管理公司、期货公

司审批,私募投资基金管理人登记的依据或参考;限制失信被执行人发行公司债券;对失信情形严重的被执行人,限制其收购上市公司,由证监会实施;限制失信被执行人发行企业债券,由国家发展改革委实施。

(二)从严审核在银行间市场发行债券

对失信被执行人在银行间市场发行债券从严审核,由人民银行实施。

(三)限制设立融资性担保公司;限制任职融资性担保公司或金融机构的董事、监事、高级管理人员

限制失信被执行人设立融资性担保公司;限制失信被执行人任职融资性担保公司或金融机构的董事、监事、高级管理人员。由银监会、证监会、国家发展改革委、保监会、工信部、财政部、商务部、人民银行、工商总局等具有金融机构任职资格核准职能的部门实施。

(四)协助查询政府采购项目信息;依法限制参加政府采购活动

协助查询政府采购项目信息;依法限制失信被执行人作为供应商参加政府采购活动。由财政部实施。

(五)限制设立保险公司;限制支付高额保费购买具有现金价值的保险产品

限制失信被执行人设立保险公司;限制失信被执行人(自然人)及失信被执行人(企事业单位)的法定代表人、主要负责人、影响债务履行的直接责任人员、实际控制人支付高额保费购买具有现金价值的保险产品,由保监会实施。

(六)供设立商业银行或分行、代表处以及参股、收购商业银行审批时审慎性参考

将失信被执行人相关信息作为设立商业银行或分行、代表处以及参股、收购商业银行的审批时审慎性参考,由银监会实施。

(七)中止境内国有控股上市公司股权激励计划或终止股权激励对象行权资格

对失信被执行人为境内国有控股上市公司的,协助中止其股权激励计划或终止其股权激励对象行权资格,由国资委、财政部实施。

(八)供外汇额度核准与管理时审慎性参考

在合格境外机构投资者、合格境内机构投资者额度审批和管理中,将失信状况作为审慎性参考依据,由外汇管理局实施。

(九)供金融机构融资授信时审慎性参考

引导各金融机构在融资授信时查询拟授信对象及其法定代表人、实际控制人、董事、监事、高级管理人员是否为失信被执行人,对拟授信对象

为失信被执行人的从严审核，由人民银行、银监会实施。

（十）限制补贴性资金和社会保障资金支持

协助限制失信被执行人申请补贴性资金和社会保障资金支持，由国家发展改革委、财政部、人力资源社会保障部、国资委等相关部门实施。

（十一）享受优惠性政策认定参考

在实施投资、税收、进出口等优惠性政策时，查询相关机构及其法定代表人、实际控制人、董事、监事、高级管理人员是否为失信被执行人，对其享受该政策时审慎性参考，由国家发展改革委、商务部、海关总署、税务总局、质检总局实施。

（十二）加强日常监管检查

将失信被执行人和以失信被执行人为法定代表人、实际控制人、董事、监事、高级管理人员的单位，作为重点监管对象，加大日常监管力度，提高随机抽查的比例和频次，并可依据相关法律法规对其采取行政监管措施，由各市场监管、行业主管部门实施。

（十三）限制担任国有企业法定代表人、董事、监事

失信被执行人为个人的，限制其担任国有独资公司董事、监事及国有资本控股或参股公司董事、监事及国有企业的高级管理人员；已担任相关职务的，提出其不再担任相关职务的意见。由国资委、财政部等相关部门实施。

（十四）限制登记为事业单位法定代表人

失信被执行人为个人的，限制登记为事业单位法定代表人，由中央编办实施。

（十五）通过“信用中国”网站和企业信用信息公示系统向社会公布

将失信被执行人信息通过“信用中国”网站、企业信用信息公示系统向社会公布，由国家发展改革委、工商总局实施。

（十六）通过主要新闻网站向社会公布

协调相关互联网新闻信息服务单位向社会公布失信被执行人信息，由国家网信办实施。

（十七）限制招录（聘）为公务员或事业单位工作人员

协助限制招录（聘）失信被执行人为公务员或事业单位工作人员，由中组部、人力资源社会保障部、公务员局等有关部门实施。

（十八）禁止参评文明单位、道德模范

对于机关、企事业单位、社会团体或其领导成员为失信被执行人的，不得参加文明单位评选，已经取得文明单位荣誉称号的予以撤销。各类

失信被执行人均不得参加道德模范评选，已获得道德模范荣誉称号的予以撤销。由中央宣传部、中央文明办实施。

（十九）限制乘坐飞机、列车软卧等其他非生活和工作必需的消费行为

限制失信被执行人及失信被执行人的法定代表人、主要负责人、影响债务履行的直接责任人员、实际控制人乘坐飞机、列车软卧、乘坐G字头动车组列车全部座位、其他动车组列车一等以上座位等其他非生活和工作必需的消费行为，由交通运输部、铁路总公司等实施。

（二十）限制住宿较高星级宾馆、酒店；限制在夜总会、高尔夫球场消费

限制失信被执行人及失信被执行人的法定代表人、主要负责人、影响债务履行的直接责任人员、实际控制人住宿四星级以上宾馆、酒店及其他高等级、高消费宾馆、酒店；限制在夜总会、高尔夫球场消费，由国家旅游局、商务部、公安部、文化部实施。

（二十一）限制购买不动产及国有产权交易

限制失信被执行人及失信被执行人的法定代表人、主要负责人、影响债务履行的直接责任人员、实际控制人购买房产、土地等不动产；协助限制失信被执行人参与国有企业资产、国家资产等国有产权交易。由国土资源部、住房城乡建设部、国资委等相关部门实施。

（二十二）限制在一定范围的旅游、度假

协助提供四星级及以上星级评定宾馆及其他高等级、高消费宾馆、酒店信息；限制失信被执行人及失信被执行人的法定代表人、主要负责人、影响债务履行的直接责任人员、实际控制人参加旅行社组织的团队旅游，限制其享受旅行社提供的旅游相关的其他服务；限制失信被执行人在获得旅游等级评定的度假区等旅游企业消费。由商务部、旅游局实施。

（二十三）限制子女就读高收费私立学校

限制失信被执行人及失信被执行人的法定代表人、主要负责人、影响债务履行的直接责任人员、实际控制人的子女就读高收费私立学校，由最高人民法院、教育部实施。

（二十四）查询身份、护照、车辆财产信息；协助查找失信被执行人；限制出境；协助查封、扣押车辆

协助查询反馈失信被执行人身份、护照信息及车辆财产信息；协助查找下落不明的失信被执行人；限制失信被执行人出境；协助查封、扣押失信被执行人名下的车辆。由公安部实施。

（二十五）限制使用国有林地；限制申报重点林业建设项目；限制国有草原占地审批；限制申报重点草原保护建设项目

限制失信被执行人使用国有林地项目；限制其申报重点林业建设项目；限制失信被执行人申报国有草原占地项目；限制其申报重点草原保护建设项目。由国家发展改革委、国家林业局、农业部实施。

（二十六）查询失信被执行人海关认证资格情况；限制成为海关认证企业；对进出口货物实施严密监管

协助查询失信被执行人海关认证资格情况；限制失信被执行人成为海关认证企业；在失信被执行人办理通关业务时，实施严密监管，加强单证审核和布控查验。由海关总署实施。

（二十七）查询安全生产许可审批等信息；限制从事药品、食品等行业；限制担任生产经营单位主要负责人及董事、监事、高级管理人员

协助查询失信被执行人安全生产许可审批登记信息、药品医疗器械登记信息、出入境检验检疫信用等级信息；将失信被执行人信息作为从事药品、食品安全行业从严审批的参考；协助限制失信被执行人从事危险化学品生产经营储存、烟花爆竹生产经营、矿山生产、安全评价等行业；协助限制失信被执行人担任生产经营单位主要负责人及董事、监事、高级管理人员，已担任相关职务的，按规定程序要求变更。由食品药品监管总局、安全监管总局、质检总局、工商总局实施。

（二十八）查询渔业船舶登记信息

协助查询失信被执行人渔业船舶登记信息，由农业部实施。

（二十九）查询客运、货运车辆登记信息

协助查询失信被执行人客运、货运车辆等登记信息，由交通运输部实施。

（三十）查询律师登记信息；限制参与评先、评优

协助查询失信被执行人的律师身份信息、律师事务所登记信息；对失信被执行人为律师、律师事务所的，在一定期限内限制其参与评先、评优。由司法部实施。

（三十一）查询婚姻登记信息

协助查询失信被执行人的婚姻登记信息，由民政部、外交部、卫生计生委实施。

（三十二）以拒不执行判决、裁定罪处罚

协助对失信被执行人以拒不执行判决、裁定罪立案侦查、起诉等，由最高人民检察院、公安部实施。

四、共享信息的持续管理

最高人民法院在全国信用信息共享平台失信行为联合惩戒系统上实时更新失信被执行人信息。其他部门和单位根据各自职责，下发给下级单位，指导监督下级单位按照本备忘录及有关规定实施惩戒或解除惩戒。

协作过程中各方应建立完备系统日志，完整记录用户的访问、操作及客户端信息，确保系统的安全和正常使用；建立必要的技术隔离措施，保护敏感核心信息的数据安全，杜绝超权限操作。

五、其他事宜

各部门和单位应密切协作，积极落实本备忘录，制定失信被执行人信息的使用、管理、监督的相关实施细则和操作流程，确保2016年2月底前实现失信被执行人信息共享和联合惩戒。

本备忘录实施过程中的具体操作问题，由各部门另行协商解决。

附录

惩戒措施	法律及政策依据	实施单位
（一）设立证券公司、基金管理公司、期货公司审批，私募投资基金管理人登记参考；限制发行企业债券及公司债券；限制收购上市公司	1.《国家发展改革委关于推进企业债券市场发展、简化发行核准程序有关事项的通知》（发改财金〔2008〕7号） 第二条第（七）项　企业公开发行企业债券应符合下列条件： （1）股份有限公司的净资产不低于人民币3000万元，有限责任公司和其他类型企业的净资产不低于人民币6000万元； （2）累计债券余额不超过企业净资产（不包括少数股东权益）的40%； （3）最近三年可分配利润（净利润）足以支付企业债券一年的利息； （4）筹集资金的投向符合国家产业政策和行业发展方向，所需相关手续齐全。用于固定资产投资项目的，应符合固定资产投资项目资本金制度的要求，原则上累计发行额不得超过该项目总投资的60%。用于收购产权（股权）的，比照该比例执行。用于调整债务结构的，不受该比例限制，但企业应提供银行同意以债还贷的证明；用于补充营运资金的，不超过发债总额的20%； （5）债券的利率由企业根据市场情况确定，但不得超过国务院限定的利率水平； （6）已发行的企业债券或者其他债务未处于违约或者延迟支付本息的状态；	国家发展改革委、证监会

续表

惩戒措施	法律及政策依据	实施单位
(一)设立证券公司、基金管理公司、期货公司审批,私募投资基金管理人登记参考;限制发行企业债券及公司债券;限制收购上市公司	(7)最近三年没有重大违法违规行为。 2.《国家发展改革委　人民银行　中央编办关于在行政管理事项中使用信用记录和信用报告的若干意见》(发改财金〔2013〕920号) 第二条　切实发挥在行政管理事项中使用信用记录和信用报告的作用 各级政府、各相关部门应将相关市场主体所提供的信用记录或信用报告作为其实施行政管理的重要参考。对守信者,应探索实行优先办理、简化程序、“绿色通道”和重点支持等激励政策;对失信者,应结合失信类别和程度,严格落实失信惩戒制度。 对食品药品安全、环境保护、产品质量、医疗卫生、工程建设、教育科研、电子商务、股权投资、融资担保等关系到人民群众切身利益、经济健康发展和社会和谐稳定的重点领域,各级政府、各相关部门应率先推进在行政管理事项中使用相关市场主体的信用记录和信用报告。 第三条　探索完善在行政管理事项中使用信用记录和信用报告的制度规范 各级政府、各相关部门应结合地方和部门实际,在政府采购、招标投标、行政审批、市场准入、资质审核等行政管理事项中依法要求相关市场主体提供由第三方信用服务机构出具的信用记录或信用报告。 各级政府、各相关部门应根据履职需要,研究明确信用记录或信用报告的主要内容和运用规范。 第五条　不断健全全社会守信激励和失信惩戒的联动机制 各级政府、各相关部门要树立大局意识,把在行政管理事项中使用信用记录和信用报告工作纳入重要工作日程。要加强协同配合,推动形成信用记录和信用报告跨部门、跨区域应用的联动机制。要通过信用记录和信用报告在行政管理事项中的联合应用,逐步建立健全全社会守信激励和失信惩戒联动机制。 3.《中华人民共和国公司法》 第一百六十一条　发行公司债券,必须符合下列条件: (1)股份有限公司的净资产额不低于人民币3000万元。有限责任公司的净资产额不低于人民币6000万元。 (2)累计债券总额不超过公司净资产额的40%。	国家发展改革委、证监会

续表

惩戒措施	法律及政策依据	实施单位
(一)设立证券公司、基金管理公司、期货公司审批,私募投资基金管理人登记参考;限制发行企业债券及公司债券;限制收购上市公司	(3)最近3年平均可分配利润足以支付公司债券1年的利息。 (4)筹集的资金投向符合国家产业政策。 (5)债券的利率不得超过国务院限定的利率水平。根据《企业债券管理条例》第18条规定,债券的票面利率不得高于银行相同期限居民储蓄定期存款利率的40%。 (6)国务院规定的其他条件。 同时,《公司法》第一百六十一条第三款还规定:"发行公司债券筹集的资金,必须用于审批机关批准的用途,不得用于弥补亏损和非生产性支出。"所谓非生产性支出,即营业外支出,是指与企业生产经营无关的其他支出,如非常损失,处理固定资产损失等。 4.《关于建立和完善执行联动机制若干问题的意见》 第十五条　证券监管部门应当监督证券登记结算机构、证券、期货经营机构依法协助人民法院查询、冻结、扣划证券和证券交易结算资金。督促作为被执行人的证券公司自觉履行生效裁判文书确定的义务;对证券登记结算机构、证券公司拒不履行生效法律文书确定义务、拒不协助人民法院执行的行为,督促有关部门依法追究有关负责人和直接责任人员的责任。 5.《中华人民共和国证券法》 第一百二十四条　设立证券公司,应当具备下列条件: (一)有符合法律、行政法规规定的公司章程; (二)主要股东具有持续盈利能力,信誉良好,最近三年无重大违法违规记录,净资产不低于人民币二亿元; (三)有符合本法规定的注册资本; (四)董事、监事、高级管理人员具备任职资格,从业人员具有证券从业资格; (五)有完善的风险管理与内部控制制度; (六)有合格的经营场所和业务设施; (七)法律、行政法规规定的和经国务院批准的国务院证券监督管理机构规定的其他条件。 6.《中华人民共和国证券投资基金法》 第四条　从事证券投资基金活动,应当遵循自愿、公平、诚实信用的原则,不得损害国家利益和社会公共利益。	国家发展改革委、证监会

续表

惩戒措施	法律及政策依据	实施单位
(一)设立证券公司、基金管理公司、期货公司审批,私募投资基金管理人登记参考;限制发行企业债券及公司债券;限制收购上市公司	第十三条　设立管理公开募集基金的基金管理公司,应当具备下列条件,并经国务院证券监督管理机构批准: (一)有符合本法和《中华人民共和国公司法》规定的章程; (二)注册资本不低于一亿元人民币,且必须为实缴货币资本; (三)主要股东应当具有经营金融业务或者管理金融机构的良好业绩、良好的财务状况和社会信誉,资产规模达到国务院规定的标准,最近三年没有违法记录; (四)取得基金从业资格的人员达到法定人数; (五)董事、监事、高级管理人员具备相应的任职条件; (六)有符合要求的营业场所、安全防范设施和与基金管理业务有关的其他设施; (七)有良好的内部治理结构、完善的内部稽核监控制度、风险控制制度; (八)法律、行政法规规定的和经国务院批准的国务院证券监督管理机构规定的其他条件。 7.《期货交易管理条例》 第十六条　申请设立期货公司,应当符合《中华人民共和国公司法》的规定,并具备下列条件: (一)注册资本最低限额为人民币3000万元; (二)董事、监事、高级管理人员具备任职资格,从业人员具有期货从业资格; (三)有符合法律、行政法规规定的公司章程; (四)主要股东以及实际控制人具有持续盈利能力,信誉良好,最近3年无重大违法违规记录; (五)有合格的经营场所和业务设施; (六)有健全的风险管理和内部控制制度; (七)国务院期货监督管理机构规定的其他条件。 国务院期货监督管理机构根据审慎监管原则和各项业务的风险程度,可以提高注册资本最低限额。注册资本应当是实缴资本。股东应当以货币或者期货公司经营必需的非货币财产出资,货币出资比例不得低于85%。 国务院期货监督管理机构应当在受理期货公司设立申请之日起6个月内,根据审慎监管原则进行审查,作出批准或者不批准的决定。	国家发展改革委、证监会

续表

惩戒措施	法律及政策依据	实施单位
（一）设立证券公司、基金管理公司、期货公司审批，私募投资基金管理人登记参考；限制发行企业债券及公司债券；限制收购上市公司	未经国务院期货监督管理机构批准，任何单位和个人不得委托或者接受他人委托持有或者管理期货公司的股权。 8.《上市公司收购管理办法》 第六条　任何人不得利用上市公司的收购损害被收购公司及其股东的合法权益。 有下列情形之一的，不得收购上市公司： （一）收购人负有数额较大债务，到期未清偿，且处于持续状态； （二）收购人最近 3 年有重大违法行为或者涉嫌有重大违法行为； （三）收购人最近 3 年有严重的证券市场失信行为； （四）收购人为自然人的，存在《公司法》第一百四十六条规定情形； （五）法律、行政法规规定以及中国证监会认定的不得收购上市公司的其他情形。 9.《私募投资基金监督管理暂行办法》 第三条　从事私募基金业务，应当遵循自愿、公平、诚实信用原则，维护投资者合法权益，不得损害国家利益和社会公共利益	国家发展改革委、证监会
（三）限制设立融资性担保公司；限制任职融资性担保公司或金融机构的董事、监事、高级管理人员	1.《融资性担保公司管理暂行办法》 第三条　融资性担保公司应当以安全性、流动性、收益性为经营原则，建立市场化运作的可持续审慎经营模式。 融资性担保公司与企业、银行业金融机构等客户的业务往来，应当遵循诚实守信的原则，并遵守合同的约定。 第九条　设立融资性担保公司，应当具备下列条件： （一）有符合《中华人民共和国公司法》规定的章程。 （二）有具备持续出资能力的股东。 （三）有符合本办法规定的注册资本。 （四）有符合任职资格的董事、监事、高级管理人员和合格的从业人员。 （五）有健全的组织机构、内部控制和风险管理制度。 （六）有符合要求的营业场所。 （七）监管部门规定的其他审慎性条件。 董事、监事、高级管理人员和从业人员的资格管理办法由融资性担保业务监管部际联席会议另行制定。	银监会、证监会、国家发展改革委、保监会、工信部、财政部、商务部、人民银行、工商总局等具有金融机构任职资格核准职能的部门

续表

惩戒措施	法律及政策依据	实施单位
(三)限制设立融资性担保公司;限制任职融资性担保公司或金融机构的董事、监事、高级管理人员	2.《融资性担保公司董事、监事、高级管理人员任职资格管理暂行办法》 第五条　融资性担保公司董事、监事、高级管理人员应当具备以下条件: (一)具有完全民事行为能力; (二)遵纪守法,诚实守信,勤勉尽职,具有良好的职业操守、品行和声誉; (三)熟悉经济、金融、担保的法律法规,具有良好的合规意识和审慎经营意识; (四)具备与拟任职务相适应的知识、经验和能力。 第六条　下列人员不得担任融资性担保公司董事、监事、高级管理人员: (一)有故意或重大过失犯罪记录的; (二)因违反职业操守或者工作严重失职给所任职的机构造成重大损失或者恶劣影响的; (三)最近五年担任因违法经营而被撤销、接管、合并、宣告破产或者吊销营业执照的机构的董事、监事、高级管理人员,并负有个人责任的; (四)曾在履行工作职责时有提供虚假信息等违反诚信原则行为,或指使、参与所任职机构对抗依法监管或案件查处,情节严重的; (五)被取消董事、监事、高级管理人员任职资格或禁止从事担保或金融行业工作的年限未满的; (六)提交虚假申请材料或明知不具备本办法规定的任职资格条件,采用欺骗、贿赂等不正当手段获得任职资格核准的; (七)个人或配偶有数额较大的到期未偿还债务的; (八)法律、法规规定的其他情形。 3.《银行业金融机构董事(理事)和高级管理人员任职资格管理办法》 第二条　本办法所称银行业金融机构(以下简称金融机构),是指在中华人民共和国境内设立的商业银行、农村合作银行、村镇银行、农村信用合作社、农村信用合作联社、外国银行分行等吸收公众存款的金融机构以及政策性银行。 在中华人民共和国境内设立的金融资产管理公司、信托公司、企业集团财务公司、金融租赁公司、汽车金融公司、货币经纪公司、消费金融公司、贷款公司、农村信用合作社联合社、省(自治区)农村信用社联合社、农村资金互助社、外资金融机构驻华代表机构以及经监管机	银监会、证监会、国家发展改革委、保监会、工信部、财政部、商务部、人民银行、工商总局等具有金融机构任职资格核准职能的部门

续表

惩戒措施	法律及政策依据	实施单位
（三）限制设立融资性担保公司；限制任职融资性担保公司或金融机构的董事、监事、高级管理人员	构批准设立的其他金融机构的董事（理事）和高级管理人员的任职资格管理，适用本办法。 第三条　本办法所称高级管理人员，是指金融机构总部及分支机构管理层中对该机构经营管理、风险控制有决策权或重要影响力的各类人员。 第九条　金融机构拟任、现任董事（理事）和高级管理人员出现下列情形之一的，视为不符合本办法第八条第（二）项、第（三）项、第（五）项规定之条件： （一）有故意或重大过失犯罪记录的； （二）有违反社会公德的不良行为，造成恶劣影响的； （三）对曾任职机构违法违规经营活动或重大损失负有个人责任或直接领导责任，情节严重的； （四）担任或曾任被接管、撤销、宣告破产或吊销营业执照机构的董事（理事）或高级管理人员的，但能够证明本人对曾任职机构被接管、撤销、宣告破产或吊销营业执照不负有个人责任的除外； （五）因违反职业道德、操守或者工作严重失职，造成重大损失或者恶劣影响的； （六）指使、参与所任职机构不配合依法监管或案件查处的； （七）被取消终身的董事（理事）和高级管理人员任职资格，或受到监管机构或其他金融管理部门处罚累计达到两次以上的； （八）有本办法规定的不具备任职资格条件的情形，采用不正当手段获得任职资格核准的。 4.《金融机构高级管理人员任职资格管理办法》 第二条　本办法所称金融机构是指经中国人民银行批准，在中华人民共和国境内依法设立的银行、金融资产管理公司、信托投资公司、企业集团财务公司、金融租赁公司、城市信用合作社及其联合社、农村信用合作社及其联合社、其他金融机构。 上述金融机构经中国人民银行批准在境外设立的分支机构、子公司和控股机构，境内其他中资机构经中国人民银行批准在境外设立的银行类机构，适用本办法。 上述金融机构不包括在华设立的外资金融机构。 第三条　本办法所称金融机构高级管理人员，是指金融机构法定代表人和对经营管理具有决策权或对风险控制起重要作用的人员。	银监会、证监会、国家发展改革委、保监会、工信部、财政部、商务部、人民银行、工商总局等具有金融机构任职资格核准职能的部门

续表

惩戒措施	法律及政策依据	实施单位
(三)限制设立融资性担保公司;限制任职融资性担保公司或金融机构的董事、监事、高级管理人员	第四条　担任金融机构高级管理职务的人员,应接受和通过中国人民银行任职资格审核。 中国人民银行对金融机构高级管理人员任职资格的审核,分核准制和备案制两种。适用核准制的高级管理人员任职,在任命前应获得中国人民银行任职资格核准文件;适用备案制的高级管理人员任职,在任命前应报中国人民银行备案。 第十三条　有下列情形之一的,不得担任金融机构高级管理人员: (一)因犯有贪污、贿赂、侵占财产、挪用财产罪或者破坏社会经济秩序罪,被判处刑罚,或者因犯罪被剥夺政治权利的; (二)曾经担任因违法经营被吊销营业执照或因经营不善破产清算的企业法定代表人,并对此负有个人责任或直接领导责任的; (三)对因工作失误或经济案件给所任职金融机构或其他企业造成重大损失负有个人责任或直接领导责任的; (四)个人负有数额较大的债务且到期未清偿的; (五)提供虚假材料等弄虚作假行为的; (六)有赌博、吸毒、嫖娼等违反社会公德不良行为,造成不良影响的; (七)已累计两次被中国人民银行或其他监管当局取消金融机构高级管理人员任职资格的; (八)其他法律、法规规定不能担任金融机构高级管理人员的。 5.《保险公司董事、监事和高级管理人员任职资格管理规定》 第七条　保险机构董事、监事和高级管理人员应当具有诚实信用的品行、良好的合规经营意识和履行职务必需的经营管理能力。	银监会、证监会、国家发展改革委、保监会、工信部、财政部、商务部、人民银行、工商总局等具有金融机构任职资格核准职能的部门

合格境外机构投资者境内证券投资外汇管理规定

（2016年2月3日　国家外汇管理局公告2016年第1号）

第一章　总　　则

第 一 条　为规范合格境外机构投资者（以下简称合格投资者）境内证券投资外汇管理，根据《中华人民共和国外汇管理条例》（国务院令第532号，以下简称《外汇管理条例》）、《合格境外机构投资者境内证券投资管理办法》（中国证券监督管理委员会、中国人民银行、国家外汇管理局第36号令）及相关规定，制定本规定。

第 二 条　本规定所称的合格投资者是指取得中国证券监督管理委员会（以下简称证监会）许可，投资境内证券市场的境外机构投资人。

第 三 条　合格投资者应当委托境内托管人（以下简称托管人）代为办理本规定所要求的相关手续。

第 四 条　国家外汇管理局及其分局、外汇管理部依法对合格投资者境内证券投资的投资额度（以下简称投资额度）、外汇账户、资金收付及汇兑等实施监督、管理和检查。

第二章　投资额度管理

第 五 条　国家对合格投资者的境内证券投资实行额度管理。国家外汇管理局对单家合格投资者投资额度实行备案和审批管理。

合格投资者在取得证监会资格许可后，可通过备案的形式，获取不超过其资产规模或管理的证券资产规模（以下简称资产规模）一定比例（以下简称基础额度）的投资额度；超过基础额度的投资额度申请，须经国家外汇管理局批准。

境外主权基金、央行及货币当局等机构的投资额度不受资产规模比例限制，可根据其投资境内证券市场的需要获取相应的投资额度。

第 六 条 合格投资者基础额度标准如下：

（一）合格投资者或其所属集团的资产（或管理的资产）主要在中国境外的，计算公式为：1 亿美元 + 近三年平均资产规模 ×0.2% – 已获取的人民币合格境外机构投资者额度（折合美元计算，以下简称 RQFII 额度）；

（二）合格投资者或其所属集团的资产（或管理的资产）主要在中国境内的，计算公式为：等值 50 亿元人民币 + 上年度资产规模 ×80% – 已获取的 RQFII 额度（折合美元计算）；

（三）不超过 50 亿美元（含境外主权基金、央行及货币当局等机构）；

（四）不低于 2000 万美元。

以上汇率折算参照申请之日上月国家外汇管理局公布的各种货币对美元折算率表计算。

国家外汇管理局可综合考虑国际收支、资本市场发展及开放等因素，对上述标准进行调整。

第 七 条 合格投资者申请基础额度内的投资额度备案，应向托管人提交以下材料：

（一）申请投资额度备案的情况说明，并填写《合格境外机构投资者登记表》（见附 1）；

（二）经审计的合格投资者近三年/上年度资产负债表（或管理的证券资产规模的审计报告等）；

（三）证监会资格许可证明文件复印件。

托管人应认真履行职责，严格审核合格投资者资产规模、已获取的 RQFII 额度等证明性材料，并根据合格投资者或其所属集团资产境内外分布情况，按标准准确核实其基础额度及拟备案的投资额度后，于每月 10 日内，将合格投资者投资额度备案申请集中报国家外汇管理局备案（备案表见附 2）。国家外汇管理局确认后将备案信息反馈给托管人。

第 八 条 合格投资者超过基础额度的投资额度申请，应通过托管人向国家外汇管理局提交以下材料：

（一）托管人及合格投资者书面申请，详细说明增加额度的理由以及现有投资额度使用情况；

（二）经审计的合格投资者近三年/上年度资产负债表（或管理的证券资产规模的审计报告等）；

（三）国家外汇管理局要求的其他材料。

国家外汇管理局将定期在政府网站（www. safe. gov. cn）公告合格投

资者投资额度情况。

第 九 条 本规定发布前已取得投资额度的合格投资者，若申请增加投资额度，按以下程序办理：

（一）已取得的投资额度未超过基础额度的：若已取得的投资额度加上申请增加的投资额度之和仍未超过基础额度，按本规定第七条要求办理备案手续；若已取得的投资额度加上申请增加的投资额度超过基础额度，按本规定第八条要求报国家外汇管理局批准；

（二）已取得的投资额度超过基础额度的，按本规定第八条要求报国家外汇管理局批准。

第 十 条 国家外汇管理局对合格投资者投资额度实行余额管理，即：合格投资者累计净汇入资金不得超过经备案及批准的投资额度。

合格投资者汇入资金为非美元货币时，应参照汇入资金当月国家外汇管理局公布的各种货币对美元折算率表，计算合格投资者汇入资金的等值美元投资额度。

第十一条 合格投资者的投资本金锁定期为 3 个月。

本金锁定期自合格投资者累计汇入投资本金达到等值 2000 万美元之日起计算。

上述所称本金锁定期是指禁止合格投资者将投资本金汇出境外的期限。

第十二条 合格投资者不得以任何形式转卖、转让投资额度给其他机构和个人使用。

合格投资者投资额度自备案或批准之日起 1 年未能有效使用的，国家外汇管理局有权收回全部或部分未使用的投资额度。

第三章 账 户 管 理

第十三条 合格投资者应凭国家外汇管理局投资额度备案信息或批准文件，并查询资本项目信息系统相关控制信息表的内容，在托管人处为其自有资金、客户资金或开放式基金开立相应的外汇账户。

已开立外汇账户的合格投资者，应按照中国人民银行关于境外机构境内人民币结算账户管理的有关规定，在托管人或其他商业银行开立与外汇账户相对应的人民币专用存款账户（以下简称人民币账户，有关人民币账户开立和使用详见附 3《合格境外机构投资者境内账户管理操作指引》）。

第十四条 合格投资者外汇账户的收入范围是:合格投资者从境外汇入的本金及支付有关税费(税款、托管费、审计费、管理费等)所需资金,利息收入,从人民币账户购汇划入的资金,以及经国家外汇管理局核准的其他收入。支出范围是:结汇划入合格投资者人民币账户的资金,出售境内证券所得、现金股利、利息等资金,以及经国家外汇管理局核准的其他支出。

未经批准,合格投资者账户内的资金不得用于境内证券投资以外的其他目的。

第十五条 合格投资者有下列情形之一的,应在1个月内变现资产并关闭其外汇账户,其相应的投资额度同时作废:

(一)证监会已撤销其资格许可;

(二)国家外汇管理局依法取消合格投资者投资额度;

(三)国家外汇管理局规定的其他情形。

第四章 汇兑管理

第十六条 合格投资者可根据投资计划等,在实际投资前30个工作日内通知托管人直接将投资所需外汇资金结汇并划入其人民币账户。

第十七条 合格投资者可在投资本金锁定期满后,分期、分批汇出相关投资本金和收益。合格投资者每月累计净汇出资金(本金及收益)不得超过其上年底境内总资产的20%。

开放式基金可根据申购或赎回的轧差净额,由托管人为其按日办理相关资金的汇入或汇出,每月累计净汇出资金不得超过上年底基金境内总资产的20%。

合格投资者如需汇出非开放式基金已实现的收益,托管人可凭合格投资者书面申请或指令、中国注册会计师出具的投资收益专项审计报告、完税或税务备案证明(若有)等,为合格投资者办理相关资金汇出手续。

第十八条 国家外汇管理局可以根据我国经济金融形势、外汇市场供求关系和国际收支状况,对合格投资者资金汇出时间、金额及汇出资金的期限予以调整。

第五章 统计与监督管理

第十九条 合格投资者应在首次获得投资额度后10个工作日内,通过托管人，向托管人所在地外汇局申请特殊机构赋码并办理主体信息登记。因办理其他跨境或外汇收支业务已经获得特殊机构赋码的，无需重复申请。

托管人应及时向国家外汇管理局备案合格投资者有关产品信息（备案表见附4）。国家外汇管理局将通过资本项目信息系统为合格投资者办理产品信息登记。

第二十条 合格投资者有下列情形之一的，托管人应在5个工作日内向国家外汇管理局申请办理变更登记：

（一）合格投资者名称、托管人等重要信息发生变更的；

（二）产品信息发生变更的；

（三）国家外汇管理局规定的其他情形。

合格投资者变更托管人的，由新托管人负责为其办理变更登记手续。

合格投资者或其主要股东、实际控制人受到其他监管部门（含境外）重大处罚，会对合格投资者投资运作造成重大影响或相关业务资格被暂停或取消的，托管人应及时向国家外汇管理局报告。

第二十一条 托管人应按照《国家外汇管理局关于调整合格机构投资者数据报送方式的通知》（汇发〔2015〕45号）的要求，报送合格投资者相关的监管和统计数据。

第二十二条 合格投资者有下列行为之一的，国家外汇管理局依据《外汇管理条例》等相关规定予以处罚，并可调减其投资额度直至取消：

（一）转让或转卖投资额度的；

（二）未按规定向国家外汇管理局或托管人提供境内证券投资相关信息和材料，或提供虚假信息和材料的；

（三）超出国家外汇管理局备案及批准的投资额度、或未按规定办理资金汇出入、结汇或购付汇的；

（四）有其他违反外汇管理规定的行为。

第二十三条 托管人有下列行为之一的，国家外汇管理局依据《外汇管理条例》等相关规定予以处罚。情节严重的，可停止其受理相关业务：

（一）未按规定标准审核合格投资者资产及分布情况、基础额度，或虚报备案额度，或提供虚假申请材料的；

（二）超过国家外汇管理局备案及批准的投资额度为合格投资者办理本金汇入的；

（三）未按规定为合格投资者办理本金和收益汇出手续的；

（四）未按规定为合格投资者开立或关闭相关账户，或未按规定的账户收支范围为合格投资者办理资金划转和汇兑手续的；

（五）未按规定向国家外汇管理局报送有关信息、材料或情况报告的；

（六）未按规定进行国际收支统计申报的；

（七）有其他违反外汇管理规定的行为。

第六章　附　　则

第二十四条　根据本规定向国家外汇管理局报送的材料应为中文文本。同时具有外文和中文译文的，以中文文本为准。

第二十五条　本规定由国家外汇管理局负责解释。

第二十六条　本规定自发布之日起实施。《合格境外机构投资者境内证券投资外汇管理规定》（国家外汇管理局公告 2009 第 1 号，根据国家外汇管理局公告 2012 第 2 号修订）和《国家外汇管理局综合司关于发布〈合格境外机构投资者额度管理操作指引〉的通知》（汇综发〔2015〕88 号）同时废止。其它相关外汇管理规定与本规定不一致的，以本规定为准。

附 1

合格境外机构投资者登记表

REGISTRATION FORM FOR QUALIFIED FOREIGN INSTITUTIONAL INVESTORS

<table>
<tr><td rowspan="2">申请机构名称
Name of applicant</td><td colspan="2">中文：</td><td rowspan="2">托管人名称
Name of custodian</td><td>中文：</td></tr>
<tr><td colspan="2">English：</td><td>English：</td></tr>
<tr><td>证券投资业务许可证号
No. of securities investment license</td><td colspan="2"></td><td>发证日期
Licensing date</td><td></td></tr>
<tr><td>申请日期
Date of application</td><td></td><td colspan="2">申请投资额度（百万美元）
Intended investment quota (Million $)</td><td></td></tr>
</table>

机构类别 Institution category	□基金管理公司 □保险公司 □证券公司/投行 □商业银行 □其他机构 □Fund management institution □Insurance company □Securities company/Investment bank □Commercial bank □Other institution		
成立时间 Time of establishment		注册地址 Domicile of incorporation	中文： English：
上一会计年度实收资本(百万美元) Paid - up capital for the latest fiscal year (Million USD)		上一会计年度总资产(百万美元) Total Assets of the latest fiscal year (Million USD)	
最近三年是否受到所在国家或地区监管机构的处罚。如有，请具体说明。 Any penalty from the home regulator in recent 3 years. If any, please specify.			
主要管理人员简况 Brief description of the professionals			
资金来源说明 Statement on sources of the funds			
初步投资计划 Initial investment plan			
主要股东名称、注册地和股权比例(可用英文) Names, domiciles and share percentages of major shareholders (In English if necessary)			
主要关联机构名称和注册地(可用英文) Names and domiciles of major affiliates (In English if necessary)			
合格投资者联系人： QFII's contact person 电话(Telephone)： 传真(Fax)：		托管人联系人： Custodian's contact person 电话(Telephone)： 传真(Fax)：	

合格投资者董事会授权人签名：

(Signature of the authorizee of QFII's board)：

附 2

合格境外机构投资者（QFII）投资额度备案表

编号：　　　　　　　　　　　　　　　　　　　　　　　　备案日期：　　　　年　　月　　日

<table>
<tr><td rowspan="2">QFII 机构名称</td><td colspan="4">中文：</td></tr>
<tr><td colspan="4">English：</td></tr>
<tr><td rowspan="2">累计获批 QFII 额度（亿美元）</td><td rowspan="2"></td><td rowspan="2">累计获批 RQFII 额度</td><td>亿元人民币</td><td></td></tr>
<tr><td>折亿美元</td><td></td></tr>
<tr><td colspan="2">近（三）年平均资产（或管理资产）规模（亿美元）</td><td></td><td>基础额度（亿美元）</td><td></td></tr>
<tr><td colspan="2">本次备案投资额度（亿美元）</td><td colspan="3"></td></tr>
<tr><td colspan="5">本机构承诺本表中内容（含所附资料）真实、准确，无虚假信息，并承诺严格按照外汇管理相关规定办理额度备案手续，自愿接受国家外汇管理部门的监督、管理和检查。

QFII 机构（签章）：
年　　月　　日</td></tr>
<tr><td colspan="5">我行已按规定对该机构资产规模、已获取的 QFII 和 RQFII 额度等进行了审核，计算出该机构基础额度。同时，向该机构说明了国家外汇管理局相关管理规定及要求，建议该机构按实需原则提出申请。现将该机构________亿美元投资额度备案表报上，请予以备案。
我行承诺严格按照外汇管理相关规定办理投资额度备案手续，自愿接受国家外汇管理部门的监督、管理和检查。

托管人（盖章）：
年　　月　　日</td></tr>
<tr><td rowspan="2">国家外汇管理局备案意见</td><td colspan="4">____________________（QFII 机构）______亿美元投资额度予以备案。</td></tr>
<tr><td colspan="2">局领导签发：</td><td colspan="2">司领导核签：
审核人：
经办人：</td></tr>
</table>

第一联　国家外汇管理局留存

合格境外机构投资者（QFII）投资额度备案表

编号：

<table>
<tr><td rowspan="2">QFII 机构名称</td><td colspan="4">中文：</td></tr>
<tr><td colspan="4">English：</td></tr>
<tr><td>托管人</td><td colspan="4"></td></tr>
<tr><td rowspan="2">累计获批 QFII 额度（亿美元）</td><td rowspan="2"></td><td rowspan="2">累计获批 RQFII 额度</td><td>亿元人民币</td><td></td></tr>
<tr><td>折亿美元</td><td></td></tr>
<tr><td colspan="2">近（三）年平均资产（或管理资产）规模（亿美元）</td><td></td><td>基础额度（亿美元）</td><td></td></tr>
<tr><td colspan="2">本次备案投资额度（亿美元）</td><td colspan="3"></td></tr>
<tr><td>国家外汇管理局备案意见</td><td colspan="4">________（QFII 机构）______亿美元投资额度予以备案。

国家外汇管理局（公章）
年　月　日</td></tr>
</table>

第二联 退QFII机构

附 3

合格境外机构投资者境内账户管理操作指引

一、合格投资者应按中国人民银行关于境外机构人民币银行结算账户管理的有关规定，以机构自身名义开立人民币基本存款账户（以下简称基本存款账户）。

基本存款账户不得存放其在境内证券投资的相关资金。

二、已开立基本存款账户的合格投资者，应凭外汇登记凭证，开立人民币专用存款账户（以下简称专用存款账户）。

三、专用存款账户分为合格投资者投资境内证券市场的专用存款账户（以下简称专用存款账户 <证券交易>），以及投资境内股指期货的专用存款账户（以下简称专用存款账户 <期货交易>）等。

专用存款账户 <证券交易> 应在合格投资者境内托管人（以下简称托管人）处开立。该账户收入范围是：从合格投资者外汇账户结汇划入的资金、从专用存款账户 <期货交易> 划回的资金、出售证券所得价款、现金股利、利息收入及经中国人民银行和国家外汇管理局核准的其他收入；支出范围是：买入规定的证券类等产品支付的价款（含印花税、手续费等）、划往专用存款账户 <期货交易> 的资金，支付税款、托管费、审计费和管理费等相关税费，购汇划入外汇账户的资金以及经中国人民银行和国家外汇管理局核准的其他支出。

专用存款账户 <期货交易> 应在期货保证金存管银行处开立。该账户收入范围是：从专用存款账户 <证券交易> 划入的资金、利息收入、从事股指期货交易有关收入以及经国家外汇管理局核准的其他收入；支出范围是：划回专用存款账户 <证券交易> 资金、开展股指期货交易有关资金支出、相关税费支出以及经国家外汇管理局核准的其他支出。

合格投资者专用存款账户 <期货交易> 应与专用存款账户 <证券交易> 一一对应。

若合格投资者托管人已经是期货保证金存管银行，也可指定其专用存款账户 <证券交易> 为期货保证金账户，此时无须再开立专用存款账户 <期货交易>。

四、合格投资者因外汇投资额度开立有外汇账户的，其为客户资金开立的多个专用存款账户 <证券交易> 应与其客户资金外汇账户存在对应关系。

五、托管人应认真做好对合格投资者现有账户的开立、更名工作，切实履行额度监控、信息报送等各项职责。

附 4

合格境外机构投资者（QFII）产品信息登记备案表

QFII 机构名称：　　　　机构类型：□基金公司　□保险公司　□证券公司/投行　□银行机构
QFII 机构特殊赋码：　　　　□其他机构（请注明：＿＿＿＿＿＿＿＿＿＿）

托管人（盖章）：　　　托管人金融机构标识码：＿＿＿＿＿＿备案日期：　年　月　日

序号	产品名称	产品类型 （①自有资金；②客户资金；③开放式基金）
1		
2		
3		
	……	

中国人民银行、发展改革委、工业和信息化部、财政部、商务部、银监会、证监会、保监会关于金融支持工业稳增长调结构增效益的若干意见

（2016 年 2 月 14 日）

工业是国民经济的主导力量，是实体经济的骨架和国家竞争力的基础，是稳增长、调结构、转方式的主战场，也是创新的主战场，对经济发展全局至关重要。金融与实体经济、特别与工业是利益共同体，一荣俱荣，一损俱损。用好和创新金融工具，服务好实体经济和工业增效升级，是壮大和发展金融业、防范金融风险的根本举措和重要内容。按照党中央、国务院决策部署，为进一步增强金融服务能力，突破工业转型发展面临的融资难、融资贵瓶颈，加大金融对工业供给侧结构性改革和工业稳增长、调结构、增效益的支持力度，推动工业去产能、去库存、去杠杆、降成本、补短板、加快工业转型升级，经国务院同意，现提出如下意见：

一、加强货币信贷政策支持，营造良好的货币金融环境

（一）着力加强金融对工业供给侧结构性改革的支持。综合运用多种流动性管理工具，完善宏观审慎管理，加强预调、微调，保持流动性水平适度和货币市场稳定运行，引导货币信贷平稳增长。创新金融支持和服务方式。加强和改进对企业兼并重组、不良资产处置的力度和效率，积极稳妥推进工业化解过剩产能和库存。继续整顿金融服务乱收费，指导金融机构合理确定利率水平和收费项目，加大对不合理收费的查处力度，降低企业融资成本和债务负担。支持工业企业技术改造和设备更新，补齐工业软硬基础设施短板，提高企业创新发展能力，为工业稳增长调结构增效益创造有利条件。

（二）落实差别化工业信贷政策。引导银行业金融机构根据重大技改、产业升级、结构调整项目目录，进一步完善信贷准入标准，加大对战略

性新兴产业、传统产业技术改造和转型升级等的支持力度。引导金融机构加大中长期贷款投入，加大对高新技术企业、重大技术装备、工业强基工程等领域的支持力度。制定出台金融支持制造强国建设指导意见，推动金融业全方位服务“中国制造2025”。鼓励银行业金融机构在风险可控前提下，适当降低新能源汽车、二手车的贷款首付比例，合理扩大汽车消费信贷，支持新能源汽车生产、消费及相关产业发展。引导银行业金融机构坚持区别对待、有扶有控原则，对钢铁、有色、建材、船舶、煤炭等行业中产品有竞争力、有市场、有效益的优质企业继续给予信贷支持，帮助有前景的企业渡过难关。支持工业企业积极稳妥化解产能过剩，对产能严重过剩行业未取得合法手续的新增产能建设项目，一律不得给予授信；对长期亏损、失去清偿能力和市场竞争力的“僵尸企业”，或环保、安全生产不达标且整改无望的企业及落后产能，坚决压缩退出相关贷款。制定银企对接行动方案，积极推动银企信息对接工作。

（三）加快工业信贷产品创新。引导金融机构紧密结合工业创新，加快发展支持工业领域大众创业、万众创新的金融产品和服务，深入挖掘工业增长潜力，积极培养工业发展新动能。积极支持工业领域“互联网+”行动，促进传统产业、大企业与市场迅速对接，实现工业制造企业和网络融合，着力改造工业发展传统动能。大力发展能效信贷、合同能源管理未来收益权质押贷款、排污权抵押贷款、碳排放权抵押贷款等绿色信贷业务，积极支持节能环保项目和服务。鼓励银行业金融机构开发自主品牌、商标专用权等企业无形资产质押贷款业务，支持消费品领域自主品牌建设。支持开展小微企业融资担保代偿补偿等业务。

（四）改进工业信贷管理制度。支持金融机构在有效管控风险的前提下，落实好无还本续贷、循环贷款等小微企业流动资金贷款还款方式创新，降低小微企业“过桥”融资成本。对资金周转出现暂时困难但仍具备清偿能力和市场竞争力的大中型企业，可在做好贷款质量监测和准确分类的同时，通过调整贷款期限、还款方式等贷款重组措施，缓解企业债务压力。推动行业主管部门进一步明确工业结构调整和转型升级方向，强化目录管理、标准管理等手段的约束力，提高“白名单”、“黑名单”的参考价值。加强金融机构同业沟通协调，积极开展联合授信，保持对工业企业的合理授信规模。

二、加大资本市场、保险市场对工业企业的支持力度

（五）加大工业企业直接融资的支持力度。支持符合“中国制造2025”和战略性新兴产业方向的制造业企业，在各层次资本市场进行股权融资。鼓励工业企业扩大发行标准化债权产品,替代其他高成本融资方式。对运作规范的工业企业,在完善偿债保障措施的基础上,支持其发行公司信用类债券用于调整债务结构。扩大公司信用类债券发行规模,拓展可交换债券、可转换债券市场。积极发展绿色债券、高收益债券、绿色资产证券化等创新金融工具。

(六)提升各类投资基金支持能力。加快组建新兴产业创业投资引导基金,积极运作国家中小企业发展基金和先进制造产业投资基金,发挥财政资金的放大效应,吸引社会资本积极参与,鼓励地方加大投入,支持种子期、初创成长型中小企业和战略性新兴产业、先进制造业加快发展。优化专项建设基金投向,支持有助于传统产业加快转型升级的重大技术改造工程和培育新经济增长点的战略性新兴产业培育发展工程等,继续支持增强制造业核心竞争力等转型升级项目。探索为企业创新活动提供股权和债权相结合的融资方式。

(七)稳步推进资产证券化发展。进一步推进信贷资产证券化,支持银行通过盘活信贷存量加大对工业的信贷支持力度。加快推进住房和汽车贷款资产证券化。在审慎稳妥的前提下,选择少数符合条件的金融机构探索开展不良资产证券化试点。加快推进应收账款证券化等企业资产证券化业务发展,盘活工业企业存量资产。

(八)不断提高工业保险服务水平。深入推进首台(套)重大技术装备保险补偿机制试点工作,研究将新材料、关键零部件纳入首批次应用保险保费补偿机制实施范围。推动保险公司尽快开发出更符合新能源汽车风险特征的专属保险产品。扩大中国保险投资基金对工业转型升级项目的投入。鼓励保险资产管理机构加快债权投资计划、股权投资计划、股债结合等资产管理产品创新,为战略性新兴产业、先进制造业等提供资金支持。

三、推动工业企业融资机制创新

(九)大力发展应收账款融资。加强动产融资统一登记系统建设,改进完善应收账款质押和转让、特许经营权项下收益权质押、合同能源管理未来收益权质押、融资租赁、保证金质押、存货和仓单质押等登记服务。推动更多供应链加入应收账款质押融资服务平台,支持商业银行进一步扩大应收账款质押融资规模。建立应收账款交易机制,解决大企业拖欠中小微企业资金问题。推动大企业和政府采购主体积极确认应收账款,帮助中小企业供应商融资。

(十)探索推进产融对接融合。支持符合条件的工业企业集团设立财务公司。探索开展企业集团财务公司延伸产业链金融服务试点。支持大企业设立产业创投基金，为产业链上下游创业者提供资金支持。积极稳妥推进投贷联动试点，有效防范风险，支持科技创新创业企业健康发展。

四、促进工业企业兼并重组

（十一）优化工业企业兼并重组政策环境。进一步取消或简化上市公司兼并重组行政许可及审批事项，优化审核流程，落实好分行业审核机制，提高并购重组审核效率和透明度。研究完善并购重组股份定价机制、丰富并购重组支付工具。鼓励国有控股上市公司依托资本市场加强资源整合，调整优化产业布局，提高发展质量和效益。发挥市场在兼并重组中的决定性作用，引导金融机构与企业自主协商、妥善解决工业企业兼并重组中的金融债务重组问题，切实维护债权人合法权益。

（十二）扩宽工业企业兼并重组融资渠道。完善并购贷款业务，进一步扩大并购贷款规模，合理确定贷款期限。进一步推动金融机构对兼并重组工业企业实行综合授信。允许符合条件的工业企业通过发行优先股、可转换债券等筹集兼并重组资金。对于暂时困难、未来现金流有合理市场预期的工业企业，通过债务重组等多种方式有效降低其债务负担和杠杆率。

五、支持工业企业加快“走出去”

（十三）完善对工业企业“走出去”的支持政策。简化境内企业境外融资核准程序，鼓励境内工业企业利用境外市场发行股票、债券和资产证券化产品。支持工业企业在对外经济活动中使用人民币计价结算，优化对外人民币贷款项目管理，鼓励工业企业使用人民币对外贷款和投资。加大出口信用保险对自主品牌、自主知识产权、战略性新兴产业的支持力度，扩大中长期出口信用保险覆盖面，对大型成套设备出口融资实现应保尽保。

（十四）加强对工业企业“走出去”的融资支持。进一步提高“两优”贷款支持力度，支持生产型海外项目建设。鼓励中国企业采用政府和社会资本合作（PPP）模式开展境外项目合作。推动工业企业用好“外保内贷”政策，支持“走出去”企业以境外资产和股权、矿权等权益为抵押获得贷款。支持国内工业企业与“一带一路”国家及产能合作重点国别企业开展多方面合作。

六、加强风险防范和协调配合

（十五）切实防范化解金融风险。积极稳妥做好“僵尸”企业信贷退出，维护银行信贷资产安全。充分发挥金融信用信息基础数据库作用，建立健全部门间联合惩戒机制，对恶意逃废银行债务和“恶意脱保”企业、个人形成强有力约束。督促银行用足用好现有核销政策，加快核销进度，做到“应核尽核”。落实好贷款损失税前扣除政策。完善不良贷款处置的市场主体准入、组包项目及户数等政策。进一步发挥金融资产管理公司和地方资产管理公司在参与企业破产重组和债务处置中的作用。各级金融监管部门要完善风险监测体系，督促金融机构提高风险管控能力，及时处置化解风险隐患，同时注意处置风险的风险，坚决守住不发生区域性、系统性金融风险的底线。

（十六）加强协调配合。对集中度较高的重点行业，明确优质骨干企业名单，通过引导金融资源集中支持，确保行业稳定发展。通过严格实施技术标准、环保标准等措施，加快推动不符合行业规范的企业主动升级或加快退出，促进金融资源有效配置。研究加大对关键环节和重点领域的财税政策支持力度，为金融支持工业稳增长调结构增效益提供适当的正向激励。明确地方人民政府在维护金融债权方面的责任，为金融机构支持实体经济发展解除后顾之忧。

请人民银行上海总部、各分行、营业管理部、省会（首府）城市中心支行、副省级城市中心支行会同所在省（区、市）发展改革委、工业和信息化主管部门、财政厅（局）、商务主管部门、银监会、证监会及保监会派出机构将本意见迅速转发至辖区内相关机构，并做好政策贯彻实施工作。

国家发展改革委、商务部、工业和信息化部等关于加强物流短板建设促进有效投资和居民消费的若干意见

（2016年2月29日　发改经贸〔2016〕433号）

各省、自治区、直辖市、计划单列市发展改革委、商务主管部门、工业和信息化主管部门、交通厅（委、局）、农业厅（委、局）、财政厅（局）、人民银行分行（营业管理部、中心支行）、证监会各派出机构、邮政管理局、供销合作社：

党中央、国务院高度重视物流工作，近年来制定实施了一系列规划和政策促进物流业发展，我国物流基础设施条件有了较大改善，物流服务能力大幅提升，对促进经济社会发展发挥了重要的支撑保障作用。但是，我国物流业发展水平总体还不高，发展方式比较粗放，特别是物流基础设施建设仍然比较滞后，现代化仓储、多式联运转运、城乡配送等设施总量不足、布局不合理、衔接配套不够，已成为影响经济运行效率和居民消费升级的突出短板。按照国务院有关部署，结合《物流业发展中长期规划（2014－2020年）》要求，现就加强物流短板建设提出以下意见：

一、总体要求

（一）指导思想

深入贯彻党的十八大和十八届三中、四中、五中全会精神，遵循"创新、协调、绿色、开放、共享"的发展理念，顺应国民经济提质增效和居民消费升级的需要，加大政策引导支持力度，鼓励社会资本投入，大力加强物流短板领域建设，加快健全完善物流基础设施网络，提高物流运行质量和效益，提升物流业整体发展和服务水平。

（二）基本原则

坚持问题导向，发力薄弱环节。针对制约物流整体效率提升的薄弱环节，加大建设投入力度，发挥后发优势，尽快补齐物流短板。

政府资金引导，引领民资投入。加大政府资金投入，有效发挥政府投

资的引领示范和杠杆作用,吸引社会资本参与物流基础设施建设。

加强统筹协调,形成政策合力。统筹投资、金融、财税等支持政策,加强政策协调配合,营造有利于物流领域投资发展的良好环境。

硬件软件并重,综合提质增效。加强物流信息化、标准化建设,积极推广应用先进技术,推动物流与电商、交通、制造业、现代农业等衔接融合,逐步形成智能化、一体化的物流基础设施网络。

(三)主要目标

通过加强物流短板建设,健全重要节点物流基础设施,改善城乡末端配送设施条件,完善农产品冷链物流体系,大幅提升农村物流水平,基本形成布局合理、覆盖广泛、便捷高效、保障有力的城乡物流基础设施网络体系。各种运输方式之间衔接更加顺畅,多式联运效率大幅提升,运载工具、装载单元等关键标准有效衔接并逐步推广应用,物流信息化水平明显提升,物流业发展环境进一步优化。

二、重点任务

(四)加强村镇末端配送设施建设,健全农村物流网络体系。鼓励地方政府加强农村物流设施网络规划和建设,整合利用现有邮政、供销、交通等物流资源,推动县级仓储配送中心、农村物流快递公共取送点建设,加快形成网络规模效应。鼓励电商企业与农产品生产加工企业联动发展,建立特色农产品电商物流标准和追溯标准。加强城乡互动的双向物流体系建设,畅通农产品进城和工业品下乡渠道。

(五)加强农产品物流设施建设,提升农产品现代物流水平。研究公益性农产品市场体系建设的指导意见,加强公益性农产品批发市场建设,鼓励批发市场建立追溯体系,推动市场的专业化提升和精细化改造。支持集预冷、加工、冷藏、配送、追溯等功能于一体的农产品产地集配中心建设,鼓励企业构建覆盖主产区的产地集配体系和重要农产品追溯体系,提升产地预冷处理能力。鼓励建设节能环保型冷库或对老旧冷库进行技术改造,提高冷库安全、环保、节能水平。支持农产品流通企业建设具有储存、分拣、加工、包装、配送、追溯等功能的低温加工配送中心,开展农产品冷链流通标准化示范,提升农产品冷链物流水平。

(六)加强城市配送设施建设,完善城市配送体系。优化重要节点物流基础设施布局,完善城市三级配送网络建设。依托重要交通枢纽、物流集散地规划建设集运输、仓储、配送、信息交易为一体的综合物流服务基地,加强干线运输与城市配送的有效衔接。加强公用型城市配送节点建设,鼓励物流企业加强协作,整合资源,优化城市配送设施布局。支持社区、机关、学校、商务区末端配送点建设，大力发展智能快件箱，并纳入公共服务设施规划。鼓励商贸流通企业和连锁超市等开展共同配送，提高配送效率。

（七）加强多式联运转运设施建设，提升货物中转效率。依托物流大通道，在重要节点规划布局和建设一批具有多式联运服务功能的物流枢纽，完善不同运输方式之间的连接和转运设施，推进公、铁、水、民航等基础设施“最后一公里”的衔接。支持重要港口、枢纽机场加强集疏运体系建设，重点推动建设一批专用铁路、公路进港项目，提升港站集疏运能力和运行效率。支持公路物流园区引入铁路专用线，完善多式联运服务功能；支持铁路物流中心建设，加强与其他运输方式的衔接，提升综合运输服务能力和水平。组织开展多式联运示范工程，推广公、铁、水联运，提高多式联运比重。研究制定有关多式联运服务标准和规则，探索在重点行业领域实行“一票到底”的物流服务。

（八）加强信息技术应用，促进物流新模式发展。研究制定“互联网+”高效物流三年行动实施方案。加强物联网、云计算、大数据、移动互联等先进信息技术在物流领域的应用，改造传统业务模式和管理系统，优化物流资源配置，提升物流运作水平。结合现代物流创新发展城市试点，推动政府部门、企业和社会组织之间开展数据平台对接，促进物流信息的互联互通和开放共享。加快国家交通运输物流公共信息平台建设，积极推进物流园区之间的互联互通，鼓励依托互联网平台的“无车承运人”发展。推进快递服务制造业的示范工程，积极融入智能制造、个性化定制等制造业新领域。

（九）加强物流标准衔接和制修订，提高物流服务效率。加强运输工具、物流设备等标准衔接，提高设施设备利用效率和物流服务运作效率。大力推广托盘、周转箱、集装箱等标准化装载单元循环共用，支持开展租赁、维修等延伸服务。抓紧修订出台《道路车辆外廓尺寸轴荷和质量限值》（GB1589），并做好宣贯和落实。抓紧研究出台快递配送专用电动车辆技术标准。

三、政策保障

（十）加大投资、财税、土地等政策支持力度。各有关部门、各省（区、市）要进一步加大对物流薄弱环节基础设施建设的支持力度。中央和地方资金通过现有渠道积极支持符合条件的城乡配送网络、农产品冷链物流、多式联运转运设施、物流标准化和信息化等项目建设。要进一步落实支持物流业发展的用地和相关税收优惠政策，对符合规划要求的物流设施建设项目,加快用地审查报批,保障项目依法依规用地。

(十一)拓宽物流短板建设的投融资渠道。鼓励物流企业多渠道筹集建设资金,引导社会资本投资建设物流项目。银行业金融机构要加大对物流企业的信贷支持力度,为项目建设提供更便利的融资服务,支持符合条件的企业通过发行公司债券、企业债券和上市等多种方式拓宽融资渠道,支持企业发行非金融企业债务融资工具筹集资金。

(十二)建立重点项目建设的绿色通道和调度机制。各地发展改革部门要会同商务、工信、交通、农业、财政、人民银行、邮政管理、供销合作社等部门建立重点项目建设的协调机制和绿色审核通道,并纳入现代物流重大工程进行调度,加强横向联动、有机衔接,形成工作合力,协调解决项目推进中遇到的困难和问题,为项目顺利实施创造良好条件。

各地有关部门要进一步提高对加强物流短板建设促进有效投资和居民消费工作重要性的认识,结合本地区实际抓紧制定加强物流短板建设的具体实施方案,明确工作分工,落实工作责任,将其作为“稳增长、调结构、促改革、惠民生”的一项重要工作抓紧抓好。国务院各有关部门将按照职责分工,密切配合,加强督促指导,确保各项政策措施有效贯彻落实。

附件:重点工作任务和部门分工(略)

工业和信息化部、中国人民银行、银监会关于印发《加强信息共享促进产融合作行动方案》的通知

（2016 年 3 月 2 日　工信部联财〔2016〕83 号）

各省、自治区、直辖市、计划单列市工业和信息化主管部门，新疆生产建设兵团工业和信息化主管部门，中国人民银行上海总部，各分行、营业管理部、各省会（首府）城市中心支行、各副省级城市中心支行，各银监局，各政策性银行、大型银行、股份制银行，邮政储蓄银行，有关中央企业：

为贯彻落实国务院有关工作部署，积极推进供给侧结构性改革，增强金融支持政策的导向性、针对性、有效性和可操作性，支持《中国制造2025》加快实施，促进工业稳增长调结构增效益，工业和信息化部、中国人民银行、中国银行业监督管理委员会制定了《加强信息共享促进产融合作行动方案》，现予印发，请遵照执行。

促进产融合作，是通过建立银企交流机制，强化信息交流共享，促进金融资源向实体经济企业集聚的有效途径，有利于提高金融资源配置效率，有利于实现产业与金融协调发展、互利共赢，有利于推进制造强国和网络强国建设。各地要高度重视，建立和完善产融合作工作机制，加强组织领导，创新方式方法，采取多种有效形式开展银企信息对接活动，深入开展产融合作，为产业提质增效、转型升级创造良好的融资环境。

加强信息共享促进产融合作行动方案

为贯彻落实国务院有关工作部署，积极推进供给侧结构性改革，支持《中国制造 2025》加快实施，促进工业稳增长、调结构、增效益，工业和信息化部、中国人民银行、中国银行业监督管理委员会决定建立产融信息对接工作机制，强化信息共享，促进政策协同，提升金融服务实体经济的能力和效率，引导产业与金融协调发展、互利共赢，推动产业提质增效、转型

升级。

一、建立重点企业和重点项目融资信息对接清单

（一）发挥工业和信息化主管部门的优势，及时汇总纳入政府支持、有融资需求的重点企业和重点项目，并结合产业政策、产业发展方向、产业规划布局等对企业融资需求进行分析、评估和筛选，形成重点企业和重点项目融资信息对接清单，为银行业金融机构实施差别化信贷政策提供参考。

（二）中国人民银行、中国银行业监督管理委员会引导银行业金融机构主动对接重点企业和重点项目融资需求，银行业金融机构按照自主决策、风险可控、商业可持续的原则，对符合信贷条件的重点企业和重点项目，积极给予支持，提高金融服务效率。

二、建立产融信息对接服务平台

（三）充分利用大数据、云计算等信息技术手段，依托各地工业和信息化系统，建立产融信息对接服务平台，建立方便、快捷、高效的信息沟通交流渠道，实现企业融资需求网上申请、即时汇总、分类整理、及时推荐，提高产融信息对接效率。

（四）工业和信息化部及时发布产业政策、产业规划等信息，方便企业及时了解产业政策动向，促进金融机构及时制定有针对性的行业信贷政策。

三、坚持分类施策，加大精准支持

（五）明确重点领域，加大支持力度。对符合《中国制造2025》、"互联网+"行动计划、"一带一路"建设、京津冀协同发展、长江经济带等重大战略以及国家重点发展的智能制造装备、航空航天、新能源汽车、电子信息、海洋工程装备和高技术船舶、新材料等领域符合信贷条件的重点企业，要加大支持力度。

（六）注重分业指导，做好相关金融服务。对拥有新技术、新工艺等创新产品的企业，要积极跟踪了解市场发展情况，在落实信贷条件的基础上，给予合理支持。对"互联网+"领域内"轻资产"类项目或企业，要创新信贷产品，拓宽合格抵质押品范围，做好金融服务。对冶金、有色、建材、船舶等行业有市场、有效益、有技术、资产状况良好、符合规范（准入）条件、环境保护和安全生产持续达标的企业和技术改造项目，不搞"一刀切"，对符合信贷条件的继续支持其合理信贷需求。引导银行业金融机构优化信贷政策，支持产能过剩行业相关企业兼并重组。

（七）压缩相关贷款，促进相关企业市场出清。对长期亏损、失去清偿能力和市场竞争力的“僵尸企业”，或环保、安全生产不达标且整改无望的企业，以及产能过剩行业未依法取得合规手续的新增产能和落后产能，要在做好资产保全的同时，坚决压缩退出相关贷款。

四、大力创新金融支持方式

（八）银行业金融机构要制定差别化信贷政策，按照市场化原则采取增贷、稳贷、压贷等针对性措施。要积极开发针对不同类型企业的融资服务，满足企业对银行服务的多样化融资需求，逐渐实现由主要提供信贷单一产品向为客户提供个性化的综合金融解决方案转变。

（九）银行业金融机构要创新适合工业和通信业发展的信贷产品，积极发展能效信贷、绿色信贷和排污权、商标权、碳排放权及政府采购订单质押融资等信贷业务。

（十）银行业金融机构要积极发展“双创”金融产品和服务。支持银行业金融机构开发创业创新的贷款新产品、新业务，开展应收账款、仓单、知识产权等质押融资。

（十一）鼓励企业采用企业债券、资产证券化等多种融资手段，拓宽企业融资渠道。

五、积极完善产业链金融服务

（十二）支持符合国家产业政策、核心主业突出、具有较强行业竞争力、具备一定资金集中管理经验的企业集团设立财务公司，有效提高企业集团内部资金运作效率，降低企业融资成本。

（十三）探索开展集团财务公司延伸产业链金融服务试点，有效发挥财务公司对集团公司主业发展的支持作用。

（十四）鼓励和支持企业采用融资租赁方式购置先进设备，加强与金融租赁公司、融资租赁公司合作，缓解企业资金不足问题，拓宽重大装备、工程机械等产品市场。

六、强化企业管理，提升企业的融资能力

（十五）积极推动纳入产融信息对接平台的企业提升管理水平，指导企业完善内控制度和公司治理，强化企业诚信体系建设，提高企业资金管理水平和风险防控能力。

（十六）加强对相关企业的融资能力培训，对企业利用新三板、战略新兴板、区域性股权市场等融资渠道要加强辅导，提升企业高级管理人员、财务人员的业务水平，增强企业的投融资规划能力。

（十七）引导企业加强财务状况、产品质量、环境保护、安全生产、能耗水耗等方面的信息披露，减少银企关系中的信息不对称，防范企业逃废银行债务、虚假诈骗融资等失信行为，提高违约违法成本。

七、加强组织保障

（十八）为保证工作顺利推进，工业和信息化部会同中国人民银行、中国银行业监督管理委员会建立产融信息对接工作协调机制，相关金融机构、重点企业及有关行业协会、专业机构和专家参加，强化信息共享，及时沟通银企信息对接进展情况，并协调解决特殊行业出现的重大问题。

（十九）各地要建立工业和信息化主管部门会同中国人民银行各分支机构、中国银行业监督管理委员会各派驻机构等部门参加的工作机制，加强组织领导，因地制宜开展银企信息对接活动。抓紧建立本地区重点企业和重点项目融资需求清单，组织清单内企业与区域内金融机构开展信息对接。有条件的地方要创新支持方式，发挥财政资金的政策引导和杠杆作用，支持银企信息对接和产融合作项目开展。

（二十）对产业转型升级和行业发展有重大支撑引领作用、且需要国家层面协调解决的重大项目融资需求，由省级工业和信息化主管部门汇总后，通过产融信息对接服务平台报送工业和信息化部（财务司），中央企业直接报送工业和信息化部（财务司）。推荐单位负责审核企业融资信息的真实性、有效性、完整性。

（二十一）工业和信息化部组织行业协会和专家对各地和中央企业报送的重大融资需求清单进行筛选，并通过产融信息对接服务平台发送各银行业金融机构。

（二十二）工业和信息化部会同中国人民银行、中国银行业监督管理委员会加强对融资信息对接项目的跟踪、分析、评估。各地要加强信息报送，适时将银企对接成果及成功经验做法书面报送工业和信息化部、中国人民银行、中国银行业监督管理委员会，工作开展中的重大问题要及时报告。

中国人民银行、民政部、银监会、证监会、保监会关于金融支持养老服务业加快发展的指导意见

（2016 年 3 月 3 日　银发〔2016〕65 号）

为贯彻落实党的十八大和党的十八届三中、四中、五中全会精神和《国务院关于加快发展养老服务业的若干意见》（国发〔2013〕35 号）、《关于推进医疗卫生与养老服务相结合的指导意见》（国办发〔2015〕84 号文转发）等有关要求，积极应对人口老龄化，大力推动金融组织、产品和服务创新，改进完善养老领域金融服务，加大对养老服务业发展的金融支持力度，促进社会养老服务体系建设，现提出如下意见：

一、充分认识做好养老领域金融服务的重要意义

（一）加快养老服务业发展需要创新金融服务。当前，我国已经进入人口老龄化快速发展阶段，发展养老服务业，加强社会养老服务体系建设，是积极应对人口老龄化、推动供给侧结构性改革的重要内容，是适应传统养老模式转变、满足人民群众日益增长的养老服务需求的必由之路，是全面建成小康社会的紧迫任务。立足国情，正确处理政府和市场的关系，加快建立社会养老服务体系，迫切要求改进和创新金融服务，加大金融支持力度，广泛动员社会资本参与，增加社会养老财富储备，提升养老服务支付能力，保障“老有所养”战略目标顺利实现。

（二）做好养老领域金融服务是金融业自身转型升级的内在要求。在金融市场化、国际化和多元化趋势下，金融机构传统业务和发展模式面临挑战，金融业进入转型升级的重要发展阶段。加大金融支持力度，有效满足迅速增长的养老服务业发展和居民养老领域金融服务需求，是增加资本市场中长期资金供给，促进金融市场发展和金融结构优化的重要手段，是金融机构拓展新业务的重要机遇，是金融业转型升级的重要途径。各金融机构要增强战略意识，加快养老领域业务发展规划和市场布局，努力改善和提升金融服务水平，实现支持养老服务业和自身转型发展的良性互动。

二、总体要求

（三）指导思想。按照党中央、国务院关于积极应对人口老龄化，加快发展养老服务业的决策部署，以满足社会日益增长的多层次、多样化养老领域金融服务需求为出发点，以提高金融对养老服务业的资源配置效率为方向，统筹各类金融资源，持续推进改革创新，建立和完善有利于养老服务业加快发展的金融组织、产品、服务和政策体系，切实改善和提升养老领域金融服务水平。

（四）基本原则。一是坚持市场主导，政策扶持。以市场化为方向，以政府扶持为引导，健全激励约束机制，在实现商业可持续的前提下，推动金融资源向养老服务领域配置和倾斜。二是坚持因地制宜，分类服务。立足区域养老服务业发展和居民养老需求实际，对居家养老、社区养老和机构养老等不同养老服务形式，积极探索和创新与之相适应的金融产品和服务方式，提供有针对性的金融服务。三是坚持突出重点，注重实效。加强金融支持与养老服务业发展各类规划和政策的衔接，以满足"老有所养"、推进医养结合和建设社会养老服务体系需求为重点，加大金融支持力度，破除制约金融服务的体制机制障碍，努力寻求重点领域突破。

（五）发展目标。到2025年，基本建成覆盖广泛、种类齐全、功能完备、服务高效、安全稳健，与我国人口老龄化进程相适应，符合小康社会要求的金融服务体系。促进养老服务业发展的金融组织更加多层次，产品更加多元化，服务更加多样化，金融支持养老服务业和满足居民养老需求的能力和水平明显提升。

三、大力完善促进居民养老和养老服务业发展的多层次金融组织体系

（六）创新专业金融组织形式。支持有条件的金融机构优化整合资源，提高养老领域金融服务水平。鼓励金融机构将支持养老服务业、发展个人养老相关的金融业务和战略转型相结合，探索建立养老金融事业部制。支持金融机构在符合条件的地区或分支机构组建服务养老的金融发展专业团队、特色分（支）行等多种形式的金融服务专营机构，提升金融服务专业化水平。

（七）支持各类金融组织开展养老领域金融业务。鼓励银行、证券、保险、基金等各类金融机构积极应对老龄化社会发展要求，优化内部组织架构和管理体制，增强养老领域金融服务能力。鼓励金融租赁公司开发适合养老服务业特点、价格公允的产品，提供融资租赁等金融服务。鼓励信托公司利用信托制度优势，积极开发各类附带养老保障的信托产品，满足居民养老领域金融服务需求，支持养老服务业发展。

（八）积极培育服务养老的金融中介体系。鼓励金融机构创新与融资担保机构合作模式，以政府性融资担保机构为主，引导各类融资担保机构加大对养老服务业的支持力度。积极引导征信机构、信用评级机构面向养老服务业开展征信、评级服务，鼓励银行与征信机构、信用评级机构合作，实施对养老服务机构的分类扶持。支持发展与养老领域金融创新相适应的法律、评估、会计等中介服务机构，鼓励金融机构与养老信息和智慧服务平台合作，运用“互联网＋”大数据资源，提供更高效的金融服务。

四、积极创新适合养老服务业特点的信贷产品和服务

（九）完善养老服务业信贷管理机制。鼓励银行业金融机构根据养老服务业发展导向和经营特点，专门制定养老服务业信贷政策，开发针对养老服务业的特色信贷产品，建立适合养老服务业特点的授信审批、信用评级、客户准入和利率定价制度，为养老服务业提供差异化信贷支持。鼓励银行业金融机构与民政部门、行业协会等合作开展养老信贷专项培训，提升信贷服务专业化水平。

（十）加快创新养老服务业贷款方式。鼓励银行业金融机构创新承贷主体，对企业或个人投资设立的养老服务机构，在风险可控的前提下，可以向投资企业或个人作为承贷主体发放贷款。对符合条件的个人投资设立小型养老服务机构，或招用员工比例达到政策要求的小微养老服务企业，积极利用创业担保贷款政策给予支持。对建设周期长、现金流稳定的养老服务项目，鼓励银行业金融机构适当延长贷款期限，灵活采取循环贷款、年审制、分期分段式等多种还款方式。

（十一）拓宽养老服务业贷款抵押担保范围。鼓励银行业金融机构探索以养老服务机构有偿取得的土地使用权、产权明晰的房产等固定资产为抵押，提供信贷支持。鼓励银行业金融机构积极开展应收账款、动产、知识产权、股权等抵质押贷款创新，满足养老服务企业多样化融资需求。有条件的地区在风险可控、不改变养老机构性质和用途的前提下，可探索养老服务机构其他资产抵押贷款的可行模式。

五、支持拓宽有利于养老服务业发展的多元化融资渠道

（十二）推动符合条件的养老服务企业上市融资。支持处于成熟期、经营较为稳定的养老服务企业在主板市场上市。支持符合条件的已上市的养老服务企业通过发行股份等再融资方式进行并购和重组。探索建立民政部门与证券监管部门的项目信息合作机制，加强中小养老服务企业的培育、筛选和储备，支持符合条件的中小养老服务企业在中小板、创业板、全国中小企业股份转让系统上市融资。探索利用各类区域性股权交易市场，为非上市养老服务企业提供股份转让渠道。

(十三)支持养老服务业通过债券市场融资。支持处于成熟期的优质养老服务企业通过发行企业债、公司债、非金融企业债务融资工具等方式融资。鼓励中小养老服务企业发行中小企业集合票据、集合债券、中小企业私募债，积极发挥各类担保增信机构作用，为中小养老服务企业发债提供增信支持。对运作比较成熟、未来现金流稳定的养老服务项目，可以项目资产的未来现金流、收益权等为基础，探索发行项目收益票据、资产支持证券等产品。支持符合条件的金融机构通过发行金融债、信贷资产支持证券等方式，募集资金重点用于支持小微养老服务企业发展。

(十四)鼓励多元资金支持养老服务业发展。支持各地采取政府和社会资本合作(PPP)模式建设或发展养老机构，鼓励银行、证券等金融机构创新适合PPP项目的融资机制，为社会资本投资参与养老服务业提供融资支持，积极探索与政府购买基本健康养老服务配套的金融支持模式。鼓励金融机构通过基金模式，探索运用股权投资、夹层投资、股东借款等多种形式，加大对养老服务企业、机构和项目的融资支持。鼓励有条件的地区探索建立养老产业投资引导基金，通过阶段参股、跟进投资等方式，引导和带动社会资本加大对养老服务业的投入。鼓励风险投资基金、私募股权基金等投资者积极投资处于初创阶段、市场前景广阔的养老服务企业。

六、推动完善养老保险体系建设，优化保险资金使用

(十五)完善多层次社会养老保险体系。进一步完善由基本养老保险、企业年金、职业年金、商业养老保险等组成的多层次、多支柱的养老保险体系。推进公平、统一、规范的城乡居民基本养老保险制度建设，发挥社会保险保障基本生活的重要作用。大力拓展企业年金、商业团体养老保险等企业补充养老保险，促进企业补充养老保险进一步向中小企业覆盖。推动商业养老保险逐步成为个人和家庭商业养老保障计划的主要承担者、企业发起的养老健康保障计划的重要提供者、社会保险市场化运作的积极参与者，支持有条件的企业建立商业养老健康保障计划，促使商业保险成为社会养老保障体系的重要支柱。

(十六)加快保险产品和服务方式创新。开展个人税收递延型商业养老保险试点，继续推进老年人住房反向抵押养老保险试点，发展独生子女家庭保障计划，丰富商业养老保险产品。积极开发长期护理保险、健康保险、意外伤害保险等保险产品，助推养老、康复、医疗、护理等服务有机结合。鼓励有条件的地区由政府使用医保基金账户结余统一为参保人购买护理保险产品，探索建立长期护理保险制度，积极探索多元化保险筹资模式，保障老年人长期护理服务需求。支持保险公司发展农民养老健康保险、农村小额人身保险等普惠保险业务。大力发展养老机构综合责任保险，为养老机构运营提供风险保障。

（十七）创新保险资金运用方式。积极借鉴国际经验，在符合投向要求、有效分散风险的前提下，推动基本养老保险基金、全国社会保障基金、企业年金基金、职业年金基金委托市场化机构多种渠道开展投资，实现资金保值增值，提升服务能力。发挥保险资金长期投资优势，以投资新建、参股、并购、租赁、托管等方式，兴办养老社区和养老服务机构。鼓励保险公司在风险可控的前提下，通过股权、债权、基金、资产支持计划、保险资产管理产品等多种形式，为养老服务企业及项目提供中长期、低成本的资金支持。

七、着力提高居民养老领域的金融服务能力和水平

（十八）增强老年群体金融服务便利性。鼓励金融机构优化网点布局，进一步向养老社区、老年公寓等老年群体较为集中的区域延伸服务网点，提高金融服务的可得性。支持金融机构对营业网点进行亲老适老化改造，加强助老设备、无障碍设施建设，开辟老年客户服务专区，提供敬老服务专窗、绿色通道等便捷服务，为老年客户营造便捷、安全、舒适的服务环境。鼓励银行业金融机构优化老年客户电话银行服务流程。

（十九）积极发展服务居民养老的专业化金融产品。鼓励银行、证券、信托、基金、保险等各类金融机构针对不同年龄群体的养老保障需求，积极开发可提供长期稳定收益、符合养老跨生命周期需求的差异化金融产品。大力发展养老型基金产品，鼓励个人通过各类专业化金融产品投资增加财产性收入，提高自我养老保障能力。加快老年医疗、健身、娱乐、旅游等领域消费信贷、信托产品创新。鼓励银行业金融机构探索住房反向抵押贷款业务。鼓励金融机构积极探索代际养老、预防式养老、第三方付费养老等养老模式和产品，提高居民养老财富储备和养老服务支付能力。

（二十）不断扩展金融服务内容。金融机构要积极介入社会保障、企业年金、养老保障与福利计划等业务，做好支付结算、账户管理、托管和投资等基础服务。鼓励银行业金融机构发行为老年群体提供特定服务的银行卡等非现金支付工具，适当减免开卡工本费、年费、小额账户管理费等费用，探索提供商户优惠、医疗健康、休闲娱乐、教育咨询、法律援助等配套增值服务。加强老年金融消费者教育和权益保护，加大理财产品等新型金融业务的宣传和普及力度，拓展老年人金融知识，银行业金融机构对老年人办理大额转账等业务应及时提醒查阅，在面向老年人销售保险、理财产品时，应严格遵守有关规定，不得误导销售或错误销售。

八、加强组织实施与配套保障

（二十一）加强金融政策与产业政策的协调配合。建立人民银行、民政、金融监管等部门参加的金融支持养老服务业工作协调机制，加强政策协调和信息沟通，形成推进养老服务业发展的金融政策合力。制定并定期完善养老服务业指导目录，发布更新养老服务机构与企业信息，建立健全项目数据库和推荐机制。对纳入数据库并获得民政部门推荐的优质养老服务项目，金融机构应在风险可控、商业可持续的基础上给予积极支持。各级民政部门应指导养老机构建立规范的财务制度和资产管理制度，提高承贷能力和偿付水平。鼓励有条件的地区积极运用财政贴息、贷款风险补偿、担保增信等政策工具，加大对金融支持养老服务业发展的政策激励和扶持。

（二十二）综合运用多种金融政策工具。加强信贷政策引导，鼓励金融机构加大对养老服务业和医养结合领域的支持力度。运用支小再贷款、再贴现工具，引导金融机构加大对小微养老服务企业的信贷支持。不断完善金融监管政策，加强对银行、证券、信托、基金、保险等金融机构开展养老领域金融组织、产品和服务方式创新的监管，以利于金融创新稳妥有序开展。

（二十三）加强政策落实与效果监测。各金融机构要逐步建立和完善金融支持养老服务业专项统计制度，加强对养老领域金融业务发展的统计与监测分析。人民银行各分支机构会同民政、银行业、证券业、保险业监督管理部门等，根据本指导意见精神，结合辖区实际，制定和完善金融支持养老服务业加快发展的具体实施意见或办法，切实抓好贯彻实施工作。

中国人民银行、国家发展改革委、财政部、银监会、证监会、保监会、国务院扶贫办关于金融助推脱贫攻坚的实施意见

（2016 年 3 月 16 日　银发〔2016〕84 号）

为贯彻落实《中共中央、国务院关于打赢脱贫攻坚战的决定》和中央扶贫开发工作会议精神，紧紧围绕“精准扶贫、精准脱贫”基本方略，全面改进和提升扶贫金融服务，增强扶贫金融服务的精准性和有效性，现提出如下实施意见。

一、准确把握金融助推脱贫攻坚工作的总体要求

（一）深入学习领会党中央、国务院精准扶贫、精准脱贫基本方略的深刻内涵，瞄准脱贫攻坚的重点人群和重点任务，精准对接金融需求，精准完善支持措施，精准强化工作质量和效率，扎实创新完善金融服务体制机制和政策措施，坚持精准支持与整体带动结合，坚持金融政策与扶贫政策协调，坚持创新发展与风险防范统筹，以发展普惠金融为根基，全力推动贫困地区金融服务到村到户到人，努力让每一个符合条件的贫困人口都能按需求便捷获得贷款，让每一个需要金融服务的贫困人口都能便捷享受到现代化金融服务，为实现到 2020 年打赢脱贫攻坚战、全面建成小康社会目标提供有力有效的金融支撑。

二、精准对接脱贫攻坚多元化融资需求

（二）精准对接贫困地区发展规划，找准金融支持的切入点。人民银行分支机构要加强与各地发展改革、扶贫、财政等部门的协调合作和信息共享，及时掌握贫困地区特色产业发展、基础设施和基本公共服务等规划信息。指导金融机构认真梳理精准扶贫项目金融服务需求清单，准确掌握项目安排、投资规模、资金来源、时间进度等信息，为精准支持脱贫攻坚奠定基础。各金融机构要积极对接扶贫部门确定的建档立卡贫困户，深入了解贫困户的基本生产、生活信息和金融服务需求信息，建立包括贫困户家庭基本情况、劳动技能、资产构成、生产生活、就业就学状况、金融需

求等内容的精准扶贫金融服务档案，实行“一户一档”。

（三）精准对接特色产业金融服务需求，带动贫困人口脱贫致富。各金融机构要立足贫困地区资源禀赋、产业特色，积极支持能吸收贫困人口就业、带动贫困人口增收的绿色生态种养业、经济林产业、林下经济、森林草原旅游、休闲农业、传统手工业、乡村旅游、农村电商等特色产业发展。有效对接特色农业基地、现代农业示范区、农业产业园区的金融需求，积极开展金融产品和服务方式创新。健全和完善扶贫金融服务主办行制度，支持带动贫困人口致富成效明显的新型农业经营主体。大力发展订单、仓单质押等产业链、供应链金融，稳妥推进试点地区农村承包土地的经营权、农民住房财产权等农村产权融资业务，拓宽抵质押物范围，加大特色产业信贷投入。

（四）精准对接贫困人口就业就学金融服务需求，增强贫困户自我发展能力。鼓励金融机构发放扶贫小额信用贷款，加大对建档立卡贫困户的精准支持。积极采取新型农业经营主体担保、担保公司担保、农户联保等多种增信措施，缓解贫困人口信贷融资缺乏有效抵押担保资产问题。针对贫困户种养殖业的资金需求特点，灵活确定贷款期限，合理确定贷款额度，有针对性改进金融服务质量和效率。管好用好创业担保贷款，支持贫困地区符合条件的就业重点群体和困难人员创业就业。扎实开展助学贷款业务，解决经济困难家庭学生就学资金困难。

（五）精准对接易地扶贫搬迁金融服务需求，支持贫困人口搬得出、稳得住、能致富。支持国家开发银行、农业发展银行通过发行金融债筹措信贷资金，按照保本或微利的原则发放低成本、长期的易地扶贫搬迁贷款，中央财政给予90%的贷款贴息。国家开发银行、农业发展银行要加强信贷管理，简化贷款审批程序，合理确定贷款利率，做好与易地扶贫搬迁项目对接。同时，严格贷款用途，确保贷款支持对象精准、贷款资金专款专用，并定期向人民银行各分支机构报送易地扶贫搬迁贷款发放等情况。开发性、政策性金融与商业性、合作性金融要加强协调配合，加大对安置区贫困人口直接或间接参与后续产业发展的支持。人民银行各分支机构要加强辖内易地扶贫搬迁贷款监测统计和考核评估，指导督促金融机构依法合规发放贷款。

（六）精准对接重点项目和重点地区等领域金融服务需求，夯实贫困地区经济社会发展基础。充分利用信贷、债券、基金、股权投资、融资租赁等多种融资工具，支持贫困地区交通、水利、电力、能源、生态环境建设等基础设施和文化、医疗、卫生等基本公共服务项目建设。创新贷款抵质押方式，支持农村危房改造、人居环境整治、新农村建设等民生工程建设。健全和完善区域信贷政策，在信贷资源配置、金融产品和服务方式创新、信贷管理权限设置等方面，对连片特困地区、革命老区、民族地区、边疆地区给予倾斜。对有稳定还款来源的扶贫项目，在有效防控风险的前提下，国家开发银行、农业发展银行可依法依规发放过桥贷款，有效撬动商业性信贷资金投入。

三、大力推进贫困地区普惠金融发展

（七）深化农村支付服务环境建设，推动支付服务进村入户。加强贫困地区支付基础设施建设，持续推动结算账户、支付工具、支付清算网络的应用，提升贫困地区基本金融服务水平。加强政策扶持，巩固助农取款服务在贫困地区乡村的覆盖面，提高使用率，便利农民足不出村办理取款、转账汇款、代理缴费等基础金融服务，支持贫困地区助农取款服务点与农村电商服务点相互依托建设，促进服务点资源高效利用。鼓励探索利用移动支付、互联网支付等新兴电子支付方式开发贫困地区支付服务市场，填补其基础金融服务空白。在农民工输出省份，支持拓宽农民工银行卡特色服务受理金融机构范围。

（八）加强农村信用体系建设，促进信用与信贷联动。探索农户基础信用信息与建档立卡贫困户信息的共享和对接，完善金融信用信息基础数据库。健全农村基层党组织、“驻村第一书记”、致富带头人、金融机构等多方参与的贫困农户、新型农业经营主体信用等级评定制度，探索建立针对贫困户的信用评价指标体系，完善电子信用档案。深入推进“信用户”、“信用村”、“信用乡镇”评定与创建，鼓励发放无抵押免担保的扶贫贴息贷款和小额信用贷款。

（九）重视金融知识普及，强化贫困地区金融消费者权益保护。加强金融消费者教育和权益保护，配合有关部门严厉打击金融欺诈、非法集资、制售使用假币等非法金融活动，保障贫困地区金融消费者合法权益。畅通消费者投诉的处理渠道，完善多元化纠纷调解机制，优化贫困地区金融消费者公平、公开共享现代金融服务的环境。根据贫困地区金融消费者需求特点，有针对性地设计开展金融消费者教育活动，在贫困地区深入实施农村金融教育“金惠工程”，提高金融消费者的金融知识素养和风险责任意识，优化金融生态环境。

四、充分发挥各类金融机构助推脱贫攻坚主体作用

（十）完善内部机构设置，发挥好开发性、政策性金融在精准扶贫中的作用。国家开发银行和农业发展银行加快设立“扶贫金融事业部”，完善内部经营管理机制，加强对信贷资金的管理使用，提高服务质量和效率，切实防范信贷风险。“扶贫金融事业部”业务符合条件的，可享受有关税收优惠政策，降低经营成本，加大对扶贫重点领域的支持力度。

（十一）下沉金融服务重心，完善商业性金融综合服务。大中型商业银行要稳定和优化县域基层网点设置，保持贫困地区现有网点基本稳定并力争有所增加。鼓励股份制银行、城市商业银行通过委托贷款、批发贷款等方式向贫困县（市、区）增加有效信贷投放。中国农业银行要继续深化三农金融事业部改革，强化县级事业部经营能力。鼓励和支持中国邮政储蓄银行设立三农金融事业部，要进一步延伸服务网络，强化县以下机构网点功能建设，逐步扩大涉农业务范围。各金融机构要加大系统内信贷资源调剂力度，从资金调度、授信审批等方面加大对贫困地区有效支持。鼓励实行总、分行直贷、单列信贷计划等多种方式，针对贫困地区实际需求，改进贷款营销模式，简化审批流程，提升服务质量和效率。

（十二）强化农村中小金融机构支农市场定位，完善多层次农村金融服务组织体系。农村信用社、农村商业银行、农村合作银行等要依托网点多，覆盖广的优势，继续发挥好农村金融服务主力的作用。在稳定县域法人地位、坚持服务“三农”的前提下，稳步推进农村信用社改革，提高资本实力，完善法人治理结构，强化农村信用社省联社服务职能。支持符合条件的民间资本在贫困地区参与发起设立村镇银行，规范发展小额贷款公司等，建立正向激励机制，鼓励开展面向“三农”的差异化、特色化服务。支持在贫困地区稳妥规范发展农民资金互助组织，开展农民合作社信用合作试点。

（十三）加强融资辅导和培育，拓宽贫困地区企业融资渠道。支持、鼓励和引导证券、期货、保险、信托、租赁等金融机构在贫困地区设立分支机构，扩大业务覆盖面。加强对贫困地区企业的上市辅导培育和孵化力度，根据地方资源优势和产业特色，完善上市企业后备库，帮助更多企业通过主板、创业板、全国中小企业股份转让系统、区域股权交易市场等进行融资。支持贫困地区符合条件的上市公司和非上市公众公司通过增发、配股，发行公司债、可转债等多种方式拓宽融资来源。支持期货交易所研究上市具有中西部贫困地区特色的期货产品，引导中西部贫困地区利用期货市场套期保值和风险管理。加大宣传和推介力度，鼓励和支持贫困地区符合条件的企业发行企业债券、公司债券、短期融资券、中期票据、项目收益票据、区域集优债券等债务融资工具。

（十四）创新发展精准扶贫保险产品和服务，扩大贫困地区农业保险覆盖范围。鼓励保险机构建立健全乡、村两级保险服务体系。扩大农业保险密度和深度，通过财政以奖代补等方式支持贫困地区发展特色农产品保险。支持贫困地区开展特色农产品价格保险，有条件的地方可给予一定保费补贴。改进和推广小额贷款保证保险，为贫困户融资提供增信支持。鼓励保险机构建立健全针对贫困农户的保险保障体系，全面推进贫困地区人身和财产安全保险业务，缓解贫困群众因病致贫、因灾返贫问题。

（十五）引入新兴金融业态支持精准扶贫，多渠道提供金融服务。在有效防范风险的前提下，支持贫困地区金融机构建设创新型互联网平台，开展网络银行、网络保险、网络基金销售和网络消费金融等业务；支持互联网企业依法合规设立互联网支付机构；规范发展民间融资，引入创业投资基金、私募股权投资基金，引导社会资本支持精准扶贫。

五、完善精准扶贫金融支持保障措施

（十六）设立扶贫再贷款，发挥多种货币政策工具引导作用。设立扶贫再贷款，利率在正常支农再贷款利率基础上下调 1 个百分点，引导地方法人金融机构切实降低贫困地区涉农贷款利率水平。合理确定扶贫再贷款使用期限，为地方法人金融机构支持脱贫攻坚提供较长期资金来源。使用扶贫再贷款的金融机构要建立台账，加强精准管理，确保信贷投放在数量、用途、利率等方面符合扶贫再贷款管理要求。加大再贴现支持力度，引导贫困地区金融机构扩大涉农、小微企业信贷投放。改进宏观审慎政策框架，加强县域法人金融机构新增存款一定比例用于当地贷款的考核，对符合条件的金融机构实施较低的存款准备金率，促进县域信贷资金投入。

（十七）加强金融与财税政策协调配合，引导金融资源倾斜配置。有效整合各类财政涉农资金，充分发挥财政政策对金融资源的支持和引导作用。继续落实农户小额贷款税收优惠、涉农贷款增量奖励、农村金融机构定向费用补贴、农业保险保费补贴等政策，健全和完善贫困地区农村金融服务的正向激励机制，引导更多金融资源投向贫困地区。完善创业担保贷款、扶贫贴息贷款、民贸民品贴息贷款等管理机制，增强政策精准度，提高财政资金使用效益。建立健全贫困地区融资风险分担和补偿机制，支持有条件的地方设立扶贫贷款风险补偿基金和担保基金，专项用于建档立卡贫困户贷款以及带动贫困人口就业的各类扶贫经济组织贷款风险补偿。支持各级政府建立扶贫产业基金，吸引社会资本参与扶贫。支持贫困地区设立政府出资的融资担保机构，鼓励和引导有实力的融资担保机构通过联合担保以及担保与保险相结合等多种方式，积极提供精准扶贫融资担保。金融机构要加大对贫困地区发行地方政府债券置换存量债务的支持力度，鼓励采取定向承销等方式参与债务置换，稳步化解贫困地区政府债务风险。各地中国人民银行省级分支机构、银监局要加强对金融机构指导，推动地方债承销发行工作顺利开展。

（十八）实施差异化监管政策，优化银行机构考核指标。推行和落实信贷尽职免责制度，根据贫困地区金融机构贷款的风险、成本和核销等具体情况，对不良贷款比率实行差异化考核，适当提高贫困地区不良贷款容忍度。在有效保护股东利益的前提下，提高金融机构呆坏账核销效率。在计算资本充足率时，对贫困地区符合政策规定的涉农和小微企业贷款适用相对较低的风险权重。

六、持续完善脱贫攻坚金融服务工作机制

（十九）加强组织领导，健全责任机制。建立和完善人民银行、银监、证监、保监、发展改革、扶贫、财政、金融机构等参与的脱贫攻坚金融服务工作联动机制，加强政策互动、工作联动和信息共享。切实发挥人民银行各级行在脱贫攻坚金融服务工作的组织引导作用，加强统筹协调，推动相关配套政策落实。开展金融扶贫示范区创建活动，发挥示范引领作用。进一步发挥集中连片特困地区扶贫开发金融服务联动协调机制的作用，提升片区脱贫攻坚金融服务水平。

（二十）完善精准统计，强化监测机制。人民银行总行及时出台脱贫攻坚金融服务专项统计监测制度，从片区、县（市、区）、村、建档立卡贫困户等各层次，完善涵盖货币政策工具运用效果、信贷投放、信贷产品、利率和基础金融服务信息的监测体系，及时动态跟踪监测各地、各金融机构脱贫攻坚金融服务工作情况，为政策实施效果监测评估提供数据支撑。人民银行各分支机构和各金融机构要按政策要求，及时、准确报送脱贫攻坚金融服务的相关数据和资料。

（二十一）开展专项评估，强化政策导向。建立脱贫攻坚金融服务专项评估制度，定期对各地、各金融机构脱贫攻坚金融服务工作进展及成效进行评估考核。丰富评估结果运用方式，对评估结果进行通报，将对金融机构评估结果纳入人民银行分支机构综合评价框架内，作为货币政策工具使用、银行间市场管理、新设金融机构市场准入、实施差异化金融监管等的重要依据，增强脱贫攻坚金融政策的实施效果。

（二十二）加强总结宣传，营造良好氛围。积极通过报纸、广播、电视、网络等多种媒体，金融机构营业网点以及村组、社区等公共宣传栏，大力开展金融扶贫服务政策宣传，增进贫困地区和贫困人口对精准扶贫金融服务政策的了解，增强其运用金融工具的意识和能力。及时梳理、总结精准扶贫金融服务工作中的典型经验、成功案例、工作成效，加强宣传推介和经验交流，营造有利脱贫攻坚金融服务工作的良好氛围。

财政部、国家税务总局关于公益股权捐赠企业所得税政策问题的通知

（2016 年 4 月 20 日　财税〔2016〕45 号）

各省、自治区、直辖市、计划单列市财政厅（局）、国家税务局、地方税务局，新疆生产建设兵团财务局：

为支持和鼓励公益事业发展，根据《中华人民共和国企业所得税法》及其实施条例有关规定，经国务院批准，现将股权捐赠企业所得税政策问题通知如下：

一、企业向公益性社会团体实施的股权捐赠，应按规定视同转让股权，股权转让收入额以企业所捐赠股权取得时的历史成本确定。

前款所称的股权，是指企业持有的其他企业的股权、上市公司股票等。

二、企业实施股权捐赠后，以其股权历史成本为依据确定捐赠额，并依此按照企业所得税法有关规定在所得税前予以扣除。公益性社会团体接受股权捐赠后，应按照捐赠企业提供的股权历史成本开具捐赠票据。

三、本通知所称公益性社会团体，是指注册在中华人民共和国境内，以发展公益事业为宗旨、且不以营利为目的，并经确定为具有接受捐赠税前扣除资格的基金会、慈善组织等公益性社会团体。

四、本通知所称股权捐赠行为，是指企业向中华人民共和国境内公益性社会团体实施的股权捐赠行为。企业向中华人民共和国境外的社会组织或团体实施的股权捐赠行为不适用本通知规定。

五、本通知自 2016 年 1 月 1 日起执行。

本通知发布前企业尚未进行税收处理的股权捐赠行为，符合本通知规定条件的可比照本通知执行，已经进行相关税收处理的不再进行税收调整。

请遵照执行。

中国人民银行关于在全国范围内实施全口径跨境融资宏观审慎管理的通知

（2016 年 4 月 29 日　银发〔2016〕132 号）

中国人民银行上海总部，各分行、营业管理部，各省会（首府）城市中心支行、深圳市中心支行；国家外汇管理局各省、自治区、直辖市分局、外汇管理部，深圳、大连、青岛、厦门、宁波市分局；国家开发银行，各政策性银行、国有商业银行、股份制商业银行，中国邮政储蓄银行：

根据《中华人民共和国中国人民银行法》等法律法规，为把握与宏观经济热度、整体偿债能力和国际收支状况相适应的跨境融资水平，控制杠杆率和货币错配风险，实现本外币一体化管理，中国人民银行在总结前期区域性、地方性试点的基础上，将全口径跨境融资宏观审慎管理政策推广至全国范围。现将有关事项通知如下：

一、本通知所称跨境融资，是指境内机构从非居民融入本、外币资金的行为。本通知适用依法在中国境内成立的企业（以下称企业）和金融机构。本通知适用的企业仅限非金融企业，且不包括政府融资平台和房地产企业；本通知适用的金融机构指经中国人民银行、中国银行业监督管理委员会、中国证券监督管理委员会和中国保险监督管理委员会批准设立的各类法人金融机构。

二、中国人民银行根据宏观经济热度、国际收支状况和宏观金融调控需要对跨境融资杠杆率、风险转换因子、宏观审慎调节参数等进行调整，并对 27 家银行类金融机构（名单见附件）跨境融资进行宏观审慎管理。国家外汇管理局对企业和除 27 家银行类金融机构以外的其他金融机构跨境融资进行管理，并对企业和金融机构进行全口径跨境融资统计监测。中国人民银行、国家外汇管理局之间建立信息共享机制。

三、建立宏观审慎规则下基于微观主体资本或净资产的跨境融资约束机制，企业和金融机构均可按规定自主开展本外币跨境融资。

企业和金融机构开展跨境融资按风险加权计算余额（指已提用未偿

余额,下同),风险加权余额不得超过上限,即:跨境融资风险加权余额≤跨境融资风险加权余额上限。

跨境融资风险加权余额 = ∑本外币跨境融资余额 × 期限风险转换因子 × 类别风险转换因子 + ∑外币跨境融资余额 × 汇率风险折算因子。

期限风险转换因子:还款期限在 1 年(不含)以上的中长期跨境融资的期限风险转换因子为 1,还款期限在 1 年(含)以下的短期跨境融资的期限风险转换因子为 1.5。

类别风险转换因子:表内融资的类别风险转换因子设定为 1,表外融资(或有负债)的类别风险转换因子暂定为 1。

汇率风险折算因子:0.5。

四、跨境融资风险加权余额计算中的本外币跨境融资包括企业和金融机构(不含境外分支机构)以本币和外币形式从非居民融入的资金,涵盖表内融资和表外融资。以下业务类型不纳入跨境融资风险加权余额计算:

(一)人民币被动负债:企业和金融机构因境外机构投资境内债券市场产生的人民币被动负债;境外主体存放在金融机构的人民币存款。

(二)贸易信贷、人民币贸易融资:企业涉及真实跨境贸易产生的贸易信贷(包括应付和预收)和从境外金融机构获取的人民币贸易融资;金融机构因办理基于真实跨境贸易结算产生的各类人民币贸易融资。

(三)集团内部资金往来:企业主办的经备案的集团内跨境资金(生产经营和实业投资等依法合规活动产生的现金流)集中管理业务项下产生的对外负债。

(四)境外同业存放、联行及附属机构往来:金融机构因境外同业存放、联行及附属机构往来产生的对外负债。

(五)自用熊猫债:企业的境外母公司在中国境内发行人民币债券并以放款形式用于境内子公司的。

(六)转让与减免:企业和金融机构跨境融资转增资本或已获得债务减免等情况下,相应金额不计入。

中国人民银行可根据宏观金融调控需要和业务开展情况,对不纳入跨境融资风险加权余额计算的业务类型进行调整,必要时可允许企业和金融机构某些特定跨境融资业务不纳入跨境融资风险加权余额计算。

五、纳入本外币跨境融资的各类型融资在跨境融资风险加权余额中按以下方法计算:

(一)外币贸易融资:企业和金融机构的外币贸易融资按 20% 纳入跨

境融资风险加权余额计算,期限风险转换因子统一按1计算。

(二)表外融资(或有负债):金融机构向客户提供的内保外贷、因向客户提供基于真实跨境交易和资产负债币种及期限风险对冲管理服务需要的衍生产品而形成的对外或有负债,按公允价值纳入跨境融资风险加权余额计算;金融机构因自身币种及期限风险对冲管理需要,参与国际金融市场交易而产生的或有负债,按公允价值纳入跨境融资风险加权余额计算。金融机构在报送数据时需同时报送本机构或有负债的名义本金及公允价值的计算方法。

(三)其他:其余各类跨境融资均按实际情况纳入跨境融资风险加权余额计算。

中国人民银行可根据宏观金融调控需要和业务开展情况,对跨境融资风险加权余额中各类型融资的计算方法进行调整。

六、跨境融资风险加权余额上限的计算:跨境融资风险加权余额上限=资本或净资产×跨境融资杠杆率×宏观审慎调节参数。

资本或净资产:企业按净资产计,银行类金融机构(包括政策性银行、商业银行、农村合作银行、城市信用合作社、农村信用合作社、外资银行)按一级资本计,非银行金融机构按资本(实收资本或股本+资本公积)计,以最近一期经审计的财务报告为准。

跨境融资杠杆率:企业和非银行金融机构为1,银行类金融机构为0.8。

宏观审慎调节参数:1。

七、企业和金融机构的跨境融资签约币种、提款币种和偿还币种须保持一致。

八、跨境融资风险加权余额及上限的计算均以人民币为单位,外币跨境融资以提款日的汇率水平按以下方式折算计入:已在中国外汇交易中心挂牌(含区域挂牌)交易的外币,适用人民币汇率中间价或区域交易参考价;未在中国外汇交易中心挂牌交易的货币,适用中国外汇交易中心公布的人民币参考汇率。

九、中国人民银行建立跨境融资宏观风险监测指标体系,在跨境融资宏观风险指标触及预警值时,采取逆周期调控措施,以控制系统性金融风险。

逆周期调控措施可以采用单一措施或组合措施的方式进行,也可针对单一、多个或全部企业和金融机构进行。总量调控措施包括调整跨境融资杠杆率和宏观审慎调节参数,结构调控措施包括调整各类风险转换因子。根据宏观审慎评估(MPA)的结果对金融机构跨境融资的总量和结构进行调控,必要时还可根据维护国家金融稳定的需要,采取征收风险准备金等其他逆周期调控措施,防范系统性金融风险。

企业和金融机构因风险转换因子、跨境融资杠杆率和宏观审慎调节参数调整导致跨境融资风险加权余额超出上限的,原有跨境融资合约可持有到期;在跨境融资风险加权余额调整到上限内之前,不得办理包括跨境融资展期在内的新的跨境融资业务。

十、企业跨境融资业务:企业按照本通知要求办理跨境融资业务,具体细节由国家外汇管理局另行发布细则明确。

(一)企业应当在跨境融资合同签约后但不晚于提款前三个工作日,向国家外汇管理局的资本项目信息系统办理跨境融资情况签约备案。为企业办理跨境融资业务的结算银行应向中国人民银行人民币跨境收付信息管理系统报送企业的融资信息、账户信息、人民币跨境收支信息等。所有跨境融资业务材料留存结算银行备查,保留期限为该笔跨境融资业务结束之日起5年。

(二)企业办理跨境融资签约备案后以及金融机构自行办理跨境融资信息报送后,可以根据提款、还款安排为借款主体办理相关的资金结算,并将相关结算信息按规定报送至中国人民银行、国家外汇管理局的相关系统,完成跨境融资信息的更新。

企业应每年及时更新跨境融资以及权益相关的信息(包括境外债权人、借款期限、金额、利率和自身净资产等)。如经审计的净资产,融资合同中涉及的境外债权人、借款期限、金额、利率等发生变化的,企业应及时办理备案变更。

(三)开展跨境融资涉及的资金往来,企业可采用一般本外币账户办理,也可采用自由贸易账户办理。

(四)企业融入外汇资金如有实际需要,可结汇使用。企业融入资金的使用应符合国家相关规定,用于自身的生产经营活动,并符合国家和自贸区的产业宏观调控方向。

十一、金融机构跨境融资业务:中国人民银行总行对27家银行类金融机构跨境融资业务实行统一管理,27家银行类金融机构以法人为单位集中向中国人民银行总行报送相关材料。国家外汇管理局对除27家银行类金融机构以外的其他金融机构跨境融资业务进行管理。金融机构开展跨境融资业务前,应根据本通知要求,结合自身情况制定本外币跨境融资业务的操作规程和内控制度,报中国人民银行、国家外汇管理局备案后实施。

(一)金融机构首次办理跨境融资业务前,应按照本通知的跨境融资杠杆率和宏观审慎调节参数,以及本机构最近一期经审计的资本数据,计算本机构跨境融资风险加权余额和跨境融资风险加权余额上限,并将计算的详细过程报送中国人民银行、国家外汇管理局。

金融机构办理跨境融资业务,应在本机构跨境融资风险加权余额处于上限以内的情况下进行。如跨境融资风险加权余额低于上限额,则金融机构可自行与境外机构签订融资合同。

(二)金融机构可根据《人民币银行结算账户管理办法》(中国人民银行令〔2003〕第5号发布)等管理制度开立本外币账户,办理跨境融资涉及的资金收付。

(三)金融机构应在跨境融资合同签约后执行前,向中国人民银行、国家外汇管理局报送资本金额、跨境融资合同信息,并在提款后按规定报送本外币跨境收入信息,支付利息和偿还本金后报送本外币跨境支出信息。如经审计的资本,融资合同中涉及的境外债权人、借款期限、金额、利率等发生变化的,金融机构应在系统中及时更新相关信息。

金融机构应于每月初5个工作日内将上月本机构本外币跨境融资发生情况、余额变动等统计信息报告中国人民银行、国家外汇管理局。所有跨境融资业务材料留存备查,保留期限为该笔跨境融资业务结束之日起5年。

(四)金融机构融入资金可用于补充资本金,服务实体经济发展,并符合国家产业宏观调控方向。经国家外汇管理局批准,金融机构融入外汇资金可结汇使用。

十二、中国人民银行、国家外汇管理局按照分工,定期或不定期对金融机构和企业开展跨境融资情况进行非现场核查和现场检查,金融机构和企业应配合。

发现未及时报送和变更跨境融资信息的,中国人民银行、国家外汇管理局将在查实后对涉及的金融机构或企业通报批评,限期整改并根据《中华人民共和国中国人民银行法》和《中华人民共和国外汇管理条例》等法律法规进行查处。

发现超上限开展跨境融资的,或融入资金使用与国家、自贸区的产业宏观调控方向不符的,中国人民银行、国家外汇管理局可责令其立即纠正,并可根据实际情况依据《中华人民共和国中国人民银行法》和《中华人民共和国外汇管理条例》等有关规定对借款主体进行处罚;情节严重的，可暂停其跨境融资业务。中国人民银行将金融机构的跨境融资行为纳入宏观审慎评估体系（MPA）考核，对情节严重的，中国人民银行还可视情况向其征收定向风险准备金。

对于办理超上限跨境融资结算的金融机构，中国人民银行、国家外汇管理局将责令整改；对于多次发生办理超上限跨境融资结算的金融机构，中国人民银行、国家外汇管理局将暂停其跨境融资结算业务。

十三、对企业和金融机构，中国人民银行、国家外汇管理局不实行外债事前审批，企业改为事前签约备案，金融机构改为事后备案，原有管理模式下的跨境融资未到期余额纳入本通知管理。自本通知施行之日起，为中国人民银行、国家外汇管理局实行的本外币境外融资等区域性跨境融资创新试点设置1年过渡期，1年过渡期后统一按本通知模式管理。

企业中的外商投资企业、外资金融机构可在现行跨境融资管理模式和本通知模式下任选一种模式适用，并向中国人民银行、国家外汇管理局备案。一经选定，原则上不再更改。如确有合理理由需要更改的，须向中国人民银行、国家外汇管理局提出申请。外商投资企业、外资金融机构过渡期限长短和过渡期安排，另行制定方案。

十四、本通知自2016年5月3日起施行。中国人民银行、国家外汇管理局此前有关规定与本通知不一致的，以本通知为准。

附件：27家银行类金融机构名单（略）

中国银监会关于规范商业银行代理销售业务的通知

（2016年5月5日　银监发〔2016〕24号）

各银监局，各政策性银行、大型银行、股份制银行，邮储银行，外资银行：

近年来，随着商业银行代理销售业务快速发展，部分商业银行出现误导销售、未经授权代理销售、私自销售产品以及与合作机构风险责任不清等问题。为规范商业银行代理销售业务，保护投资者合法权益，促进代理销售业务健康有序发展，现就有关事项通知如下：

一、基本原则

本通知所称代理销售业务（以下简称代销业务）是指商业银行接受由国务院银行业监督管理机构、国务院证券监督管理机构、国务院保险监督管理机构（以下统称国务院金融监督管理机构）依法实施监督管理、持有金融牌照的金融机构（以下简称合作机构）委托，在本行渠道（含营业网点和电子渠道），向客户推介、销售由合作机构依法发行的金融产品（以下简称代销产品）的代理业务活动。

（一）商业银行开展代销业务，应当遵守法律、行政法规和国务院金融监督管理机构的相关规定，不得损害国家利益、社会公共利益和投资者合法权益，严格代销业务管理，防范代销业务风险。

（二）商业银行开展代销业务，应当符合国务院金融监督管理机构关于代销有关金融产品的资质要求。

（三）商业银行开展代销业务，应当加强投资者适当性管理，充分揭示代销产品风险，向客户销售与其风险承受能力相匹配的金融产品。

（四）商业银行应当在代销业务与其他业务之间建立风险隔离制度，确保代销业务与其他业务在账户、资金和会计核算等方面严格分离。

（五）商业银行不得代销本通知规定范围以外的机构发行的产品，政府债券、实物贵金属以及银监会另有规定的除外。

二、代销业务内部管理制度

（六）商业银行总行应当对代销业务实行集中统一管理，并根据国务院金融监督管理机构或者其授权机构规定，建立健全代销业务管理制度，包括合作机构管理、代销产品准入管理、销售管理、投诉和应急处理、信息披露与保密管理等。

（七）商业银行原则上应当通过代销业务管理系统进行销售。商业银行总行应当定期对代销业务管理系统实施技术评估，确保其基础设施和网络系统承载能力、技术人员保障和运营服务能力与所开展的代销业务性质和规模相匹配。

（八）商业银行对代销业务实施绩效考核，不得仅考核销售业绩指标，考核标准应当包括但不限于销售行为和程序的合规性、客户投诉情况和内外部检查结果等。

（九）商业银行内部审计、内控管理、合规管理职能部门和业务部门应当根据职责分工，建立并有效实施代销业务的内部监督检查和跟踪整改制度。

（十）商业银行应当建立代销业务内部责任追究制度，对违反代销业务管理制度的相关负责人和销售人员，视情节严重程度给予相应处分，同时追究上级管理部门的责任。

（十一）商业银行应当会同合作机构建立代销业务客户投诉和应急处理机制，明确受理和处理客户投诉的途径、程序和方式，根据法律、行政法规、国务院金融监督管理机构的相关规定和合同约定妥善处理投诉、突发事件和其他重大风险事件。

三、合作机构管理

（十二）商业银行总行应当对合作机构实行名单制管理，建立并有效实施对合作机构的尽职调查、评估和审批制度，及时对存在严重违规行为、重大风险或其他不符合合作标准的机构实施退出。

（十三）商业银行开展代销业务，原则上应当由其总行与合作机构总部签订代销协议。确需由一级分支机构（含省、自治区、直辖市和计划单列市分行等）签订代销协议的，一级分支机构应当事先获得总行授权，并在报总行备案后与合作机构总部签订代销协议；总行与合作机构一级分支机构签订代销协议的，合作机构一级分支机构应当事先取得其总部授权并报总部备案。国务院金融监督管理机构另有规定的除外。

（十四）商业银行与合作机构签订的代销协议应当约定双方的权利和义务，包括但不限于以下内容：

1. 合作机构提供代销产品和产品宣传资料的合规性承诺，国务院金融监督管理机构另有规定的除外。

2. 双方在风险承担、信息披露、风险揭示、客户信息传递及信息保密、后续服务安排、投诉和应急处理等方面的责任和义务。

3. 双方业务管理系统职责边界和运营服务接口。

4. 合作机构有义务配合开展对代销业务管理系统的接入、投产变更测试和应急演练等活动。

（十五）商业银行应当与合作机构建立定期对账机制，确保代销结算资金的安全性和双方客户交易明细的一致性。

（十六）商业银行总行应当对合作机构的系统接入或托管实施统一管理，制定分类技术规范和接口标准，实施技术与安全评估，并在本行与合作机构的网络和信息系统之间保持风险隔离。

（十七）商业银行的股东、由商业银行直接或者间接控制的金融机构或者商业银行所在集团其他金融机构等关联方为代销业务合作机构的，商业银行对其在合作机构管理和代销产品准入等方面的要求应当不低于其他合作机构。

四、代销产品准入管理

（十八）商业银行原则上应当由其总行承担代销产品的审批职责，并以书面形式对分支机构代销产品范围进行明确授权。确需由一级分支机构审批的，一级分支机构应当事先获得总行授权，并在报总行备案后代行代销产品审批职责。

（十九）商业银行应当对拟代销产品开展尽职调查，不得仅以合作机构的产品审批资料作为产品审批依据。

（二十）商业银行应当根据代销产品的投资范围、投资资产、投资比例和风险状况等因素对代销产品进行风险评级。风险评级结果与合作机构不一致的，应当采用对应较高风险等级的评级结果。

（二十一）商业银行不得代销未经合作机构确认合规或者未列入总行合作机构审批名单的机构发行的金融产品。

五、销售管理

（二十二）商业银行应当按照国务院金融监督管理机构的规定确定代销业务的销售渠道。通过营业网点代销产品的，应当按照银监会有关规定在专门区域销售，销售专区应当具有明显标识。

（二十三）商业银行应当在营业网点或官方网站提供查询代销产品信息的渠道，建立代销产品分类目录，明示代销产品的代销属性、发行机构、合格投资者范围等信息，不得将代销产品与存款或其自身发行的理财产品混淆销售。

（二十四）商业银行应当使用合作机构提供的实物或电子形式的代销产品宣传资料和销售合同，全面、客观地揭示代销产品风险。国务院金融监督管理机构另有规定的除外。

代销产品宣传资料首页显著位置应当标明合作机构名称，并配备以下文字声明："本产品由××机构（合作机构）发行与管理，代销机构不承担产品的投资、兑付和风险管理责任"。

（二十五）商业银行应当对客户风险承受能力进行评估，确定客户风险承受能力评级，并只能向客户销售等于或低于其风险承受能力的代销产品。国务院金融监督管理机构另有规定的除外。

风险承受能力评估依据应当包括但不限于客户年龄、财务状况、投资经验、投资目的、收益预期、风险偏好、流动性要求、风险认识和风险损失承受程度等。

（二十六）商业银行应当告知客户代销业务流程和收费标准，代销产品的发行机构、产品属性、主要风险和风险评级情况，以及商业银行与合作机构各自的责任和义务等信息。

（二十七）商业银行应当向客户提供并提示其阅读相关销售文件，包括风险提示文件，以请客户抄写风险提示等方式充分揭示代销产品的风险，销售文件应当由客户签字逐一确认，国务院金融监督管理机构另有规定的除外。通过电子渠道销售的，应由客户通过符合法律、行政法规要求的电子方式逐一确认。

（二十八）商业银行应当加强员工行为管理，对销售人员及其代销产品范围进行明确授权，并在营业网点公示。

（二十九）销售人员应当具备代销业务相关的法律法规、金融、财务等专业知识、技能和相应的岗位资格，遵守国务院金融监督管理机构、行业协会和商业银行制定的销售人员行为准则和职业道德标准，并充分了解所代销产品的属性和风险特征。

（三十）商业银行应当会同合作机构为销售人员持续提供专业培训，确保销售人员每年的培训时间符合国务院金融监督管理机构或其授权机构的要求。代销新产品的，需开展销售前培训；未接受培训或未达到培训要求的销售人员不得销售该类产品。

（三十一）商业银行通过营业网点开展代销业务的，应当根据国务院金融监督管理机构的相关规定实施录音录像，完整客观地记录营销推介、风险和关键信息提示、客户确认和反馈等重点销售环节。

（三十二）商业银行应当依法妥善保管与代销业务有关的各种文档

(含录音录像文件),如实记载向客户推介、销售产品的情况。文档保存年限应当符合法律、行政法规和国务院金融监督管理机构的相关规定,并在银行内部管理制度中予以明确。

(三十三)商业银行从事代销业务,不得有以下情形:

1. 未经授权或超越授权范围开展代销业务,假借所属机构名义私自推介、销售未经审批的产品,或在营业区域内存放未经审批的非本行产品销售文件和资料。

2. 将代销产品作为存款或其自身发行的理财产品进行销售,或者采取夸大宣传、虚假宣传等方式误导客户购买产品。

3. 违背客户意愿将代销产品与其他产品进行捆绑销售。

4. 由销售人员违规代替客户签署代销业务相关文件,或者代替客户进行代销产品购买等操作、代替客户持有或安排他人代替客户持有代销产品。

5. 为代销产品提供直接或间接、显性或隐性担保,包括承诺本金或收益保障。

6. 给予合作机构及其工作人员,或者向合作机构及其工作人员收取、索要代销协议约定以外的利益。

7. 国务院金融监督管理机构禁止的其他情形。

(三十四)商业银行应当通过独立的团队或机构对营业网点的代销业务进行抽样回访。

(三十五)商业银行不得允许非本行人员在营业网点从事产品宣传推介、销售等活动。

六、信息披露与保密管理

(三十六)代销产品存续期内,商业银行应当督促合作机构按照规定,及时、准确、完整地向客户披露代销产品投资运作情况、风险状况和对投资者权益或者投资收益有重大影响的风险事件等信息。

(三十七)商业银行应当依法履行客户信息保密义务,防止客户信息被不当使用。与合作机构共享客户信息的,应当事先以醒目方式征得客户书面同意或者通过电子方式确认,并要求合作机构履行客户信息保密义务。

七、监督管理

(三十八)商业银行应当于每年度结束后 2 个月内向银监会报送代销业务年度报告,内容包括但不限于:代销业务发展规划和基本情况、主要风险分析和风险管理情况、合规管理和内部控制情况、投诉处理情况以及代销业务管理系统运行情况等。遇有突发情况的,应当及时报告。

(三十九)商业银行违反本通知规定开展代销业务的,银监会应当责令其限期改正,并根据《中华人民共和国银行业监督管理法》等法律、行政法规及有关规定,采取相关监管措施或者依法实施行政处罚。

(四十)商业银行代销政府债券和实物贵金属,按照有关规定执行。

政策性银行、农村合作银行、农村信用社、村镇银行、外国银行分行、汽车金融公司和消费金融公司等其他银行业金融机构开展代销业务,参照本通知执行。

关于印发《关于对安全生产领域失信生产经营单位及其有关人员开展联合惩戒的合作备忘录》的通知（节录）

（2016年5月9日　发改财金〔2016〕1001号）

各省、自治区、直辖市和新疆生产建设兵团有关部门、机构：

为全面贯彻落实党的十八大和十八届三中、四中、五中全会精神，落实《国务院关于印发社会信用体系建设规划纲要（2014－2020年）的通知》（国发〔2014〕21号）、《国务院办公厅关于加强安全生产监管执法的通知》（国办发〔2015〕20号）和《国务院安委会关于加强企业安全生产诚信体系建设的指导意见》（安委〔2014〕8号）等有关要求，加快推进安全生产诚信体系建设，建立健全失信联合惩戒机制，促进各类生产经营单位诚实守信、合法经营，国家发展改革委、人民银行、安全监管总局、中央文明办、科技部、财政部、人力资源社会保障部、国土资源部、环境保护部、住房城乡建设部、国资委、海关总署、税务总局、工商总局、质检总局、银监会、证监会、保监会联合签署了《关于对安全生产领域失信生产经营单位及其有关人员开展联合惩戒的合作备忘录》。现印发给你们，请认真贯彻执行。

附件：关于对安全生产领域失信生产经营单位及其有关人员开展联合惩戒的合作备忘录

附件

关于对安全生产领域失信生产经营单位及其有关人员开展联合惩戒的合作备忘录

为全面贯彻落实党的十八大和十八届三中、四中、五中全会精神，落实《国务院关于印发社会信用体系建设规划纲要(2014－2020年)的通知》(国发〔2014〕21号)、《国务院办公厅关于加强安全生产监管执法的通知》(国办发〔2015〕20号)和《国务院安委会关于加强企业安全生产诚信体系建设的指导意见》(安委〔2014〕8号)等有关要求,加快推进安全生产诚信体系建设,建立健全失信联合惩戒机制,促进各类生产经营单位诚实守信、合法经营,国家发展改革委、人民银行、安全监管总局、中央文明办、科技部、财政部、人力资源社会保障部、国土资源部、环境保护部、住房城乡建设部、国资委、海关总署、税务总局、工商总局、质检总局、银监会、证监会、保监会等部门就针对安全生产领域失信生产经营单位及其有关人员开展联合惩戒达成如下一致意见。

一、联合惩戒的对象

联合惩戒的对象为在安全生产领域存在失信行为的生产经营单位,及其法定代表人、主要负责人、分管安全的负责人、负有直接责任的有关人员等。上述联合惩戒对象,由安全监管总局定期汇总后提供。

二、惩戒措施

(一)加强安全监管监察。

各级负有安全监管监察职责的部门针对存在失信行为的生产经营单位及其有关人员制定并落实以下措施:

1.加大执法检查频次;

2.作为重点监管监察对象,建立常态化暗查暗访机制,不定期开展抽查;

3.约谈其主要负责人,对其主要负责人及相关责任人进行安全培训;

4.暂停对其安全生产标准化评审,对已取得安全生产标准化证书的,撤销其证书;

5.依法依规对存在失信行为的生产经营单位及其主要责任人实施市场禁入;

6.发现有新的安全生产违法违规行为的,依法依规从重处罚。

(二)依法暂停审批其新的重大项目申报,核减、停止拨付或收回政府补贴资金。

(三)依法限制参与建设工程招投标。

(四)依法限制取得政府性资金支持。

(五)依法限制生产经营单位取得或者终止其基础设施和公用事业特许经营。

(六)依法限制、暂停企业债券、公司债券和股票发行。

（七）暂停审批存在失信行为的生产经营单位科技项目。

（八）在全国企业信用信息公示系统上公示存在失信行为的生产经营单位行政处罚信息。

（九）对吊销或者撤销安全生产许可证的存在失信行为生产经营单位，依法撤销注册登记或者吊销营业执照，或者责令当事人依法办理变更登记。

（十）存在失信行为的生产经营单位的相关责任人，在法定期限内不得担任相关生产经营单位的法定代表人、负责人，已经担任的依法责令办理变更登记。

（十一）存在失信行为的生产经营单位变更名称的，将变更前后的名称在全国企业信用信息公示系统上公示。

（十二）限制存在失信行为的生产经营单位发布广告。

（十三）将存在失信行为的生产经营单位信息通报金融机构，作为其评级授信、信贷融资、管理和退出的重要参考依据。

（十四）在审批证券、证券投资基金及期货公司设立、变更时，依法将生产经营单位失信行为作为重要参考，从严掌握或者不予批准。

（十五）证券交易所在审核证券上市交易、全国中小企业股份转让系统在审核企业挂牌时，将生产经营单位的失信行为作为重要参考。

（十六）要求上市企业将本企业纳入黑名单情况作为必须披露事项。

（十七）根据安全生产风险水平，上调存在失信行为的生产经营单位安全生产责任保险的保险费率。

（十八）依法限制存在失信行为的生产经营单位参与政府采购活动。

（十九）在土地使用、采矿权取得等环节对存在失信行为的生产经营单位依法采取严格限制或禁止等措施。

（二十）将生产经营单位失信行为作为相关责任人考核、干部选任的重要参考，作为评先评优的限制条件。

（二十一）对存在失信行为的生产经营单位进出口货物实施严密监管，在办理通关业务时，加强单证审核或布控查验。

（二十二）限制成为海关认证企业。存在失信行为的生产经营单位申请适用海关认证企业管理的，海关不予通过认证；已经成为认证企业的，按照规定下调企业信用等级。

（二十三）将企业违法失信行为纳入检验检疫进出口企业信用管理系统，依据《出入境检验检疫企业信用管理办法》对其进行信用评级和监督。

（二十四）依法限制取得生产许可。

（二十五）要求认证机构暂停或者撤销存在失信行为的生产经营单位的相关认证证书。

（二十六）严格、审慎审查存在失信行为的生产经营单位新改扩建项目的环评申报事项。

（二十七）在实施税收优惠政策时，将生产经营单位的失信状况作为审慎性参考依据。

（二十八）在向生产经营单位和个人颁发荣誉证书、嘉奖和表彰等荣誉性称号时，应当参考其安全生产信用状况，对存在失信行为的生产经营单位，不予颁发政府荣誉。

（二十九）在各部门主管领域内取消对存在失信行为的生产经营单位的政策性资金支持。

三、联合惩戒的实施方式

安全监管总局通过全国信用信息共享平台向全国企业信用信息公示系统及各部门相关系统即时提供安全生产领域存在失信行为的生产经营单位及其有关人员相关信息，在安全监管总局政府网站、“信用中国”网站和企业信用信息公示系统向社会公布。各部门按照本备忘录约定内容，根据生产经营单位及有关人员失信行为严重程度，依法依规对其实施联合惩戒。同时，建立惩戒效果定期通报机制，各部门定期将联合惩戒实施情况通报给国家发展改革委和安全监管总局。

四、其他事宜

各部门应积极落实本备忘录，制修订相关领域法律法规和规范性文件，指导和要求相关领域内部各层级单位依法依规实施具体、严格、有效的惩戒措施。本备忘录签署后，各领域内相关法律法规修改或调整的，以法律法规为准。

附录

惩戒措施	法律及政策依据	实施单位
（六）依法限制、暂停企业债券、公司债券和股票发行。	1.《中华人民共和国证券法》 第十三条　公司公开发行新股，应当符合下列条件： （三）最近三年财务会计文件无虚假记载，无其他重大违法行为。 2.《首次公开发行股票并上市管理办法》 第二十五条　发行人不得有下列情形：	国家发展改革委 人民银行 证监会

续表

惩戒措施	法律及政策依据	实施单位
(六)依法限制、暂停企业债券、公司债券和股票发行。	(二)最近36个月内违反工商、税收、土地、环保、海关以及其他法律、行政法规,受到行政处罚,且情节严重。 3.《首次公开发行股票并在创业板上市管理办法》 第二十一条　发行人及其控股股东、实际控制人最近三年内不存在损害投资者合法权益和社会公共利益的重大违法行为。 4.《上市公司证券发行管理办法》 第九条　上市公司最近二十六个月内财务会计文件无虚假记载,且不存在下列重大违法行为: (三)违反国家其他法律、行政法规且情节严重的行为。 5.《公司债券发行与交易管理办法》 第十七条　存在下列情形之一的,不得公开发行公司债券: (一)最近二十六个月内公司财务会计文件存在虚假记载,或公司存在其他重大违法行为。 6.《非上市公众公司监督管理办法》 第三条　公众公司应当按照法律、行政法规、本办法和公司章程的规定,做到股权明晰,合法规范经营,公司治理机制健全,履行信息披露义务。 7.《国家发展改革委关于推进企业债券市场发展简化发行核准程序有关事项的通知》(发改财金〔2008〕7号) 二、企业公开发行企业债券应符合下列条件: (七)最近三年没有重大违法违规行为。 8.《国家发展改革委办公厅关于进一步改进企业债券发行审核工作的通知》(发改办财金〔2013〕957号) 对于以下两类发债申请,要从严审核,有效防范市场风险。 (一)募集资金用于产能过剩、高污染、高耗能等国家产业政策限制领域的发债申请。 (二)企业信用等级较低,负债率高,债券余额较大或运作不规范、资产不实、偿债措施较弱的发债申请。 9.《国家发展改革委人民银行中央编办关于在行政管理事项中使用信用记录和信用报告的若干意见》(发改财金〔2013〕920号) 对食品药品安全、环境保护、产品质量、医疗卫生、工程建设、教育科研、电子商务、股权投资、融资担保等关系到人民群众切身利益、经济健康发展和社会和谐稳定的重点领域,各级政府、各相关部门应率先推进在行	国家发展改革委 人民银行 证监会

续表

惩戒措施	法律及政策依据	实施单位
（六）依法限制、暂停企业债券、公司债券和股票发行。	政管理事项中使用相关市场主体的信用记录和信用报告。 10.《国务院关于促进市场公平竞争维护市场正常秩序的若干意见》（国发〔2014〕20号） （十五）建立健全守信激励和失信惩戒机制。将市场主体的信用信息作为实施行政管理的重要参考。根据市场主体信用状况实行分类分级、动态监管，建立健全经营异常名录制度，对违背市场竞争原则和侵犯消费者、劳动者合法权益的市场主体建立“黑名单”制度。（工商总局牵头负责）对守信主体予以支持和激励，对失信主体在经营、投融资、取得政府供应土地、进出口、出入境、注册新公司、工程招投标、政府采购、获得荣誉、安全许可、生产许可、从业任职资格、资质审核等方面依法予以限制或禁止，对严重违法失信主体实行市场禁入制度。（各相关市场监管部门按职责分工分别负责）	国家发展改革委 人民银行 证监会
（十四）在审批证券、证券投资基金及期货公司设立、变更时，依法将生产经营单位失信行为作为重要参考，从严掌握或者不予批准。	1.《中华人民共和国证券法》 第一百二十四条　设立证券公司，应当具备下列条件： （二）主要股东具有持续盈利能力，信誉良好，最近三年无重大违法违规记录，净资产不低于人民币二亿元。 2.《中华人民共和国证券投资基金法》 第十三条　设立管理公开募集基金的基金管理公司，应当具备下列条件，并经国务院证券监督管理机构批准： （三）主要股东应当具有经营金融业务或者管理金融机构的良好业绩、良好的财务状况和社会信誉，资产规模达到国务院规定的标准，最近三年没有违法记录。 3.《期货交易管理条例》 第十六条　申请设立期货公司，应当符合《中华人民共和国公司法》的规定，并具备下列条件： （四）主要股东以及实际控制人具有持续盈利能力，信誉良好，最近3年无重大违法违规记录。 4.《国务院关于促进市场公平竞争维护市场正常秩序的若干意见》（国发〔2014〕20号） （十五）建立健全守信激励和失信惩戒机制。将市场主体的信用信息作为实施行政管理的重要参考。根据市场主体信用状况实行分类分级、动态监管，建立健全经营异常名录制度，对违背市场竞争原则和侵犯消费者、劳动者合法权益的市场主体建立“黑名单”制度。（工	证监会

续表

惩戒措施	法律及政策依据	实施单位
	商总局牵头负责）对守信主体予以支持和激励，对失信主体在经营、投融资、取得政府供应土地、进出口、出入境、注册新公司、工程招投标、政府采购、获得荣誉、安全许可、生产许可、从业任职资格、资质审核等方面依法予以限制或禁止，对严重违法失信主体实行市场禁入制度。（各相关市场监管部门按职责分工分别负责）	
（十五）证券交易所在审核证券上市交易、全国中小企业股份转让系统在审核企业挂牌时，将生产经营单位的失信行为作为重要参考。	1.《中华人民共和国证券法》 第五十条　股份有限公司申请股票上市，应当符合下列条件： （四）公司最近三年无重大违法行为。财务会计报告无虚假记载。 第六十条　公司债券上市交易后，公司有下列情形之一的，由证券交易所决定暂停其公司债券上市交易： （一）公司有重大违法行为。 2.《国务院关于全国中小企业股份转让系统有关问题的决定》 申请挂牌的公司应当业务明确、产权清所、依法规范经营、公司治理健全，可以尚未盈利，但须履行信息披露义务，所披露的信息应当真实、准确、完整。	证监会
（十六）要求上市企业将本企业纳入黑名单情况作为必须披露事项。	《中华人民共和国证券法》 第六十七条　发生可能对上市公司股票交易价格产生较大影响的重大事件，投资者尚未得知时，上市公司应当立即将有关该重大事件的情况向国务院证券监督管理机构和证券交易所报送临时报告，并予公告，说明事件的起因、目前的状态和可能产生的法律后果。 下列情况为前款所称重大事件： （一）公司的经营方针和经营范围的重大变化； （二）公司的重大投资行为和重大的购置财产的决定； （三）公司订立重要合同，可能对公司的资产、负债、权益和经营成果产生重要影响； （四）公司发生重大债务和未能清偿到期重大债务的违约情况； （五）公司发生重大亏损或者重大损失； （六）公司生产经营的外部条件发生的重大变化； （七）公司的董事、三分之一以上监事或者经理发生变动； （八）持有公司百分之五以上股份的股东或者实际控制人，其持有股份或者控制公司的情况发生较大变化；	证监会

续表

惩戒措施	法律及政策依据	实施单位
	（九）公司减资、合并、分立、解散及申请破产的决定； （十）涉及公司的重大诉讼，股东大会、董事会决议被依法撤销或者宣告无效； （十一）公司涉嫌犯罪被司法机关立案调查，公司董事、监事、高级管理人员涉嫌犯罪被司法机关采取强制措施； （十二）国务院证券监督管理机构规定的其他事项。	证监会
（二十八）在向生产经营单位和个人颁发荣誉证书、嘉奖和表彰等荣誉性称号时，应当参考其安全生产信用状况，对存在失信行为的生产经营单位，不予颁发政府荣誉。	1.《国务院关于促进市场公平竞争维护市场正常秩序的若干意见》（国发〔2014〕20 号） （十五）建立健全守信激励和失信惩戒机制。将市场主体的信用信息作为实施行政管理的重要参考。根据市场主体信用状况实行分类分级、动态监管，建立健全经营异常名录制度，对违背市场竞争原则和侵犯消费者、劳动者合法权益的市场主体建立“黑名单”制度。（工商总局牵头负责）对守信主体予以支持和激励，对失信主体在经营、投融资、取得政府供应土地、进出口、出入境、注册新公司、工程招投标、政府采购、获得荣誉、安全许可、生产许可、从业任职资格、资质审核等方面依法予以限制或禁止，对严重违法失信主体实行市场禁入制度。（各相关市场监管部门按职责分工分别负责）	中央文明办牵头 各部门共同采取措施
（二十九）在各部门主管领域内取消对存在失信行为的生产经营单位的政策性资金支持。	1.《社会信用体系建设规划纲要（2014－2020 年）》 加强对失信主体的约束和惩戒。强化行政监管性约束和惩戒。在现有行政处罚措施的基础上，健全失信惩戒制度，建立各行业黑名单制度和市场退出机制。推动各级人民政府在市场监管和公共服务的市场准入、资质认定、行政审批、政策扶持等方面实施信用分类监管，结合监管对象的失信类别和程度，使失信者受到惩戒。 2.《国务院关于促进市场公平竞争维护市场正常秩序的若干意见》（国发〔2014〕20 号） （十五）建立健全守信激励和失信惩戒机制。将市场主体的信用信息作为实施行政管理的重要参考。根据市场主体信用状况实行分类分级、动态监管，建立健全经营异常名录制度，对违背市场竞争原则和侵犯消费者、劳动者合法权益的市场主体建立“黑名单”制度。（工商总局牵头负责）对守信主体予以支持和激励，对失信主体在经营、投融资、取得政府供应土地、进出口、出入境、注册新公司、工程招投标、政府采购、获得荣誉、安全许可、生产许可、从业任职资格、资质审核等方面依法予以限制或禁止，对严重违法失信主体实行市场禁入制度。（各相关市场监管部门按职责分工分别负责）	各部门共同采取措施

中国保监会关于加强组合类保险资产管理产品业务监管的通知

（2016 年 6 月 13 日　保监资金〔2016〕104 号）

各保险资产管理公司、养老保险公司：

为加强保险资产管理产品业务监管，规范市场行为，强化风险管控，根据《保险资金运用管理暂行办法》《关于保险资产管理公司开展资产管理产品业务试点有关问题的通知》（保监资金〔2013〕124 号，以下简称《试点通知》）等规定，我会将对组合类保险资产管理产品（即根据《试点通知》设立的保险资产管理产品，以下简称产品）业务进行规范。现就具体事项通知如下：

一、管理人规范要求

申请开展产品业务的管理人，除具备《试点通知》规定的条件外，还应符合以下规范要求：

（一）取得保险资金受托管理资质一年以上。

（二）设立专门的产品业务管理部门，且该部门需配备具有产品研发设计、投资管理、法律合规、风险管理等相关经验的专业人员不少 5 名。

（三）管理人发行产品，保监会对其产品投资的基础资产有投资管理能力要求的，应当具备相应能力。

（四）管理人需按监管要求提交上年度保险资金运用内部控制第三方专项审计报告，如审计报告揭示相关问题，应一并提交整改报告。

（五）没有因违法违规行为正在被监管机构立案调查、司法机关立案侦查，或者正处于整改期间；且最近三年内没有因重大违法违规行为、重大失信行为受到行政处罚或者刑事处罚。

二、基础资产范围

产品投资的基础范围应当严格按照《试点通知》执行。产品为集合产品或产品资金涉及保险资金的，产品具体投资品种应当遵循保险资金运用相关规定，且限于以下投资范围：

（一）境内流动性资产，主要包括现金、货币市场基金、银行活期存款、银行通知存款和剩余期限不超过1年的政府债券、准政府债券、逆回购协议。

（二）境内固定收益类资产，主要包括银行定期存款、银行协议存款、债券型基金、金融企业（公司）债券、非金融企业（公司）债券和剩余期限在1年以上的政府债券、准政府债券。

（三）境内权益类资产，主要包括公开发行并上市的股票（不含新三板股票）、股票型基金、混合型基金。

（四）保险资产管理公司发行的基础设施投资计划、股权投资计划、资产支持计划等。

产品为定向产品且产品投资人为非保险机构的，产品的投资品种可以按照与投资人约定的产品契约及相关法律文件执行。

三、发行与登记

管理人发行产品，应当通过中国保监会指定的资产交易平台（以下简称平台）办理产品涉及的登记、发行、申购和赎回以及信息披露等事宜。

（一）产品发行前（管理人首次发行的产品，需在取得中国保监会核准文件后），管理人应向平台申请产品登记，登记完成后，管理人方可启动发售程序。

（二）管理人应当在产品发行材料中明确，投资者需通过在平台开立的持有人账户参与产品申购和赎回等业务。

（三）管理人可直接通过平台办理产品份额的线上申购和赎回业务，也可自行组织产品份额的线下申购和赎回业务，但线下申购和赎回的数据需向平台申报，相关份额需经平台登记确权。

（四）管理人应当通过平台信息披露系统向产品相关当事人披露产品发行材料、产品存续期间的信息披露材料等。

上述涉及产品的登记、发行、质押融资、申购和赎回以及信息披露等业务的具体规则要求，另行发布。

四、监管要求

（一）管理人应当对产品进行明确分类，并在产品合同和产品募集说明书等产品发行材料中载明相应类型。根据产品投资的基础资产类别和规模比例，产品可分为单一型、固定收益类、权益类、另类以及混合类等类型。具体分类标准为：

1. 单一型产品是指全部资产或90%以上的资产投资于某只金融产品或某一特定形式的投资工具的产品。

2. 固定收益类产品是指 80% 以上的资产投资于固定收益类资产的产品。

3. 权益类产品是指 60% 以上的资产投资于权益类资产的产品。

4. 另类产品是指 60% 以上资产投资于基础设施投资计划、股权投资计划、资产支持计划的产品。

5. 混合类产品是指不能分类为上述四种情形的产品。

(二)管理人开展产品业务,禁止出现以下情形:

1. 发行具有“资金池”性质的产品,主要是指投资于非公开市场投资品种,且具有滚动募集、混合运作、期限错配、分离定价、未单独建账或未独立核算等特征的产品。

2. 发行具有“嵌套”交易结构的产品,包括产品主要投资于单只非公开市场投资品种,或产品定向投资于另类资产管理产品,或产品定向投资于同一管理人设立的产品等情形。

3. 向非机构投资者发行分级产品。

4. 向机构投资者发行分级产品,权益类、混合类分级产品杠杆倍数超过 1 倍,其他类型分级产品杠杆倍数超过 3 倍。

5. 在产品下设立子账户形式进行运作。

6. 未明确产品投资的基础资产具体种类和比例,笼统规定相关资产的投资比例为 0 至 100%。

7. 以外部投资顾问形式将产品转委托。

8. 委托托管银行分支机构作为产品托管人(该机构已获得托管银行总行授权除外)。

(三)在本通知发布之前已发行的产品,不符合本通知要求的,按照以下方式处理:

1. 对于无明确存续期的产品,管理人应当按照本通知要求及时对产品进行调整,需要召开持有人大会表决的,或需与产品托管人和产品持有人协商的,按照有关规定办理。

2. 对于有明确存续期的产品,在产品存续期间,不得再允许投资者申购该产品。

(四)本通知自发布之日起实施。管理人应当按照本通知要求,对已发行产品进行清理规范。请于 2016 年 8 月 31 日前完成清理规范工作,并将清理规范情况及时报告中国保监会。

企业国有资产交易监督管理办法

（2016 年 6 月 24 日　国务院国有资产
监督管理委员会、财政部令第 32 号）

第一章　总　　则

第 一 条　为规范企业国有资产交易行为，加强企业国有资产交易监督管理，防止国有资产流失，根据《中华人民共和国企业国有资产法》、《中华人民共和国公司法》、《企业国有资产监督管理暂行条例》等有关法律法规，制定本办法。

第 二 条　企业国有资产交易应当遵守国家法律法规和政策规定，有利于国有经济布局和结构调整优化，充分发挥市场配置资源作用，遵循等价有偿和公开公平公正的原则，在依法设立的产权交易机构中公开进行，国家法律法规另有规定的从其规定。

第 三 条　本办法所称企业国有资产交易行为包括：

（一）履行出资人职责的机构、国有及国有控股企业、国有实际控制企业转让其对企业各种形式出资所形成权益的行为（以下称企业产权转让）；

（二）国有及国有控股企业、国有实际控制企业增加资本的行为（以下称企业增资），政府以增加资本金方式对国家出资企业的投入除外；

（三）国有及国有控股企业、国有实际控制企业的重大资产转让行为（以下称企业资产转让）。

第 四 条　本办法所称国有及国有控股企业、国有实际控制企业包括：

（一）政府部门、机构、事业单位出资设立的国有独资企业（公司），以及上述单位、企业直接或间接合计持股为 100% 的国有全资企业；

（二）本条第（一）款所列单位、企业单独或共同出资，合计拥有产（股）权比例超过 50%，且其中之一为最大股东的企业；

（三）本条第（一）、（二）款所列企业对外出资，拥有股权比例超过 50% 的各级子企业；

（四）政府部门、机构、事业单位、单一国有及国有控股企业直接或间接持股比例未超过50%，但为第一大股东，并且通过股东协议、公司章程、董事会决议或者其他协议安排能够对其实际支配的企业。

第 五 条 企业国有资产交易标的应当权属清晰，不存在法律法规禁止或限制交易的情形。已设定担保物权的国有资产交易，应当符合《中华人民共和国物权法》、《中华人民共和国担保法》等有关法律法规规定。涉及政府社会公共管理事项的，应当依法报政府有关部门审核。

第 六 条 国有资产监督管理机构（以下简称国资监管机构）负责所监管企业的国有资产交易监督管理；国家出资企业负责其各级子企业国有资产交易的管理，定期向同级国资监管机构报告本企业的国有资产交易情况。

第二章 企业产权转让

第 七 条 国资监管机构负责审核国家出资企业的产权转让事项。其中，因产权转让致使国家不再拥有所出资企业控股权的，须由国资监管机构报本级人民政府批准。

第 八 条 国家出资企业应当制定其子企业产权转让管理制度，确定审批管理权限。其中，对主业处于关系国家安全、国民经济命脉的重要行业和关键领域，主要承担重大专项任务子企业的产权转让，须由国家出资企业报同级国资监管机构批准。

转让方为多家国有股东共同持股的企业，由其中持股比例最大的国有股东负责履行相关批准程序；各国有股东持股比例相同的，由相关股东协商后确定其中一家股东负责履行相关批准程序。

第 九 条 产权转让应当由转让方按照企业章程和企业内部管理制度进行决策，形成书面决议。国有控股和国有实际控制企业中国有股东委派的股东代表，应当按照本办法规定和委派单位的指示发表意见、行使表决权，并将履职情况和结果及时报告委派单位。

第 十 条 转让方应当按照企业发展战略做好产权转让的可行性研究和方案论证。产权转让涉及职工安置事项的，安置方案应当经职工代表大会或职工大会审议通过；涉及债权债务处置事项的，应当符合国家相关法律法规的规定。

第十一条 产权转让事项经批准后，由转让方委托会计师事务所对转让标的企业进行审计。涉及参股权转让不宜单独进行专项审计的，转让方应当取得转让标的企业最近一期年度审计报告。

第十二条 对按照有关法律法规要求必须进行资产评估的产权转让事项，转让方应当委托具有相应资质的评估机构对转让标的进行资产评估，产权转让价格应以经核准或备案的评估结果为基础确定。

第十三条 产权转让原则上通过产权市场公开进行。转让方可以根据企业实际情况和工作进度安排，采取信息预披露和正式披露相结合的方式，通过产权交易机构网站分阶段对外披露产权转让信息，公开征集受让方。其中正式披露信息时间不得少于20个工作日。

因产权转让导致转让标的企业的实际控制权发生转移的，转让方应当在转让行为获批后10个工作日内，通过产权交易机构进行信息预披露，时间不得少于20个工作日。

第十四条 产权转让原则上不得针对受让方设置资格条件，确需设置的，不得有明确指向性或违反公平竞争原则，所设资格条件相关内容应当在信息披露前报同级国资监管机构备案，国资监管机构在5个工作日内未反馈意见的视为同意。

第十五条 转让方披露信息包括但不限于以下内容：

（一）转让标的基本情况；

（二）转让标的企业的股东结构；

（三）产权转让行为的决策及批准情况；

（四）转让标的企业最近一个年度审计报告和最近一期财务报表中的主要财务指标数据，包括但不限于资产总额、负债总额、所有者权益、营业收入、净利润等（转让参股权的，披露最近一个年度审计报告中的相应数据）；

（五）受让方资格条件（适用于对受让方有特殊要求的情形）；

（六）交易条件、转让底价；

（七）企业管理层是否参与受让，有限责任公司原股东是否放弃优先受让权；

（八）竞价方式，受让方选择的相关评判标准；

（九）其他需要披露的事项。

其中信息预披露应当包括但不限于以上（一）、（二）、（三）、（四）、（五）款内容。

第十六条 转让方应当按照要求向产权交易机构提供披露信息内容的纸质文档材料，并对披露内容和所提供材料的真实性、完整性、准确性负责。产权交易机构应当对信息披露的规范性负责。

第十七条 产权转让项目首次正式信息披露的转让底价，不得低于经核准或备案的转让标的评估结果。

第十八条 信息披露期满未征集到意向受让方的，可以延期或在降低转让底价、变更受让条件后重新进行信息披露。

降低转让底价或变更受让条件后重新披露信息的，披露时间不得少于20个工作日。新的转让底价低于评估结果的90%时，应当经转让行为批准单位书面同意。

第十九条 转让项目自首次正式披露信息之日起超过12个月未征集到合格受让方的，应当重新履行审计、资产评估以及信息披露等产权转让工作程序。

第二十条 在正式披露信息期间，转让方不得变更产权转让公告中公布的内容，由于非转让方原因或其他不可抗力因素导致可能对转让标的价值判断造成影响的，转让方应当及时调整补充披露信息内容，并相应延长信息披露时间。

第二十一条 产权交易机构负责意向受让方的登记工作，对意向受让方是否符合受让条件提出意见并反馈转让方。产权交易机构与转让方意见不一致的，由转让行为批准单位决定意向受让方是否符合受让条件。

第二十二条 产权转让信息披露期满、产生符合条件的意向受让方的，按照披露的竞价方式组织竞价。竞价可以采取拍卖、招投标、网络竞价以及其他竞价方式，且不得违反国家法律法规的规定。

第二十三条 受让方确定后，转让方与受让方应当签订产权交易合同，交易双方不得以交易期间企业经营性损益等理由对已达成的交易条件和交易价格进行调整。

第二十四条 产权转让导致国有股东持有上市公司股份间接转让的，应当同时遵守上市公司国有股权管理以及证券监管相关规定。

第二十五条 企业产权转让涉及交易主体资格审查、反垄断审查、特许经营权、国有划拨土地使用权、探矿权和采矿权等政府审批事项的，按照相关规定执行。

第二十六条 受让方为境外投资者的，应当符合外商投资产业指导目录和负面清单管理要求，以及外商投资安全审查有关规定。

第二十七条 交易价款应当以人民币计价，通过产权交易机构以货币进行结算。因特殊情况不能通过产权交易机构结算的，转让方应当向产权交易机构提供转让行为批准单位的书面意见以及受让方付款凭证。

第二十八条 交易价款原则上应当自合同生效之日起5个工作日内

一次付清。

金额较大、一次付清确有困难的，可以采取分期付款方式。采用分期付款方式的，首期付款不得低于总价款的30%，并在合同生效之日起5个工作日内支付；其余款项应当提供转让方认可的合法有效担保，并按同期银行贷款利率支付延期付款期间的利息，付款期限不得超过1年。

第二十九条 产权交易合同生效后，产权交易机构应当将交易结果通过交易机构网站对外公告，公告内容包括交易标的名称、转让标的评估结果、转让底价、交易价格，公告期不少于5个工作日。

第三十条 产权交易合同生效，并且受让方按照合同约定支付交易价款后，产权交易机构应当及时为交易双方出具交易凭证。

第三十一条 以下情形的产权转让可以采取非公开协议转让方式：

（一）涉及主业处于关系国家安全、国民经济命脉的重要行业和关键领域企业的重组整合，对受让方有特殊要求，企业产权需要在国有及国有控股企业之间转让的，经国资监管机构批准，可以采取非公开协议转让方式；

（二）同一国家出资企业及其各级控股企业或实际控制企业之间因实施内部重组整合进行产权转让的，经该国家出资企业审议决策，可以采取非公开协议转让方式。

第三十二条 采取非公开协议转让方式转让企业产权，转让价格不得低于经核准或备案的评估结果。

以下情形按照《中华人民共和国公司法》、企业章程履行决策程序后，转让价格可以资产评估报告或最近一期审计报告确认的净资产值为基础确定，且不得低于经评估或审计的净资产值：

（一）同一国家出资企业内部实施重组整合，转让方和受让方为该国家出资企业及其直接或间接全资拥有的子企业；

（二）同一国有控股企业或国有实际控制企业内部实施重组整合，转让方和受让方为该国有控股企业或国有实际控制企业及其直接、间接全资拥有的子企业。

第三十三条 国资监管机构批准、国家出资企业审议决策采取非公开协议方式的企业产权转让行为时，应当审核下列文件：

（一）产权转让的有关决议文件；

（二）产权转让方案；

（三）采取非公开协议方式转让产权的必要性以及受让方情况；

（四）转让标的企业审计报告、资产评估报告及其核准或备案文件。

其中属于第三十二条(一)、(二)款情形的,可以仅提供企业审计报告;

(五)产权转让协议;

(六)转让方、受让方和转让标的企业的国家出资企业产权登记表(证);

(七)产权转让行为的法律意见书;

(八)其他必要的文件。

第三章　企业增资

第三十四条　国资监管机构负责审核国家出资企业的增资行为。其中,因增资致使国家不再拥有所出资企业控股权的,须由国资监管机构报本级人民政府批准。

第三十五条　国家出资企业决定其子企业的增资行为。其中,对主业处于关系国家安全、国民经济命脉的重要行业和关键领域,主要承担重大专项任务的子企业的增资行为,须由国家出资企业报同级国资监管机构批准。

增资企业为多家国有股东共同持股的企业,由其中持股比例最大的国有股东负责履行相关批准程序;各国有股东持股比例相同的,由相关股东协商后确定其中一家股东负责履行相关批准程序。

第三十六条　企业增资应当符合国家出资企业的发展战略,做好可行性研究,制定增资方案,明确募集资金金额、用途、投资方应具备的条件、选择标准和遴选方式等。增资后企业的股东数量须符合国家相关法律法规的规定。

第三十七条　企业增资应当由增资企业按照企业章程和内部管理制度进行决策,形成书面决议。国有控股、国有实际控制企业中国有股东委派的股东代表,应当按照本办法规定和委派单位的指示发表意见、行使表决权,并将履职情况和结果及时报告委派单位。

第三十八条　企业增资在完成决策批准程序后,应当由增资企业委托具有相应资质的中介机构开展审计和资产评估。

以下情形按照《中华人民共和国公司法》、企业章程履行决策程序后,可以依据评估报告或最近一期审计报告确定企业资本及股权比例:

(一)增资企业原股东同比例增资的;

(二)履行出资人职责的机构对国家出资企业增资的;

(三)国有控股或国有实际控制企业对其独资子企业增资的;

（四）增资企业和投资方均为国有独资或国有全资企业的。

第三十九条 企业增资通过产权交易机构网站对外披露信息公开征集投资方，时间不得少于40个工作日。信息披露内容包括但不限于：

（一）企业的基本情况；

（二）企业目前的股权结构；

（三）企业增资行为的决策及批准情况；

（四）近三年企业审计报告中的主要财务指标；

（五）企业拟募集资金金额和增资后的企业股权结构；

（六）募集资金用途；

（七）投资方的资格条件，以及投资金额和持股比例要求等；

（八）投资方的遴选方式；

（九）增资终止的条件；

（十）其他需要披露的事项。

第四十条 企业增资涉及上市公司实际控制人发生变更的，应当同时遵守上市公司国有股权管理以及证券监管相关规定。

第四十一条 产权交易机构接受增资企业的委托提供项目推介服务，负责意向投资方的登记工作，协助企业开展投资方资格审查。

第四十二条 通过资格审查的意向投资方数量较多时，可以采用竞价、竞争性谈判、综合评议等方式进行多轮次遴选。产权交易机构负责统一接收意向投资方的投标和报价文件，协助企业开展投资方遴选有关工作。企业董事会或股东会以资产评估结果为基础，结合意向投资方的条件和报价等因素审议选定投资方。

第四十三条 投资方以非货币资产出资的，应当经增资企业董事会或股东会审议同意，并委托具有相应资质的评估机构进行评估，确认投资方的出资金额。

第四十四条 增资协议签订并生效后，产权交易机构应当出具交易凭证，通过交易机构网站对外公告结果，公告内容包括投资方名称、投资金额、持股比例等，公告期不少于5个工作日。

第四十五条 以下情形经同级国资监管机构批准，可以采取非公开协议方式进行增资：

（一）因国有资本布局结构调整需要，由特定的国有及国有控股企业或国有实际控制企业参与增资；

（二）因国家出资企业与特定投资方建立战略合作伙伴或利益共同体需要，由该投资方参与国家出资企业或其子企业增资。

第四十六条 以下情形经国家出资企业审议决策,可以采取非公开协议方式进行增资:

(一)国家出资企业直接或指定其控股、实际控制的其他子企业参与增资;

(二)企业债权转为股权;

(三)企业原股东增资。

第四十七条 国资监管机构批准、国家出资企业审议决策采取非公开协议方式的企业增资行为时,应当审核下列文件:

(一)增资的有关决议文件;

(二)增资方案;

(三)采取非公开协议方式增资的必要性以及投资方情况;

(四)增资企业审计报告、资产评估报告及其核准或备案文件。其中属于第三十八条(一)、(二)、(三)、(四)款情形的,可以仅提供企业审计报告;

(五)增资协议;

(六)增资企业的国家出资企业产权登记表(证);

(七)增资行为的法律意见书;

(八)其他必要的文件。

第四章　企业资产转让

第四十八条 企业一定金额以上的生产设备、房产、在建工程以及土地使用权、债权、知识产权等资产对外转让,应当按照企业内部管理制度履行相应决策程序后,在产权交易机构公开进行。涉及国家出资企业内部或特定行业的资产转让,确需在国有及国有控股、国有实际控制企业之间非公开转让的,由转让方逐级报国家出资企业审核批准。

第四十九条 国家出资企业负责制定本企业不同类型资产转让行为的内部管理制度,明确责任部门、管理权限、决策程序、工作流程,对其中应当在产权交易机构公开转让的资产种类、金额标准等作出具体规定,并报同级国资监管机构备案。

第五十条 转让方应当根据转让标的情况合理确定转让底价和转让信息公告期:

(一)转让底价高于 100 万元、低于 1000 万元的资产转让项目,信息公告期应不少于 10 个工作日;

（二）转让底价高于1000万元的资产转让项目，信息公告期应不少于20个工作日。

企业资产转让的具体工作流程参照本办法关于企业产权转让的规定执行。

第五十一条 除国家法律法规或相关规定另有要求的外，资产转让不得对受让方设置资格条件。

第五十二条 资产转让价款原则上一次性付清。

第五章 监督管理

第五十三条 国资监管机构及其他履行出资人职责的机构对企业国有资产交易履行以下监管职责：

（一）根据国家有关法律法规，制定企业国有资产交易监管制度和办法；

（二）按照本办法规定，审核批准企业产权转让、增资等事项；

（三）选择从事企业国有资产交易业务的产权交易机构，并建立对交易机构的检查评审机制；

（四）对企业国有资产交易制度的贯彻落实情况进行监督检查；

（五）负责企业国有资产交易信息的收集、汇总、分析和上报工作；

（六）履行本级人民政府赋予的其他监管职责。

第五十四条 省级以上国资监管机构应当在全国范围选择开展企业国有资产交易业务的产权交易机构，并对外公布名单。选择的产权交易机构应当满足以下条件：

（一）严格遵守国家法律法规，未从事政府明令禁止开展的业务，未发生重大违法违规行为；

（二）交易管理制度、业务规则、收费标准等向社会公开，交易规则符合国有资产交易制度规定；

（三）拥有组织交易活动的场所、设施、信息发布渠道和专业人员，具备实施网络竞价的条件；

（四）具有较强的市场影响力，服务能力和水平能够满足企业国有资产交易的需要；

（五）信息化建设和管理水平满足国资监管机构对交易业务动态监测的要求；

（六）相关交易业务接受国资监管机构的监督检查。

第五十五条 国资监管机构应当对产权交易机构开展企业国有资产交易业务的情况进行动态监督。交易机构出现以下情形的，视情节轻重对其进行提醒、警告、通报、暂停直至停止委托从事相关业务：

（一）服务能力和服务水平较差，市场功能未得到充分发挥；

（二）在日常监管和定期检查评审中发现问题较多，且整改不及时或整改效果不明显；

（三）因违规操作、重大过失等导致企业国有资产在交易过程中出现损失；

（四）违反相关规定，被政府有关部门予以行政处罚而影响业务开展；

（五）拒绝接受国资监管机构对其相关业务开展监督检查；

（六）不能满足国资监管机构监管要求的其他情形。

第五十六条 国资监管机构发现转让方或增资企业未执行或违反相关规定、侵害国有权益的，应当责成其停止交易活动。

第五十七条 国资监管机构及其他履行出资人职责的机构应定期对国家出资企业及其控股和实际控制企业的国有资产交易情况进行检查和抽查，重点检查国家法律法规政策和企业内部管理制度的贯彻执行情况。

第六章 法律责任

第五十八条 企业国有资产交易过程中交易双方发生争议时，当事方可以向产权交易机构申请调解；调解无效时可以按照约定向仲裁机构申请仲裁或向人民法院提起诉讼。

第五十九条 企业国有资产交易应当严格执行“三重一大”决策机制。国资监管机构、国有及国有控股企业、国有实际控制企业的有关人员违反规定越权决策、批准相关交易事项，或者玩忽职守、以权谋私致使国有权益受到侵害的，由有关单位按照人事和干部管理权限给予相关责任人员相应处分；造成国有资产损失的，相关责任人员应当承担赔偿责任；构成犯罪的，依法追究其刑事责任。

第六十条 社会中介机构在为企业国有资产交易提供审计、资产评估和法律服务中存在违规执业行为的，有关国有企业应及时报告同级国资监管机构，国资监管机构可要求国有及国有控股企业、国有实际控制企业不得再委托其开展相关业务；情节严重的，由国资监管机构将有关情况通报其行业主管部门，建议给予其相应处罚。

第六十一条 产权交易机构在企业国有资产交易中弄虚作假或者玩忽职守、给企业造成损失的，应当承担赔偿责任，并依法追究直接责任人员的责任。

第七章 附 则

第六十二条 政府部门、机构、事业单位持有的企业国有资产交易，按照现行监管体制，比照本办法管理。

第六十三条 金融、文化类国家出资企业的国有资产交易和上市公司的国有股权转让等行为，国家另有规定的，依照其规定。

第六十四条 国有资本投资、运营公司对各级子企业资产交易的监督管理，相应由各级人民政府或国资监管机构另行授权。

第六十五条 境外国有及国有控股企业、国有实际控制企业在境内投资企业的资产交易，比照本办法规定执行。

第六十六条 政府设立的各类股权投资基金投资形成企业产（股）权对外转让，按照有关法律法规规定执行。

第六十七条 本办法自发布之日起施行，现行企业国有资产交易监管相关规定与本办法不一致的，以本办法为准。

中国保监会关于进一步加强保险公司关联交易信息披露工作有关问题的通知

（2016年6月30日　保监发〔2016〕52号）

各保监局，各保险集团（控股）公司、保险公司、保险资产管理公司：

根据《保险公司关联交易管理暂行办法》《保险公司信息披露管理办法》等规定，为进一步加强保险公司关联交易信息披露工作，保护保险消费者合法权益，现将有关事项通知如下：

一、保险公司以下关联交易应当逐笔报告和披露：

（一）资金运用类关联交易，包括资金的投资运用和委托管理；

（二）与关联自然人交易金额在30万元以上或与关联法人交易金额在300万元以上的资产类关联交易，包括固定资产、无形资产的买卖、租赁和赠与；

（三）与关联自然人交易金额在30万元以上或与关联法人交易金额在300万元以上的利益转移类关联交易，包括提供财务资助、债权债务转移或重组、签订许可协议、捐赠、抵押等导致公司财产或利益转移的交易活动。

二、需要逐笔报告和披露的，保险公司应当在签订交易协议后10个工作日内（无交易协议的，自事项发生之日起10个工作日内）报告中国保监会，同时在公司网站、中国保险行业协会网站披露。报告和披露内容包括：

（一）关联交易概述及交易标的的基本情况；

（二）交易对手情况：包括关联自然人基本情况、与保险公司存在的关联关系说明；关联法人名称、企业类型、经营范围、注册资本、与保险公司存在的关联关系说明、组织机构代码或统一社会信用代码（如有）；

（三）关联交易的主要内容和定价政策；

（四）本年度与该关联方已发生的关联交易累计金额；

（五）中国保监会认为需要披露的其他事项。

三、除本通知第一条规定以外的其他一般关联交易应当按交易类型分类合并披露，包括：

（一）未达到逐笔披露标准的资产类、利益转移类关联交易；

（二）保险业务和保险代理业务；

（三）再保险的分出或分入业务；

（四）为保险公司提供审计、精算、法律、资产评估、广告、职场装修等劳务或服务。

四、分类合并披露应当每季度进行一次，保险公司应当在每季度结束后25日内在公司网站、中国保险行业协会网站披露以下内容：

（一）本季度各类关联交易总量及明细表，明细表应列明交易时间、交易对手、与保险公司存在的关联关系说明、交易内容、交易金额；

（二）本年度各类关联交易累计金额；

（三）中国保监会认为需要披露的其他事项。

五、保险公司不得通过隐瞒关联关系或者采取其他手段，规避关联交易审议程序和信息披露义务。保险公司按照本通知要求披露的关联交易信息应当真实、准确、完整、及时，不得存在虚假记载、误导性陈述和重大遗漏。

六、保险公司董事会对本公司关联交易的合规性承担最终责任。董事会秘书是关联交易信息披露责任人，应当对本公司关联交易信息披露的真实性、准确性、完整性、及时性负责，但有充分证据表明其已经履行勤勉尽责义务的除外；未设董事会的保险公司应由公司指定的高级管理人员负责。

七、保险公司违反本通知要求的，中国保监会责令改正，并可根据相关情况，采取调整分类监管评价、调整公司治理评级等监管措施。对拒不改正或情节严重的，依照相关法律法规予以处罚。

八、对保险公司关联交易信息披露责任人及其他董事、监事、高级管理人员违反本通知要求的，中国保监会可以采取以下监管措施：

（一）责令改正；

（二）监管谈话；

（三）将其违规行为记入履职记录，进行行业通报；

（四）认定为不适当人选；

（五）依法可以采取的其他监管措施。

九、重大关联交易认定标准调整为："保险公司与一个关联方之间单笔交易额占保险公司上一年度末净资产的1%以上或超过3000万元，或者一个会计年度内保险公司与一个关联方的累计交易额占保险公司上一年度末净资产的5%以上的交易”。

重大关联交易除按照《保险公司关联交易管理暂行办法》《保险公司信息披露管理办法》规定报告和披露外,还应当按照本通知第二条规定增加报告和披露内容。

十、保险公司按本通知要求披露的关联交易信息,因涉及国家秘密或其他原因依法不得公开披露的,应当至少于信息披露规定期限届满前5个工作日内,向中国保监会书面说明情况,并依法不予披露。

十一、统一交易协议签订和续签情况应当逐笔报告和披露,统一交易协议执行情况可按季度合并披露。

十二、资金运用类关联交易信息披露按照《保险公司资金运用信息披露准则》有关规定执行,但应在本通知规定时限内向中国保监会报告。

十三、本通知适用于在中国境内依法设立的保险集团(控股)公司、保险公司和保险资产管理公司。保险集团(控股)公司与其保险子公司(包括保险资产管理公司),以及保险子公司之间发生的关联交易,不适用本通知第三条和第四条规定。

十四、本通知自发布之日起施行。有关规定与本通知不一致的,以本通知为准。

图书在版编目(CIP)数据

中华人民共和国证券期货法规汇编. 2016. 上 / 中国证券监督管理委员会编. — 北京:法律出版社,2016.10

ISBN 978 - 7 - 5197 - 0071 - 3

Ⅰ.①中… Ⅱ.①中… Ⅲ.①证券法—法规—汇编—中国—2016②期货交易—法规—汇编—中国—2016 Ⅳ.①D922.287.9

中国版本图书馆 CIP 数据核字(2016)第 236080 号

责任编辑/麦 锐 **装帧设计**/李 瞻

出版/法律出版社 **编辑统筹**/法规出版分社
总发行/中国法律图书有限公司 **经销**/新华书店
印刷/北京中科印刷有限公司 **责任印制**/吕亚莉

开本/787 毫米×1092 毫米 1/16 **印张**/25.5 **字数**/421千
版本/2016 年 10 月第 1 版 **印次**/2016 年 10 月第 1 次印刷

法律出版社/北京市丰台区莲花池西里 7 号(100073)
电子邮件/info@ lawpress. com. cn **销售热线**/010 - 63939792/9779
网址/www. lawpress. com. cn **咨询电话**/010 - 63939796

中国法律图书有限公司/北京市丰台区莲花池西里 7 号(100073)
全国各地中法图分、子公司电话:
第一法律书店/010 - 63939781/9782 **西安分公司**/029 - 85388843 **重庆公司**/023 - 65382816/2908
上海公司/021 - 62071010/1636 **北京分公司**/010 - 62534456 **深圳公司**/0755 - 83072995

书 号:ISBN 978 - 7 - 5197 - 0071 - 3 **定价**:132.00 元

(如有缺页或倒装,中国法律图书有限公司负责退换)